知名学者纵论
中国式现代化

程恩富◎主　编
孙绍勇　曹守新◎副主编

中国经济出版社
北京

图书在版编目（CIP）数据

知名学者纵论中国式现代化／程恩富主编 . -- 北京：中国经济出版社，2024.3
　ISBN 978 - 7 - 5136 - 7696 - 0

　Ⅰ.①知… Ⅱ.①程… Ⅲ.①现代化建设 – 研究 – 中国 Ⅳ.①D616

中国国家版本馆 CIP 数据核字（2024）第 061954 号

策划编辑　李煜萍
责任编辑　贺　静
责任印制　马小宾
封面设计　华子设计

出版发行	中国经济出版社
印 刷 者	北京富泰印刷有限责任公司
经 销 者	各地新华书店
开　　本	787mm×1092mm　1/16
印　　张	28.75
字　　数	513 千字
版　　次	2024 年 3 月第 1 版
印　　次	2024 年 3 月第 1 次
定　　价	98.00 元

广告经营许可证　京西工商广字第 8179 号

中国经济出版社 网址 http://epc.sinopec.com/epc/ 社址 北京市东城区安定门外大街 58 号 邮编 100011
本版图书如存在印装质量问题，请与本社销售中心联系调换（联系电话：010 - 57512564）

版权所有　盗版必究（举报电话：010 - 57512600）
　国家版权局反盗版举报中心（举报电话：12390）　　服务热线：010 - 57512564

编写说明

习近平总书记在党的二十大报告中强调"以中国式现代化全面推进中华民族伟大复兴",并对中国式现代化的中国特色、本质要求和重大原则进行了集中概括与论述。概括提出并深入阐述中国式现代化理论,是党的二十大的一个重大理论创新,是科学社会主义的最新重大成果。这一重要论述一出,旋即引发国内外广泛关注,学术期刊和主流媒体持续刊发专家学者对中国式现代化的深度解读并推出一批精品力作,深入探讨中国式现代化的深刻内涵和重大意义。深刻理解、准确把握中国式现代化之深意,对于不断把学习贯彻党的二十大精神引向深入至关重要。

中国式现代化为人类实现现代化提供了新选择,将创造新的现代化历史。习近平总书记在学习贯彻党的二十大精神研讨班开班式上强调,要正确理解和大力推进中国式现代化。中国式现代化既是重大的理论创新,也是恢宏的历史实践,是理论与实践的统一体。目前理论上对中国式现代化还存在模糊认识或理解偏差,实践上推进中国式现代化绝不是轻轻松松、敲锣打鼓就能实现的,因此必须厘清认识、廓清思想迷雾,守正创新、勇毅前行,确保中国式现代化"航船"行稳致远。

本书由中外著名学者程恩富教授主编,并得到著名理论家王伟光、朱佳木、陈晋、韩震、辛向阳、胡鞍钢、李建平、韩喜平等教授的支持。对中国式现代化的解读,共分为"中国式现代化的本质特征""中国式现代化的实现路径""中国式现代化的世界价值"三篇内容,可以帮助读者完整、准确、全面理解中国式现代化,明晰中国式现代化新道路。

主编简介

程恩富，中国社会科学院学部委员、学部主席团成员、中国社会科学院大学首席教授；第十三届全国人大教科文卫委员会委员。曾任中国社会科学院马克思主义研究院院长。现兼任西北工业大学创新马克思主义研究中心首席专家。

程恩富教授主编在英国出版的《国际思想评论》《世界政治经济学评论》国际期刊，以及在国内出版的《政治经济学研究》《海派经济学季刊》中文刊物；担任全球学术团体——世界政治经济学学会会长、中国政治经济学学会名誉会长、中华外国经济学说研究会名誉会长；世界文化论坛和中国创新马克思主义论坛理事长，日本理论经济学会国际顾问，俄罗斯圣彼得堡大学和经济法律大学荣誉教授；在中国、美国、俄罗斯、日本、意大利、印度、越南等10个国家发表800多篇文章，出版40多部著作，是中外著名马克思主义理论家和经济学家；曾在中共中央政治局集体学习会上作过讲解，在两任中共中央总书记主持的座谈会上汇报过理论问题。

目 录

第一篇 中国式现代化的本质特征

朱佳木：全面推进中华民族伟大复兴必须加强中国共产党的领导 4
辛向阳：中国式现代化的四大显著优势 18
胡鞍钢：中国式现代化道路的特征和意义分析 30
李建平、裴文霞：中国共产党是中国式现代化的坚强领导核心 51
白暴力：中国式现代化是全体人民共同富裕的现代化 58
胡乐明：中国式现代化是中国共产党领导的社会主义现代化 64
余 斌：中国式现代化的政治经济学分析 70
丁堡骏：以唯物史观解读中国式现代化的科学内涵及其本质 81
王朝科、鲁保林：中长期发展规划引领是中国式现代化的典型特征 87
张 旭：论中国式现代化道路的理论逻辑 102
江 宇、彭 姝：中国共产党、中国特色社会主义与中国式现代化 121
刘凤义：深刻理解中国式现代化的本质要求 136
岳德常：中国式现代化是自觉坚持社会主义核心价值体系的现代化 140
孟 鑫：中国式现代化道路的显著特征 157

第二篇　中国式现代化的实现路径

王伟光：实现中国式现代化是成就中国特色社会主义伟大事业 …………… 172
程恩富、刘美平：新质生产力的学理分析与培育路径
　　——提速中国式现代化的重要举措 ………………………………… 190
陈　晋：中国式现代化的历史逻辑 …………………………………………… 205
韩　震：以历史思维解读中国式现代化道路 ………………………………… 210
韩振峰：开辟中国式现代化道路新境界 ……………………………………… 222
金民卿：毛泽东"农业国向工业国转变"思想及其现实意义 ……………… 230
侯为民：百年视野下中国式现代化的溯源与思考 …………………………… 241
杨云霞：中国式现代化进程中的劳动关系理论建构 ………………………… 255
孙绍勇：推进拓展中国式现代化的逻辑主线及理路构建 …………………… 273
鲁保林：坚定"四个自信"，深入推进中国式现代化 ……………………… 288
曹泳鑫：现代化普遍缺失精神文化的无解之困 ……………………………… 293
郑志国：中国式现代化的人口发展战略选择 ………………………………… 302
袁晓玲等："人民城市"理念下城市的高质量发展 ………………………… 320
张跃胜：准确把握历史主动精神的主线、特征和践行路径 ………………… 337

第三篇　中国式现代化的世界价值

韩喜平、郝婧智：人类文明形态变革与中国式现代化道路 ………………… 356
何自力：中国式现代化的中国特色与世界贡献 ……………………………… 370
王　岩、吴媚霞：中国式现代化新道路与人类文明新形态的内在逻辑 …… 377
宋朝龙：世界大变局下中国式现代化道路的世界历史意义 ………………… 393
汪亭友：中国式现代化的本质、内涵及世界贡献 …………………………… 407
吴文新：中华社会主义
　　——中国式现代化的文化内容和文明精髓 ……………………………… 418
刘长明：中国式现代化何以可能
　　——基于国际评论视界 …………………………………………………… 436

第一篇

中国式现代化的本质特征

作者简介

朱佳木，中国社会科学院原副院长，中国社科院大学特聘教授、中华人民共和国国史学会会长、中国俄罗斯友好协会副会长、中国社会科学院马克思主义史学理论论坛理事长、"陈云与当代中国"研究中心理事长。主要研究方向为中华人民共和国史和陈云生平与思想。主要著作有《陈云年谱》（主编，中央文献出版社出版）、《陈云》（小传，第一作者，中央文献出版社出版）、《老一代革命家论党史与党史研究》（主编，中央文献出版社出版）、《飘扬的党旗——中国共产党历史画卷》（主编，未来出版社出版）、《中国革命史上的今天》（主编，中国大百科全书出版社出版）、《我所知道的十一届三中全会》（专著，当代中国出版社出版）、《中国工业化与中国当代史》（文集，中国社会科学出版社出版）、《论陈云》（文集，中央文献出版社出版）、《当代中国史理论问题十二讲》（专著，社会科学文献出版社出版）、《地方志工作文稿》（方志出版社出版）等。在《人民日报》《光明日报》《求是》等报刊发表文章200余篇。

朱佳木：全面推进中华民族伟大复兴必须加强中国共产党的领导

习近平总书记在党的二十大报告中指出："从现在起，中国共产党的中心任务就是团结带领全国各族人民全面建成社会主义现代化强国、实现第二个百年奋斗目标，以中国式现代化全面推进中华民族伟大复兴。"同时指出："全面建设社会主义现代化国家、全面推进中华民族伟大复兴，关键在党。""坚持党的全面领导是坚持和发展中国特色社会主义的必由之路，中国特色社会主义是实现中华民族伟大复兴的必由之路。"① 这些论述表明，中华民族过去为实现伟大复兴的奋斗，靠的是中国共产党的领导；今天要全面推进中华民族的伟大复兴，仍然必须坚持和加强中国共产党的领导。

一、中国近代的历史说明只有中国共产党具有领导中华民族伟大复兴的资格

一个民族如果始终兴盛而未曾衰败，或者虽然衰败却一直安于现状、不思进取，都不存在复兴的问题。然而，中华民族与这两种情况都不同。中国是人类历史上四大文明的发祥地之一，中华文明也是唯一延续至今未曾中断的文明。自古以来，中国在地域、人口、经济、文化等方面长期处于世界前列。但自近代以来，由于清王朝的顽固、腐败和愚昧，中国错过了世界第一次工业化的浪潮，导致国力由盛转衰。自从1840年鸦片战争中国败给先行工业化的英国之后，直到19世纪末，中国几

---

① 习近平.高举中国特色社会主义伟大旗帜　为全面建设社会主义现代化国家而团结奋斗——在中国共产党第二十次全国代表大会上的报告[N].人民日报，2022-10-26(001).

乎每隔10年便要遭受一次帝国主义大国小国的入侵,导致被迫签订了300多个不平等条约,赔偿了10多亿两白银,丧失了300多万平方公里的国土,租借了大片土地,交出了许多作为主权国家必须拥有的权力,几乎到了亡国灭种的边缘。

中华民族从来就是勤劳智慧顽强的民族,骨子里渗透着坚韧不拔、不畏强暴、不屈不挠、不向命运低头的精神。封建王朝的腐败无能和列强的不断入侵,使一切爱国的仁人志士无不痛心疾首,盼望民族的复兴,并为此进行了不懈努力。但由于缺少先进阶级的领导和一条正确的复兴之路,以致所有的努力,包括太平天国运动、洋务运动、戊戌变法、义和团运动、辛亥革命等,统统归于失败。对于这个结果,毛泽东在《论人民民主专政》一文中写道:"国家的情况一天一天坏,环境迫使人们活不下去。怀疑产生了,增长了,发展了。""西方资产阶级的文明、资产阶级的民主主义、资产阶级共和国的方案在中国人民的心目中一齐破了产。资产阶级的民主主义让位给工人阶级领导的人民民主主义,资产阶级的共和国让位给人民共和国。这样就造成了一种可能性:经过人民共和国到达社会主义和共产主义,到达阶级的消灭和世界的大同。"[①] 历史证明,这条道路,而且只有这条道路,才是唯一行得通的中华民族复兴之路。

中华民族在近代衰败的主要表现有两个:一是主权不能独立;二是工业不能发展。而主权之所以不能独立、工业之所以不能发展,关键都在于封建势力与帝国主义的阻挠。因此,民族要复兴,就要首先解决国家独立和工业化问题;而要解决国家独立和工业化问题,就必须首先打倒阻碍中国独立和工业化的帝国主义和封建势力。在近代中国处于社会上层、具有经济实力的阶级,除了地主阶级之外,只有资产阶级。后者本应担起民族复兴的重任,但其中的大资产阶级由官僚、买办组成,与封建势力、帝国主义相互勾结,同样成了民族复兴的"绊脚石"。后者中的中产阶级由民族资本家组成,虽然不满帝国主义和封建势力,但经济上与它们有着千丝万缕的联系,政治上又摇摆不定,因此担不起领导民族复兴的重任。后者中的小资产阶级虽然有着强烈的反帝反封建愿望,但自身力量薄弱,也不可能担起领导民族复兴的重任。

在帝国主义经济侵略、民族工业缓慢发展过程中产生和成长起来的中国工人阶级,在19世纪末的甲午中日战争时期已经有约10万人,在第一次世界大战时期达到了约100万人,在1919年五四运动时期发展到约200万人。他们与先进的生产力

---

① 毛泽东. 毛泽东选集:第4卷[M]. 北京:人民出版社,1991:1470-1471.

和生产关系相联系,具有远大的政治眼光和宽广的胸怀。他们深受帝国主义、封建势力、资产阶级的三重剥削压迫,革命性最彻底。他们中的产业工人队伍,组织上最集中、最有纪律性,政治上最坚定、最有战斗力。他们与中国的资产阶级相比,文化和社会地位虽低,但年龄和资格却更老一些,同农民阶级又有天然联系,所以拥有巨大的社会影响力。他们在五四运动中,与接受了马克思主义的先进知识分子相结合,产生了代表自己利益的政治组织——中国共产党,从此正式登上了中国的政治舞台。

中国工人阶级作为资本主义制度的埋葬者,当然要反对资本家的剥削压迫。但是在中国的具体条件下,他们感受最深的是帝国主义、封建势力的剥削和压迫。因此,中国共产党自成立之日起,便高高举起了社会主义和反帝反封建的两面大旗,担负起了本该由资产阶级担负的民族复兴的重任。正如毛泽东所指出的:"中国工人阶级的任务,不但是为着建立新民主主义的国家而斗争,而且是为着中国的工业化和农业近代化而斗争。"① 共产党"代表了中国工农大众的最大利益,也是代表了整个中华民族的利益"②。"共产党是无产阶级的先锋队,同时又是最彻底的民族解放的先锋队。"③ 正因如此,我们党不仅把信仰马克思主义、代表劳苦大众利益的先进分子凝聚到了自己的队伍里,而且对一切希望拯救民族于危难之中的人们,具有同样强大的吸引力和感召力,从而在党的周围集合了中华民族最优秀的儿女。他们有明确的目标、坚定的意志、大无畏的牺牲精神和敢于战胜一切敌人的英雄气概。他们前赴后继、百折不挠、愈挫愈勇、一往无前,并在长期斗争中建立起了与人民群众的鱼水深情。历史一再表明,中国共产党不仅能够担起中华民族伟大复兴的重任,而且完全胜任,是唯一能够带领中华民族复兴事业走向胜利的领导力量。

二、中国革命和新中国建设的历史说明中国共产党拥有领导中华民族伟大复兴的卓越能力

中国共产党在诞生后的 100 多年里,领导中国各族人民,先经过 28 年的浴血奋战,推翻了封建主义、帝国主义、官僚资本主义"三座大山",建立了人民当家作主的新中国,实现了民族独立、人民解放;然后,又经过 70 多年彻底的社会改造和

---

① 毛泽东. 毛泽东选集:第3卷[M]. 北京:人民出版社,1991:1081.
② 毛泽东. 为建立抗日民族统一战线而让步(1937)[J]. 党的文献,1995(4):5-6.
③ 毛泽东. 毛泽东文集:第2卷[M]. 北京:人民出版社,1993:42.

有计划、不间断的工业化和现代化建设，使中国从一个一穷二白、积贫积弱、屡战屡败、备受欺凌的弱国，发展成为一个工业门类齐全的制造业大国和经济总量居于世界第二、正在迈向基本实现现代化目标的经济强国，一个有绝对把握战胜一切来犯之敌的军事强国，一个独立自主且日益走近世界舞台中央的外交大国。可以毫不夸张地说，尽管中国还没有完全达到发达国家的水平，中华民族还没有最终实现伟大复兴的目标，但它已经用70多年时间走完了发达国家用几百年才走完的路，大大缩短了与它们之间的差距，使中华民族伟大复兴进入了不可逆转的历史进程。历史已经表明并在继续表明，所有这些成就的取得，主要缘于中国共产党人始终不忘初心、牢记使命，把为人民谋幸福、为民族谋复兴放在最高位置；缘于我们党善于将马克思主义普遍真理与中国具体实际相结合，使不同时期制定的路线、方针、政策和战略、策略，总能最大限度地代表各族人民的根本利益，最大限度地符合中国的实际情况。

对于中国共产党为中华民族伟大复兴做出的巨大贡献，笔者体会最深的有以下七个方面。

1. 为民族复兴指明正确的前进道路

人类在十月革命之前，无论是民族的独立，还是国家的工业化，只有资本主义这一条道路。但自从资本主义由自由竞争进入垄断阶段，自从世界进入帝国主义时代，殖民地半殖民地国家要实现独立和工业化，再走资本主义道路已经走不通了。正当此时，俄国率先爆发了无产阶级的社会主义革命，给中国送来了马克思列宁主义，指出了不同于资本主义的另一种选择，即走社会主义的道路。中国共产党作为以马克思主义为指导的无产阶级政党，一方面拥有为共产主义远大目标而奋斗的最高纲领，另一方面又有根据不同历史阶段主要矛盾而制定的最低纲领，或曰当前的行动纲领。例如，在新民主主义革命的历史阶段，党的最低纲领总体是反帝反封建、成立新中国。具体来说，抗日战争时期是结成广泛的抗日民族统一战线，打败日本帝国主义侵略者；解放战争时期是团结一切可以团结的力量，打倒蒋介石，解放全中国。新中国成立后，我们党又先后提出"一化三改"的社会主义过渡时期的总路线，以及多快好省地建设社会主义的总路线等行动纲领；改革开放后，我们党先提出了社会主义初级阶段的基本纲领，进入新时代又提出两个"一百年"的奋斗目标。上述所有最低纲领、行动纲领，概括起来，既是为着建立社会主义制度、进行社会主义建设，为最终实现共产主义创造条件，同时，也是为着实现中华民族的伟大复兴。正因为我们党能够始终将最高纲领与最低纲领既相区别又相统一，既能用一个个最低纲领逐步落实最高纲领，又能用最高纲领统率一个个最低纲领，所以总能引领中华民族沿着社会主义的道路不断前进，一步步接近伟大复兴的目标。

2. 为民族复兴创造必要的政治前提

帝国主义和封建势力既然是中国实现独立和工业化的主要障碍，中华民族要复兴，当然要首先搬掉它们以及同它们沆瀣一气的官僚、买办、资产阶级三块"绊脚石"。为此，我们党结合中国的实际情况，采取将革命分为"两步走"的战略，即先进行工人阶级领导的新民主主义革命，再进行社会主义革命。在新民主主义革命中，我们党又从中国的实际出发，采取工农联盟、武装斗争和农村包围城市的战略，在人民群众的支持下，通过艰苦卓绝的英勇斗争，彻底推翻了阻挡中华民族伟大复兴的"三座大山"，取得了国家独立，为国家的工业化建设扫清了政治障碍。正是这个胜利，使得中华民族终于能够自立于世界民族之林，伟大复兴终于有了政治前提。如果没有这个前提条件，其他一切都是空谈。

3. 为民族复兴抓住难得的发展机遇

近代中国由于错过了世界工业化的历史"列车"，加上不断遭受帝国主义侵略战争的破坏，山河破碎、百业凋零、民不聊生，在经济上，与西方发达国家相比至少落后了几百年。因此，要使中华民族在尽可能短的时间内赶上那些先行工业化的国家，把失去的时间补回来，只有用比它们更快的速度发展才行。而要做到这一点，除了靠自力更生、艰苦奋斗，还需要审时度势、抓住机遇、借助外力，取得哪怕一个先行工业化国家的帮助与合作，争取打破帝国主义国家对中国的外交孤立、经济封锁。纵观新中国的历史，正是我们党为此抓住了三次历史性机遇。

第一次，通过抗美援朝，粉碎了美国从北面威胁我国新生政权的图谋，维护了包括社会主义苏联在内的远东地区的东北亚的和平，得到了苏联对我国优先发展重工业计划给予全面援助的承诺，并为了抓住这一难得的历史机遇，迅速做出提前由新民主主义向社会主义过渡的决策，采用高度集中的计划经济体制，仅通过四个五年计划建设，便建立起独立、完整的工业体系和国民经济体系，为中国工业化奠定了坚实的物质基础。第二次，通过抗美援越，粉碎了美国从南面威胁我国的图谋，并抓住美国欲从越南脱身以便集中精力同已蜕化为霸权主义的苏联争霸的机会，打开了中美关系的大门，突破了美国对我国的外交孤立和经济封锁，为我国同西方发达国家建立外交关系、进行贸易往来和经济合作铺平了道路。第三次，根据和平与发展代替战争与和平成为时代主要特征的国际形势的变化，毅然决然地实行对外开放政策，与资本主义发达国家主导的国际经济规则接轨，为快速发展自己、追赶发达国家，再次抓住了"弯道超车"的机会。

所谓机会、机遇，是相对常态而言的，是与某种恰到好处的时间相联系的，是需要捕捉、稍纵即逝的。比如，苏联答应全面援助我国的机遇，仅持续了 8 年，当中苏关系破裂后，这个机遇就结束了。如果不是当年抓住斯大林允诺全面援助我国工业化基础建设的机会，提前向社会主义过渡，并通过自己的艰苦努力，用很短时间打下工业化基础，我国独立、完整的工业体系的建立时间将大大推后。所以，善于捕捉机会、抓住机遇，既是我们党领导能力的一大体现，也是对中华民族伟大复兴做出的巨大贡献。

4. 为民族复兴打造有利的内外部环境

一个国家要想集中精力搞建设，必须有内部安定、外部和平的环境，如果一天到晚，里面乱糟糟、动乱不已，外面闹哄哄、战乱频仍，是不可能安心搞建设的。

纵观新中国 70 多年的历史，我们党为中华民族伟大复兴做出的另一大贡献，就是打造出了一个有利于工业化、现代化建设的，安定团结、和平发展的良好环境。首先，在内部，新中国在成立后进行了一系列针对半殖民地半封建社会残余的改造运动，如土地改革、镇压反革命、没收官僚资本、工矿企业民主改革、扫除黄赌毒、知识分子思想改造等；开展了一系列保障政治安全和社会安全的工作，如剿匪、镇反、平叛等；建立了一系列适合中国国情的社会主义基本政治和经济制度，形成了广泛的爱国统一战线，采取了区分两类不同性质矛盾的方针，从而调动了一切积极因素。改革开放以后，我们党又提出社会主义初级阶段的理论，开辟了中国特色社会主义道路，正确处理了发展、改革、稳定的关系，制止了动乱，防范和打击了敌对势力的各种渗透、颠覆、分裂活动，从而维护了国家安定和社会稳定。其次，在外部，新中国自成立起，便奉行独立自主的和平外交政策，倡导不同社会制度国家和平共处五项原则，坚定站在发展中国家一边，反对强权政治和霸权主义，走和平发展道路，广交朋友，主持正义，树立了良好的国际形象；同时，通过抗美援朝、抗美援越、中印边界自卫反击战等战争和战斗，坚决粉碎了一切妄图侵略我国、干涉我国内政的企图，坚决捍卫了国家主权、安全和领土完整，从而为我国社会主义现代化建设争取了 70 多年和平的宝贵时间。

5. 为民族复兴制定切合实际的发展战略

经济发展战略与军事战略一样，都是事关全局和长远的大事。进行工业化、现代化建设，不仅要有切合国情的发展战略，而且要能持之以恒，有不达目的绝不罢休的韧劲。新中国 70 多年的历史表明，我们党在不同时期制定的发展战略，不仅切合实际，而且都能得到坚决、彻底的贯彻。改革开放以前，我们党先后制定和实施了优先发展重工业，以工业为主导、以农业为基础，发挥中央和地方两个积极性，备战备荒为人民，"三线"建设，以及 20 世纪末实现"四个现代化"等战略。这些战略不仅在当时产生了明显成效，而且为后来的发展创造了十分有利的条件。改革开放以后，我们党又制定和实施了到 21 世纪中叶"三步走"和新"三步走"，"走出去""引进来"，市场、资源"两头在外"，全面建设小康社会，科教兴国，人才强国，东部沿海率先发展，西部大开发，东北振兴，中部崛起等一系列战略。进入新时代，我们党又实行了"五位一体"，"一带一路"，京津冀协同发展，粤港澳大湾区建设，长江区域一体化发展，长江经济带发展，黄河流域生态保护和高质量发展，海南全面深化改革开放，创新驱动，数字中国，中国制造 2025，为实现第二个百年奋斗目标"两步走"，供给侧结构性改革，构建以国内大循环为主体、国内国际双循环相互促进的新发展格局等一系列战略。以上战略，有的因为达到了目的而胜利结束，如全面建设小康社会等；有的根据形势变化进行了调整，如"三步走"等；有的几十年如一日地持续接力，如科教兴国等。中国之所以在短短 70 多年时间里走完了西方发达国家几百年才走完的路，这些战略的制定和贯彻无疑发挥了十分重要的作用。

6. 为民族复兴解决和正在继续解决祖国完全统一的问题

国家的完全统一，是民族强大的重要标志，更是中华民族复兴的重要标志。新中国成立后，人民解放军在追击国民党反动派残余军队，解放华中、华南、西南诸省的同时，为解决旧中国留下的国家分裂问题，毅然进军西藏，并在党中央积极争取下，实现了西藏的和平解放。

当年，在解放军到达广东深圳河北岸时，党中央为打破西方经济封锁，保留一个与资本主义国家贸易的通道，在英国政府同意我方条件后，决定暂缓收回香港主权。20 世纪 80 年代，我们党考虑九龙半岛租期将到及国内外形势的变化，按照"一国两制"方针，妥善解决了中英、中葡间的历史遗留问题，先后于 1997 年和 1999 年收回了香港、澳门主权，洗刷了百年国耻，向祖国完全统一的目标迈出了重要一步。21 世纪 20 年代初，针对香港回归后出现的隐患，全国人大和人大常委会先后制定涉港国家安全法律，完善香港选举制度，进一步落实了中央对香港的全面管治权和"爱国者治港""爱国者治澳"的原则，实现了香港社会由乱到治的转变，维护了香港的繁荣稳定。

台湾问题是解放战争的遗留问题,由于美国封锁台湾海峡、干涉中国内政,台湾未能与大陆统一。20世纪50年代,为粉碎美国制造"两个中国"的阴谋,党中央一方面决定暂缓解放金门、马祖,把它们作为连接大陆与台湾的"脐带",另一方面提出以和平方式解决台湾与大陆统一问题的方案。改革开放以后,党中央确立了和平统一的大政方针,达成了"九二共识",实现了"三通"。此后针对"台独"势力上台,《中华人民共和国反分裂国家法》获得通过。进入新时代,党中央继续坚持以最大诚意、尽最大努力争取和平统一的前景,但决不承诺放弃使用武力,对于"台独"分子勾连国际反华势力,进行了坚决反制。随着民族复兴的历史"车轮"滚滚向前,祖国完全统一一定能够实现。

7. 为民族复兴培育积极向上的精神风貌

一个民族的前途、命运与这个民族的精神状况息息相关。近代中国之所以屡被外敌欺辱,与封建统治压迫下缺少民族凝聚力、内部一盘散沙、民族精神萎靡不振有直接关系。因此,要使民族振兴,必须提振民族精神。这个问题,也是由中国共产党解决的。

我们党在革命战争年代,通过以身作则的模范行动,唤醒了中华民族不屈不挠、奋发图强的固有精神,并且培育出了为人民服务、艰苦奋斗、严守纪律、冲锋在前、官兵一致、军民一致、精益求精等革命精神。新中国成立后,我们党通过树立耿长锁、王国藩、雷锋、王进喜、焦裕禄,以及大庆、大寨、红旗渠、女排等先进典型,在人民中又培育出自力更生、艰苦奋斗、一方有难八方支援、助人为乐、舍己为人的共产主义精神。改革开放以后,我们党通过开展集中学习教育等,在全党全社会提倡和培育无私奉献、爱岗敬业、求真务实、勇于创新、敢于拼搏、关心集体、顾全大局等精神。所有这些,都已经成为中华民族伟大复兴的精神动力。

三、新时代面临的形势和任务说明要全面推进中华民族伟大复兴仍然要坚持和加强中国共产党的领导

1. 中国特色社会主义进入新时代本身就是坚持和加强党的领导的结果

党的二十大报告指出,党的十八大以来的10年,我们经历的对党和人民事业具有重大现实意义和深远历史意义的三件大事中,第二件就是中国特色社会主义进入了新时代。之所以做出这个论断,在于这10年来,我国的综合国力跃上了新台阶,

国内生产总值翻了一番，经济总量占世界经济比重由11.3%上升到18.5%，城市化率由53.1%提高到64.7%，人均GDP达到8.1万元，超过世界平均水平；制造业规模、外汇储备稳居世界第一；建成了世界最大的高速铁路网，在基础建设和基础研究、原始创新方面取得了一系列重大成就和重大突破；打赢了脱贫攻坚战，使近1亿农村贫困人口实现脱贫，解决了中华民族历史上的绝对贫困问题，全面建成了人类史上惠及人口最多、体量最大的小康社会。

上述这些变化，都不是自然而然、轻轻松松取得的。正如党的二十大报告所说，10年前，我们面临一系列长期积累及新出现的突出矛盾和问题。在党建上，存在不少对坚持党的领导认识模糊、行动乏力的问题，以及落实党的领导弱化、虚化、淡化的问题，有些党员、干部政治信仰动摇，一些地方和部门"四风"屡禁不止，特权思想、特权现象较为严重，一些贪腐现象触目惊心。在经济上，结构性、体制性矛盾突出，发展不平衡、不协调、不可持续，一些深层次体制问题和利益集团固化藩篱日益显现。在政治上，一些人对中国特色社会主义政治制度自信不足，有法不依、执法不严等问题严重存在。在思想上，拜金主义、享乐主义、极端个人主义和历史虚无主义等错误思潮不时出现，网络舆论乱象丛生。在国家安全上，应对各种重大风险能力不强，国防和军队现代化存在不少短板弱项。在港澳治理上，落实"一国两制"的体制机制不健全，国家安全受到严峻挑战，等等。正因如此，当时党内和社会上不少人对党和国家的前途忧心忡忡。面对上述矛盾和问题，以习近平同志为核心的党中央在执政理念上，更加突出人民至上，以人民为中心，将人民对美好生活的向往作为奋斗目标，统筹推进"五位一体"总体布局，协调推进"四个全面"战略布局；在政治上，突出党的全面领导和全面从严治党，发展全过程人民民主，强调坚定理想信念和革命理想高于天，开展史无前例的反腐败斗争；在经济上，突出发展的平衡性、协调性、务实性、创新性、可持续性，提出和贯彻稳中求进工作总基调和新发展理念，着力推进高质量发展，实施供给侧结构性改革，制定了一系列具有全局性意义的区域重大战略；在文化上，强调确立和坚持马克思主义在意识形态领域的指导地位，提倡"敢于亮剑"的精神，要求同错误思想倾向作坚决斗争，正确看待改革开放前后两个历史时期的关系，坚定"四个自信"；在体制改革上，强调改革要端正方向、注重实效、全面深化和促进公平，把促进公平正义、增进人民福祉作为全面改革的出发点和落脚点，"该改的、能改的我们坚决改，不该改的、不能改的坚决不改"①;在国家安全上,提出和贯彻总体国家安全观,健全国家安全体系,增强维护国家安全的能力,树立忧患意识、底线思维和不怕鬼、不信邪的精神,以新安全格局保障新发展格局。

正是由于我们党提出了有针对性的指导思想,采取了合乎实际的战略举措,所以10年来才实现了一系列突破性进展,取得了一系列标志性成果,经受住了来自政治、经济、意识形态、自然界等方面的风险挑战和考验,使许多领域实现了历史性变革、系统性重塑、整体性重构;意识形态领域形势发生全局性、根本性转变,民族分裂势力、宗教极端势力、暴力恐怖势力得到有效遏制,香港进入由乱到治走向由治及兴的新阶段;党内刹住了一些长期没有刹住的歪风,纠治了一些多年未除的顽瘴痼疾,自我净化、自我完善、自我革新、自我提高的能力显著增强,管党治党宽松软的状况得到根本扭转,风清气正的党内政治生态不断形成和发展。可见,没有我们党的正确指引和领导,要取得新时代的历史性变化是不可想象的。正如习近平总书记所说:"实践证明,党的十八大以来党中央的大政方针和工作部署是完全正确的,中国特色社会主义道路是符合中国实际、反映中国人民意愿、适应时代发展要求的,不仅走得对、走得通,而且走得稳、走得好。"②

2. 中国特色社会主义新时代面临的新形势新任务决定了更要坚持和加强党的领导

中国特色社会主义新时代实现了第一个百年奋斗目标,开启了向第二个百年奋斗目标前进的新征程。可以说,我们现在比历史上任何时候都更接近和更有能力实现中华民族伟大复兴的目标。但常言道,"行百里者半九十"。全面建设社会主义现代化的新征程,不仅要实现推进现代化建设、完成祖国统一、维护世界和平与促进共同发展三大历史任务,还要逐步实现全体人民共同富裕。这些任务比起以往,难度更大,更加艰巨,面临的矛盾和阻力会更多更复杂,有各种可预测和不可预测的风险和挑战。总之,在向第二个百年奋斗目标前进的新征程中,和当年的万里长征一样,"还有许多'雪山''草地'需要跨越,有许多'娄山关''腊子口'需要征服"③。

从党的二十大报告中可以看出,我们当前面临的困难和问题,有自身的,也有

---

① 中共中央党史和文献研究院. 十九大以来重要文献选编:上[M]. 北京:中央文献出版社,2019:732.
② 习近平在参加党的二十大广西代表团讨论时强调:心往一处想 劲往一处使 推动中华民族伟大复兴号巨轮乘风破浪扬帆远航[N]. 人民日报,2022-10-18(001).
③ 中共中央党史和文献研究院. 十八大以来重要文献选编:下[M]. 北京:中央文献出版社,2018:748.

外部环境的。在自身方面,发展不平衡不充分的问题还比较突出,推进高质量发展还存在许多卡点瓶颈,科技创新能力还不足,重点领域改革还面临不少躲不开、绕不过的深层次矛盾,还有不少"硬骨头"要啃,意识形态领域还存在不少挑战,城乡区域发展和收入分配差距仍然较大,群众在就业、教育、医疗、托育、养老、住房等方面还面临不少难题,一些党员、干部还缺乏担当精神,斗争本领还不强,实干精神还不足,形式主义、官僚主义现象仍然突出,反腐败斗争还面临不少顽固性、多发性问题,铲除腐败滋生土壤的任务仍然艰巨,等等。在外部环境上,逆全球化思潮抬头,单边主义、保护主义明显上升,局部冲突和动荡加剧,世界进入新的动荡变革期,不确定难预料的因素增多,以美国为首的国际霸权主义还在秉持冷战思维,大搞强权政治,动辄实施单边制裁、极限施压,不断加大阻碍中国发展的力度,"来自外部的打压遏制随时可能升级"①。

正是上述内外部因素,决定了越是中华民族即将实现伟大复兴的时候,越是要坚持和加强党的全面领导,维护党中央权威和集中统一领导;同时,加强党的自我净化、自我完善、自我革新、自我提高,经受"四大考验",防止"四种危险",使广大党员时刻"牢记党是什么、要干什么这个根本问题"②,使党永葆先进性和纯洁性。只有这样,我们党才能更好地担起领导中华民族伟大复兴的重任,才能在各种风险和挑战面前拿出办法,确保我国社会主义现代化建设的正确方向,保持全国人民和海内外中华儿女共同奋斗的政治凝聚力,引领中华民族一步步接近伟大复兴的目标。

3. 中国特色社会主义新时代坚持和加强党的领导具有深厚的实践依据和充分的理论依据

坚持和加强中国共产党的领导,是中国人民经过百年风雨的历史选择,也是新中国法律所明确规定的。1949年的《共同纲领》和1954—1982年的宪法,都明文规定新中国是工人阶级领导的以工农联盟为基础的人民民主国家,并在序言中表述了人民民主统一战线必须坚持中国共产党领导的相关内容。2018年第十三届人大一次会议通过的宪法修正案,进一步在"总纲"第一条中明确规定:中国共产党的领导是中国特色社会主义最本质的特征。

---

① 习近平. 高举中国特色社会主义伟大旗帜 为全面建设社会主义现代化国家而团结奋斗——在中国共产党第二十次全国代表大会上的报告[N]. 人民日报,2022-10-26(001).
② 本书编写组. 中国共产党第十九届中央委员会第六次全体会议文件汇编[M]. 北京:人民出版社,2021:103.

马克思主义基本原理告诉我们，经济基础决定上层建筑，一个国家实行什么样的政治制度、政党制度，归根结底由这个国家实行的经济制度所决定。中国实行中国共产党领导的多党合作和政治协商的政党制度而不实行多党轮流执政；军队由共产党绝对领导而不搞"非党化""国家化"，这一切最深刻的根源都在于中国实行的是公有制为主体、多种所有制经济共同发展的基本经济制度，在于社会主义全民所有制经济是中国国民经济的主导力量。这种经济制度决定了我国人民内部的根本利益是一致的，并且不允许任何势力破坏这种根本利益的一致性。建立在这种经济制度之上并为之服务的政治制度，只能是工人阶级领导的以工农联盟为基础的人民民主专政，其政党制度也只能是由代表人民根本利益的工人阶级政党一党执政。在社会主义初级阶段和市场经济条件下，人民内部的利益必然呈现出多元化态势。但社会主义的基本制度决定了这种矛盾是受到限制的，也就是说，在中国特色社会主义社会里，人民内部的矛盾无论多复杂、多激烈，都不允许发展到根本利害冲突的程度，不允许出现与人民根本利益相对立的利益集团及其政治代表。既然如此，当然不需要有其他政党与代表人民根本利益的中国共产党相互竞争、轮流执政；同时，为了使共产党的执政地位不被架空、人民的根本利益不受损害，军队也必须由而且只能由中国共产党绝对领导。

民主是相对专制而言的政治制度，但在同样实行民主制的国家，对民主的理解和实践却大相径庭。马克思主义经典作家在谈论民主时，总是把它和阶级问题联系在一起，认为在阶级社会里，民主实质上是统治阶级的民主。资产阶级为了模糊民主的阶级性质，把是否进行多党竞选、轮流执政，作为衡量一个国家是否民主的尺子。所谓社会主义国家"不民主""专制"的说法，就是用这把尺子衡量的产物。选举当然是民主的一种形式，但选举并不等于就是民主，尤其不等于真正的民主。同样是选举，由于对选举权有不同的规定，其广泛性势必会有很大差别。例如，西方国家在相当长时期内对选举权作过诸如财产、性别、族裔、居住时间等限制。也正因如此，第二次世界大战前的苏联和第二次世界大战后诞生的社会主义国家被世人普遍称为民主国家，而西方资本主义国家则是反民主的国家。只是后来西方国家在国内人民争取民主权利的持续斗争下，逐渐放宽了选举权上的种种限制，这才回过头来以所谓实行"一党专制"为由，攻击社会主义国家"不民主"。还要看到，选举本身也有各种形式，如直接选举、间接选举等。究竟采用哪种形式，与国家大小、人口多少、选举内容等都有关系。另外，选举能否反映大多数人民的意愿，还取决于选举的规则。例如，西方国家的总统或议会选举，普遍实行募集竞选资金的办法，使选举在很大程度上被财团所操纵，成了金钱的竞争。这种靠金钱竞选的办法，恰恰反映出了资本主义民主的本质。

由于不同社会制度国家民主的本质不同，民主的实现形式也必然会有很大不同。中国的社会主义民主即人民民主，是多数人的真正的民主。这种民主主要体现在人民代表大会制度上，它的本质在于，使占人口多数的人民群众的利益能够在国家的制度、法律、政策、决策的制定中，发挥决定性的作用。实现这样的民主，当然不能不用选举的形式，但更重要的是使代表多数人利益的政党牢固地执掌政权。中国共产党正是这样的政党，只要站在大多数人的立场上看问题，就不能不承认中国共产党的领导是中国最大多数人获得民主权利的前提条件，是社会主义民主的真正体现和重要保障。因此，党的领导与民主不仅不矛盾，相反，它是人民民主的首要实现形式。为实现人民民主，我们党还建立了与各民主党派和各界代表定期协商的制度，各级领导干部深入基层调研、广泛听取群众意见的制度，党和政府接受与认真处理群众信访的制度，等等。所有这些人民民主的实现形式，正是习近平总书记反复强调的全过程人民民主。

党的二十大报告指出："中国共产党是为中国人民谋幸福、为中华民族谋复兴的党。"① 100多年的历史和现实都证明，中国共产党不愧是中华民族伟大复兴的推动者、组织者、领导者，是中华民族的主心骨和守护神。没有中国共产党的领导，就没有中国革命的胜利，就没有新中国的建立和飞速发展，就没有中华民族的伟大复兴。只要我们在新时代切实以习近平新时代中国特色社会主义思想为指导，紧密团结在以习近平同志为核心的党中央周围，一如既往地坚持和加强党的领导，中华民族就一定能在社会主义制度的基础上最终实现伟大复兴的百年夙愿。

---

① 习近平.高举中国特色社会主义伟大旗帜　为全面建设社会主义现代化国家而团结奋斗——在中国共产党第二十次全国代表大会上的报告[N].人民日报，2022－10－26(001).

作者简介

辛向阳,中国社会科学院马克思主义研究院党委书记、院长,第十四届全国人大代表,中国社会科学院大学马克思主义学院院长,中国特色社会主义理论体系研究中心副主任,中国社会科学院习近平新时代中国特色社会主义思想研究中心执行主任、研究员、博士生导师。出版个人专著20余部,主编和参与编写著作30余部,在《人民日报》《光明日报》《马克思主义研究》《中国特色社会主义研究》等报刊发表文章400余篇,主持和参与国家和省部级课题50余项,先后获得10余项国家和省部级奖项。

辛向阳：中国式现代化的四大显著优势

今天，中国式现代化已经成为全世界都在关注的热词，因为它将深刻改变人类现代化的世界版图，深刻冲刷人类现代化固有的"旧河道"，为人类走向现代化的未来冲决出新的"河床"和"水岸"。2023年3月10日，俄中友好、和平与发展委员会专家理事会俄方主席尤里·塔夫罗夫斯基在"今日俄罗斯"通讯社举办的莫斯科—北京视频连线中表示，中国式现代化是中华文明给全人类的礼物。塔夫罗夫斯基说："中华文明长期以来一直在馈赠人类，其中最著名的有火药、造纸术和指南针等。现在中国人又展示了另一件礼物，那就是中国式现代化。像火药一样，现代化是在历经无数次实验后诞生的。中国通过反复实验，找到了计划经济和市场经济的正确剂量，将这两种力量的相互作用置于中国共产党的监督之下。"塔夫罗夫斯基表示："正确的'火药'为制造第一级'火箭'——'改革开放'——提供了可能，这级'火箭'把中国送入了工业强国的轨道。下一级火箭叫作'中国特色社会主义'，它使中国跻身世界领导者之列。"塔夫罗夫斯基指出："现在宣布启动最新一级火箭'中国式现代化'，这个阶段主要利用国内成就，不仅致力于帮助实现中国梦，而且还向全人类展示中国模式的效率。"[①] 从改革开放到中国特色社会主义，再到中国式现代化，"三级火箭"的比喻是很形象的。当然，我们这"三级火箭"是综合推力，中国式现代化既坚持中国特色社会主义，又把改革开放作为其活力和动力。

一、中国式现代化是共产党领导下的主动性现代化

在新进中央委员会的委员、候补委员和省部级主要领导干部学习贯彻习近平

---

① 俄专家. 中国式现代化是给全人类的礼物[EB/OL].[2023-04-25]. 参考消息网, http://m.cankaoxiaoxi.com/china/20230312/2506761.shtml.

新时代中国特色社会主义思想和党的二十大精神研讨班开班式上,习近平总书记深入阐释了党在中国式现代化建设中的领导地位,指出:"党的领导直接关系中国式现代化的根本方向、前途命运、最终成败。"① 他特别强调:党的领导决定中国式现代化的根本性质;党的领导确保中国式现代化锚定奋斗目标行稳致远;党的领导激发建设中国式现代化的强劲动力;党的领导凝聚建设中国式现代化的磅礴力量。② 这是一个关涉中国式现代化兴衰成败的重大论断。

第一,党的领导决定中国式现代化的根本性质,只有毫不动摇坚持党的领导,中国式现代化才能前景光明、繁荣兴盛;否则就会偏离航向、丧失灵魂,甚至犯颠覆性错误。首先,党的宗旨决定了中国式现代化是社会主义现代化,而不是别的什么性质的现代化。中国共产党是中国工人阶级的先锋队,同时是中国人民和中华民族的先锋队,是中国特色社会主义事业的领导核心。这就决定了中国共产党选择的现代化是社会主义现代化,决不能是资本主义现代化。因为资本主义现代化是为少数资本家服务的现代化,是由资本逻辑决定的现代化,是以资本为中心的现代化。中国共产党始终代表中国先进生产力的发展要求,代表中国先进文化的前进方向,代表中国最广大人民的根本利益。无论是先进生产力的发展要求,还是先进文化的前进方向,抑或最广大人民的根本利益,都要求我们走社会主义现代化的道路。其次,党的初心使命决定了中国式现代化的社会主义性质。党的初心使命是为中国人民谋幸福、为中华民族谋复兴。实现人民的幸福生活靠什么?靠现代化,靠社会主义现代化。实现中华民族伟大复兴靠什么?靠现代化,靠中国式现代化。历史已经充分证明,走资本主义道路搞现代化,在中国是决不会成功的。中国人民的幸福生活是如何实现的?就是因为我们走了一条社会主义现代化的道路。中华民族之所以如此接近于伟大复兴,一个根本原因就是我们在全面建设社会主义现代化强国。最后,党的信仰信念和政策主张决定了中国式现代化的社会主义性质。党的信仰是马克思主义,党的最高理想和最终目标是实现共产主义,实现这一远大理想,在当代就是要坚持和发展中国特色社会主义,而坚持和发展中国特色社会主义,最重要的任务就是推进中国式现代化。不仅信仰信念决定了中国式现代化的社会主义性质,而且党的政策主张也决定了中国式现代化的社会主义性质,因为党的一切政策主张都是为了能够在现代化进程中更好地发展社会主义事业,使社会主义事业更加兴旺发达。

第二,我们党的奋斗目标一以贯之,一代一代地接力推进,取得了举世瞩目、

---

① 习近平. 正确理解和大力推进中国式现代化[N]. 人民日报,2023-02-08(001).
② 习近平. 正确理解和大力推进中国式现代化[N]. 人民日报,2023-02-08(001).

彪炳史册的辉煌成绩。从党中央"四个现代化"宏伟目标的提出,到"中国式的现代化",到"富强民主文明的社会主义现代化国家",再到"富强民主文明和谐的社会主义现代化国家",再到以习近平同志为核心的党中央提出"富强民主文明和谐美丽的社会主义现代化强国以及综合国力和国际影响力领先的社会主义现代化强国",是一张张蓝图绘就的过程。我们不仅绘制蓝图,而且始终接力推进蓝图的实现。习近平总书记指出:"从第一个五年计划到'十四五'规划,一以贯之的主题是把我国建设成社会主义现代化国家。我们走过弯路,也遭遇过一些意想不到的困难和挫折,但建设社会主义现代化国家的意志和决心始终没有动摇。"① 我们一步步推进现代化历史进程,克服了无数艰难困苦,避开了很多国家掉入的陷阱、泥沼,不仅接力解决了实现现代化的根本社会条件、根本政治前提、理论准备等问题,还解决了充满新的活力的体制保证和快速发展的物质条件以及更为完善的制度保证、更为坚实的物质基础、更为主动的精神力量等重大问题。

第三,我们党勇于改革创新,不断破除各方面体制机制弊端,为中国式现代化注入不竭动力。我们不仅建立了社会主义市场经济体制,使市场在资源配置中发挥基础性作用,而且完善了社会主义市场经济体制,使市场在资源配置中发挥决定性作用。在此基础上,改革给人们经商办企业提供了更多便利和空间,2022年年底企业数量超过5200万户、个体工商户超过1.1亿户,市场主体总量超过1.6亿户,是10年前的3倍,发展内生动力明显增强。在深化改革进程中,我们不断完善基本经济制度,从社会主义初级阶段基本经济制度到社会主义基本经济制度,从公有制为主体、多种所有制共同发展扩展到按劳分配为主体、多种分配方式并存和社会主义市场经济体制,有力地推动了经济社会发展,"社会主义基本制度和市场经济结合、公有制经济和非公有制经济共同发展,是我们党推动解放和发展社会生产力的伟大创举"②。中国的改革已经进入了"深水区",改革涵盖领域的广泛性、触及利益调整的深刻性、涉及矛盾和问题的尖锐性、体制机制障碍的艰巨性,都是前所未有的。我们党领导人民以"明知山有虎,偏向虎山行"的勇气,解决了一系列难啃的"硬骨头",渡过了一个又一个难关,不断将改革推向纵深。我们还深刻认识到,法治和人治的关系问题是人类政治文明史上的一个基本问题,也是各国在实现现代化过程中必须面对和解决的一个重大问题。"纵观世界近现代史,凡是顺利实现现

---

① 习近平. 习近平著作选读:第2卷[M]. 北京:人民出版社,2023:366.
② 习近平. 习近平著作选读:第1卷[M]. 北京:人民出版社,2023:354.

代化的国家,没有一个不是较好解决了法治和人治关系问题的。相反,一些国家虽然也一度实现快速发展,但并没有顺利迈进现代化的门槛,而是陷入这样或那样的'陷阱',出现经济社会发展停滞甚至倒退的局面。后一种情况很大程度上与法治不彰有关。"① 我们解决了法治领域很多复杂的问题,使中国式现代化始终走在法治轨道上。比如,一些黑恶势力长期进行聚众滋事、垄断经营、敲诈勒索、开设赌场等违法活动,老百姓敢怒不敢言。我们通过依法打击,解决了这方面的一些主要问题,使现代化建设的民意基础更加扎实。

第四,我们党坚持党的群众路线,坚持以人民为中心的发展思想,发展全过程人民民主,充分激发全体人民的主人翁精神。在新时代,我们紧紧抓住人民群众需求从物质文化到美好生活的历史性转变,不仅实现了更高的物质文化需要,更是满足了日益增长的民主、法治、公平、正义、安全、环境的需求;不仅解决了有没有的问题,还在解决诸如更好的教育、更稳定的工作、更满意的收入、更可靠的社会保障、更高水平的医疗卫生服务、更舒适的居住条件、更优美的环境、更丰富的精神文化生活等"好不好"的问题,人民群众追求美好生活的动力更加强大。任何一项伟大事业要成功,都必须从人民中找到根基,从人民中集聚力量,由人民共同来完成,中国式现代化这一伟业的完成更需要人民群众的力量。我们党坚信:江山就是人民,人民就是江山,打江山守江山守的就是人民的心。中国式现代化就是一项使人民的江山更加宏伟秀丽的事业。"大鹏之动,非一羽之轻也;骐骥之速,非一足之力也。"中国要飞得高、跑得快,中国式现代化要走出"弯道超车"的力道,就要汇集和激发出14亿多人民的磅礴巨力。

二、中国式现代化是具有鲜明时空压缩特点的跃迁式现代化

人类现代化的历史进程实际上就是在运用资本的特性不断用时间压缩空间的进程。正是在这一点上,马克思抓住了现代化时空压缩的特点。马克思在《资本论》中特别重视资本的时间性,他讲:"把商品从一个地方转移到另一个地方所花费的时间缩减到最低限度。资本越发展,从而资本借以流通的市场,构成资本流通空间道路的市场越扩大,资本同时也就越是力求在空间上更加扩大市场,力求用时间去

---

① 习近平. 习近平关于全面依法治国论述摘编[M]. 北京:中央文献出版社,2015:12.

更多地消灭空间。"①马克思还写道:"生产越是以交换价值为基础,因而越是以交换为基础,交换的物质条件——交通运输工具——对于生产来说就越是重要。资本按其本性来说,力求超越一切空间界限。因此,创造交换的物质条件——交通运输工具——对于资本来说是极其必要的。"②现代化从一定意义上就是通过交通运输工具的革命化、交易手段的迅捷化等使空间距离大大缩短和交易方式极大改变的过程。中国式现代化正是不断用时间消灭空间的现代化,主要体现在以下三个方面:

第一,交通基础设施越来越完善,出行速度不断加快。早在2019年9月,中共中央、国务院就印发了《交通强国建设纲要》,提出到2035年,基本建成交通强国,现代化综合交通体系基本形成,人民满意度明显提高,支撑国家现代化建设能力显著增强;拥有发达的快速网、完善的干线网、广泛的基础网,城乡区域交通协调发展达到新高度;基本形成"全国123出行交通圈"(都市区1小时通勤、城市群2小时通达、全国主要城市3小时覆盖)和"全球123快货物流圈"(国内1天送达、周边国家2天送达、全球主要城市3天送达),旅客联程运输便捷顺畅,货物多式联运高效经济。到目前为止,我们已经建成了世界上规模最大也是最先进的高速铁路网、高速公路网。2023年《政府工作报告》总结了过去5年的成绩,高速铁路运营里程从2.5万千米/小时增加到4.2万千米/小时,高速公路里程从13.6万千米/小时增加到17.7万千米/小时。改革开放40多年来,中国铁路运输在不断"加速度",从20世纪80年代初火车40~60千米/小时,到90年代的120千米/小时,到2008年前后的动车200千米/小时,再到新时代的复兴号300千米/小时、350千米/小时,今后还会有400千米/小时的高铁、600千米/小时的磁悬浮列车,等等。这使中国人的出行速度大大加快,过去"千里江陵一日还"的梦想已经实现,过去"蜀道难,难于上青天"的历史已经终结,相隔几千公里的城市,一天之间都可以来个往返。中国式现代化时空压缩的特点更加明显。

第二,数字经济、网络经济、平台经济蓬勃发展,交易方式突破了过去物理空间的限制。在数千年前的黄帝时代,中国的交易是"日中而市";再后来就是"日出而作,日落而息"的自然经济;到今天则是24小时的交易,随时随地都可以进行购物交易。我们持续推进网络提速降费,发展"互联网+",移动互联网用户数增加到14.5亿户,实物商品网上零售额占社会消费品零售总额的比重从15.8%提

---

① [德]马克思,恩格斯. 马克思恩格斯文集:第8卷[M]. 北京:人民出版社,2009:169.
② [德]马克思,恩格斯. 马克思恩格斯全集:第30卷[M]. 北京:人民出版社,1995:521.

高到27.2%。2023年2月，中共中央、国务院印发的《数字中国建设整体布局规划》指出：到2025年，基本形成横向打通、纵向贯通、协调有力的一体化推进格局，数字中国建设取得重要进展。到2035年，数字化发展水平进入世界前列，数字中国建设取得重大成就。数字中国建设体系化布局更加科学完备，经济、政治、文化、社会、生态文明建设各领域数字化发展更加协调充分，有力支撑全面建设社会主义现代化国家。为此，在国务院机构改革中，专门提出建立国家数据局，负责协调推进数据基础制度建设，统筹推进数字中国、数字经济、数字社会规划和建设等，这将使中国经济社会更加数字化、网络化。

第三，政府自我革命、国家治理现代化极大地解放和发展了生产力，特别是节省了人们经商办企业的时间成本和创业成本。从党的十九大到党的二十大的5年中，我们深化党和国家机构改革，进一步释放市场和社会活力。习近平总书记指出："从党和国家机构改革历程可以看出，党政机构属于上层建筑，必须适应经济基础的要求。经济不断发展，社会不断进步，人民生活不断改善，上层建筑就要适应新的要求不断进步改革。这是人类社会发展的一条普遍规律。"① 国务院持之以恒推进触动政府自身利益的改革，进一步简政放权，放宽市场准入，全面实施市场准入负面清单制度。多年来取消和下放行政许可事项1000多项，中央政府层面核准投资项目压减90%以上，工业产品生产许可证从60类减少到10类，工程建设项目全流程审批时间压缩到不超过120个工作日。改革商事制度，推行"证照分离"改革，企业开办时间从一个月以上压缩到目前的平均4个工作日以内，实行中小微企业简易注销制度。

三、中国式现代化是以加大社会流动性发展防止阶层固化的活力性现代化

从世界范围来看，现代化的过程是一个产生新的社会阶层和社会群体的分化过程，也是原有社会阶层和群体不断产生新诉求和新需要的裂化过程。在这个过程中，会产生一系列对现代化造成消极和负面影响的问题：其一，新的社会阶层和群体的需求在已有体制和组织架构下无法满足，因而会在体制外溢出，产生一种冲击已有制度堤坝的横流。换句话说，会产生大量的街头政治行为。其二，已有社会群体和

---

① 习近平. 习近平著作选读：第2卷[M]. 北京：人民出版社，2023：129.

阶层的需求与新阶层、新群体的新需求之间会发生利益冲突，同一时间段内只能满足一部分阶层和群体的要求，甚至会以牺牲其中一个或者几个阶层和群体为代价来满足。这就造成阶层之间的不相容性。其三，一些社会阶层和群体具有很强的社会资源占有能力，有可能阻断其他社会阶层和群体的向上流动性。中国式现代化如何破解这一难题？

第一，中国式现代化是不断催生新的社会阶层和群体的过程。2013年11月19日，《人民日报》发表题为《加强和改善党对全面深化改革的领导》的文章指出："认真研究工人、农民、干部、知识分子等不同群体的利益诉求和政策诉求，包括注意关注蚁族、北漂、海归、海待、散户等社会上新出现的人群，分析哪些是共性需求、哪些是个性需求，有的放矢地开展工作。"① 由于城市化的推进、市场经济的深入发展、产业结构调整、新技术的应用、对外开放等因素的影响，社会变迁速度加快，出现了许多新的社会阶层和群体。截至2020年年底，全行业卡车司机达到1728万人；截至2021年年底，全国保安队伍达到640万人；截至2022年7月底，全国有300万快递人员和1500万外卖平台注册的外卖人员，也就是说，快递小哥和外卖小哥一共有1800万人；截至2022年年底，全国网约车司机已达到570万人。除此之外，我们还有很多新的社会群体不断涌现。2013年12月中央农村工作会议指出，要重视农村"三留守"问题，健全农村留守儿童、留守妇女、留守老年人关爱服务体系。2022年3月，习近平总书记在看望参加全国政协会议的农业界、社会福利和社会保障界委员时对"三留守"还是挂在心上，他指出，要补齐农村社会福利短板，加强对农村老年人、儿童、"三留守"人员等特殊和困难群体的关心关爱。2015年6月，民政部基层政权和社区建设司指出：据推算，中国农村的留守儿童已超过6000万人，留守妇女达到了4700多万人，留守老人约有5000万人，这部分人在生产或者生活当中都会存在这样或者那样的困难，维护好这些群众的合法权益是一件大事，加强对空心化的留守人员的关爱服务是农村社区建设的一项重点任务。我们不仅有农村"三留守"，还有众多的新社会阶层人士。2015年5月18日，在中央统战工作会议上的讲话中，习近平总书记指出，新经济组织、新社会组织中的知识分子，如律师、会计师、评估师、税务师等专业人士，是改革开放以来快速成长起来的社会群体。随着互联网的快速发展，包括新媒体从业人员和网络"意见领袖"在内的网络人士大量涌现。在这两个群体中，有些经营网络，是"搭台"的，

---

① 刘云山. 加强和改善党对全面深化改革的领导[N]. 人民日报,2013-11-19(001).

有些在网上发声,是"唱戏"的,往往能左右互联网的议题,能量不容小觑。①这些新的群体的出现是现代化进程中的必然结果,也是推动现代化发展的重要力量。

第二,中国式现代化在其发展中要把新出现的社会群体特别是那些弱势群体包容进来,而不是把他们甩出现代化列车之外。我们强调中国式现代化是14亿多人整体迈入现代化,一个民族、一个人都不能少。通过发展社会主义民主政治,将各个社会群体的诉求通过人民代表大会制度等人民当家作主的途径加以实现。我们不断扩大人民有序政治参与,人民实现了内容广泛、层次丰富的当家作主,各个阶层和群体的利益要求都能够得到及时有效的反映。我们坚持发展最广泛的爱国统一战线,发展独具特色的社会主义协商民主,有效凝聚了各党派、各团体、各民族、各阶层、各界人士的智慧和力量,各个社会阶层和群体之间都能够进行充分协商,能够相互配合,形成整体力量。我们努力建设了解民情、反映民意、集中民智、珍惜民力的决策机制,增强决策透明度和公众参与度,保证了决策符合包括各个阶层和群体在内的人民利益和愿望。

四、中国式现代化是以构建人类命运共同体来创造人类文明新形态的世界性现代化

2023年2月7日,在学习贯彻党的二十大精神研讨班开班式上发表的重要讲话中,习近平总书记指出,中国式现代化,深深植根于中华优秀传统文化,体现科学社会主义的先进本质,借鉴吸收一切人类优秀文明成果,代表人类文明进步的发展方向,展现了不同于西方现代化模式的新图景,是一种全新的人类文明形态。② 中国式现代化创造了怎样的人类文明新形态?

第一,创造了人类政党新文明。首先,这是一种能够靠自身力量、靠自我革命消除各种腐败的纯洁性的政党文明。如何实现权力的自我监督是世界性难题,是国家治理的"哥德巴赫猜想",也是各国现代化进程中遇到的大难题。自我革命锻造了我们党强有力的筋骨和风骨。强大的政党是在自我革命中锻造出来的,敢于直面问题、勇于修正错误,是我们党的显著特点和优势。我们党在自我革命中进行的锻造是人类政党史上绝无仅有的,"自我革命就是补钙壮骨、排毒杀菌、壮士断腕、

---

① 习近平. 习近平谈治国理政:第2卷[M]. 北京:外文出版社,2017:325.
② 习近平. 正确理解和大力推进中国式现代化[N]. 人民日报,2023-02-08(001).

去腐生肌,不断清除侵蚀党的健康肌体的病毒,不断提高自身免疫力,防止人亡政息"①。其次,这是一种没有自身特殊利益的纯洁性的政党文明。我们党特别警惕政党亡党的利益集团因素,苏联解体、苏共亡党,很重要的原因就是它产生了利益集团。习近平总书记2021年1月11日在省部级主要领导干部学习贯彻党的十九届五中全会精神专题研讨班上的重要讲话中指出:苏联是世界上第一个社会主义国家,取得过辉煌成就,但后来失败了、解体了,其中一个重要原因是苏联共产党脱离了人民,成为一个只维护自身利益的特权官僚集团。② 我们一直强调坚决防止党内形成利益集团,防止领导干部成为利益集团的代理人、代言人。我们依靠彻底的自我革命精神,摆脱一切利益集团、权势团体、特权阶层的"围猎"腐蚀,并向党内成为这些集团、团体、阶层同伙的人开刀。可以说,从来不代表任何利益集团、任何权势团体、任何特权阶层的利益,使我们党形成了一种独到的政党新文明:其一,能够消除西方政党的公司化倾向。2006年,英国议会政党资金特别委员会对西方政党的变化发出了如下警告:"维持了过去一个世纪之久的政党体系已经崩溃。党员资格不再有任何意义,政党越来越依赖于私人捐款进行竞选。"国际著名财经专家、意大利学者纳波利奥尼甚至认为,西方的政党已经成为政党有限公司,谁给捐款就为谁服务。其二,能够真正做出为人类谋进步、为世界谋大同,促进世界和平与发展的崇高事业。

第二,创造了人类政治新文明。首先,这个文明新形态体现为人民代表大会制度。人民代表大会制度是符合我国国情和实际、体现社会主义国家性质、保证人民当家作主、保障实现中华民族伟大复兴的好制度,是中国人民在人类政治制度史上的伟大创造,是在我国政治发展史乃至世界政治发展史上具有重大意义的全新政治制度。其次,这个文明新形态体现为社会主义协商民主和中国共产党领导的多党合作和政治协商制度。社会主义协商民主在我国有根、有源、有生命力,是中国共产党和中国人民对人类政治文明的伟大创造,既尊重多数人的意愿,又照顾少数人的合理要求。中国共产党领导的多党合作和政治协商制度作为我国的一项基本政治制度,是从中国土壤中生长出来的新型政党制度,是中国共产党、中国人民和各民主党派、无党派人士的伟大政治创造,"它不仅符合当代中国实际,而且符合中华民族一以贯之的天下为公、兼容并蓄、求同存异等优秀传统文化,是对人类政治文明

---

① 习近平. 习近平著作选读:第2卷[M]. 北京:人民出版社,2023:588.
② 习近平. 习近平谈治国理政:第4卷[M]. 北京:外文出版社,2022:171.

的重大贡献"①。最后,确立了衡量国家政治文明的新标准。一个标准是"八个能否":评价一个国家政治制度是不是民主的、有效的,主要看国家领导层能否依法有序更替,全体人民能否依法管理国家事务和社会事务、管理经济和文化事业,人民群众能否畅通表达利益要求,社会各方面能否有效参与国家政治生活,国家决策能否实现科学化、民主化,各方面人才能否通过公平竞争进入国家领导和管理体系,执政党能否依照宪法法律规定实现对国家事务的领导,权力运用能否得到有效制约和监督。②"八个能否"涵盖了政治建设的主要内容。另一个标准是"四个要看、四个更要看":一个国家民主不民主,关键在于是不是真正做到了人民当家作主,要看人民有没有投票权,更要看人民有没有广泛参与权;要看人民在选举过程中得到了哪些口头许诺,更要看选举后这些承诺实现了多少;要看制度和法律规定了什么样的政治程序和政治规则,更要看这些制度和法律是不是真正得到了执行;要看权力运行规则和程序是否民主,更要看权力是否真正受到人民监督和制约。③"四个要看、四个更要看"强调了政治权力运行全过程的判断问题。这两个标准是有机统一的,为评判人类政治文明提供了新的科学标准。

第三,创造了人类工业新文明。中国的工业新文明体现在以下几个方面:首先,用物美价廉的工业品极大地改善了世界人民的生活。中国每年为全世界所有国家和地区提供数万亿美元的工业产品,使很多国家的民众享受到质量上乘、价格低廉的物质产品。其次,用独立的工业体系避免了被规锁、被钳制,避开了依附性陷阱,从而有力地压缩了西方以工业自由为名对包括广大发展中国家在内的剥削空间。列宁曾经在1902年写的《怎么办》中指出:"自由是个伟大的字眼,但是人们曾经在工业自由的旗帜下进行最富有抢掠性的战争,在劳动自由的旗帜下掠夺劳动者。"④以工业自由为名,1818—1836年,英国输往印度的棉纱增加了5200倍。殖民当局规定,英国输入印度的货物只收极低的税,甚至免税,印度纺织品在本国销售,却要交极高的内地税。在英国的控制下,印度棉织工业急剧衰败,在著名的纺织业中心达卡,人口从15万人减少到3万~4万人,无数手工业者因此破产,挣扎在死亡线上。1828—1835年担任印度总督的本廷克也不得不承认:这种灾难,在商业史

---

① 中共中央党史和文献研究院,中央学习贯彻习近平新时代中国特色社会主义思想主题教育领导小组办公室编.习近平新时代中国特色社会主义思想专题摘编[M].北京:党建读物出版社,中央文献出版社,2023:261.
② 习近平.习近平著作选读:第1卷[M].北京:人民出版社,2023:262.
③ 习近平.在中央人大工作会议上的讲话[J].求是,2022(5):12.
④ [苏]列宁.列宁选集:第1卷[M].北京:人民出版社,1972:227.

上几乎是绝无仅有的。棉织工人的白骨使印度平原都白成一片了。这种灾难不是特例，而是普遍现象。党的二十大报告指出："我国不走一些国家通过战争、殖民、掠夺等方式实现现代化的老路，那种损人利己、充满血腥罪恶的老路给广大发展中国家人民带来深重苦难。"① 西方国家的现代化是暴力占统治地位的现代化，用坚船利炮抢掠发展中国家的财富、毁灭发展中国家的文明、奴役人民，使发展中国家在很长的历史时期内失去发展的能力和主动性。历史真相就是如此。

中国式现代化深深植根于中华优秀传统文化，从中华文明的沃土中汲取着无穷的营养，终将长成参天大树；中国式现代化体现科学社会主义的先进本质，既从目标追求根本上体现了科学社会主义关于未来新社会的先进本质，又从蕴含的独特价值观上体现了科学社会主义价值观主张的本质要求。中国式现代化借鉴吸收一切人类优秀文明成果，代表人类文明进步的发展方向，展现了不同于西方现代化模式的新图景，打破了"现代化 = 西方化"的迷思，展现了现代化的另一幅图景，拓展了发展中国家走向现代化的路径选择，为人类对更好社会制度的探索提供了中国方案。

---

① 习近平. 高举中国特色社会主义伟大旗帜　为全面建设社会主义现代化国家而团结奋斗——在中国共产党第二十次全国代表大会上的报告[M]. 北京：人民出版社，2022：23.

作者简介

胡鞍钢,清华大学国情研究院院长,清华大学公共管理学院教授、博士生导师,在国内外享有盛誉的国情研究(当代中国研究)领域的开拓者和领军人物。先后出版国情研究系列专著、合著、编著及外文著作90余部,如《中国国情与发展》《中国新理念:五大发展》《中国:决胜百年目标》《"十三五"大战略》《超级中国》《民主决策——中国集体领导制》《中国特色新型智库——胡鞍钢的观点》《2020中国:全面建成小康社会》《2030中国:迈向共同富裕》《中国:创新绿色发展》等。曾获国家自然基金委杰出青年基金、孙冶方经济科学奖、复旦管理学杰出贡献奖、国家科技进步奖三等奖、中国科学院科技进步奖一等奖等。

胡鞍钢：中国式现代化道路的特征和意义分析

一、引言

现代化是一个全球性的进程，几乎所有的国家和地区都在向不同的现代化阶段过渡，这一进程也必然呈现出极大的多样性、差异性、不平衡性与竞争性。中国特色社会主义现代化始终是当代中国发展的主题和战略目标。尽管中国曾经是世界现代化进程中的落伍者，工业化、现代化的开始时间比一些西方国家晚了几百年，但是在中国共产党的领导下，中国用几十年的时间基本走完了发达国家几百年走过的工业化、城镇化、信息化、现代化进程。并且，中国现代化的道路不是西方现代化道路的翻版，而是中国特色社会主义的现代化，正如习近平总书记所指出的："我国现代化是人口规模巨大的现代化，是全体人民共同富裕的现代化，是物质文明和精神文明相协调的现代化，是人与自然和谐共生的现代化，是走和平发展道路的现代化。"在庆祝中国共产党成立100周年大会上，习近平总书记庄严宣告：我们实现了第一个百年奋斗目标，在中华大地上全面建成了小康社会，历史性地解决了绝对贫困问题，正在意气风发，向着全面建成社会主义现代化强国的第二个百年奋斗目标迈进。同时，他还指出，我们坚持和发展中国特色社会主义，推动物质文明、政治文明、精神文明、社会文明、生态文明协调发展，创造了中国式现代化新道路，创造了人类文明新形态。

从世界现代化的历史和进程看，发展的不平衡性、多样性、阶段性是其基本特征、基本动力和基本规律。简单地讲，发展的不平衡性决定了现代化模式和特征的多样性，现代化的多样性又促进了发展的不平衡性。任何国家发展都有不同的阶段性，这又强化了世界各国现代化的不平衡性和多样性，也给不同国家带来了不同的现代化模式。

在世界发展历史进程中，现代化是强国富民的必经之路，但通向现代化的道路不止一条。不同的国家进入现代化的时间不同、国情条件不同、道路选择不同、实现结果不同，这些因素造就了不同的现代化模式，当今世界有近200个国家，就会有近200个现代化模式。从中至少可以概括出三类现代化模式：北方（OECD国家）模式、南方（其他发展中国家）模式和中国式现代化道路。国际竞争本质上是不同的现代化模式的竞争，在全球化背景下，符合"不进则退""进慢也是退"的竞争法则。

在世界性现代化历史潮流中，中国是典型的落伍者，中国共产党成立之后领导人民把握历史大势、掌握历史主动，不懈探索、接力奋斗，成功走出一条适合中国国情、符合人民意愿的现代化道路。到2020年年底，中国人口占世界总人口比重的18.1%，根据世界银行提供的GDP（购买力平价，2017年国际元）数据，中国GDP占世界GDP总量的比重从1990年的3.2%上升至2020年的18.4%，从1990年的世界第11位（排在美国、日本、俄罗斯、德国、英国之后）跃居世界首位。中国现代化既是典型的后发国家追赶型现代化，又是中国特色社会主义现代化，在世界上200多个国家和地区中，具有极其独特的政治、经济、社会国情，更是独辟蹊径的现代化模式，从新民主主义革命的创新到社会主义革命和建设的创新，从改革开放和社会主义现代化建设创新到中国特色社会主义新时代的创新，构成了百年历程的连续创新。中国的现代化不是对西方现代化的模仿和复制，因而才能够后来居上，跃居世界前列，我们称之为"创新型现代化"，这是中国特色社会主义现代化成功的根本原因。因此，需要以百年视角分析总结中国式现代化道路的四个历史时期，概括中国式现代化道路的十大主要特征，阐述中国式现代化奇迹的历史意义。

二、中国式现代化道路的四个历史时期

党的十九届六中全会通过了《中共中央关于党的百年奋斗重大成就和历史经验的决议》（以下简称《决议》），对中国共产党百年征程做出了历史性总结并将其划分为四个历史时期，这成为笔者分析中国式现代化道路的重要依据。

（一）新民主主义革命时期

新民主主义革命时期，党面临的主要任务是：反对帝国主义、封建主义、官僚资本主义，争取民族独立、人民解放，为实现中华民族伟大复兴创造根本社会条件。

任何一个国家的现代化发生、发展都必须创造根本社会条件，极端落伍的中国更不例外。中国在世界性的农业革命、工业革命、科技革命中明显落伍，根据世界经济数据库（1–2008AD），中国 GDP（1990 年国际元）占世界 GDP 总量的比重从 1820 年的 32.9% 下降至 1870 年的 17.1%，到 1913 年进一步下降至 8.8%。成为自公元 1 年以来 2000 年间的最低点。在殖民主义时代、帝国主义时代，"落后就要挨打"。1840 年鸦片战争爆发后，由于西方列强入侵和封建统治腐败，中国逐渐成为半殖民地半封建社会，国家蒙辱、人民蒙难、文明蒙尘，中华民族遭受了前所未有的劫难。在中国共产党诞生之前，洋务运动、戊戌变法、辛亥革命等，都未能改变中国半殖民地半封建的社会性质和中国人民的悲惨命运。究其原因，"一是制度腐败；二是经济技术落后"。

中国共产党成立后，领导人民前仆后继、浴血奋斗，以毛泽东同志为主要代表的中国共产党人，把马克思列宁主义原理同中国具体实践相结合，开辟了农村包围城市、武装夺取政权的正确革命道路，才最终以几千万烈士和人民的巨大牺牲，完成了新民主主义革命。1949 年 10 月 1 日宣告成立中华人民共和国，实现了民族独立、人民解放，中国人民从此站起来了，中国式现代化发展从此开启了新纪元。社会主义革命和社会主义建设，根本改变了中国发展的历史逻辑，为中国式现代化道路创造了政治条件，为实现中华民族伟大复兴创造了根本社会条件。没有共产党就没有新民主主义革命，没有新民主主义革命就没有新中国，没有新中国就没有中国特色社会主义，没有中国特色社会主义就没有中国式现代化道路。与第二次世界大战后独立的"南方"国家纷纷模仿和照搬"北方"国家制度不同，中国共产党先建立了新民主主义社会，随后建立了社会主义社会。中国走上了与其他国家不同类型的现代化道路，也就有了不同的现代化结果。

（二）社会主义革命和建设时期

社会主义革命和建设时期，党面临的主要任务是：实现从新民主主义到社会主义的转变，进行社会主义革命，推进社会主义建设，为实现中华民族伟大复兴创造了根本政治前提、奠定了制度基础。

创建社会主义制度和现代化基础时期。全面确立社会主义的基本制度，实现中国共产党政治领导，没有像其他发展中国家一样复制和照搬西方政治制度，而是确立了社会主义国家制度和政治制度，即国体——工人阶级（经过共产党）领导的，以工农联盟为基础的人民民主专政；政体——人民代表大会制度；国家结构形式——统一的多民族国家和在单一制国家中的民族区域自治制度；政党制度——中国共产党领导的多党合作和政治协商制度。这为当代中国的一切发展和进步创造了政治前提、奠定了制度基础。

推动国家工业化，大规模全面建设社会主义。学习并借鉴了苏联工业化的计划经济模式，在极低收入条件下，依靠党和国家动员全国人民，发动并推动实现国家工业化，进而推动实现农业现代化、工业现代化、国防现代化和科学技术现代化"四个现代化"。经过五个"五年计划"的实施，中国在发展中国家中率先迅速建立起独立的、比较完整的工业体系和国民经济体系，为之后中国的经济独立自主、持续发展奠定了牢固的物质技术基础。按1952年价格计算，1978年国内生产总值（GDP）相当于1952年的4.71倍，翻了两番之多，年均增速为6.0%，明显高于1929—1936年1.5%的年均增速，但仍低于这一时期的潜在经济增长率（笔者估计为9.0%）。按1952年GDP为100计算，1958年的GDP指数达到188.9，但受"大跃进"的影响，1962年降至141.1，减少了47.8，直到1964年才恢复至184.3，相当于6年时间里经济几乎没有净增长。1967年、1968年连续两年负增长，1966—1976年平均增速为5.2%，远低于9.0%的潜在增长率。从经济增长积累效果来看，1978年实际GDP相当于1952年的4.7倍，若按潜在增长率计算，则应当在7.2～9.5倍，笔者估计因为"大跃进"等所造成的经济损失约占1978年模拟GDP总量的1/3～1/2。根据安格斯·麦迪森提供的按购买力平价1990年国际元计算的数据，中国GDP占世界总量比重从1957年的5.4%下降至1976年的4.5%。

中国迅速完成工业化原始积累，创下了历史新纪录。不同于"北方"国家靠殖民主义、帝国主义侵略战争、掠夺殖民地财富完成原始积累，中国靠本国国家工业化，动员全社会各种力量，自力更生，全国资本存量高速增长，从1952年的400亿元上升至1978年的6430亿元，增长了16.1倍，年均增速高达11.3%，其中国有资本占总资本的80%，国有工业资本占总资本的54.1%。铁路、公路、空运、邮电、城市基础设施和能源生产获得空前发展，作为一个国家现代化最具有代表性的因素，我国的发电量在1952—1978年年均增速为13.7%。与此同时，我国的农业生产条件显著改善，灌溉面积从3亿亩①扩大到6.7亿亩，灌溉比例从15.8%提高至45.2%，在耕地资源占世界总量比重的7%、水资源占世界总量比重的6.5%的条件下养活了世界1/5的人口，粉碎了美国国务卿艾奇逊关于新中国新政府不能解决中

---

① 1亩=666.7平方米。

国人口吃饭问题的论断，验证了毛泽东预言"根据革命加生产即能解决吃饭问题的真理"。同时，中国在发展中国家中率先独立自主地建立了大规模的、门类比较齐全的现代科学技术体系、现代教育体系、公共卫生体系，既极大地提升了科学技术水平，也极大地提升了全体人民的教育、健康人力资本，劳动年龄人口平均受教育年限从 1.0 年上升至 4.0 年，人均预期寿命从不足 35 岁上升至 65.9 岁，大大超过印度的 52.8 岁，也超过了世界平均水平（62 岁）和中高收入国家平均水平（65.3 岁）。正如邓小平同志所说，社会主义革命使我国大大缩短了同发达资本主义国家在经济方面的差距。尽管我们犯了一些错误，但我们还是在 30 年间取得了旧中国几百年、几千年所没有取得过的进步。这初步显示了社会主义制度的优越性和人口最多国家的规模效应。

中国成为世界政治大国之一，恢复了联合国安理会常任理事国的合法席位，拥有了一票否决权，重新跻身世界大国之列，成为"南方"国家的代表者，改变了世界政治格局。中国成为世界四大核武器国家（美国、苏联、法国和中国）之一，截至 1976 年 9 月，共进行了 19 次核试验和多次导弹试验，发射了 6 颗人造卫星。对此，1980 年 6 月邓小平同志评价道，"中国在世界上的地位，是在中华人民共和国成立以后才大大提高的。只有中华人民共和国的成立，才使我们这个人口占世界总人口近四分之一的大国，在世界上站起来，而且站住了。还是毛泽东同志那句话：中国人民从此站起来了"。

正如《决议》对社会主义革命和建设时期所做出的历史评价：以毛泽东同志为主要代表的中国共产党人，结合新的实际丰富和发展了毛泽东思想，提出关于社会主义建设的一系列重要思想，包括社会主义社会是一个很长的历史阶段，严格区分和正确处理敌我矛盾和人民内部矛盾，正确处理我国社会主义建设的十大关系，走出一条适合我国国情的工业化道路。

（三）改革开放和社会主义现代化建设时期

改革开放和社会主义现代化建设新时期，党面临的主要任务是：继续探索中国建设社会主义的正确道路，解放和发展社会生产力，使人民摆脱贫困、尽快富裕起来，为实现中华民族伟大复兴提供充满新的活力的体制保证和快速发展的物质条件。

党的十一届三中全会以后，以邓小平同志为主要代表的中国共产党人，做出把党和国家工作重心转移到经济建设上来，实行改革开放的历史性决策，确立社会主义初级阶段的基本路线，明确提出走自己的路，建设有中国特色的社会主义。制定了到21世纪中叶分三步走、基本实现社会主义现代化的发展战略。

在以江泽民同志为主要代表的党中央领导下，经济总量从1990年的第11位跃居至2000年的第6位，人民生活总体上实现了由温饱到小康的历史性跨越，人均GDP（购买力平价，2017年国际元）从1990年相当于世界平均水平的14.7%提高到2000年的31.2%，进入中下等收入水平，货物进出口额从第16位提高至第8位，成功加入世界贸易组织，外汇储备从第10位提高至第2位。

在以胡锦涛同志为主要代表的党中央领导下，全面建设小康社会，经济总量从世界第6位跃升到第2位，加入世界贸易组织之后，进出口总额从第8位跃居世界第2位，外汇储备量居第1位，社会生产力、经济实力、科技实力迈上一个大台阶，人民生活水平、居民收入水平、社会保障水平迈上一个大台阶，我国人均GDP（2017年国际元）到2012年相当于世界平均水平的71.7%，进入下中等收入水平阶段，综合国力、国际竞争力、国际影响力迈上一个大台阶，国家面貌发生新的历史性变化，人民生活水平显著提高，这是我国经济持续发展、民主不断健全、文化日益繁荣、社会保持稳定的时期，是着力保障和改善民生、人民得到实惠更多的时期。

正如《决议》所做出的历史评价：改革开放是党的一次伟大觉醒，是中国人民和中华民族发展史上的一次伟大革命，发出将改革开放进行到底的伟大号召。改革开放和社会主义现代化建设的伟大成就举世瞩目，我国实现了从生产力相对落后的状况到经济总量跃居世界第二的历史性突破，实现了人民生活从温饱不足到总体小康、奔向全面小康的历史性跨越，推进了中华民族从站起来到富起来的伟大飞跃。

（四）中国特色社会主义新时代

党的十八大以来，中国特色社会主义进入新时代。党面临的主要任务是：实现第一个百年奋斗目标，开启实现第二个百年奋斗目标新征程，朝着实现中华民族伟大复兴的宏伟目标继续前进。

党的十八大以来，我国经济发展的平衡性、协调性、可持续性明显增强，国内生产总值突破百万亿元大关，人均国内生产总值超过1万美元，国家经济实力、科技实力、综合国力跃上新台阶，我国经济迈上更高质量、更有效率、更加公平、更可持续、更为安全的发展之路。

中国进入经济强国新时代。从国际比较视角看，按照世界银行数据库（购买力平价，2017年国际元）计算，2020年我国GDP达到23.01万亿元，相当于2012年的1.64倍，占世界GDP总量的比重从13.7%提高至18.4%，相当于美国GDP占世界比重（15.8%）的1.16倍，相当于欧盟GDP占世界比重（14.9%）的1.23倍，成为世界最大的经济体，也成为世界最大的货物进出口贸易体（2020年占世界总量的比重为14.7%）。

中国进入经济快速追赶新时代。尽管中国从高速增长阶段进入中高速增长阶段，但是相对美国、欧盟等"北方"经济体而言，仍显示出经济加速追赶效应。一是我国人均国内生产总值（购买力平价，2017年国际元）从2012年的10398国际元上升至2020年的16411国际元，从相当于美国人均GDP水平的18.7%上升至27.2%、相当于欧盟人均GDP水平的36.8%提高至39.4%。二是我国劳动生产率（2017年国际元）与美国劳动生产率的追赶系数从15.8%上升至24.0%，从相当于欧盟劳动生产率水平的20.5%上升至33.5%，充分显示了中国正处于全面加速追赶发达国家的进程中。

中国进入创新强国新时代。党中央明确提出，再用30年时间全面建成富强民主文明和谐美丽的社会主义现代化强国。第一步，到2035年，中国人均GDP比2020年翻一番，从2020年的1.64万国际元达到3.2万国际元，由2020年相对OECD人均GDP水平的38.8%上升至2035年的70%左右，达到中等发达国家水平；第二步，到2050年，人均GDP达到5万国际元以上，基本接近OECD国家人均GDP水平。未来30年，按2020年不变价格，我国人均GDP年均增速达到3.8%左右即可实现这一目标，从历史经验看，实际结果会超过中国政府设定的预期经济增长目标。

党的十八大以来，以习近平同志为核心的党中央团结领导全党、全军、全国各族人民砥砺前行，全面建成小康社会目标如期实现，党和国家事业取得历史性成就、发生历史性变革，彰显了中国特色社会主义的强大生机活力，党心、军心、民心空前凝聚振奋，为实现中华民族伟大复兴提供了更为完善的制度保证、更为坚实的物质基础、更为主动的精神力量。中国共产党和中国人民以英勇顽强的奋斗向世界庄严宣告，中华民族迎来了从站起来、富起来到强起来的伟大飞跃。

总之，世界范围的发展模式已经呈现出世界性的现代化竞赛大潮流、新趋势，既反映了经济全球化背景下"不进则退"法则，又反映了"进慢也是退"法则。中国呈现出加速追赶趋势，并且正在持续不断地创新中国式现代化道路，实践已经表明，这是世界上惠及人口最多也最为成功的新型现代化道路。

三、中国式现代化道路的主要特征

现代化道路并没有固定模式，适合自己的才是最好的。中国特色社会主义现代化，本质上不同于已经实现现代化的"北方"国家，道路上也不同于正在现代化的"南方"国家，是最适合中国国情的现代化道路，即不断探索开拓创新的中国特色社会主义现代化道路。笔者将其总结和概括为十大主要特征。

（一）中国式现代化是中国共产党领导的现代化

中国实现社会主义现代化的根本制度条件是极其独特的。中国共产党成为中国现代化的领导核心力量与最大的发动因素，"坚持党的全面领导，不断完善党的领导"。党政军民学、东西南北中，党是领导一切的。

20世纪50年代初，中国共产党提出"要在一个相当长的时期里，逐步实现国家的社会主义工业化"战略目标，党的八大指出国内的主要矛盾已经是人们对于建立先进的工业国的要求同落后的农业国现实之间的矛盾，已经是人民对于经济文化迅速发展的需要同当前经济文化不能满足人民需要的状况之间的矛盾。党和全国人民的主要任务，就是要集中力量来解决这个（主要）矛盾，把我国尽快地从落后的农业国变成先进的农业国。

1964年，中央提出"要在不太长的历史时期内，把我国建设成为一个具有现代农业、现代工业、现代国防和现代科学技术的社会主义强国，赶上和超过世界先进水平"的"四个现代化战略目标"。1975年再次重申实现"四个现代化""两步走"战略设想：第一步，用15年时间，即在1990年以前，建成一个独立的比较完整的工业体系和国民经济体系；第二步，在20世纪内，全面实现农业、工业、国防和科学技术的现代化，使我国国民经济走在世界前列。回头看，第一步战略目标基本实现，第二步战略目标未能全面实现。

1987年4月，邓小平同志第一次明确提出我国经济建设大体分"三步走"的战略目标。党的十三大报告进一步明确，我国经济建设的战略部署大体分三步走：第一步，实现国民生产总值比1980年翻一番，解决人民的温饱问题；第二步，到20世纪末，使国民生产总值再增长一倍，人民生活达到小康水平；第三步，到21世纪中叶，人均国民生产总值达到中等发达国家水平，人民生活比较富裕，基本实现现代化。然后，在这个基础上继续前进。

2002年11月，江泽民同志在党的十六大报告中明确指出，我们胜利实现了现代化建设"三步走"战略的第一步、第二步目标，人民生活总体上达到小康水平。他明确提出，我们要在21世纪头20年，集中力量，全面建设惠及十几亿人口的更高水平的小康社会。在优化结构和提高效率的基础上，国内生产总值到2020年力争比 2000 年翻两番，综合国力和国际竞争力明显增强。有关方面负责人提出，到 2020 年的 20 年，国内生产总值年均增长率为 7.2% 左右，2020 年我国人均国内生产总值可以达到 3000 美元以上，城镇化率超过 50%，农业就业从业人员比重从 2000 年的 50% 降到 30% 左右。

2007 年 10 月，党的十七大报告进一步提出，到 2020 年实现人均国内生产总值比 2000 年翻两番，我国将成为工业化基本实现、综合国力显著增强、国内市场总体规模位居世界前列的国家。有关方面负责人提出，到 2020 年我国人均 GDP 约为 5000 美元，第一产业就业结构的比重可能降到 30% 左右，城镇化率有可能接近 60%。

2012 年 11 月，党的十八大报告明确提出，实现国内生产总值和城乡居民人均收入比 2010 年翻一番。第一次明确提出加快建立生态文明制度的改革目标要求，将生态文明建设与经济建设、政治建设、文化建设、社会建设共同写入报告，在奋斗目标上完整体现了中国特色社会主义事业"五位一体"总体布局的要求。

2017 年 10 月，习近平总书记在党的十九大报告中明确提出，到建党一百年时，建成经济更加发展、民主更加健全、科教更加进步、文化更加繁荣、社会更加和谐、人民生活更加殷实的小康社会。2020 年是全面建成小康社会决胜期。

总之，中国共产党是领导中国特色社会主义现代化的核心力量，实现社会主义现代化始终是中国共产党的核心目标。经过长期努力和奋斗，中国共产党已经全面实现了第一个百年奋斗目标，开启了实现第二个百年奋斗目标的新征程。

（二）中国式现代化的基本国情和条件与西方国家大为不同

中国具有极其特殊的基本国情。与西方发达国家相比，中国开始工业化、现代化时间较晚，发展起点偏低，1950 年中国人均 GDP（1990 年国际元）仅相当于美国人均 GDP 的 4.7%、西欧人均 GDP 的 9.8%，是世界上落后的、贫穷的人口大国。1956 年毛泽东将中国基本国情称为"一穷二白"。"穷"就是没有多少工业，农业也不发达。"白"就是一张白纸，文化水平、科技水平都不高。为此，党的八大根据我国社会主义改造基本完成后的形势，提出国内主要矛盾已经不再是工人阶级和资产阶级的矛盾，而是人民对于经济文化迅速发展的需要同当前经济文化不能满足人民需要的状况之间的矛盾，全国人民的主要任务是集中力量发展社会生产力，实现国家工业化，逐步满足人民日益增长的物质和文化需要。

1979 年，邓小平同志将中国基本国情概括为：人口多、耕地少、底子薄，80%

的人口是农民，仍然是世界上很贫穷的国家之一。为此，1984 年，他提出"中国式现代化"长远战略目标，即"到本世纪末在中国建立一个小康社会。这个小康社会，叫作中国式的现代化。翻两番、小康社会、中国式的现代化，这些都是我们的新概念"。1987 年，党的十三大报告对于中国国情的基本判断首次特别加上了"人均国民生产总值仍居世界后列"。

改革开放初期，中国国情的基本特征可概括为：一是中国拥有超大规模的人口，1978 年为 9.56 亿人（年中人口），占世界总人口（42.81 亿人）比重为 22.3%，接近于 OECD 国家（36 个国家）总人口（10 亿人），这意味着中国一旦实现现代化，就相当于世界将近 1/4 的人口进入现代化行列，将根本改变世界现代化版图；二是中国人均主要资源明显低于 OECD 国家，人均农业用地不足 OECD 国家的一半，仅为其 43.3%，人均淡水资源仅为 OECD 国家的 26.9%，人均能源消费相当于 OECD 国家的 55.6%，这就意味着中国在人均资源低得多的条件下，必须创新绿色现代化；三是中国现代化发展起点很低，1978 年人均国民总收入在世界 188 个国家和地区中居第 175 位，排在最后 7% 的位置。

但是中国具有后发优势、发展速度快，属于典型的追赶型现代化模式，到 2019 年人均国民总收入在世界 194 个国家和地区中居第 73 位，排在世界前 38% 的位置，按购买力平价（PPP）2017 年国际元计算，人均 GDP 年均增速居世界前列，1990—2020 年高达 8.7%，从 1950 年相当于美国人均 GDP 水平的 4.7% 上升至 2020 年的 27.2%，人口平均预期寿命从 1950 年相当于美国水平的 60.1% 提高至 2019 年的 98.1%，人口预期受教育年限从 1990 年相当于美国水平的 58.6% 提高至 2018 年的 85.3%，人类发展指数从 1990 年相当于美国水平的 57.7% 提高至 2019 年的 82.2%（见表 1）。

表 1 中国主要人均指标相对于美国的追赶系数（1950—2020 年） （%）

年份	人均 GDP（PPP）	人均受教育年限	预期受教育年限	人口平均预期寿命	人类发展指数（HDI）
1950	4.7	11.9	—	60.1	—
1960	5.8	21.8	—	62.7	—
1970	5.2	29.7	—	83.4	—
1980	5.7	44.3	58.9	90.8	—
1990	3.5	52.6	58.6	91.9	57.7
2000	6.9	61.8	63.4	93.2	66.4
2010	16.3	75.6	75.6	94.7	76.3
2020	27.2	—	85.3（2018 年）	98.1（2019 年）	82.2（2019 年）

注：美国 =100%。

这充分反映了中国独辟蹊径地开创了独特的现代化模式和独特的现代化道路，尽管人均 GDP 仍明显低于美国，但是人均预期寿命已与美国相当，人均受教育年限、预期受教育年限已接近美国水平，实现了持续的高经济增长，经济福祉、人力资本投资水平、社会公平程度、生态文明程度、人民幸福指数等快速提升。

根据全国第六次、第七次人口普查数据，全国具有大专及以上文化程度人口从 2010 年的 11964 万人增加至 2020 年的 21836 万人，超过了世界第六大人口国家巴西的总人口（21256 万人），接近世界第五大人口国家巴基斯坦总人口（22100 万人）。其中，具有高中（含中专）文化程度以上人口从 2010 年的 30763 万人提高至 2020 年的 43137 万人，这已经比世界第三大人口国家美国的总人口（2020 年为 32948 万人）还多出 1 亿人，相当于美国劳动力总量（2020 年为 1.65 亿人）的 2.62 倍。

事实表明，我国现代化是人口规模巨大的现代化，即 14 亿中国人民是可以用更短的时间实现人力资本现代化，进而促进国家现代化从大大落伍到奋起直追，再到大踏步地赶上来。

（三）中国式现代化的基本性质是中国特色社会主义现代化

中国最特殊的政治国情是社会主义现代化，不同于西方资本主义现代化。1980 年邓小平同志明确指出："我们进行社会主义现代化建设，是要在经济上赶上发达的资本主义国家，在政治上创造比资本主义国家的民主更高更切实的民主，并且造就比这些国家更多更优秀的人才。达到上述三个要求，时间有的可以短些，有的要长些，但是作为一个社会主义大国，我们能够也必须达到。所以，党和国家的各种制度究竟好不好、完善不完善，必须用是否有利于实现这三条来检验。"笔者将这三条标准称为"邓小平标准"，也就是"中国标准"。衡量中国制度优劣既不是根据所谓"苏联标准"，也不是根据所谓"美国标准"，而是根据"中国标准"来检验、来比较。

1992 年邓小平同志在南方谈话中明确提出"三个有利于"标准，即"是否有利于发展社会主义社会的生产力，是否有利于增强社会主义国家的综合国力，是否有利于提高人民的生活水平"，并将其正式写入党的十四大报告。笔者将这三条标准称为"中国社会主义现代化标准"。

从国家性质看，中国的现代化是社会主义国家现代化，而不是资本主义国家现代化；从国家治理体系看，中国是中国共产党领导、实行全国人民代表大会制、多党合作政治协商的国家，而不是照搬西方国家的总统制、议会制、两党制或多党制；

从国家治国理念看，中国是以全体人民为中心的现代化，而不是以极少数垄断资本集团为中心的现代化；从国家发展任务来看，社会主义的本质是解放生产力、发展生产力，消灭剥削、消除两极分化，最终达到共同富裕；从国家发展目标看，是实现全体人民共同参与、共同发展、共同富裕、共同分享的全民现代化，而不是社会严重对立、政党政治冲突的现代化；从国家与世界的关系看，是倡导推动构建人类命运共同体，实行共赢主义，而不是实行殖民主义、帝国主义、霸权主义方式。诚如习近平总书记指出的：治理一个国家，推动一个国家实现现代化，并不只有西方制度模式这一条道路，各国完全可以走出自己的道路。中国现代化的道路就是社会主义现代化道路，而不是西方资本主义现代化道路的翻版，正因如此，中国才能够迅速追赶西方国家工业化、信息化、现代化、城镇化进程并创造中国式现代化道路。

（四）中国式现代化的发展本质是逐步实现全体人民共同富裕

中国具有特殊的社会国情，不仅人口多、民族多、地域辽阔、自然地理条件差异甚大，而且地区发展极不平衡、城乡发展不平衡、居民收入差距巨大。如果实行资本主义制度、走资本主义道路，只能让少数人富裕起来，势必加剧贫富差距、两极分化。新中国成立之时就建立了"一体多元"的民族区域自治制度，即中华人民共和国是统一的多民族国家，坚持实行各民族平等、团结和共同繁荣的原则。这充分体现了中国不仅能够成为世界人口最多、多民族的统一国家，而且能够建立超大规模的统一的社会主义政治制度，形成现代中国的"大一统"。

中国共产党矢志不渝坚持走社会主义共同富裕道路，大致分为三个时期：

第一个时期是社会主义革命和建设时期（1949—1978年），我国基本完成对生产资料私有制的社会主义改造，基本实现生产资料公有制和按劳分配，建立起社会主义基本经济制度，经过几个五年计划的实施，我国建立起独立的、比较完整的工业体系和国民经济体系，农业生产条件显著改善，教育、科学、文化、卫生、体育事业有很大发展。

第二个时期是改革开放和社会主义现代化建设新时期（1978—2012年），1978年党的十一届三中全会首次提出鼓励一部分地区和一部分人先富起来，率先突破"贫困陷阱"，解决温饱问题，达到小康水平，集中全国各方面力量，消除农村绝对贫困人口，按2010年农村贫困线标准（每人每年生活水平为2300元，以2010年不变价计算），农村贫困人口从1978年的77039万人减少至2012年的9899万人，贫困发生率从97.5%下降至10.2%，基本公共服务均等化水平显著提高。

第三个时期是党的十八大以来中国特色社会主义的新时代。2020年农村贫困人口全部消除，提前10年实现了国际社会可持续发展目标中消除绝对贫困的目标。全国基本医疗保险参保人数达13.61亿人，参保率达95%以上，其中，参加城乡居民基本医疗保险人数为10.2亿人，参加职工基本医疗保险人数为3.4亿人。全国参加城乡居民基本养老保险人数为5.47亿人，参加城镇职工基本养老保险人数为4.67亿人，基本养老保险参保人数总计10.14亿人，参保率超过90%。构建了世界最大规模的基本医保、基本养老保障体系，无论受益人口总数还是参保率都已超过OECD国家平均水平，如期全面建成惠及十几亿人口的小康社会。党的十九届五中全会向更远的目标谋划共同富裕，首次明确提出了"全体人民共同富裕取得更为明显的实质性进展"的目标。共同富裕本身就是社会主义现代化的一个重要目标，这是中国社会主义现代化与西方资本主义现代化最大的不同之处，也是最大的政治优势所在。实行共同富裕方略始终是中国共产党的执政纲领，党举全国之力，做出战略安排，采取有效措施，不断缩小地区发展差距、城乡发展差距、居民收入差距，让发展成果更多更公平地惠及全体人民。诚如习近平总书记所言，中国现代化是全体人民共同富裕的现代化。

（五）中国式现代化的经济基础是实现工业化、信息化、网络化、数字化

从1953年毛泽东提出"一化三改"开始启动国家工业化，到1956年党的八大提出"用三个五年计划初步实现国家工业化，再用几十年时间接近或赶上世界最发达资本主义国家"的目标；从1964年实现"四个现代化"，建立比较独立完整的工业体系和国民经济体系，到1987年邓小平提出我国社会主义现代化的"三步走"战略；从党的十六大报告提出2020年基本实现工业化目标、走新型工业化道路，到"中国制造2025"计划的提出，这些计划的提出和实施一脉相承。

中国已经成为强大的工业国。按不变价格计算，我国工业增加值从1952年到2020年增长了1052倍，年均增速高达10.8%，创下了近300年来世界工业化的历史纪录。中国已经建立了世界上行业最齐全、最完整的强大工业体系，拥有41个工业大类、207个中类、666个小类，是全世界唯一拥有联合国产业分类中全部工业门类的国家。在世界500多种主要工业产品中，中国有220多种产品的产量居世界第一。中国制造业增加值（美元现价）占世界比重从2004年的8.6%上升至2019年的28.3%，中国工业增加值（美元现价）占世界比重从1994年的4.4%上升至

2019年的22.1%，相当于美国比重（14.6%）的1.46倍。诚如习近平总书记所言：我们用几十年时间走完了发达国家几百年走过的工业化历程。

中国开创了新型工业化道路。习近平总书记指出："西方发达国家是一个'串联式'的发展过程，工业化、城镇化、农业现代化、信息化顺序发展，发展到目前用了200多年时间。我们要后来居上，决定了我们发展必然是一个'并联式'的过程，工业化、信息化、城镇化、农业现代化是叠加的。"中国不仅是世界上最大的工业增加值国家、最大的制造业增加值国家，而且还是世界上移动电话、固定移动宽带互联网用户最多的国家，中国移动电话用户占世界比重从1995年的4.0%上升至2020年的23.2%，中国固定移动宽带互联网用户占世界比重从2001年的0.9%上升至2020年的40.2%。我国数字经济迅速发展，增加值从2008年的4.8万亿元上升至2020年的39.2万亿元，占GDP的比重从15.2%提高至38.6%。工业化与信息化、网络化、数字化的并联式跨越式发展，成为中国经济发展的新动能，也使中国成为第四次工业革命的创新者、引领者。

（六）中国式现代化同步实现城镇化与农业、农村、农民现代化

中国从典型的传统城乡二元结构转变为城乡现代化。一方面，加速城镇化，城镇化率从1949年的10.6%提高至2020年的63.9%，超过世界平均城镇化率（56.2%），我国城市人口占世界城市总人口比重从1960年的10.6%上升至2020年的19.8%，已建成世界最大规模的现代化城市社会。另一方面，促进农业、农村、农民现代化，中国农业增加值（2010年美元价格）占世界比重从1970年的14.1%上升至2020年的24.4%；中国农业劳动生产率（2010年美元价格）从1991年相当于世界农业劳动生产率水平的51.4%上升至2019年的112.7%，已高于世界平均水平；中国人均主要农业产品产量和食品消费均高于世界人均水平，2020年我国人均粮食占有量超过474.7千克，高于人均400千克的国际粮食安全标准线。农村居民人均可支配收入从1949年的43.8元上升至2020年的17131元，相当于每人每日收入为11.2国际元，进入国际中等收入水平（10~100国际元）的门槛，农村居民家庭恩格尔系数从1954年的68.6%下降至2019年的30.0%，从绝对贫困型向富足型消费结构转变，与同期城镇居民家庭恩格尔系数（27.6%）的差距逐步缩小。截至2020年年底，全国农村卫生厕所普及率超过68%，生活垃圾进行收运处理的行政村比例超过90%，农村生活污水治理水平不断提升，95%以上的村庄开展了清洁行动。自2005年以来，国家实施农村饮水安全工程，2015年年末共解决5.2亿农村

居民和4700多万农村学校师生的饮水安全问题，贫困地区自来水普及率从2015年的70%提高至2020年的83%。通过加速城镇化、城乡一体化、乡村全面振兴，我国有效地实现了城乡同步现代化。

（七）中国式现代化是创新绿色的现代化

中国具有特殊的自然国情，尽管国土面积有960万平方千米，但是大部分国土利用难度较大，生态环境基础脆弱。受自然地理条件限制，耕地面积仅占国土面积的14.1%，林地面积仅占国土面积的26.3%。我国资源总量丰富，但人均资源占有量远低于世界平均水平。2017年，我国耕地保有量居世界第三位，但人均耕地面积不足1.5亩，不到世界平均水平的1/2；2019年，我国人均水资源量为2048立方米，仅为世界平均水平的约1/4，且时空分布极不平衡；油气、铁、铜等大宗矿产人均储量远低于世界平均水平，对外依存度高；人均森林面积仅为世界平均水平的1/5，人与自然之间的矛盾、发展与资源环境约束的矛盾十分突出。在上述自然国情约束下，中国不可能走上欧美式的现代化道路，必须不断创新适合中国自然国情的绿色现代化道路。习近平总书记指出：我们建设现代化国家，走美欧老路是走不通的，再有几个地球也不够中国人消耗。这决定了中国必须创新绿色现代化，即人与自然和谐共生的现代化。

中国现代化必须独辟蹊径，从"黑色发展"到"绿色发展"，在相对较低的收入条件下实现生态环境质量持续改善。国家"十一五"规划首次设定了资源环境约束性指标，明确并强化了政府责任，要求各级政府通过合理配置公共资源和有效运用行政力量，确保实现环保目标。这包括单位国内生产总值能源消耗降低、单位工业增加值用水量减少、农业灌溉用水有效利用系数增大、工业固体废物综合利用率提高、耕地保有量增加、主要污染物排放总量减少、森林覆盖率提高。"十一五""十二五""十三五"三个五年规划期间，通过实施大气、水、土壤污染防治三大行动，打好蓝天、碧水、净土保卫战等举措，我国生态环境保护发生了历史性、转折性、全局性变化。2020年，全国城镇337个地级及以上城市中空气质量达标的城市占59.9%，在1940个国家级地表水考核断面中，水质优良（Ⅰ~Ⅲ类）断面比例为83.4%，劣Ⅴ类断面比例降至0.6%，全国近岸海域优良（Ⅰ类、Ⅱ类）水质比例提高至77.4%，劣Ⅳ类水质比例降至9.4%；2020年，生活污水处理率达到25.5%；2020年，我国水能、风能、太阳能发电装机容量占世界比重分别达到30.8%、29.3%和30.5%，我国已经成为世界最大的绿色能源国。

中国带头推动签订了应对全球气候变化的《巴黎协定》，习近平总书记承诺：到2030年，中国单位国内生产总值二氧化碳排放将比2005年下降65%以上，非化石能源占一次能源消费比重将达到25%左右，森林蓄积量将比2005年增加60亿立方米，风电、太阳能发电总装机容量将达到12亿千瓦以上。中国正成为21世纪世界绿色工业革命、绿色能源革命、绿色创新革命、绿色消费革命的创新者和贡献者，并开始引领21世纪世界绿色现代化。

（八）中国式现代化是中华民族伟大复兴的现代化

继承和发扬5000多年来中华民族优秀传统文化，继承和不断创新中国革命、社会主义建设、改革开放所创造的革命文化和社会主义先进文化，推动文化繁荣复兴，不断提高国家文化软实力、国际影响力、感召力、塑造力，不断向世界展现中华文化的独特魅力。"全面贯彻习近平新时代中国特色社会主义思想，坚持把马克思主义基本原理同中国具体实际相结合、同中华优秀传统文化相结合"，"推动物质文明、政治文明、精神文明、社会文明、生态文明协调发展"，"创造了人类文明新形态"，对人类文明做出巨大贡献。

中国式现代化的历史发展过程，本身就是中华民族伟大复兴的万里长征。新民主主义革命的伟大胜利，向世界庄严宣告：中国人民从此站起来，为实现中华民族伟大复兴创造了根本社会条件。正如毛泽东同志所预言：夺取全国胜利，这只是万里长征走完了第一步。如果这一步也值得骄傲，那是比较渺小的，更值得骄傲的还在后头。在过了几十年之后来看中国人民民主革命的胜利，就会使人们感觉那好像只是一出长剧中的一个短小的序幕。"剧是必须从序幕开始的，但序幕还不是高潮。"这为后来的中国式社会主义现代化历史事实所证明。

社会主义革命和建设的伟大胜利，向世界庄严宣告：中国人民不仅善于破坏一个旧世界，也善于建设一个新世界，为实现中华民族伟大复兴创造根本政治前提、奠定制度基础。

改革开放和社会主义现代化建设的伟大胜利，为实现中华民族伟大复兴提供了充满新的活力的体制保证和快速发展的物质条件。

党的十八大以来，中国特色社会主义进入新时代，向世界庄严宣告：中国如期实现第一个百年奋斗目标，开启实现第二个百年奋斗目标新征程，朝着实现中华民族伟大复兴的宏伟目标继续前进。

今后中国共产党的总任务是实现社会主义现代化和中华民族伟大复兴，在全面建成小康社会的基础上，分两步走：在21世纪中叶建成富强民主文明和谐美丽的社会主义现代化强国，以中国式现代化推进中华民族伟大复兴。其中解决台湾问题、实现祖国完全统一，是党矢志不渝的历史任务，是全体中华儿女的共同愿望，更是实现中华民族伟大复兴的必然要求。

（九）中国式现代化开创了世界大国和平发展的道路

西方的工业化、现代化，大多是通过发动对外侵略战争为本国发动和完成工业化现代化进行海外原始积累的过程。从殖民主义战争到帝国主义战争，从第一次世界大战到第二次世界大战，中国一直是受害国。二战之后，美国作为发动对外战争最多的国家，干涉他国内政，维护世界霸权。与之截然相反，中华人民共和国成立之初就确立了促进世界和平的方略，从20世纪50年代倡导国际关系的"和平共处五项原则"到21世纪走和平发展道路，从反对帝国主义到反对霸权主义。诚如习近平总书记与美国总统拜登视频会谈时指出，中国人民历来爱好和平，主张和为贵。中华民族血液中没有侵略他人、称王称霸的基因。新中国成立以来，我们没有主动发起过一场战争或冲突，没有侵占过别国一寸土地。从积极推动经济全球化、贸易自由化到大力倡导"一带一路"，为世界提供重要公共产品；从消除绝对贫困到带头落实联合国2030年可持续发展议程，为发展中国家提供大量援助；从支持发展中国家抗疫斗争，到带头倡导构建人类卫生健康命运共同体，均充分体现了中国依靠和平发展富民强国的道路，更加彰显了"中国越强大，世界越受益"的事实。诚如习近平总书记所言：中国现代化是走和平发展道路的现代化。

（十）中国式现代化是人类共发展、共命运的现代化

中国在世界的定位是一以贯之的，从毛泽东提出的中国应当对人类做出较大贡献，到习近平总书记倡导的"中国始终是世界和平的建设者、全球发展的贡献者、国际秩序的维护者，始终坚持走和平发展道路，推动建设新型国际关系，推动构建人类命运共同体，以中国的新发展为世界提供新机遇，始终弘扬和平、发展、公平、正义、民主、自由的全人类共同价值"。这就是中国所倡导的"共赢主义"的世界发展逻辑，中国坚决反对"国强必霸"的霸权主义的西方逻辑，推动构建人类共发展、共命运的共同体。

中国进入世界舞台中央，主动向世界提供公共产品。最典型的就是"一带一路"倡议，至今我国已与140个国家和32个国际组织签署了200多份共建"一带一

路"合作协议,与沿线国家货物贸易额累计达 10.4 万亿美元,对沿线国家非金融类直接投资超过 1300 亿美元。促进相关国家政策沟通、设施联通、贸易畅通、资金融通、民心相通,为将"一带一路"打造成为和平之路、繁荣之路、开放之路、绿色之路、创新之路、文明之路、廉洁之路做出积极贡献。根据世界银行发布的《"一带一路"经济学》报告,"一带一路"建设将使沿线国家和地区的实际收入增长 1.2%~3.4%,全球实际收入增长 0.7%~2.9%,从而促进共同繁荣。"一带一路"倡议的全面实施使参与国之间的贸易往来增加 4.1%,"一带一路"沿线国家和地区的外国直接投资总额将增加 4.97%。此外,"一带一路"相关投资可以帮助多达 3400 万人摆脱中度贫困,使 760 万人摆脱极端贫困。我国已经成为世界重要的对外援助国家,2013—2018 年,我国对外援助金额为 2702 亿元,其中包括无偿援助、无息贷款和优惠贷款。积极推动创立亚洲基础设施投资银行、金砖国家新开发银行等国际合作机构,开展前所未有的广度与深度国际合作、互利共赢。中国通过支持其他发展中国家减贫事业、提升农业发展水平、促进教育公平、改善基础设施、推进工业化进程等,为推动落实联合国 2030 年可持续发展议程积极贡献力量。

中国现代化是各民族、各地区全体人民的现代化,而不是少数人群、少数族群、少数地区的现代化;中国现代化是真正的人民民主、共同富裕、平等、自由、幸福的现代化,而不是假民主、两极分化、极不平等、少数人自由、少数人幸福的现代化;中国现代化是全方位的现代化,是经济建设、政治建设、文化建设、社会建设、生态文明建设的"五位一体"总体布局和协调推进全面建设社会主义现代化、全面深化改革、全面依法治国、全面从严治党的"四个全面"战略布局的有机统一;中国始终与人类同呼吸、共发展、共命运,不断地为人类发展做出重大贡献。

四、中国式现代化奇迹的历史意义

1949 年,毛泽东同志曾预言:"世间一切事物中,人是第一个可宝贵的。在共产党领导下,只要有了人,什么人间奇迹也可以造出来。"那么,什么是中国的人间奇迹呢?中国又是怎样创造人间奇迹的?对于整个人类意味着什么?对此本文作一简要总结。

中国社会主义现代化就是在中国共产党领导下不断创造人间奇迹的历史过程,它始终是当代中国发展的主题,进而以中华民族伟大复兴为根本目标,又是全球性现代化时代的重大创新,更是具有独创性、十分成功的新型现代化道路,正如 1949 年毛泽东同志所预言的"人间正道是沧桑",一个旧中国时代的结束,一个新中国时代的开始,直至今日,并至未来。中国共产党作为领导中国社会主义现代化事业的核心力量,我们正在做我们的前人从来没有做过的极其光荣伟大的事业,经历了百年的奋斗历程并将继续前进:从建党到建军再到新中国成立的 28 年时间(1921—1949 年),从新中国成立到兴国时代的 29 年时间(1949—1978 年),从兴国时代到世界大国时代的 34 年时间(1978—2012 年),从世界大国到世界强国时代的 38 年时间(2012—2050 年),从世界强国到伟大复兴时代的 50 年时间(2050—2100 年)。中国式现代化的十分独特的不断成功的道路,充分反映了中国创新型现代化模式,不同于北方国家传统现代化模式,也不同于南方国家模仿型现代化模式。

中国的社会主义现代化历史进程,是不断追求和实现不同时期的现代化目标,持续创造发展奇迹,不断开创未来的历程。1956 年毛泽东同志在《论十大关系》中首次提出"中国道路",1984 年邓小平同志提出"中国式现代化",2002 年江泽民同志明确提出"全面建设小康社会目标",2012 年胡锦涛同志提出"全面建成小康社会目标",2017 年习近平总书记提出"中国式现代化强国的两阶段目标",这些目标构成了中国特色社会主义现代化道路不同阶段的历史坐标。

中华人民共和国成立 70 多年来,中国走完了发达国家几百年的工业化、城镇化、信息化、现代化进程。但是,中国现代化的道路不是西方现代化道路的翻版,而是创新的社会主义现代化道路,超越了西方资本主义现代化,在"一个世界、三个模式"中独辟蹊径、独树一帜、脱颖而出、举世瞩目。中国特色社会主义现代化的持续成功具有越来越明显的世界意义,必然成为 21 世纪全球性新型现代化的典型。"推动物质文明、政治文明、精神文明、社会文明、生态文明协调发展,创造人类文明新形态",充分反映中华民族文化自信、文明自信。

正如《决议》所总结的,中国共产党百年奋斗的历史经验之一就是坚持中国道路。方向决定道路,道路决定命运。党在百年奋斗中始终坚持从我国国情出发,探索并形成符合中国实际的正确道路。中国特色社会主义道路是创造人民美好生活、实现中华民族伟大复兴的康庄大道。脚踏中华大地,传承中华文明,走符合中国国情的正确道路,党和人民就具有无比广阔的舞台,具有无比深厚的历史底蕴,具有无比强大的前进定力。只要我们既不走封闭僵化的老路,也不走改旗易帜的邪路,坚定不移走中国特色社会主义道路,就一定能够把我国建设成为富强民主文明和谐美丽的社会主义现代化强国。

总之,中国式现代化道路的巨大成功具有极其重大的历史意义,集中表现在以下几个方面:

第一,让超过了 OECD 国家人口总和的 14 亿中国人民共同富裕起来,正如习近平总书记所言,"我国现代化是人口规模巨大的现代化",这本身就是世界前所未有的奇迹,深刻改变了世界现代化发展趋势和格局。

第二,中国发展速度居世界首位,只用几十年的时间就走完了发达国家几百年的现代化过程,实现了快速追赶、创新超越,成为促进世界经济增长、贸易增长、科技创新、减少绝对贫困的"火车头",对世界可持续发展做出了巨大贡献。

第三,中国现代化的成功也为占世界总人口80%以上的"南方"国家实现现代化提供了极其丰富的经验,发展中国家可以依靠坚持改革开放、不断创新,开辟快速走向现代化的崭新道路。

第四,中国特色社会主义现代化的持续成功具有越来越明显的世界意义,成为世界性社会主义现代化实践的引领者,必然成为 21 世纪全球性新型现代化的典型。

第五,中国推动物质文明、政治文明、精神文明、生态文明协调发展,创造了人类文明新形态。为 21 世纪人类文明的多元化、多样化做出重大贡献。

第六,中国积极参与全球环境与气候治理,力争兑现在 2030 年前实现碳达峰、2060 年前实现碳中和的庄严承诺,体现了负责任的大国担当,为 21 世纪应对气候变化的最大挑战做出中国绿色贡献。

第七,中国矢志不渝做世界和平的建设者、全球发展的贡献者、国际秩序的维护者,中国把促进人类和平与发展的崇高事业、做出新的更大贡献作为历史使命,书写 21 世纪人类共同发展、共同进步、共同繁荣的新篇章。

作者简介

李建平,1946年出生于福建莆田,浙江温州人。福建师范大学原校长、文科资深教授,著名的马克思主义经济学家、教育家,全国中国特色社会主义政治经济学研究中心(福建师范大学)主任,福建省习近平新时代中国特色社会主义研究中心学术委员会主任,经济学院和马克思主义学院教授、博士生导师,曾任理论经济学一级学科博士点学术带头人,是马克思主义理论一级学科博士点创始人。社会兼职有:福建省人民政府经济顾问,全国历史唯物主义研究会副会长,曾任中国《资本论》研究会副会长,中国政治经济学学会副会长,全国马克思主义经济学说史研究会副会长等。长期从事《资本论》和社会主义市场经济等研究,在《人民日报》《光明日报》《经济研究》《经济学动态》等报刊发表论文160多篇,撰写、主编学术著作和教材200多部,获教育部全国高校社会科学优秀成果奖二等奖、三等奖各一项,福建省哲学社会科学优秀成果一等奖共8项,以及全国第七届"五个一工程"优秀理论文章奖,世界政治经济学学会"21世纪世界政治经济学杰出成果奖""世界马克思经济学奖"等奖项。他和陈征教授主编的"《资本论》研究丛书"8种12册共500多万字,被誉为"当代马克思主义经济学的重大理论成果",获得第32届华东地区优秀哲学社会科学图书评选一等奖。2016年担任中央马克思主义理论研究与建设工程和国家社会科学基金重大项目第一首席专家,主持编写《中国特色社会主义政治经济学读本》。党的十九大后受中宣部的委托,作为第一首席专家主持马克思主义理论研究与建设工程重点教材《马克思主义政治经济学概论》的修订,该书出版后,已作为全国高校政治经济学通用教材。他在担任全国经济综合竞争力研究中心主任期间,曾参加联合国总部召开的世界创新竞争力新书发布会和研讨会,2021年该中心党支部获中共中央表彰。他是福建省优秀专家,享受国务院特殊津贴专家,国家有突出贡献中青年专家,全国师德先进个人,福建省第二届杰出人民教师,2022年获得福建师范大学首届"文科资深教授"称号。

李建平、裴文霞：
中国共产党是中国式现代化的坚强领导核心

党的二十大报告向全世界庄严宣告："从现在起，中国共产党的中心任务就是团结带领全国各族人民全面建成社会主义现代化强国，实现第二个百年奋斗目标，以中国式现代化全面推进中华民族伟大复兴。"① 报告明确指出，"中国式现代化，是中国共产党领导的社会主义现代化"②，深刻揭示了中国式现代化与中国共产党的内在联系，中国共产党是中国式现代化的坚强领导核心。

一、中国共产党是中国式现代化的领航人

实现现代化是中华民族近代以来孜孜不倦的追求。1840年鸦片战争以后，中国人民和无数仁人志士不屈不挠，苦苦寻求中国现代化之路，但都没有成功。新中国成立后，我们党领导全国人民完成社会主义革命，实现了中华民族有史以来最为广泛而深刻的社会变革，为现代化目标的提出和实施打下了坚实的基础。早在1957年，毛泽东就提出要"使我国在几十年内变为现代化的工业强国"，使农业日益现代化。③ 1964年，周恩来在三届全国人大一次会议上第一次明确提出"四个现代化"的目标和任务："关于今后发展国民经济的主要任务，总的说来，就是要在不太长的历史时期内，把我国建设成为一个具有现代农业、现代工业、现代国防和现

---

① 习近平. 高举中国特色社会主义伟大旗帜　为全面建设社会主义现代化国家而团结奋斗[N]. 人民日报,2022-10-26(001).
② 习近平. 高举中国特色社会主义伟大旗帜　为全面建设社会主义现代化国家而团结奋斗[N]. 人民日报,2022-10-26(001).
③ 毛泽东. 毛泽东文集:第7卷[M]. 北京:人民出版社,1999:240-241.

代科学技术的社会主义强国,赶上和超过世界先进水平。"① 为实现这一目标和任务,党领导人民进行了一系列艰苦卓绝的探索,在"一穷二白"的基础上建立起独立的、比较完整的工业体系和国民经济体系,农业生产条件显著改变,各项事业都有了很大的发展。

党的十一届三中全会以后,我国进入了改革开放和社会主义现代化建设的新时期,我们党提出"中国式现代化"论断,制定到21世纪中叶分三步走,基本实现社会主义现代化的发展战略。为加快推进社会主义现代化,我们党坚持发展是硬道理,实现了从高度集中的计划经济体制转换到充满生机活力的社会主义市场经济体制,实现了人民生活从温饱不足到总体小康、奔向全面小康的历史性跨越。

党的十八大召开后,中国特色社会主义进入了新时代。党的十九大对实现第二个百年奋斗目标做出分两个阶段推进的战略安排,提出到2035年基本实现社会主义现代化,从2035年到21世纪中叶,把我国建成富强民主文明和谐美丽的社会主义现代化强国,中华民族将以更加昂扬的姿态屹立于世界民族之林。党的二十大把以中国式现代化全面推进中华民族伟大复兴作为新时代新征程中国共产党人的光荣使命和主要任务,阐述了有别于各国现代化的五大基本特征:人口规模巨大的现代化、全体人民共同富裕的现代化、物质文明和精神文明相协调的现代化、人与自然和谐共生的现代化、走和平发展道路的现代化。提出了中国式现代化的九个方面的本质要求:"坚持中国共产党领导,坚持中国特色社会主义,实现高质量发展,发展全过程人民民主,丰富人民精神世界,实现全体人民共同富裕,促进人与自然和谐共生,推动构建人类命运共同体,创造人类文明新形态。"② 这就使中国式现代化成为一个完整、严密、科学的理论体系,是中国共产党在21世纪的一个伟大创造,引领中国这艘"巨轮"乘风破浪永向前。

二、中国共产党是中国式现代化的动力源

西方现代化是以资本为中心的现代化,资本是动力源,最大限度地追求剩余价值以实现资本快速增殖是其根本目的。中国式现代化与西方现代化存在着本质区别,中国式现代化坚持以人民为中心,为广大人民谋幸福是中国式现代化的根本目的。

---

① 中共中央文献研究室. 建国以来重要文献选编:第19册[M]. 北京:中央文献出版社,1998:483.
② 习近平. 高举中国特色社会主义伟大旗帜 为全面建设社会主义现代化国家而团结奋斗[N]. 人民日报,2022-10-26(001).

要达到这一根本目的,必须以中国共产党作为中国式现代化的动力源,而在实践中,中国共产党确实扮演着这一角色,有效推动着中国式现代化的伟大进程。

第一,中国共产党代表先进生产力的发展要求。历史唯物主义认为,生产力决定生产关系,"人们在发展其生产力时,……也发展着一定的相互关系;这些关系的形式必然随着这些生产力的改变和发展而改变"①。在发展理念上切实把创新、协调、绿色、开放、共享贯穿到经济社会各领域、各环节,加大民生改善、生态保护、新动能培育等方面的资源要素投入,解决好发展不平衡不充分问题;在发展方式上围绕转型升级、蓄势赋能,做强做优中小航空发动机等优势产业集群,大力发展人工智能、生物技术等战略性新兴产业,提升经济发展的"含金量";在发展动力上围绕打造一流创新生态,加强科研大合作,畅通源头创新、成果转化、市场应用,吸引顶尖创新人才,不断提升创新驱动力,激发全社会创新创造活力。唯有如此,才能使中国式现代化获得充分的动能,行稳致远。

第二,中国共产党开辟了马克思主义中国化时代化的新境界。马克思主义是我们立党立国、兴党兴国的根本指导思想,也是中国式现代化的根本指导思想。坚持和发展马克思主义必须同中国具体实际相结合。要以马克思主义为指导,运用科学的世界观和方法论解决中国的实际问题,着眼解决新时代改革开放和社会主义现代化建设的实际问题,不断回答中国之问、世界之问、人民之问、时代之问,做出符合中国推进现代化实际的正确回答,得出符合客观规律的科学认识,形成与时俱进的理论成果,以更好指导中国实践。马克思主义中国化必须同中华优秀传统文化相结合。中华优秀传统文化源远流长、博大精深,是中华文明的智慧结晶,是中华民族的根和魂,是中国式现代化的文化沃土。我们必须坚定历史自信、文化自信,汲取中华优秀传统文化所蕴含的丰富的哲学思想、人文精神、价值观念、道德规范,推动中华优秀传统文化创造性转化、创新性发展,把马克思主义思想精髓同中华传统文化精华贯通起来,激发全民族文化创新创造活力,不断赋予现代化以中国特色,让中华文明展现出更加璀璨的时代风采。

第三,中国共产党坚持人民至上,始终保持党同人民群众的血肉联系。中国共产党成立100多年来,始终代表中国最广大人民群众的根本利益,始终与人民心连心、同呼吸、共命运,不断从人民群众的伟大实践中汲取智慧和力量。党的二十大报告指出:"人民性是马克思主义的本质属性,党的理论是来自人民、为了人民、

---

① [德]马克思,恩格斯. 马克思恩格斯文集:第10卷[M]. 北京:人民出版社,2009:47.

造福人民的理论，人民的创造性实践是理论创新的不竭源泉。"① 面对百年未有之大变局，面对世界风云激荡，中国式现代化在中国共产党的领导下，有亿万人民群众的强有力支持，必将战胜各种困难，创造各种奇迹，这已为新中国成立以来70多年的历史、改革开放以来40多年的历史，特别是新时代10年的历史包括近3年来开展抗击疫情斗争阶段取得的重大积极成果所充分证明！中国共产党有信心、有决心、有能力通过中国式现代化实现中华民族的伟大复兴！

三、中国共产党是中国式现代化的主心骨

党的二十大报告指出："全面建设社会主义现代化国家，全面推进中华民族伟大复兴，关键在党。我们党作为世界上最大的马克思主义执政党，要始终赢得人民拥护，巩固长期执政地位，必须时刻保持解决大党独有难题的清醒和坚定。"② 只有这样，才能"使党始终成为风雨来袭时全体人民最可靠的主心骨"③。那么，在中国式现代化过程中我们党面临哪些"独有难题"需要解决呢？

首先，要确保我国社会主义现代化的正确方向。党的十八大以后，习近平总书记反复强调，我们的改革是有方向、有立场、有原则的。我们的改革是在中国特色社会主义道路上不断前进的改革，推进改革的目的是要不断推进我国社会主义制度自我完善和发展，赋予社会主义新的生机活力。整个帝国主义西方世界企图使社会主义中国放弃社会主义道路，最终纳入国际垄断资本的统治，步入资本主义的轨道，使中国成为其附庸国，我们绝不能让他们的阴谋得逞！所以，在面临十分复杂的国内国际环境、各种思想观念和利益诉求相互激荡的情况下，我们党要从纷繁复杂的事物表象中把准改革脉搏，在众说纷纭中开好改革药方。我们党领导的改革历来是全面改革，究竟改什么、不改什么，不能迎合某些人的"掌声"，不能把西方的理论、观点生搬硬套在自己身上，一定要从中国的国情出发，从经济社会发展实际出发，有领导、有步骤地推进改革，不求轰动效应，不做表面文章，这就要求我们党有很强的战略定力。

---

① 习近平. 高举中国特色社会主义伟大旗帜 为全面建设社会主义现代化国家而团结奋斗[N]. 人民日报, 2022 – 10 – 26(001).
② 习近平. 高举中国特色社会主义伟大旗帜 为全面建设社会主义现代化国家而团结奋斗[N]. 人民日报, 2022 – 10 – 26(001).
③ 习近平. 高举中国特色社会主义伟大旗帜 为全面建设社会主义现代化国家而团结奋斗[N]. 人民日报, 2022 – 10 – 26(001).

其次，要把国家安全贯穿到党和国家工作的各方面、全过程。习近平总书记指出："国家安全工作是党治国理政一项十分重要的工作，也是保障国泰民安一项十分重要的工作。"① 我们党诞生于国家内忧外患、民族危难之时，对国家安全的重要性有着刻骨铭心的认识。新中国成立以来，党中央始终高度重视国家安全工作。党的十八大后，党中央把坚持总体国家安全观纳入坚持和发展中国特色社会主义基本方略中，对国家安全做出一系列决策部署，有效应对了一系列重大风险挑战，保持了国家安全大局稳定。党的十九届五中全会首次把统筹发展和安全纳入"十四五"时期我国经济社会发展的指导思想，党的十九届六中全会再次作了强调。党的二十大报告专门在第十二部分阐述维护国家安全问题，指出："国家安全是民族复兴的根基，社会稳定是国家强盛的前提。必须坚定不移贯彻总体国家安全观，把维护国家安全贯穿党和国家工作各方面全过程，确保国家安全和社会稳定。"② 报告第一次提出，要以新安全格局保障新发展格局。所谓新安全格局，就是以人民安全为宗旨、以政治安全为根本、以经济安全为基础、以军事科技文化社会安全为保障、以促进国际安全为依托，统筹外部安全和内部安全、国土安全和国民安全、传统安全和非传统安全、自身安全和共同安全，统筹维护和塑造国家安全，夯实国家安全和社会稳定基层基础，完善参与全球安全治理机制。③ 通过建设更高水平的平安中国，保障中国式现代化在21世纪顺利推进。

最后，要心怀"国之大者"，站在全局和战略的高度想问题、办事情。习近平总书记多次强调各级党员、干部特别是领导干部要自觉讲政治，对"国之大者"要心中有数，把贯彻党中央精神体现到谋划重大战略、制定重大政策、部署重大任务、推进重大工作的实践中去。"国之大者"涉及的都是党和国家工作大局的根本性、全局性、长远性问题，这就要求我们既要埋头拉车，也要抬头看路，加强战略性、发展性、前瞻性研究谋划，做到在重大问题和关键环节上头脑时刻清醒、善于见微知著、防患于未然。"国之大者"首推粮食问题，党的十八大以来以习近平同志为核心的党中央把解决好14亿人的吃饭问题作为治国理政的头等大事。习近平总书记多次就粮食安全问题发表重要讲话，做出重要指示批示。他特别强调，不仅要在全球粮食产业链供应链不确定性风险增加的情况下，保障国内粮食等重要农产品的有

---

① 习近平. 习近平谈治国理政：第4卷[M]. 北京：外文出版社，2022：389.
② 习近平. 高举中国特色社会主义伟大旗帜 为全面建设社会主义现代化国家而团结奋斗[N]. 人民日报，2022-10-26(001).
③ 习近平. 高举中国特色社会主义伟大旗帜 为全面建设社会主义现代化国家而团结奋斗[N]. 人民日报，2022-10-26(001).

效供给,而且中国人的饭碗任何时候都要牢牢端在自己手上,我们的饭碗应该主要装中国粮。科技的自立自强,也是"国之大者"。习近平总书记多次强调,科技自立自强是国家强盛之基、安全之要。我们必须"把科技的命脉牢牢掌握在自己手中,在科技自立自强上取得更大进展,不断提升我国发展独立性、自主性、安全性,催生更多新技术新产业,开辟经济发展的新领域新赛道,形成国际竞争新优势。"①

---

① 习近平在湖北武汉考察时强调 把科技的命脉牢牢掌握在自己手中 不断提升我国发展独立性自主性安全性[N]. 人民日报,2022-06-30(001).

作者简介

白暴力,北京师范大学教授,理论经济学博士生导师;西北工业大学控制科学与工程博士生导师;中华外国经济学说研究会副会长,中国政治经济学学会顾问(原副会长),"首都经济学家论坛"荣誉主席(2004—2021年任主席);出版学术著作35部,发表学术论文250余篇;获学术成果奖30多项,其中省部级以上政府奖20项、一等奖5项。

白暴力：中国式现代化是全体人民共同富裕的现代化

在党的二十大报告中，习近平总书记指出："中国式现代化是全体人民共同富裕的现代化。共同富裕是中国特色社会主义的本质要求，也是一个长期的历史过程。我们坚持把实现人民对美好生活的向往作为现代化建设的出发点和落脚点，着力维护和促进社会公平正义，着力促进全体人民共同富裕，坚决防止两极分化。"① 习近平总书记的报告，指明了共同富裕是中国式现代化的基本特征，指明了中国特色社会主义的本质要求和我们现代化建设发展方向。

党的十八大以来，在习近平新时代中国特色社会主义思想指引下，我们党和我国人民努力奋斗，在共同富裕的中国式现代化道路上取得了伟大的胜利，在我国全面建成了小康社会，历史性地解决了绝对贫困问题。在党的二十大报告中，习近平总书记指出："我们坚持精准扶贫、尽锐出战，打赢了人类历史上规模最大的脱贫攻坚战，全国八百三十二个贫困县全部摘帽，近一亿农村贫困人口实现脱贫，九百六十多万贫困人口实现易地搬迁，历史性地解决了绝对贫困问题，为全球减贫事业做出了重大贡献。"② 解决绝对贫困问题，全面建成小康社会，在实现中华民族伟大复兴的征程上跨出关键性的一步。近代以来中华民族久经磨难，现在终于实现了从站起来、富起来到强起来的伟大飞跃。

解决绝对贫困问题，全面建成了小康社会，是我国在实现全体人民共同富裕事业上的伟大胜利，是在中国式现代化道路上迈出的坚实而巨大的步伐，也是我们对

---

① 习近平. 高举中国特色社会主义伟大旗帜 为全面建设社会主义现代化国家而团结奋斗[N]. 人民日报, 2022-10-26(001).
② 习近平. 高举中国特色社会主义伟大旗帜 为全面建设社会主义现代化国家而团结奋斗[N]. 人民日报, 2022-10-26(001).

科学社会主义的实践性发展，表现出科学社会主义强大的活力和蓬勃的生机，强有力地推进了科学社会主义理论和实践的发展，是科学社会主义的伟大胜利。习近平总书记指出："中国特色社会主义，是科学社会主义理论逻辑和中国社会发展历史逻辑的辩证统一，是根植于中国大地、反映中国人民意愿、适应中国和时代发展进步要求的科学社会主义。"①

在全面建成小康社会决胜进程中，中国共产党人始终坚持科学社会主义理论指导，并与中国的社会主义建设实践相结合，奋发图强，克服困难，勇往直前，形成了中国特色社会主义。中国特色社会主义是科学社会主义与中国的社会主义实践相结合的结晶。作为现今世界上最大的社会主义国家，中国已成为世界共产主义运动和科学社会主义事业的中流砥柱。我国解决绝对贫困问题、全面建成小康社会，是中国特色社会主义建设事业的伟大成就，也是世界共产主义运动和科学社会主义事业发展的伟大胜利。我国全面建成小康社会、解决绝对贫困问题宏伟目标的实现，也为发展中国家的现代化道路拓展了可选择的优化方案，为解决人类所面临的发展道路问题，提供了中国智慧、贡献了中国方案。我国全面建成小康社会、解决绝对贫困问题的伟大胜利，树立了一个光辉的榜样，展示出科学社会主义道路强大的优越性，极大地吸引了广大发展中国家，为发展中国家的现代化发展展现了实践性的新道路。作为世界最大的发展中国家，我国用全面建成小康社会、解决绝对贫困问题的伟大胜利向世界宣告：西方的现代化道路并非唯一的，科学社会主义的现代化道路是更加优越的道路，是更加适合发展中国家的现代化道路，是能够使发展中国家实现民族振兴和现代化的发展之路。

推动全体人民共同富裕、实现中国式现代化，还有很多问题亟须解决，还需要继续努力奋斗。其中要解决的问题之一，就是收入分配差距偏大现象的存在。习近平总书记指出："改革开放后一部分地区、一部分人先富起来了，同时收入差距也逐步拉大，一些财富不当聚集给经济社会健康运行带来了风险挑战。"② 中国特色社会主义所有制结构是以公有制为主体、多种所有制经济共同发展，这是我们的制度优势，构成了"全体人民共同富裕"的制度基础。不过，当前，还存在着收入分配差距偏大的现实情况，这种经济现象影响着扎实推进共同富裕、实现中国式现代化的进程，是一个重要的急需解决的问题。同时，收入分配差距偏大现象的产生，

---

① 习近平. 习近平谈治国理政[M]. 北京：外文出版社，2014：21.
② 习近平. 正确认识和把握我国发展重大理论和实践问题[J]. 求是，2022(10)：4-9.

还会诱发有效需求的不足,进而会对我国经济健康可持续发展和实现中国式现代化形成制约和不良影响。从根源上讲,收入分配差距偏大形成的一个主要因素是劳动收入偏低。对此,习近平总书记在党的二十大报告中指出,要"努力提高居民收入在国民收入分配中的比重,提高劳动报酬在初次分配中的比重"①。

实现全体人民共同富裕,推进中国式现代化,其核心在于坚持"以人民为中心"的思想。习近平总书记在党的二十大报告中指出:"坚持以人民为中心的发展思想。维护人民根本利益,增进民生福祉,不断实现发展为了人民、发展依靠人民、发展成果由人民共享,让现代化建设成果更多更公平惠及全体人民。"② 历史唯物主义告诉我们,在社会历史发展中起决定性作用的是人民群众,历史的创造者是人民群众。实现全体人民共同富裕,实现中国式现代化,要在实践中遵循历史唯物主义的基本原理,"紧紧依靠人民创造历史,坚持全心全意为人民服务的根本宗旨,站稳人民立场,贯彻党的群众路线,尊重人民首创精神,践行以人民为中心的发展思想,发展全过程人民民主,维护社会公平正义,着力解决发展不平衡不充分问题和人民群众急难愁盼问题,推动人的全面发展、全体人民共同富裕。"③

因此,解决收入分配差距偏大现象、提高劳动报酬在初次分配中的比重,也需要紧紧依靠人民群众,发展全过程人民民主。习近平总书记在党的二十大报告中指出,要"全心全意依靠工人阶级,健全以职工代表大会为基本形式的企事业单位民主管理制度"④。

中国特色社会主义所有制结构是以公有制为主体、多种所有制经济共同发展,这是我们的制度优势,本质上为我们提供了实现全体人民共同富裕和推进中国式现代化的制度基础。但是,在企业层面上,还存在着劳动者参与不充分所导致的企业决策机制不完善,由此产生了收入分配差距偏大的情况。这种情况在一定程度上对充分实现全体人民共同富裕和推进中国式现代化产生了负面影响。克服这一负面影响,有效解决收入分配差距偏大、扎实推动全体人民共同富裕和实现中国式现代化发展的一个重要途径,就是充分发挥国有经济的主导作用,进一步健全劳动者参与

---

① 习近平. 高举中国特色社会主义伟大旗帜 为全面建设社会主义现代化国家而团结奋斗[N]. 人民日报,2022-10-26(001).
② 习近平. 高举中国特色社会主义伟大旗帜 为全面建设社会主义现代化国家而团结奋斗[N]. 人民日报,2022-10-26(001).
③ 习近平. 在中国共产党成立100周年大会上的讲话[N]. 人民日报,2021-07-02(002).
④ 习近平. 高举中国特色社会主义伟大旗帜 为全面建设社会主义现代化国家而团结奋斗[N]. 人民日报,2022-10-26(001).

企业管理和决策机制，"全心全意依靠工人阶级，健全以职工代表大会为基本形式的企事业单位民主管理制度"①。

首先，充分发挥国有经济的主导作用，进一步健全劳动者参与机制。国有企业是全民所有制性质的企业，本质上是由全体劳动人民共同占有生产资料。国有企业的发展和壮大，总体上能够使劳动者更加充分地参与国家经济的管理和决策，更加充分地参与企业的管理和决策。这有利于全体人民共同富裕和中国式现代化的充分实现。习近平总书记指出，要"加快国有经济布局优化和结构调整，发挥国有经济战略支撑作用"②，"坚定不移把国有企业做强做优做大"③。不过，由于一些原因，劳动者参与企业决策和管理不充分的情况在国有企业中仍然存在，企业决策机制的完善性由此受到影响。因此，国有企业需要在党的领导下，进一步健全工人参与企业决策和管理的机制的常态化，充分发挥职工代表大会和企业工会的作用，完善职工董事制和监事制等相关制度。

其次，在民营企业中健全劳动者参与管理和决策的机制。我国民营企业的一个主要特点是"家族式企业"。在民营企业中健全劳动者参与管理和决策的机制的当务之急，是努力探索和认真解决下列问题：怎样在政策和法律的支持框架下，建立适当的实现形式，使劳动者参与企业决策与管理的活动能够得到企业主的有效配合，从而切实和稳步推进健全企业决策机制的进程。这项工作可以分两个步骤进行：第一，实行企业所有权和经营权两权分离，由职业经理人行使管理权和经营权，实现企业治理的专业化和职业化。第二，在两权分离实施之后，实质性地加强劳动者的经济权力，使劳动者参与企业决策和管理。在我国企业发展和改革的进程中，有一些成功的做法和经验可以借鉴。例如，曾经实施过的所谓"四马分肥"和"两参一改三结合"，在劳动者参与企业决策和管理方面，都有一些较为成功的经验。

最后，在外商投资企业中健全劳动者参与管理和决策的机制。我国的外企的一个重要特点是"两面企业"。一面是，外企总部所在国的相应企业，在形式上，劳动者在一定程度上已经介入了企业决策与管理；另一面是，在我国经营的外企，劳动者依然无法参与企业决策与管理。为减少阻力，使外资企业中的劳动者能够参与企业决策与管理，建立劳动者参与机制，可以借用其所在国公司总部采取的一些具

---

① 习近平. 高举中国特色社会主义伟大旗帜　为全面建设社会主义现代化国家而团结奋斗[N]. 人民日报,2022-10-26(001).
② 中共中央关于制定国民经济和社会发展第十四个五年规划和二〇三五年远景目标的建议[N]. 人民日报,2020-11-04(001).
③ 坚持党对国有企业的领导不动摇[N]. 人民日报,2016-10-12(004).

体形式和方法，来推动该公司在我国的企业中建立健全劳动者参与机制的进程。

在习近平新时代中国特色社会主义思想的指引和党的领导下，积极发挥国有经济的主导作用，健全劳动者参与机制，让劳动者充分参与企业管理和决策，是提高劳动者收入、解决收入分配差距偏大、充分实现全体人民共同富裕的重要途径，也是增加我国有效内需、促进国内大循环、有力推进中国式现代化的一个根本措施。

作者简介

胡乐明,中国社会科学评价研究院党委副书记、副院长,中国社会科学院大学(研究生院)经济学院教授、博士生导师,《经济思想史学刊》主编。国家社会科学基金学科规划组评审专家,中华外国经济学说研究会会长。享受国务院政府特殊津贴专家,长期从事现代经济理论、当代资本主义经济以及中国特色社会主义实践等多个领域的教学和研究工作,主持国家社会科学基金重大项目、中国社会科学院重大项目以及交办课题多项。

胡乐明：中国式现代化是
中国共产党领导的社会主义现代化

党的二十大报告明确指出，从现在起，中国共产党的中心任务就是团结带领全国各族人民全面建成社会主义现代化强国、实现第二个百年奋斗目标，以中国式现代化全面推进中华民族伟大复兴。报告深刻阐述了中国式现代化的本质要求、中国特色和重大原则，明确了以中国式现代化全面推进中华民族伟大复兴的根本遵循。这引发了学界对"中国式现代化"的广泛讨论。

梳理学界已有研究可以发现，谈到"中国式现代化"，很多研究阐释都是基于党的二十大报告明确阐述的"五大中国特色"：中国式现代化是人口规模巨大的现代化，是全体人民共同富裕的现代化，是物质文明和精神文明相协调的现代化，是人与自然和谐共生的现代化，是走和平发展道路的现代化。但是，很多研究往往忽略了党的二十大报告在阐释"五大中国特色"之前的一个总体性论述，这就是：中国式现代化，是中国共产党领导的社会主义现代化，既有各国现代化的共同特征，更有基于自己国情的中国特色。显然，仅仅基于"五大中国特色"理解和把握"中国式现代化"是远远不够的。

"中国式现代化"不仅具有中国特色，也具有各国现代化共同特征，更为重要的是，中国式现代化是中国共产党领导的社会主义现代化。这是我们准确理解"中国式现代化"必须把握的最根本的一点，中国特色社会主义政治经济学也可以根据上述论断进行更加深入的学理阐释。

从中国特色社会主义政治经济学角度出发，要准确理解"中国式现代化"，必须注意和把握两个关键词：一个是"中国"，一个是"现代化"。何谓"中国"？中国目前是一个什么类型的国家？这是理解"中国式现代化"首先需要面对的基本问题。这个问题看似简单，但梳理学术界关于中国式现代化的讨论文献，我们发现很多学者会不自觉地陷入西方现代化理论的话语体系中，误读了"中国"。

西方话语体系一般认为，所谓现代化，就是从古代国家向现代国家、从传统社会向现代社会的转型过程。按照这一界定展开论述，必须首先回答这样一个问题或者预设其答案：中国是一个古代国家、一个传统社会吗？无论按照何种标准进行考量，正确的回答显然是否定的。那么，中国是一个现代国家、现代社会吗？显然，按照西方的话语体系，中国并不是西方意义上的"标准"的现代国家和现代社会。因此，盲从西方话语体系讨论"中国式现代化"必然会误读"中国"。

那么，中国目前是一种什么类型的国家？中国是一种"新型国家"，是一种人类文明新形态的现实载体，是中国共产党领导的社会主义国家，是不同于西方国家的存在形态。具体而言，当下阶段的"中国"具有两个显著的基本特征：人口众多的发展中国家和处于初级阶段的社会主义国家。这是我们讨论"中国式现代化"的现实基础和理论基点。

关于另外一个关键词"现代化"，我们在理解的时候至少有两个最基本的参照系：一个是西方国家的现代化，另一个是中国传统的现代化。一般认为，西方国家的现代化发源于16世纪的欧洲，中间经过18世纪工业革命延展至今。[1] 由于18世纪工业革命的显著影响，很多人认为现代化就是从农业社会向工业社会的转型，其早期表现为私有化、市场化以及工业化和城市化，其实质就是资本主义化。

马克思、恩格斯曾在他们的系列著作里以"现代工业""现代社会""现代生活方式"等范畴广泛讨论了当时西方国家的现代化。显然，我们今天所讲的"中国式现代化"不是西方发达国家早期的资本主义化，也不是当今许多发展中国家追求的西方国家化。中国式现代化不是西方国家现代化的翻版，但是我们必须遵循各个国家实现现代化的一般规律。从各个国家现代化的一般过程来看，现代化普遍表现为由工业革命引发的社会转型，其实质是人类社会生产方式持续迭代的发展过程。

关于中国传统的现代化，以1949年为界可以划分为两个阶段：19世纪60年代开始的资本主义化过程和1949年之后的"四个现代化"过程。前一个阶段就是西方资本主义化的过程，这个过程很显然是失败的，充分证明西方资本主义现代化模式并不适用于中国。1949年之后，中国开始探索独立自主的现代化道路。在此过程中，我们着重追求的是经济、科技和国防的现代化。1979年，邓小平同志正式提出

---

[1] 马敏. 现代化的"中国道路"[J]. 中国社会科学, 2016(9): 28-40.

了"中国式的四个现代化"。

党的十八大以来，经过理论和实践的创新突破，我们党成功推进和拓展了中国式现代化。今天我们所讲的"现代化"，显然既不是资本主义化、西方国家化，也不是中国传统的"四个现代化"，而是具有更加丰富的深刻内涵和本质要求的现代化。它是经济、政治、社会、文化、生态"五位一体"的现代化，既是物的现代化，也是人的现代化，还是人与自然和谐共生的现代化。

概括而言，中国式现代化是中国共产党的领导、社会主义的性质、中国国情的要求、世界先进水平的目标四方面要素不可分割的有机整体。它是中国共产党领导中国人民以实现中华民族伟大复兴为目标的社会主义现代化，既有国家社会经济发展状况和发达水平达到世界先进和前沿、世界各国现代化共同的量的规定，又有符合人口规模巨大国情、实现全体人民共同富裕、物质文明与精神文明相协调、人与自然和谐共生、走和平发展道路等中国自身特色的质的特性。[①] 从政治经济学的角度而言，中国式现代化既是生产力现代化也是生产关系现代化，既是经济基础现代化也是上层建筑现代化，是中国特色社会主义生产方式迭代升级的发展过程和战略愿景。也就是说，我们理解"中国式现代化"应有两个基本维度：一个是生产力维度，另一个是生产关系及其上层建筑的维度。

从生产力维度来说，可以简单认为中国式现代化是社会主义生产力不断进步的历史过程。解放和发展生产力是社会主义的本质要求，必然也会成为中国式现代化的本质要求。从这个角度出发，我们必须遵循世界各个国家现代化过程所揭示的解放和发展生产力的共同规律，其中尤其要强化创新驱动，持续推进工业化、城镇化、经济全球化进程。同时，我们也必须坚持以人民为中心，生产力发展必须摆脱资本逻辑的统摄。不能简单认为所有的技术创新都等于技术进步，我们需要的是能够促进人的全面发展、扎实推进共同富裕、实现人与自然和谐共生的技术创新，而不是仅仅满足资本追逐利润最大化需要的技术创新。

经济发展史实表明，资本逻辑统摄之下的西方发达国家的生产力发展和现代化转型并非田园诗式的展开过程。马克思、恩格斯曾经明确指出："资产阶级在它的不到一百年的阶级统治中所创造的生产力，比过去一切世代创造的全部生产力还要多，还要大。"[②] 但是在肯定资本的"伟大的文明作用"的同时，他们也尖锐地指

[①] 中国式现代化研究课题组.中国式现代化的理论认识、经济前景与战略任务[J].经济研究,2022(8): 26-39.

[②] [德]马克思,恩格斯.马克思恩格斯文集:第2卷[M].北京:人民出版社,2009:36.

出，资本主义的发展历史是用"血和火的文字"写成的历史，西方发达国家生产力发展和现代化转型的展开过程是对外掠夺和对内剥削的"肮脏"过程。作为中国共产党领导的社会主义现代化，中国式现代化既不会以殖民掠夺铺就生产力发展之路，也不会牺牲普通大众利益成就资本的无序扩张，而是必须确立以人为中心的技术进步和产业发展导向，坚持把实现人民对美好生活的向往作为生产力发展和现代化建设的出发点和落脚点。

从生产关系及其上层建筑的维度来说，中国式现代化是社会主义制度不断完善的历史过程。因此，我们必须坚持和完善中国特色社会主义制度，推进国家治理体系和治理能力现代化，牢固确立社会主义生产关系的主体地位。同时，不断增强社会主义因素在我们整个经济体系当中的影响力、控制力。为此，必须坚持全面深化改革，既要保持中国特色社会主义制度和国家治理体系的稳定性和延续性，又要抓紧制定国家治理体系和治理能力现代化急需的制度、满足人民对美好生活新期待必备的制度。

其中，必须把坚持和完善中国特色社会主义基本经济制度摆在更加重要的位置。公有制为主体、多种所有制经济共同发展，按劳分配为主体、多种分配方式并存，社会主义市场经济体制等社会主义基本经济制度，既体现了社会主义制度的优越性，又同我国社会主义初级阶段社会生产力发展水平相适应，是党和人民的伟大创造，必须长期坚持和不断完善。面向未来的中国式现代化新征程，必须继续坚持社会主义市场经济改革方向，不断做强做优做大国有资本和国有企业，不断增强国有经济活力、控制力、影响力，健全国有资本合理流动机制，推进国有资本布局战略性调整，引导国有资本更多投向关系国家安全、国民经济命脉的重要行业和关键领域，强化公有制主体地位，充分发挥国有经济的主导作用。

同时，必须不断完善我们的政党制度和政府治理，持续推进国家治理现代化进程。中国式现代化必须坚持中国共产党的全面领导，并通过党的自我革命来不断完善党的领导。我们必须认真吸取其他国家现代化失败的深刻教训。20世纪60年代，苏联生产力现代化程度已经达到很高水平，但就是这样一个强大国家的社会主义现代化进程却被无情逆转。面向未来，我们必须在坚持和完善党的全面领导的同时，注意做到更好发挥政府作用、发挥市场的决定作用和发挥社会价值的引领作用之间的适当平衡。

马克思、恩格斯曾经指出，"一定的生产方式或一定的工业阶段始终是与一定的共同活动方式或一定的社会阶段联系着的，而这种共同活动方式本身就是'生产力'"①。也就是说，社会结构与生活方式本身就是一种能够推动社会经济发展的独立力量。习近平总书记在2020年8月24日经济社会领域专家座谈会上指出，一个现代化社会应该既充满活力又拥有良好秩序，呈现出活力和秩序的有机统一。这表明，中国式现代化既需要强大有为的政党和政府，也需要充满活力的市场和民间社会。一个充满活力的民间社会，既可以为社会现代化建设提供动力，也是社会主义现代化强国的应有之义。面向第二个"百年目标"的现代化强国建设新征程，必须继续以保障和改善民生为重点加强社会建设，完善社会组织建设和增加共同所有的制度保障，不断凸显"共同活动方式"对中国式现代化的建设性作用。

2021年1月11日习近平总书记在省部级主要领导干部学习贯彻党的十九届五中全会精神专题研讨班开班式上指出，全面建设社会主义现代化国家、基本实现社会主义现代化，既是社会主义初级阶段我国发展的要求，也是我国社会主义从初级阶段向更高阶段迈进的要求。这一重要论述表明，中国式现代化的展开过程与中国特色社会主义的发展阶段紧密相连。可以预计，随着量的积累和发展变化日益接近质的飞跃，到21世纪中叶我国建成富强民主文明和谐美丽的社会主义现代化强国之后，中国式现代化必将迈上建设更高水平社会主义现代化强国新的伟大征程，中国特色社会主义生产方式也必将进入新的发展阶段。

---

① [德]马克思,恩格斯. 马克思恩格斯文集:第1卷[M]. 北京:人民出版社,2009:532-533.

作者简介

余斌，1969年4月出生于湖北武汉，中国社会科学院马克思主义研究院研究员、博士生导师、马克思主义原理研究部主任（副局级），中国社会科学院大学首批特聘课程主讲教授，中华外国经济学说研究会副会长，中国政治经济学学会常务理事。研究方向：马克思主义基本原理。通读马列著作，著有专著9部、合著2部，发表文章200余篇。中央和国家机关"强素质·作表率"读书活动"重温马克思主义经典"系列第九讲"《列宁论新经济政策》导读"的主讲人。

余　斌：中国式现代化的政治经济学分析

习近平总书记在党的二十大报告中指出："中国式现代化，是中国共产党领导的社会主义现代化，既有各国现代化的共同特征，更有基于自己国情的中国特色。""从现在起，中国共产党的中心任务就是团结带领全国各族人民全面建成社会主义现代化强国、实现第二个百年奋斗目标，以中国式现代化全面推进中华民族伟大复兴。"① 由此可见，实际上存在两个阶段的中国式现代化：一个是今天的或者说到今天为止的中国式现代化，它是一个现实的存在，既有各国现代化的共同特征，更有基于自身国情的中国特色；另一个是未来的中国式现代化，我们要以这个未来的中国式现代化来全面推进中华民族伟大复兴。本文只对前一个阶段的中国式现代化进行政治经济学分析，以期提供其他国家可以借鉴的启示，彰显中国道路和中国方案的世界意义。

一、现代化的由来

《共产党宣言》指出："资产阶级，由于一切生产工具的迅速改进，由于交通的极其便利，把一切民族甚至最野蛮的民族都卷到文明中来了。它的商品的低廉价格，是它用来摧毁一切万里长城、征服野蛮人最顽强的仇外心理的重炮。它迫使一切民族——如果它们不想灭亡的话——采用资产阶级的生产方式；它迫使它们在自己那里推行所谓的文明，即变成资产者。一句话，它按照自己的面貌为自己创造出一个

---

① 习近平. 高举中国特色社会主义伟大旗帜　为全面建设社会主义现代化国家而团结奋斗——在中国共产党第二十次全国代表大会上的报告[M]. 北京：人民出版社，2022：21-22，23.

世界。"① 在这里，前资本主义社会转向资本主义社会即"采用资产阶级的生产方式"就是最早的现代化，也就是资本主义化。这也是现代化的由来，而现代化的原因就是马克思和恩格斯在这里指出的"不想灭亡"。这是因为资产阶级对本国的劳动者进行残酷压榨，而且由于摆脱了封建义务，资本家与工人之间只存在暂时的雇佣关系，资产阶级对于工人的死活，比封建主对农奴的死活更不关心。工人不仅工作时间长，而且收入微薄，正如马克思在《资本论》中所揭露的，在比利时这个"资本家的乐园"里，由于工资已经低到了最低限度，"只要最必要的生活资料的价格发生最微小的变动，就会引起死亡和犯罪数字的变动！"② 在这种情况下，资本主义国家为了本国的资产阶级的利益，更是不惜压榨甚至毁灭其他国家和民族。而对于其他国家和民族来说，如果不能用前资本主义的生产方式对抗资本主义的生产方式，就只能像满清末年的中国一样，"师夷长技以制夷"，走所谓现代化的道路。

如果说"不想灭亡"是现代化的主观因素，那么物质条件的具备则是现代化的客观因素。恩格斯曾经指出："现代工业存在的条件——蒸汽力和机器，凡是有燃料，特别是有煤的地方都能制造出来，而煤不仅英国有，其他国家，如法国、比利时、德国、美国，甚至俄国也都有。这些国家的人并不认为，仅仅为了让英国资本家获得更多的财富和光荣而使自己沦为饥饿的爱尔兰佃农有什么好处。于是他们就动手来进行制造，不仅是为了自己，而且也是为了世界的其他部分；结果，英国保持了将近一个世纪的工业垄断，现在无可挽回地被打破了。"③ 恩格斯在这里阐述的就是继英国之后，法国、比利时、德国、美国甚至俄国凭借本国拥有的物质条件，发展现代工业的蒸汽力和机器，实现了自己的资本主义现代化。

但是，随着资本主义的发展，资本主义的内在矛盾日益激化，资本主义不断陷入经济危机，急需向更高阶段发展。马克思以其创立的唯物史观科学地分析了资本主义内在矛盾的运动规律，通过"批判旧世界，发现新世界"，提出了科学社会主义理论，指明了从资本主义过渡到共产主义的道路，现代化从此有了社会主义化的倾向。俄国先进的知识分子敏锐地抓住了马克思的理论，他们向马克思提出了更高级现代化的问题，即俄国能否根据传统的农业公社留下的文化遗产，"可以不通过资本主义制度的卡夫丁峡谷，而把资本主义制度所创造的一切积极的成果用到公社

---

① [德]马克思,恩格斯. 马克思恩格斯文集:第2卷[M]. 北京:人民出版社,2009:35-36.
② [德]马克思,恩格斯. 马克思恩格斯全集:第44卷[M]. 北京:人民出版社,2001:774.
③ [德]马克思,恩格斯. 马克思恩格斯全集:第29卷[M]. 北京:人民出版社,2020:403-404.

中来"①。俄国人提出了一个很有意义的问题,那就是把现代化与资本主义化加以区分,也就是松绑生产力与生产关系之间的联系,使资本主义制度创造的生产力脱离资本主义生产关系,直接与更先进的社会主义生产关系结合起来。对于这个问题,马克思和恩格斯都从理论上给出了在一定条件下肯定的回答,而列宁和斯大林则在俄国革命和苏联社会主义建设实践中给出了肯定的回答。尽管苏联后来的实践出了问题,但是不能因此否定列宁和斯大林的历史功绩,正如中国古代汉、唐、明等朝代虽然都被颠覆了,但是不能否定它们最初建立时的合理性。

从此,现代化有了西欧资本主义模式和苏联社会主义模式两种不同且相互对立的模式,尽管西欧资本主义模式在不同的国家有所不同。

二、"输在起跑线上"的旧中国现代化

近代中国的现代化是被迫的,是"不想灭亡"而进行的现代化。英国对华的鸦片战争打开了西方列强入侵中国的大门。西方列强屡屡对华入侵,他们使用的不是"商品的低廉价格"这样的"重炮",而是真正的火药铁丸的重炮。为了避免重蹈印第安人的覆辙,中国被迫"师夷长技以制夷",开启了资本主义现代化的探索,而且中国也有煤和铁等资源,具备发展现代工业的蒸汽力和机器的物质条件,于是中国通过洋务运动,开始建立现代工业。然而,旧中国的现代化注定要"输在起跑线上"。

首先,当时的清政府企图把资本主义制度所创造的生产力与封建社会的生产关系结合起来,即所谓的"中学为体、西学为用"。虽然这种结合在德国、俄国等国家的现代化早期也曾出现或实现过,但是先进的生产力与落后的生产关系的矛盾及其运动迫使德国和俄国的生产关系日益向资本主义生产关系发展,其在政治上的表现就是德国在君主制下有国会和政党活动,俄国在君主制下也有杜马和政党活动。列宁曾指出:"俾斯麦是德国反革命地主的代表。他懂得只有同反革命自由派资产阶级建立巩固的联盟,才能挽救他们(数十年)。"② 但是,中国的清政府却无法容忍生产关系和政治上的这种变化,他们选择投靠西方列强来挽救自己,"量中华之物力,结与国之欢心"。戊戌变法因此失败,清政府实质上放弃了现代化的选择,并导致依附外国资本的买办经济的盛行。

---

① [德]马克思,恩格斯. 马克思恩格斯文集:第3卷[M]. 北京:人民出版社,2009:575.
② [苏]列宁. 列宁全集:第23卷[M]. 北京:人民出版社,2017:262.

其次，西方列强完成自身的现代化之后，开始排斥其他国家的现代化，特别是他们从自由竞争资本主义逐渐发展到垄断竞争资本主义即帝国主义之后。从帝国主义的利益出发，西方列强希望中国成为他们的原料产地和工业品的销售地，也就是成为他们的殖民地。自然地，他们要限制中国现代工业的发展，妨碍中国的现代化。同时，西方列强除了对中国进行贸易掠夺，一直没有放弃对中国进行军事掠夺。每次西方列强对中国发起军事侵略之后，除了在战争中直接抢劫财富，还对中国勒索战争赔款。从《南京条约》到《辛丑条约》的主要赔款就有8次之多，数额高达10亿两白银。① 大量财富的丧失也使中国的现代化缺乏足够的启动财力，现代化进程步履维艰。

为推动中国的资本主义现代化进程，孙中山等仁人志士发起了辛亥革命，推翻了清朝这一中国历史上最后一个封建王朝。但是，日本以掠夺中国的"二十一条"条约作为条件，支持袁世凯复辟封建王朝，孙中山等不得不发起二次革命，开展反袁斗争，最终破灭了袁世凯的复辟梦。然而，西方列强并不甘心中国的和平崛起，很快就开始扶持中国国内军阀混战，使中国的人力、物力、财力（即现代化的潜力）消耗在军阀混战之中。即便如此，他们也毫不满足，继续默许日本3个月内灭亡中国。直到中国在抗战中坚持下来，加上他们与日本在华利益和在东南亚的利益上发生冲突，才转向支持中国的抗日战争。但这时，中国在东北、上海、武汉、山西等地的现代工业不是被日本夺取，就是被迫迁往内地，生产条件持续走弱，生产规模大幅下降，内地城市在日军飞机的轰炸下也损失惨重，中国国力大损。抗日战争胜利后，美国支持蒋介石政府继续在中国打内战，并威逼利诱国民党政府与美国政府签署卖国条约，与"四大家族"一起掠夺中国人民，还迫使国民党政府放弃对日本的战争索赔，继续阻止中国崛起和实现现代化。直到中国人民在中国共产党的领导下，取得了新民主主义革命的胜利，建立了中华人民共和国，中国的现代化才真正"站在了起跑线上"。自那时以来，"在新中国成立特别是改革开放以来长期探索和实践基础上，经过十八大以来在理论和实践上的创新突破，我们党成功推进和拓展了中国式现代化"②。

---

① 当代中国研究所.中华人民共和国史稿（序卷）[M].北京:人民出版社,当代中国出版社,2012:36.
② 习近平.高举中国特色社会主义伟大旗帜 为全面建设社会主义现代化国家而团结奋斗——在中国共产党第二十次全国代表大会上的报告[M].北京:人民出版社,2022:21-22,23.

三、中国式现代化的起跑

"输在起跑线上"的旧中国现代化表明,中国走资本主义现代化的道路是走不通的。因此,新中国的现代化走上了中国共产党领导的社会主义现代化,也就是中国式现代化道路,中国式现代化开始起跑。但是,有了起跑的基础,不等于能够快速起跑。斯大林曾经提到四种现代化的起跑方式:"历史上有过各种不同的工业化方法。英国的工业化是靠数十年数百年掠夺殖民地,在那里收集'追加的'资本,把它们投入本国的工业并加快自己工业化的速度来实现的。这是一种工业化方法。德国由于19世纪70年代对法战争的胜利而加速了自己的工业化。当时德国向法国人索取了50亿法郎的赔款,把这笔赔款投入自己的工业。这是第二种工业化方法。俄国,旧的俄国,在受奴役的条件下出让经营权,在受奴役的条件下获得借款,它竭力用这种方法逐步爬上工业化的道路。这是第三种方法。……还有第四条工业化的道路,靠本国节约来发展工业的道路,即社会主义积累的道路。列宁同志屡次指出这条道路是我国工业化唯一的道路。"① 其实,第四条道路主要是在社会主义现代化起跑后加速的道路,把它作为现代化起跑的道路,会使起跑速度很慢。十月革命后,列宁一方面废除了旧俄国所借的债务,摆脱了现代化起跑时的沉重负担;另一方面,列宁竭力在不受奴役的条件下对外实行租让政策,以此获得原始资本进行现代化起跑,但受到流亡国外的"白卫分子"的反对和西方帝国主义国家的敌视,加上一战后西方国家本身存在资本短缺而效果不佳。

旧中国的现代化之所以"输在起跑线上",正是因为旧中国没有采取或者说无法采取上述四种起跑方式。旧中国在第一种和第二种起跑方式面前属于被掠夺的一方,只是被"放血"而不能"补血"。旧中国也曾采取第三种起跑方式,甚至不惜承接(而不是废除)清政府所欠外债,但由此获得的财力在内战和外来入侵的战争中消耗殆尽。而第四种起跑方式只有新中国才有可能采取。同时,由爱好和平且不甘屈辱的中国人民在中国共产党领导下建立的新中国也完全放弃了前三条道路。正如习近平总书记指出的:"中国式现代化是走和平发展道路的现代化。我国不走一些国家通过战争、殖民、掠夺等方式实现现代化的老路,那种损人利己、充满血腥罪恶的老路给广大发展中国家人民带来深重苦难。我们坚定站在历史正确的一边、

---

① [苏]斯大林. 斯大林选集:上卷[M]. 北京:人民出版社,1979:464.

站在人类文明进步的一边，高举和平、发展、合作、共赢旗帜，在坚定维护世界和平与发展中谋求自身发展，又以自身发展更好维护世界和平与发展。"①

由于历史原因，中国式现代化获得了新的起跑方式，那就是新中国从现代化水平较高的苏联那里得到了来自社会主义国家的国际主义援助。苏联援建了中国156项重点工程，这是人类历史上一个国家对另一个国家实施的最大规模的援助计划，使中国式现代化得以飞速起跑。1954年，毛泽东同志指出："现在我们能造什么？能造桌子椅子，能造茶碗茶壶，能种粮食，还能磨成面粉，还能造纸，但是，一辆汽车、一架飞机、一辆坦克、一辆拖拉机都不能造。"② 正是在苏联的援助下，中国很快获得了制造汽车、飞机、坦克和拖拉机的能力。除了获得生产能力，中国由于地大物博，还拥有大量的工业矿产资源，特别是甩掉了贫油国的"帽子"，使中国从此具有了独立自主、自力更生走第四条社会主义积累道路的能力，且在中国式现代化起跑之后还能加速跑。值得一提的是，中国共产党领导的新民主主义革命和俄国十月革命一样都是最彻底的民主主义革命，它消灭了地主阶级，废除了妨碍资本或生产要素自由流动的土地私有权，为中国式现代化扫清了最大的经济障碍。

四、中国式现代化的加速

在苏联的援助下完成社会主义原始积累的现代化起跑之后，中国式现代化开始依照斯大林所指出的第四条道路，进行社会主义积累，努力实现党的八大提出的现代化目标，即"使中国具有强大的现代化的工业、现代化的农业、现代化的交通运输业和现代化的国防"③。为此，新中国实行了极大的节约。一方面，由于没有地主和资本家，因此，必要劳动之外的剩余劳动部分都可以用于积累；另一方面，中国人民吃苦耐劳、勤俭节约，必要劳动即西方国家所谓的人工成本偏低，也使中国人民能在较长的时间里艰苦奋斗。因此，新中国的积累率很高，生产资料更加优先增长，重工业发展得很快。

虽然当时消费资料的生产不断增长，但是新中国的人口增长较快，所以人们的生活水平的改善还十分有限。在生活消费方面，仅仅比旧中国的一般水平有所提高，

---

① 习近平. 高举中国特色社会主义伟大旗帜 为全面建设社会主义现代化国家而团结奋斗——在中国共产党第二十次全国代表大会上的报告[M]. 北京：人民出版社，2022：21-22，23.
② 毛泽东. 毛泽东文集：第6卷[M]. 北京：人民出版社，1999：329.
③ 中国共产党章程（1956年9月26日八大通过）[EB/OL]. 共产党员网，https：//www.12371.cn/2012/10/25/AR-TI1351156898801133_all.shtml.

还没有达到旧社会小资产阶级的一般水平,社会主义的优越性表现得不够明显。特别是这个时期为了加快发展,曾脱离实际发动"大跃进",使国民经济陷入严重的困难局面,不得不全面加以调整,在一定程度上挫伤了人民群众建设社会主义的积极性。当时,与资本主义国家相比,国内新型消费品如家用电器的生产明显不足,也使得改革开放之时一些人质疑社会主义优越性而倒向崇洋媚外。其实,这是一种小资产阶级性质的质疑。一方面,中国式现代化是人口规模巨大的现代化,是在"一穷二白"的基础上发展起来的,即使得到苏联的援助,其艰巨性和复杂性也是前所未有的,需要从事很多不能立竿见影的基础性工作来夯实基础。另一方面,当时中国实现的是生产资料公有制,具有小资产阶级意识形态的人只看到个人手里持有的东西,看不到共同持有的东西,也看不到文化水平提升这种非物质财富。相反,习近平总书记看到了更为深刻的东西,提出"不能用改革开放后的历史时期否定改革开放前的历史时期"①。

  经过新中国 20 多年的建设,虽然国家经济面貌发生了重大变化,但这时,一方面,中国的基础工业产能存在过剩现象;另一方面,生活消费品生产相对不足,生产品与消费品的生产比例失调,经济发展一度陷入困境。而且新中国虽然在农业设施如水库、梯田等方面进行了很大投入,但农业的生产效率不高,农业人口仍占人口的大多数。因此,尽管新中国工业门类齐全,但仍是一个以农业为主的国家。为此,新中国通过引进国外技术、加大化肥等农用物资的生产,着力研发高产粮食品种,直到取得高产杂交稻等技术的突破,农产品才丰富起来,人民的温饱问题才得以彻底解决。农业生产效率的提高使农村出现大量可以转向工业部门的富余劳动力。同时,随着上山下乡的知识青年回城,城市也出现了大量的剩余劳动力。当此之时,随着中美关系的改善,世界市场开始向中国开放。中国式现代化迎来了起飞的契机,而中国通过改革开放紧紧抓住了这个契机。

  中国改革开放之时,正是世界资本主义从帝国主义阶段向新帝国主义阶段发展之时,资本特别是大资本开始脱离生产过程,转向凭借金融手段和政治法律手段如知识产权等攫取利益,加上马克思所揭示的平均利润率趋向下降规律引起西方资本主义经济发生滞胀,资本主义国家的生产资本开始大规模向发展中国家进行产业转移。而新中国发展起来的工业基础、交通运输条件,以及大量通过新中国扫盲教育

---

① 毫不动摇坚持和发展中国特色社会主义 在实践中不断有所发现有所创造有所前进[N].光明日报,2013-01-06(001).

和普及文化教育培养出来的高素质的剩余劳动力,尤其是土地征收和房屋拆迁并用于工业和道路建设的成本很低,使中国成为承接这种产业转移最为合适、利润率最高的地区,而且当时中国较高的关税水平也使得在中国直接生产比向中国出口利润更高。因此,中国得以吸引大量外资,出现了既不同于斯大林描述的四条道路,也不同于中国获得苏联援助的新情况。这时,美国通过新帝国主义手段迫使日本签订"广场协议",造成日元大幅升值,使日本企业到海外特别是中国投资生产更为有利,促进了中国引进外资的工作。大量外资的引进使中国快速完成了或者说追加了新的资本积累,调整了产业结构,中国式现代化开始加速。

中国政府虽然实行了引进外资、扶持内资的政策,但仍然坚持公有制为主体的原则,从而对国内经济发展具有很强的调控能力。因此,当新帝国主义挑起发展中国家如东南亚和东亚经济危机以攫取金融利益时,中国经济仍能维持稳定,中国式现代化更是得以加快发展。

五、中国式现代化的奋飞

随着中国特色社会主义进入新时代,中国式现代化进入了奋飞阶段。虽然中国经济的增长速度从高速增长转为中高速增长,但这只是中国经济规模发生质变而跃上新台阶的标志。正如习近平总书记所形容的:"如同一个人,10 岁至 18 岁期间个子猛长,18 岁之后长个子的速度就慢下来了。"① 事实上,进入新时代以来,"全国 832 个贫困县全部摘帽,近一亿农村贫困人口实现脱贫,960 多万贫困人口实现易地搬迁,历史性地解决了绝对贫困问题"。"国内生产总值从 54 万亿元增长到 114 万亿元,我国经济总量占世界经济的比重达 18.5%,提高 7.2 个百分点,稳居世界第二位;人均国内生产总值从 3980 元增加到 81000 元。谷物总产量稳居世界首位,14 亿多人的粮食安全、能源安全得到有效保障。城镇化率提高 11.6 个百分点,达到 64.7%。"②

改革开放后,我们主要基于比较优势参与全球化分工,经济实现飞速发展,成为全世界工业部门最齐全的国家,但在一些关键核心领域也出现了"卡脖子"问题。然而,发展生产力就是要实现自主可控,现代化就是要打破垄断。马克思明确

---

① 习近平. 习近平谈治国理政:第 2 卷[M]. 北京:外文出版社,2017:247.
② 习近平. 高举中国特色社会主义伟大旗帜 为全面建设社会主义现代化国家而团结奋斗——在中国共产党第二十次全国代表大会上的报告[M]. 北京:人民出版社,2022:21 - 22,23.

指出:"正如一切都已成为垄断的,在现时,也有一些工业部门支配所有其他部门,并且保证那些主要从事这些行业的民族统治世界市场。"① 当前,美国利用芯片制造部门对其他工业部门的支配地位来打压和限制中国经济,并力图从其垄断的实力地位出发干预中国发展。显然,中国要走近世界舞台中央、实现中华民族伟大复兴,就必须通过现代化进入支配所有其他部门的工业部门,打破美国的世界市场垄断地位,完成全面建设社会主义现代化国家的任务。对此,习近平总书记提出把创新作为引领发展的第一动力,针对过去"造不如买,买不如租"的观念指出"这个逻辑要倒过来"②。这意味着中国式现代化必须从曾经的要素驱动、投资驱动转向创新驱动。随着"我们提出并贯彻新发展理念,着力推进高质量发展,推动构建新发展格局,实施供给侧结构性改革,制定一系列具有全局性意义的区域重大战略,我国经济实力实现历史性跃升"。③ 同时,基础研究和原始创新不断加强,一些关键核心技术实现突破,中国已经进入创新型国家行列。

马克思指出:"生产力特别高的劳动起了自乘的劳动的作用,或者说,在同样的时间内,它所创造的价值比同种社会平均劳动要多。"④ 而创新正是实现生产力特别高的劳动的主要途径。同时,生产力的高低也是根据在相同的价值创造中生产使用价值量的多寡来确定的。因此,创新带来的生产力特别高的劳动不仅在同样的时间内可以创造更多的价值,而且可以创造数量更多或质量更好的使用价值,能在更好、更快、更便宜地加速生产要素积累的同时,以更低廉的成本更充分或更优质地满足人民对美好生活的需要。正是因为中国进入创新型国家行列,中国式现代化才迎来更好更快地实现社会主义现代化的奋飞,我们才更有信心保时保质保量地在21世纪中叶完成"全面建成社会主义现代化强国、实现第二个百年奋斗目标"的战略任务,迎接中华民族伟大复兴和实现全体人民共同富裕。

六、中国式现代化的启示

虽然各国的问题必须从各国本身的基本国情出发,由各国人民自己来解答,虽然

---

① [德]马克思,恩格斯. 马克思恩格斯文集:第1卷[M]. 北京:人民出版社,2009:758.
② 习近平体验C919客机样机:把大飞机搞上去[EB/OL]. 中国政府网,http://www.gov.cn/xinwen/2014-05/24/content_2686241.htm.
③ 习近平. 高举中国特色社会主义伟大旗帜 为全面建设社会主义现代化国家而团结奋斗——在中国共产党第二十次全国代表大会上的报告[M]. 北京:人民出版社,2022:21-22,23.
④ [德]马克思,恩格斯. 马克思恩格斯全集:第44卷[M]. 北京:人民出版社,2001:774.

中国式现代化与中国国情和特殊的历史机遇有着密切关系，但中国式现代化为人类实现现代化提供了新的选择，仍然具有一定的世界历史意义，能为其他还没有实现现代化或现代化程度较低的国家在完成现代化任务方面提供一些启示。中国式现代化的历程表明，要实现现代化，第一，也是首要的一条在于，需要有一个像中国共产党那样的坚强的领导核心，不怕一切艰难险阻，敢于打破垄断，带领人民进行现代化建设。第二，不能输在起跑线上。这就要求获得国家和民族的独立，废除一切不平等条约，避免沦为西方帝国主义国家的附庸，以便自主地进行现代化。这也要求拥有强大的和众志成城的国防力量，避免或能够抵抗外国的武装干涉。第三，要彻底完成民主主义革命，消灭地主，消除土地私有权对资本或生产要素流动形成的障碍，消灭封建的人身依附关系，使劳动力能够自由进入现代化的产业部门。一般来说，要做到第二条和第三条，必须要具备第一个条件，即拥有一个坚强的领导核心。第四，要让人民群众共享现代化建设成果。只有这样，人民群众才会支持现代化建设，才愿意为实现现代化而奋斗，而不会像西方一些国家的工会和工人那样，由于害怕技术进步导致失业而抵制技术进步，妨碍国家的现代化发展。第五，要筹措现代化起跑所需要的原始积累的资金。在这方面，中国式现代化建设经验的启示是以平等的、不受奴役的条件吸收外来投资。同时，要厉行节约，将有限的资金优先用于发展生产。当前，"一带一路"已成为深受欢迎的国际公共产品和国际合作平台。各国均可充分利用这一平台，实现在平等互利的前提下融入世界市场并扩大对外交往。第六，坚持把发展经济的着力点放在实体经济上。在现代化起跑之后，要优先发展生产资料的生产，拥有自主制造工业设备的能力。第七，优先发展教育事业。一方面，要为现代化建设提供高素质的劳动者；另一方面，要为现代化建设提供具有创新能力的研发者，从而打破个别国家在技术上的垄断。第八，提高农业的生产效率，或者能用高效生产的其他产品换回大量廉价的农产品，以此降低必要劳动、增加积累。第九，大力发展基础设施建设，尤其是改善交通运输条件，从而缩短流通时间。"要想富，先修路"也是中国式现代化建设的一条成功经验。第十，利用好国内国外两种资源，为现代化建设提供必需的生产原料。最后，中国式现代化的历史经验还表明，在经济发展初期，适当的工业品高关税是必要的。但要明确，这种高关税不是为了保护国内弱小的现代工业，不是像一些发展中国家曾经试图采取的那种进口替代，而是为了吸引国外的先进工业到本国来投资生产、进行产业转移。在这种情况下，国内外企业在一国关税内是平等竞争的关系。这就可以更好地刺激本国企业加速现代化发展，即便今后降低了关税，本国企业也能具备国际竞争力。

作者简介

丁堡骏,浙江大学文科领军人才、马克思主义学院教授,全国中国特色社会主义政治经济学研究中心(吉林财经大学)原主任,《当代经济研究》执行主编,兼任中国《资本论》研究会副会长、常务理事,中国人民大学全国中国特色社会主义研究中心联合会理事等学术职务,曾任吉林财经大学副校长,长期从事马克思主义经济学和西方经济学研究。

丁堡骏：以唯物史观解读中国式现代化的科学内涵及其本质

党的二十大明确指出，新时代新征程中国共产党的中心任务就是团结带领全国各族人民全面建成社会主义现代化强国、实现第二个百年奋斗目标，以中国式现代化全面推进中华民族伟大复兴。深刻理解中国式现代化的实质意义，必须要深入理解马克思的唯物史观，正确认识唯物史观的理论形态和它的应用范式。在此基础上才能科学地解读中国式现代化的科学内涵及其本质。

一、中国共产党人对中国式现代化的认知深化历程

中国共产党自成立起就梦想着在中国大地上实现属于中华民族自己的现代化。经过几代人的不懈努力，中华民族历经新民主主义革命、社会主义革命和建设、改革开放和新时代中国特色社会主义建设，直至党的二十大，中国式现代化终于以其全新的表述被写进了我们党的决议。新民主主义革命时期，中国共产党人从腐朽没落的清王朝闭关锁国落后挨打的深刻教训中觉醒，以马克思主义为根本指导，推进马克思主义中国化，确立了推翻"三座大山"、建立社会主义经济制度和政治制度的革命道路，试图以此为中华民族赢得中国式的现代化。新中国成立初期，中国共产党在毛泽东同志的率领下以苏联的工业化和现代化为榜样，以超过英国和美国等资本主义发达国家为目标，提出了以先进的社会主义生产关系为基础实现中国现代化道路。在经历失败的挫折和总结成功的经验以后，我们党提出了到20世纪末把我国建设成为工业、农业、国防和科学技术"四个现代化"的社会主义强国的奋斗目标。党的十一届三中全会以后，我们党又以更加实事求是的态度研究中国的现代化进程和世界主要资本主义国家的现代化实际经验，重新提出了以社会主义生产方式

的改革开放实现四个现代化的奋斗目标。20世纪90年代，经过苏联和东欧国家社会主义事业的失败，中国共产党人对中国式现代化如何在西强东弱的社会历史背景下实现发展和超越有了更清晰的认识。事实上，西方资本主义国家的现代化，不仅不能离开资本主义社会经济制度和根本政治制度，而且是完全建立在这个基本制度基础上的。从这个基本的历史经验出发，我们坚持不断地变革我国的社会生产方式和生产关系，经过30多年的改革开放，中国社会生产力得到了前所未有的大发展。中国社会主义革命、社会主义建设和改革开放的历史成就向全世界宣示了落后国家如何以马克思主义的科学社会主义思想为指导实现社会主义现代化的中国道路。人类社会正在经历着世界百年未有之大变局，习近平总书记指出："世界上没有放之四海而皆准的具体发展模式，也没有一成不变的发展道路。历史条件的多样性，决定了各国选择发展道路的多样性。"[①] 党的二十大从五个方面对中国式现代化进行了具体阐述，中国式现代化是人口规模巨大的现代化；中国式现代化是全体人民共同富裕的现代化；中国式现代化是物质文明和精神文明相协调的现代化；中国式现代化是人与自然和谐共生的现代化；中国式现代化是走和平发展道路的现代化。中国式现代化的这五个方面特征，鲜明地表征了中国式现代化是牢固建立在社会主义制度基础之上的现代化。人口规模巨大是当前中国的国情，全体人民共同富裕是社会主义的本质体现，物质文明和精神文明协调是经济基础与上层建筑及意识形态相适应，人与自然和谐共生是摆脱了资本主义生产方式以牺牲自然生态为基础的发展，走和平发展道路是以人类摆脱了任何人剥削人以及由此而引起的阶级斗争和民族斗争为基础的发展。因此，我们说中国式现代化是中国共产党领导的社会主义现代化，既有西方资本主义国家现代化的共同特征，更有基于中国国情和中国社会主义制度的中国特色。

二、解读中国式现代化必须要深化对唯物史观的认识

马克思在《〈政治经济学批判〉序言》中将唯物史观描述为："人们在自己生活的社会生产中发生一定的、必然的、不以他们的意志为转移的关系，即同他们的物质生产力的一定发展阶段相适合的生产关系。这些生产关系的总和构成社会的经济结构，即有法律的和政治的上层建筑竖立其上并有一定的社会意识形式与之相适应

[①] 习近平. 在纪念毛泽东同志诞辰120周年座谈会上的讲话[N]. 人民日报，2013-12-27(002).

的现实基础。物质生活的生产方式制约着整个社会生活、政治生活和精神生活的过程。不是人们的意识决定人们的存在,相反,是人们的社会存在决定人们的意识。社会的物质生产力发展到一定阶段,便同它们一直在其中活动的现存生产关系或财产关系(这只是生产关系的法律用语)发生矛盾。于是这些关系便由生产力的发展形式变成生产力的桎梏。那时社会革命的时代就到来了。随着经济基础的变更,全部庞大的上层建筑也或慢或快地发生变革。"①

马克思的《资本论》正是以这样的唯物史观为指导研究了资本主义生产方式而得出科学社会主义的结论。我们必须要正视的是,马克思《资本论》对资本主义生产方式的考察是以英国资本主义生产方式作为原型而展开分析的,按照通常的道理,变革资本主义生产方式为科学社会主义生产方式应该率先在英法和西欧资本主义国家进行。然而,西欧国家的社会主义革命却出现了曲折,以至于整个20世纪也没有在欧美发达国家实现社会主义革命的胜利。相反,随着《资本论》在俄国和东方落后国家的传播,科学社会主义思想却在东方落后国家得到了传播,在实践中得到了进一步的发展。从目前的世界形势来看,21世纪的社会主义建设,仍然以东方资本主义尚未充分发展的国家建设社会主义为典型特征。在马克思看来,在西欧资本主义社会生产方式即将走向共产主义之际,俄国尚处于前资本主义社会生产方式的俄国农村公社,有可能不经过资本主义生产方式,径直走向共产主义。这本来是在大的唯物史观正确的前提下,运用唯物史观分析一个具体的国家和一个具体民族所得出的具体结论。然而,1872年《资本论》在俄国彼得格勒出版却遇到了空前的认识上的偏误。当时俄国一批有影响力的哲学家、历史学家和经济学家都将马克思的《资本论》误解为主张俄国走原始积累道路而反对俄国走不同于西欧资本主义道路的理论。在这种背景下,马克思才在《给〈祖国纪事〉杂志编辑部的信》和《给维·伊·查苏利奇的复信》中阐述了其东方社会跨越卡夫丁峡谷理论。关于马克思这两份文献的理论阐述,笔者已经在《论〈资本论〉的俄国化和中国化》一文中进行了详细的解读,此处不再赘述。② 根据马克思以上思想可以得出的正确推论是:由于西欧资本主义生产方式的发展,东方国家的原始共产主义社会生产方式才与人类历史初期的原始共产主义社会生产方式有了本质区别。十月革命前的俄国和1840年以来的中国,正是由于它们与资本主义是同时代的,不是孤立于世界资本主义体

---

① [德]马克思,恩格斯. 马克思恩格斯全集:第31卷[M]. 北京:人民出版社,1998.
② 详见丁堡骏. 论《资本论》的俄国化和中国化[J]. 当代经济研究,2018(4):5–15,97,2018(5):5–14,97,2018(6):3–14,95.

系之外的，所以它们有可能走出一条不同于西欧国家的跨越资本主义卡夫丁峡谷建设社会主义的道路。换言之，东方社会的变革，一方面，它们不是单纯地由于内部资本主义基本矛盾激化所导致的结果，而是由世界资本主义体系矛盾激化所导致的结果；另一方面，东方社会也完全可以直接继承欧美资本主义发展的时代成就来进行社会主义革命和建设。因此，东方社会跨越资本主义卡夫丁峡谷具有现实可能性和历史必然性。以苏联和中国为代表的东方社会主义革命和发展是跨越资本主义卡夫丁峡谷建设社会主义的伟大实践，而将这种伟大实践进行到底并且越走越宽的只有中国式现代化的发展道路，中国式现代化道路的形成与发展正是唯物史观的理论形态反映。

因此，走好中国式现代化道路，必须要以马克思的唯物史观深化认识的跨越卡夫丁峡谷理论为基础，要让马克思的跨越卡夫丁峡谷理论深入人心，以便为中国式现代化的实现提供物质动力和精神动力。

三、以唯物史观深化认识来阐述中国式现代化的理论和实践意义

马克思唯物史观深化视域下认识跨越卡夫丁峡谷理论的意义在于：一方面，马克思跨越资本主义卡夫丁峡谷理论的精髓在于"跨越"，在于反对不发达国家对欧美资本主义发展道路的教条主义理解，走爬行资本主义的发展道路。因此，俄国和中国走跨越资本主义卡夫丁峡谷的道路，并不是说俄国和中国不能有任何的资本主义发展。俄国十月革命以前已经进入了资本主义社会，中国新民主主义革命以前已经有了一定的资本主义发展，据此否定俄国十月革命和中国革命是跨越资本主义卡夫丁峡谷的革命，这种理论是不能成立的。另一方面，跨越资本主义卡夫丁峡谷，意味着跨越资本主义全部发展阶段，或者跨越资本主义的若干主要发展阶段。没有经历资本主义发展的前资本主义国家和经历了资本主义一定程度发展的东方社会落后国家，由于它和西欧资本主义生产是同时代的，它可以继承西欧资本主义生产发展的时代成就，走跨越资本主义卡夫丁峡谷建设社会主义的发展道路。值得注意的是，科学社会主义与形形色色的资产阶级和小资产阶级的社会主义的不同之处在于，科学社会主义建立在资本主义时代成就的基础上。跨越卡夫丁峡谷建设社会主义，关键在于我们要以多种方式、多种渠道，在资本主义生产方式还在以对抗的形式向前发展的情况下，吸收和借鉴其社会生产力发展和社会生产组织形式的时代成就。

就新时代的中国特色社会主义建设而言，该时期以中国作为代表的东方社会发

展是在马克思主义创始人关于共产主义社会和社会主义社会的理论基础上,在列宁斯大林领导苏联和东欧社会主义国家建设的成就以及改革失败教训总结的基础上,在经过毛泽东、邓小平等实践探索并取得巨大成就的条件下,面对中国特色社会主义继续发展所面临的新形势所进行的探索,以新时代中国特色社会主义为典范的东方跨越资本主义卡夫丁峡谷的社会主义实践,是科学社会主义理论的具体运用,中国式现代化道路也是以中国特色社会主义生产方式为基础的现代化。

中国式现代化成功实现了对资本主义现代化和传统社会主义现代化的两重超越,在马克思主义指导下,中国共产党领导中国人民跨越资本主义社会生产方式,在世界范围内资本主义生产方式占主导地位时借鉴吸收同时代人类文明的成果,走出了一条跨越卡夫丁峡谷的发展之路。[①] 而当东方社会确立的社会主义生产方式居于主导地位时,必将重新引导生产方式在世界范围内的变革和引导世界秩序的重新确立。中国特色社会主义正是在"跨越资本主义卡夫丁峡谷"建设社会主义的逻辑下,向共产主义逐渐过渡到建设社会主义的道路,是科学社会主义理论逻辑和中国社会发展历史逻辑的辩证统一,是根植于中国大地、反映中国人民意愿、适应中国和时代发展进步要求的科学社会主义,彰显了中国特色社会主义的道路自信、理论自信、制度自信和文化自信。中国式现代化道路的发展,也是为那些想要谋求发展的国家提供了一种新的选择,为第三世界树立了新的范本,推动构建人类命运共同体,为全人类贡献了中国智慧和中国力量,其必将造福中国人民和世界人民。

---

① 丁堡骏. 中国道路是跨越卡夫丁峡谷的科学社会主义道路[J]. 当代经济研究,2022(1):22-24.

作者简介

王朝科,上海对外经贸大学马克思主义学院教授,中央马克思主义理论研究和建设工程专家,上海对外经贸大学马克思主义学科领军人才、校学术委员会委员,《资本论》与中国政治经济研究中心主任,马克思主义学院学术委员会主席。兼任中国政治经济学学会副会长、中华外国经济学说研究会常务理事、全国马克思列宁主义经济史学会常务理事、中国《资本论》研究会常务理事,主持国家社会科学基金重点课题——习近平新时代中国特色社会主义经济思想的体系化研究。

王朝科、鲁保林：中长期发展规划引领是中国式现代化的典型特征

五年规划,"十一五"之前称为五年计划,旨在为一定阶段的国民经济和社会发展定目标、定方向、定任务、定政策,规划的指导思想通常会体现党的最新发展理念和发展思路,主要内容通常会对事关国家长远发展的大战略、跨部门跨行业的大政策做出部署,对具有全局性影响的跨区域大项目以及区域发展和空间格局优化等做出安排。① 习近平总书记在经济社会领域专家座谈会上指出,用中长期规划指导经济社会发展,是我们党治国理政的一种重要方式②。新中国成立以来,国家以中长期发展规划引领现代化建设进程,创造了举世瞩目的经济持续高速增长和社会长期稳定的奇迹,开辟了中国式现代化道路。中长期发展规划是党开创中国式现代化道路的重要方式,也必将是开启全面建设社会主义现代化强国新征程、实现第二个百年目标、中国式现代化行稳致远的不二法宝。

一、用中长期发展规划引领社会主义现代化建设的理论逻辑

(一) 有计划地按比例发展是社会主义制度的内在要求

按比例发展是社会化大生产时代的共同要求。马克思指出:"按一定比例分配社会劳动的必要性,决不可能被社会生产的一定形式所取消,而可能改变的只是它的表现方式。"③ 在资本主义生产方式下,"每一个别行业的生产以及这种生产的增

---

① 中共中央、国务院关于统一规划体系更好发挥国家发展规划战略导向作用的意见[EB/OL]. http://plan.cumt.edu.cn/_local/3/BD/BE/637FCD72B69BD37A241F64F89A0_9C6AAC96_33077.pdf.
② 习近平. 在经济社会领域专家座谈会上的讲话[N]. 人民日报,2020-08-25(002).
③ [德]马克思,恩格斯. 马克思恩格斯文集:第10卷[M]. 北京:人民出版社,2009:289.

加,都不是直接由社会需要调节,由社会需要控制,而是由各个资本家离开社会需要而支配的生产力调节的"①。资本主义生产组织形式的无政府、无计划性,导致周期性产能过剩和经济危机不可避免。彻底祛除这一病根要求国家有计划地、自觉地组织社会生产和流通,以计划的自觉性、能动性去消弭市场调节的自发性、盲目性。经济发展的有计划性、有组织性越来越高,是社会主义经济的特点和趋势。如恩格斯在《反杜林论》中设想的图景,"社会生产内部的无政府状态将为有计划的自觉的组织所代替"②。社会发展的自觉性和计划性,是社会主义制度的本质特征和根本优越性③。当然,计划的实现条件和呈现方式不仅需要各国依据自身情况进行摸索和创新,而且在社会主义发展的不同历史阶段也应有所不同。有计划组织社会生产这一社会主义的基本经济原则同样被中国70余年的社会主义经济建设、改革、发展实践取得的辉煌成就所实证。

(二) 社会主义制度的建立和发展是一个自觉的历史过程

生产力与生产关系、经济基础与上层建筑之间的矛盾运动是社会前进的根本动力。在阶级社会,生产力的发展通常是在阶级对立中进行的,阶级斗争是社会发展的直接动力。历史地看,从奴隶社会到封建社会再到资本主义社会,每一次新社会的诞生都是因为它的物质条件在旧社会的胎胞里已经成熟,为了适应更高的生产力水平,新的生产关系和交换关系最后"破壳而出"。由于这一更替过程并没有某个理论来指导,我们称其为自发的实现过程。社会主义制度的建立与发展则是一个自觉的推进过程,这是它的特殊之处。一是因为社会主义国家都是在科学社会主义理论的指引下诞生的,并且社会主义的建设、改革及发展都没有脱离科学社会主义理论的指导。二是因为社会主义国家通常都是在马克思主义政党的领导下,先夺取政权,依靠上层建筑的力量确立社会主义性质的生产关系,在此基础上保护和发展生产力。在一定程度上,上层建筑对社会主义经济基础的确立、巩固和完善起着决定性作用。资本主义市场经济中,政府只是"守夜人"。在社会主义条件下,由于阶级对立已经消失,国家的本质不再是一个阶级统治和压迫另一个阶级的暴力工具,政权活动的一个主要领域就是如何促进生产力高速发展。此时,先进的上层建筑可

---

① [德]马克思,恩格斯. 马克思恩格斯全集:第26卷(Ⅲ)[M]. 北京:人民出版社,1974:126.
② [德]马克思,恩格斯. 马克思恩格斯文集:第9卷[M]. 北京:人民出版社,2009:300.
③ 张宇. 市场有效,党政有为,根基牢固——正确认识社会主义市场经济中政府和市场的关系[J]. 红旗文稿,2014(8);张宇. 深刻把握社会主义条件下经济与政治的辩证法[N]. 人民日报,2016-12-15(007).

以对经济发展起到促进作用。鉴于此，社会主义市场经济的"政府—市场"关系，应根据社会主义经济的性质和特点赋予其新的内涵，政府除了要为经济活动创建制度规范，更应该扮演生产过程的领导者和经济建设的组织者等角色。

（三）赶超型社会主义现代化建设决定了要加强其建设进程的计划性

第二次世界大战之后，以美国为首的西方国家以意识形态和地缘政治划线，凡是屈从于资本主义的霸权主义和强权政治的国家和地区，一般都会得到相应的发展援助，日本和"亚洲四小龙"的成功赶超甚至被冠以"邀请式发展"。而新中国成立时，我国面临西方大国的集体封锁，道阻且长。我国的现代化道路起点非常低，如果没有国家对经济运行的直接干预，实难突破低收入陷阱和完成工业化所需的资本原始积累。新中国利用计划手段，在极低的收入水平下为工业化发展积累了巨额物质资本，奠定了社会主义现代化的物质技术基础。据统计，1960—1978年，我国平均储蓄率高达到31.5%，比同期低收入经济体高出20.8个百分点[1]。冷战结束后，两个平行的世界市场不复存在，中国既要主动参与经济全球化以获取资金、技术和管理经验，加快实现现代化赶超，又要防止"和平演变"、滑向西方发展轨道。这就决定了政府必须依靠一定的计划手段来掌控改革发展进程，确保政治秩序稳定，增强国家对经济事务的治理能力，为经济赶超创造稳定的社会环境。中国特色主义经济发展的显著特色是，国家不仅是经济活动的协调者、规划者，还是经济活动的参与者、发展职能的承担者。因此，中国经济发展依靠的不是企业单轮驱动，而是政府和企业双轮驱动，"两条腿走路"。

二、用中长期发展规划引领中国式现代化建设的实践逻辑

"凡事预则立，不预则废。"同样，对于国家建设和发展而言，也需要加强顶层设计和整体谋划。在中国式现代化的不同历史发展阶段，我们党都会综合考虑未来发展走向以及国内外的基本条件，前瞻性地谋划长远性、宏观性、预测性和指导性的战略规划，勾画未来若干年现代化建设的路线图和时间表。

---

[1] 侯永志，贾坤. 中国经济的自主发展之路[EB/OL]. 求是网, http://www.qstheory.cn/wp/2019-08/27/c_1124925417.htm.

(一) 从计划经济到国家发展规划战略导向型社会主义市场经济

新中国成立后建立了自上而下的高度集中的计划经济体制，具有强大的资源配置能力，为建立独立完整的国民经济体系发挥了夯基垒台、立柱架梁的作用。但是，在当时的条件下，低层次的生产力水平以及低效的信息反馈能力都难以持续支撑计划经济体制的高效稳定运行。回溯历史，我们在经济效率上付出了极为高昂的社会代价①。改革开放以来，政府果断放弃了指令性计划管理手段，实行市场取向的经济改革，但是我们并未放弃发展的计划性这一制度优势，而是继续制订并实施五年计划。"六五"以来，随着市场化改革和对外开放的推进，"五年计划"的定位和功能逐步转型。党的十四大报告明确指出"国家计划是宏观调控的重要手段之一"②。"十一五"将"计划"改成"规划"，内容更加突出战略性、针对性、综合性和协同性。党的十七大报告提出"完善国家规划体系，发挥国家发展规划、计划、产业政策在宏观调控中的导向作用"③。党的十八届三中全会通过的《中共中央关于全面深化改革若干重大问题的决定》指出："健全以国家发展战略和规划为导向、以财政政策和货币政策为主要手段的宏观调控体系，推进宏观调控目标制定和政策手段运用机制化，加强财政政策、货币政策与产业、价格等政策手段协调配合，提高相机抉择水平，增强宏观调控前瞻性、针对性、协同性。"④党的十九大报告提出"创新和完善宏观调控，发挥国家发展规划的战略导向作用，健全财政、货币、产业、区域等经济政策协调机制。"⑤"五年规划"作为党中央治国理政的重要方式，是联结中央与地方、政府与企业、国家与个人、当前与长远的纽带。在社会主义市场经济条件下，尽管"五年规划"尚不能消除市场调节的盲目性、自发性等弊端，但是它的约束和指导功能，在一定程度上能够预防、矫正或者弥补市场调节的缺陷。

(二) 社会主义现代化发展战略与五年规划

社会主义现代化战略是我国最基本的国家发展战略，是贯穿不同发展阶段国民经济和社会发展的主轴，"五年计划（规划）"则是这一战略在规划期内的阶段性部

---

① 程连升.筚路蓝缕:计划经济在中国[M].北京:中共党史出版社,2016:序言.
② 中共中央文献研究室.改革开放三十年重要文献选编:上[M].北京:中央文献出版社,2008:660.
③ 胡锦涛.胡锦涛文选:第2卷[M].北京:人民出版社,2016:633.
④ 中共中央关于全面深化改革若干重大问题的决定[M].北京:人民出版社,2013:16.
⑤ 习近平.决胜全面建成小康社会 夺取新时代中国特色社会主义伟大胜利——在中国共产党第十九次全国代表大会上的报告(2017年10月18日)[M].北京:人民出版社,2017:34.

署和安排。毛泽东曾设想用3个"五年计划"打基础,大概经过10个"五年计划",也就是50年,把我国建成一个伟大的社会主义国家。① 1962年,毛泽东从中国人口多、底子薄、经济落后的基本事实和建设强大的社会主义经济的奋斗目标出发,提出我国"要使生产力很大地发展起来,要赶上和超过世界上最先进的资本主义国家,没有一百多年时间是不行的"②。1964年,在三届全国人大一次会议上,周恩来同志在政府工作报告中首次公开提出:在20世纪内,把中国建设成为一个具有现代农业、现代工业、现代国防和现代科学技术的社会主义强国,并宣布了实现四个现代化目标的"两步走"设想③。不过,由于"文化大革命"的干扰,实现四个现代化的号召未能实行。④

党的十一届三中全会做出把党的工作重心转移到经济建设上来、实行改革开放的历史性抉择,党领导人民开始了中国式现代化的新探索。1979年3月,在党的理论工作务虚会上的讲话中,邓小平同志指出"要在本世纪内实现四个现代化,把我国建成一个社会主义强国",并且强调"过去搞民主革命,要适合中国情况,走毛泽东同志开辟的农村包围城市的道路。现在搞建设,也要适合中国情况,走出一条中国式的现代化道路"⑤。那么,中国式现代化的目标是什么?采取什么样的步骤来实现这一目标?1980年12月,邓小平同志在中共中央工作会议上的重要讲话中开始思考"采取什么样的步骤来实现现代化"⑥这一问题,并指出,"只要全国上下团结一致地、有秩序有步骤地前进,我们就能够更有信心经过二十年的时间,使我国现代化经济建设的发展达到小康水平,然后继续前进,逐步达到更高程度的现代化"⑦。这是"三步走"战略的雏形。党的十三大上正式确定"分三步走,实现现代化"的战略部署,提出到21世纪中叶把我国建成富强、民主、文明的社会主义现代化国家的奋斗目标。"三步走"战略的前两步于1995年提前完成。1997年召开的党的十五大对第三步战略进行细化和拓展,形成了"新三步走"战略部署。21世纪初,我国人民生活总体上达到小康水平,党的十六大和党的十七大把"新三步走"战略的前两步奋斗目标用"全面建设更高水平的小康社会"进行统领,并且在

---

① 中共中央文献研究室,编.毛泽东思想年编:1921—1975[M].北京:中央文献出版社,2011:765-766.
② 中共中央文献研究室,编.毛泽东年谱(1949—1976):第5卷[M].北京:中央文献出版社,2013:79.
③ 周恩来.周恩来选集:下卷[M].北京:人民出版社,1984:439.
④ 中共中央党校研究室.中国共产党历史大事记(1919.5—1987.12)[M].北京:人民出版社,1989:275.
⑤ 邓小平.邓小平文选:第2卷[M].北京:人民出版社,1994:163.
⑥ 邓小平.邓小平文选:第2卷[M].北京:人民出版社,1994:356.
⑦ 邓小平.邓小平文选:第2卷[M].北京:人民出版社,1994:356.

衡量指标上进一步细化和充实，对经济增长的质量和效益提出更高要求。党的十八大首次提出"全面建成小康社会"的奋斗目标。党的十八大以来，中国特色社会主义进入新时代，以习近平同志为核心的党中央全面深化改革，开创了全面中国式现代化道路的新局面。2020 年，全面建成小康社会目标如期实现，这是"分三步走，实现现代化"的一个重要里程碑。党的十九大前瞻性地规划了"两步走"战略，对"三步走"战略特别是"新三步走"战略进行深化和推进。党的十九届五中全会将"十四五"规划与 2035 年远景目标统筹考虑，将党的十九大提出的战略安排细化、丰富化，科学擘画了我国进入新发展阶段的发展蓝图。从党的十三大正式确立"分三步走，实现现代化"的总体战略部署，到党的十五大和十九大分别制定"新三步走"和"两步走"战略安排，尽管不同战略安排的侧重点不同，但是都共同指向把我国建设成为"富强民主文明和谐美丽的社会主义现代化强国"这一宏伟目标。围绕社会主义现代化发展战略，中国共产党带领中国人民科学运用矛盾分析方法，既规划长远，又紧紧抓住不同发展阶段的主要矛盾和主要矛盾的主要方面，补短板、强弱项、扬优势，不断创造中国式现代化的新辉煌。

（三）中长期发展规划引领创造中国发展奇迹

"九层之台，起于累土。"社会主义现代化的实现需要若干个五年计划的实施来完成，因此"五年计划"可以视为国家长期发展目标和任务的具体分解。迄今为止，我们已经实施了十四个"五年计划"。从"一五"到"五五"，由于受到多轮运动的干扰，计划指标的完成率较差。据测算，除了"一五"超额完成计划指标外，"二五"计划彻底失败，"三五"计划的完成率约为 82%，"四五"计划完成率进一步降低至 59%，"五五"计划完成率仅有 22%[①]。"六五"以来，党和国家的工作重心完全转移到现代化建设上来，随着市场化改革和对外开放的推进，五年计划的定位和功能也在转型。"十一五"将"计划"二字改成"规划"，内容越来越突出战略性、政策性和综合性，预期性目标增多，约束性目标减少。从"六五"以来"五年计划"的实际执行状况来看，绝大多数时期的经济社会发展指标都能够提前并且超额完成（见表 1）。

---

① 胡鞍钢.40 年前：改革开放的初始条件（上）[EB/OL]. https://user.guancha.cn/main/content?id=54208&page=1.

表1 "六五"计划至"十三五"规划经济总量和增速的目标值和实际值

时期	指标	目标值	实际值
"六五"（1981—1985年）	总量	社会总产品达到10300亿元	16582亿元
	增速	年均4%	年均11%
"七五"（1986—1990年）	总量	国民生产总值达到11170亿元	38035亿元
	增速	年均7.5%	年均7.8%
"八五"（1991—1995年）	总量	国民生产总值达到23250亿元	57600多亿元
	增速	年均6%	年均12%
"九五"（1996—2000年）	总量	国民生产总值增长达到8.5万亿元	9.98万亿元
	增速	年均8%	年均8.3%
"十五"（2001—2005年）	总量	国内生产总值达到12.5万亿元	18.7万亿元
	增速	年均7%	年均9.5%
"十一五"（2006—2010年）	总量	国内生产总值达到26.1万亿元	39.8万亿元
	增速	年均7.5%	年均11.2%
"十二五"（2011—2015年）	总量	国内生产总值达到55.8万亿元	67.7万亿元
	增速	年均7%	年均7.8%
"十三五"（2016—2020年）	总量	国内生产总值大于92.7万亿元	101.36万亿元
	增速	平均增速大于6.5%	年均5.73%

资料来源：姚开建，陈勇勤．改变中国：中国的十个五年计划［M］．北京：中国经济出版社，2003：236-244；全国人大财政经济委员会办公室，国家发展和改革委员会发展规划司．建国以来国民经济和社会发展五年计划重要文件汇编［M］．北京：中国民主法制出版社，2008；历年《中国统计年鉴》；《中华人民共和国国民经济和社会发展第十三个五年规划纲要》。

"五年计划"的接续是中国经济发展的历史缩影："六五"让国民经济迈进稳步健康发展轨道。"八五"期间我国提前五年完成20世纪末翻两番的战略目标。"十一五"期间，我国超越日本，成为世界第二大经济体。"十二五"期间，世界银行按照购买力平价估算，我国经济总量已超过美国。"十三五"期间，我国全面建成小康社会，顺利实现第一个百年奋斗目标。滚动实施的"五年计划"构成了审视中国经济发展历程的窗口，也印证了五年一个台阶、十年一个飞跃的"波浪式前进"规律。王绍光等认为，中国经济奇迹就是以一连串的五年计划为基石而铺就的。[①]实践证明，中长期发展规划既能充分发挥市场在资源配置中的决定性作用，又能更好发挥政府作用。

[①] 王绍光，鄢一龙．大智兴邦：中国如何制定五年规划［M］．北京：中国人民大学出版社，2015：114，208-211．

三、中长期发展规划战略引领作用的实现机制

我国实行的是社会主义市场经济体制,"实践证明,中长期发展规划既能充分发挥市场在资源配置中的决定性作用,又能更好发挥政府作用。"① 那么,五年规划是如何发挥战略导向作用的呢?

(一) 组织动员

从我国经济发展的实践进程看,"五年规划"就是一个有效的激励体系,是一个为实现规划目标强大的社会资源动员体系。首先,党和政府擘画发展目标,规划发展蓝图,可以动员全党上下、社会各方为实现目标而共同奋斗。"一旦国家目标制定通过,就转化为国家意志,各种国家机器都围绕着目标的实现被开动起来,各种资源围绕着目标实现的方向配置,从而形成一种强大的合力。"② 其次,五年规划的推进有赖于自上而下、自下而上、条块分工协同的有效率的目标管理体系。尤其是针对约束性指标,中央政府实施目标责任制管理。总体目标被分解为地方目标、部门目标、年度目标、重点工程目标,层层分解,直到成为无数参与者具体的行动指南。上级部门还要对目标实现情况进行跟踪评估、督促检查,从而不断地促进目标实现③。《中华人民共和国国民经济和社会发展第十四个五年规划和2035年远景目标纲要》指出:各地区、各部门要根据职责分工,制定本规划涉及本地区、本部门的主要目标任务实施方案。本规划确定的约束性指标、重大工程项目和公共服务、生态环保、安全保障等领域任务,要明确责任主体和进度要求,合理配置公共资源,引导调控社会资源,确保如期完成。本规划提出的预期性指标和产业发展、结构调整等领域任务,主要依靠发挥市场主体作用实现,各级政府要创造良好的政策环境、体制环境和法治环境。年度计划要贯彻本规划提出的发展目标和重点任务,将本规划确定的主要指标分解纳入年度计划指标体系,设置年度目标并做好年度间综合平衡,合理确定年度工作重点。

---

① 习近平. 在经济社会领域专家座谈会上的讲话[N]. 人民日报,2020-08-25(002).
② 鄢一龙. 目标治理:看得见的五年规划之手[M]. 北京:中国人民大学出版社,2013:219.
③ 鄢一龙. 目标治理:看得见的五年规划之手[M]. 北京:中国人民大学出版社,2013:194.

（二）统筹协调

"五年规划"充分贯彻了"重点突破和整体推进相结合"的原则，强调的是"两点论"。首先，重大政策、重大生产力布局以及重大改革任务，立足于解决制约国民经济和社会发展全局性、长期性的重大问题。政府将公共资源配置到这些重点领域，集中力量推进这些工程项目，充分发挥集中力量办大事的优势，以解决经济社会发展的主要矛盾。"我国的一些重大技术突破，比如高速铁路的建设、航天技术的不断突破等，都与这一优势有着密切关系。"①"十一五"规划确定的重点工程和项目有141项，以基础设施建设、生态文明建设和公共服务为主。②"十三五"规划确定的重大项目和重大工程有160多项，涉及科技创新、结构升级、基础设施、生态环境和民生改善五大方面。"十四五"规划确定的重大项目和重大工程有110多项，涉及创新驱动发展、发展现代产业体系、形成强大国内市场等方面。这些工程和项目在各领域发展中一般具有基础性、关键性、引领性和战略性作用，既惠及当下又立足长远，体现了国家发展的总体战略布局，是调整经济结构、增强发展潜力、塑造未来发展格局的重要引擎。其次，"五年规划"作为国民经济社会发展的顶层设计，具有统筹重大战略、重大政策的时空协调功能，有利于各类跨时期、跨部门、跨区域的资源高效率配置，平衡短期利益和长期利益，局部利益和整体利益，经济利益和社会、生态利益的矛盾。总体而言，科学编制并有效实施中长期发展规划，有利于维护国家发展战略的连续性、稳定性，避免或者减少贪大求快、目光短视行为，减少公共资源浪费。

（三）目标导引

"五年规划"作为经济社会发展的蓝图和行动纲领，还具有"举旗定向"功能。对于微观市场主体来说，市场充满了复杂性和不确定性，中长期发展规划确定的战略目标、经济政策、产业政策取向等，发挥着"经济晴雨表"的作用，可以帮助市场主体了解国家战略意图、市场环境变化及未来发展方向，从而增强市场主体的行为理性，减少其投资和生产的盲目性。从宏观层面来看，国家计划不仅仅是宏观调控的手段，而且在整个宏观调控体系中发挥着统领导向功能。一般而言，财政政策

---

① 李民圣．为什么说中国特色社会主义制度具有明显制度优势[J]．红旗文稿，2019（4）．
② 鄢一龙．目标治理：看得见的五年规划之手[M]．北京：中国人民大学出版社，2013：217．

和货币金融政策要优先支持和保障规划确定的重大战略、重大工程、重大项目和重大改革举措。产业政策、区域政策要围绕规划确定的方向、重点和空间布局来制定。简言之，各类政策的目标、手段、工具等都要服从和服务于国家发展战略规划。与单纯依赖经济手段相比，这种体制机制设计能够从根本上统筹协调各种利益关系，有利于增强整个宏观调控体系的前瞻性、针对性与政策协同性，形成调控合力。"十一五"规划纲要明确提出规划是"政府履行经济调节、市场监管、社会管理和公共服务职责的重要依据"。"十三五"规划指出，要"依据国家中长期发展规划目标和总供求格局实施宏观调控"。按照全面建成小康社会的任务要求，"十三五"规划确定了经济要保持中高速增长、创新驱动发展战略要见成效、人民生活水平和质量普遍提高、生态环境要总体改善、国民素质和社会文明程度要显著提高等主要目标。围绕这些任务目标又设定了四大类25项指标，其中约束性指标13项，是政府必须履行的职责；预期性指标12项[①]，对市场起引导作用。《中华人民共和国国民经济和社会发展第十四个五年规划和2035年远景目标纲要》围绕"经济发展、创新驱动、民生福祉、绿色生态和安全保障"五个方面制定了"十四五"时期的20项经济社会发展指标。其中，预期性指标13项，约束性指标7项[②]。与"十三五"规划相比，约束性指标进一步减少。"相对于资本主义国家宏观调控只关注短期经济波动、调控手段一般只有财政政策和货币政策而言，我国这种囊括规划、产业政策等多种手段的宏观调控模式具有独特的优势，有利于保证国民经济稳定持续健康发展和地区之间发展的平衡性与协调性。"[③]

四、中长期发展规划引领中国式现代化推进中华民族伟大复兴

实现社会主义现代化和中华民族伟大复兴是一个接力前行、持续奋斗的历史过程，需要坚韧不拔、锲而不舍的精神以及全局性、系统性和战略性思维。有领导、有计划地推进现代化建设是中国式现代化道路特征和优势，它已经被70多年社会主义经济建设、改革、发展实践取得的辉煌成就所证明。现代化建设是一个有机整体，深入推进中国式现代化，要加强前瞻性思考、全局性谋划、战略性布局和整体性推进。

---

① 中华人民共和国国民经济和社会发展第十三个五年规划纲要[M]．北京：人民出版社，2016．
② 中华人民共和国国民经济和社会发展第十四个五年规划和2035年远景目标纲要[EB/OL]．http://www.gov.cn/xinwen/2021－03/13/content_5592681.htm．
③ 李民圣．为什么说中国特色社会主义制度具有明显制度优势[J]．红旗文稿，2019(4)．

(一) 用中长期发展规划引领现代化，必须坚持党的全面领导

中国共产党作为长期执政的无产阶级政党，能够团结其他政党和社会团体，在共同协商的基础上制定实施中长期发展规划。党和政府不仅是经济活动的协调者、规划者，在很多领域还是经济活动的重要参与者和直接组织者。从本质上看，用中长期规划指导经济社会发展，彰显了党和人民在经济发展中的主体性和自觉能动性，不同于新自由主义那种完全由市场自发主导的经济治理体制。事实上，中国经济能不能持续稳定健康发展，关键在于中国共产党的正确领导。因为几千万党员是推进改革和发展的主体和基础。习近平总书记在庆祝改革开放40周年大会上的讲话中指出："历史发展有其规律，但人在其中不是完全消极被动的。只要把握住历史发展大势，抓住历史变革时机，奋发有为，锐意进取，人类社会就能更好前进。"[①] 我国开创并且日益完善的由中长期发展规划引领的社会主义市场经济模式恰好体现了这一点。

(二) 在中国式现代化建设进程中必须始终贯彻新发展理念

我国经济已经转入高质量发展阶段，要以新发展理念引领经济高质量发展。新发展理念集中反映了我们党对经济发展规律的新认识。习近平总书记指出："高质量发展，就是能够很好满足人民日益增长的美好生活需要的发展，是体现新发展理念的发展，是创新成为第一动力、协调成为内生特点、绿色成为普遍形态、开放成为必由之路、共享成为根本目的的发展。"[②] 中国经济要实现真正意义上的高质量发展，尚有许多短板需要迅速补齐，如基础研究能力不强、关键核心技术自主创新不足、全球经济治理中议题设置能力和话语权还比较弱、运用国际经济规则维护自身权益的能力不强等。我们一定要坚定不移地走更高水平自力更生之路，大力推进科技创新、市场创新、组织创新、制度创新，充分发挥新型举国体制制度优势和超大规模市场优势，稳步提升关键核心技术创新能力，推进产业基础高级化和产业链现代化。

---

① 习近平. 在庆祝改革开放40周年大会上的讲话[J]. 求是,2018(24):3.
② 中共中央党史和文献研究院. 十九大以来重要文献选编:上[M]. 北京:中央文献出版社,2019:139.

(三) 中国式现代化建设必须以扎实推进共同富裕取得实质性成效为根本目的

坚持和实现全体人民共同富裕,是中国式现代化与西方资本主义现代化的本质区别。迄今为止,西方国家的现代化仅仅是少数人的现代化。无论是欧洲还是北美,现代化进程创造的社会财富绝大多数都流向了少数精英阶层。2008 年金融危机以来,西方国家的收入和财富不平等及其引发的社会矛盾更加尖锐:私人财富急剧扩张,财富鸿沟和中产阶层塌陷导致社会撕裂、政治极化、民粹主义泛滥。西方国家在现代化进程中之所以无法根除两极分化和不平等加剧顽疾,根源在于它是资本主义方式的现代化,而人的异化和不平等是资本主义市场经济与生俱来的特性①。现代化的本质是人的现代化。坚持人民至上,这是马克思主义政治经济学的根本立场。邓小平同志明确指出,"社会主义最大的优越性就是共同富裕,这是体现社会主义本质的一个东西"②。党的十八大以来,习近平总书记多次强调"共同富裕是社会主义的本质要求"③。进入新发展阶段,扎实推动共同富裕上升为我国现代化进程的重要议题。推进共同富裕,要坚持党的领导,以新发展理念为指引,推动高质量发展,不断夯实共同富裕的物质基础,同时要在坚持中国特色社会主义基本经济制度的前提下,创新社会主义分配制度,在公有制经济中坚定不移实行按劳分配为主,允许一定程度、一定范围实行按要素所有权等多种分配方式;同样,在非公有制经济中应大力引导提倡一定程度的按劳分配和多种分配方式相结合,使作为整体的"按劳分配为主体,多种分配方式并存"协同发展,最终使"按劳分配"成为一种普遍的分配方式。

(四) 建设人与自然生命共同体是中国式现代化的时代使命

进入新时代,我国主要矛盾发生了变化,人民对于优美生态环境以及优质生态产品的需求日益增长。中国式现代化道路坚持走生产发展、生活富裕、生态良好的文明发展道路,以环境友好型社会为发展目标,强调提供更多的生态产品以满足人民日益增长的优美生态环境需要,将生态环境保护与生产力发展置于同等重要的位置。努力建设人与自然和谐共生的现代化,建设美丽中国,兑现在 2030 年前实现碳

---

① 鲁保林,李建平. 共同富裕彰显中国式现代化的独特魅力[N]. 福建日报,2021 - 12 - 07(009).
② 邓小平. 邓小平文选:第 3 卷[M]. 北京:人民出版社,1993:364.
③ 习近平. 习近平谈治国理政:第 2 卷[M]. 北京:外文出版社,2017:83.

达峰、2060年前实现碳中和的承诺,关系人民福祉和民族未来。习近平总书记指出:"人与自然是生命共同体,人类必须尊重自然、顺应自然、保护自然。这次疫情防控使我们更加深切地认识到,生态文明建设是关系中华民族永续发展的千年大计,必须站在人与自然和谐共生的高度来谋划经济社会发展。"[①] 深入推进中国式现代化,要把绿色、低碳、循环、可持续作为生产生活方式变革的主攻方向,着力构建人与自然和谐共生的社会再生产体系。我国在经济高速增长阶段形成的"大规模生产、高消耗、高碳排放"的生产模式,不断触及自然生态的边界和底线,从长远来看根本不可持续。进入高质量发展阶段,我们要树立大局观、长远观、整体观,持续开拓生产发展、生活富裕、生态良好的文明发展道路。"十四五"时期,我们要推动重点行业绿色改造以及煤炭等化石能源高效利用,这是持续改善生态环境、践行绿色低碳发展的重要举措。促进人与自然和谐共生,不仅要求生态环境持续改善,而且要把绿色发展理念融入社会再生产的每一个环节并成为大众的文化自觉,加快生产方式、生活方式、流通方式以及消费方式的绿色低碳转型,致力于实现社会再生产体系的绿色化、生态化、智能化。

(五)统筹安全与发展是因应世界百年未有之大变局的必然要求

当今世界正经历百年未有之大变局,单边主义、保护主义逆流涌动,霸权主义兴风作浪,世界面临的不确定性、不稳定性突出,经济增长乏力、贫富分化、恐怖主义、重大传染性疾病等非传统性安全威胁正日益成为人类社会的共同挑战,任何国家都无法独自应对这些挑战。中国共产党是为中国人民谋幸福的政党,也是为人类进步事业而奋斗的政党。党的十九大明确提出"坚持和平发展道路,推动构建人类命运共同体"。"构建人类命运共同体"和"一带一路"倡议,主张合作共赢、开放包容、共享发展,超越了民族、种族、文化、宗教、国家与意识形态的界限,是改善全球治理的中国智慧和中国方案。作为世界上最大的发展中国家,中国以身作则,高举和平、发展、合作、共赢的旗帜,在参与国际事务中始终彰显大国担当,这样才能更好地推动各国相向而行、和平相处、共同发展。在人类命运共同体理念的指引下,我们要推动"一带一路"走深走实,打造更多的国际合作平台。从我国自身来说,要特别注重和加强南南合作、周边合作以及中欧合作,逐步降低对美国资本、市场和技术的依存度。首先,东北亚、东南亚地区各国经济发展各具优势,

---

① 习近平. 国家中长期经济社会发展战略若干重大问题[J]. 求是,2020(21):9.

互补性强。其次，中欧之间不存在地缘政治矛盾，没有根本利害冲突，可以实现优势互补、互利共赢。再次，南南合作始于20世纪50年代，中国一直以来都是这一合作平台的积极倡导者和重要参与者。加强南南合作有助于挖掘发展中国家的贸易和投资潜力，有助于打造共同发展、共赢共享的样板。最后，基于冷战的教训，我们要继续坚持不结盟、不对抗、不称霸、不搞军事扩张、不参加军备竞赛的战略。在国际上广交朋友，打造覆盖全球的"朋友圈"，把朋友搞得多多的，把对手搞得少少的。

（六）坚持系统观念是开创中国式现代化新境界的科学方法论

系统观念是认识复杂事物本质联系及其发展变化过程的科学方法论，也是我们党在伟大实践中长期坚持的思想方法和工作方法。习近平总书记在关于《中共中央关于制定国民经济和社会发展第十四个五年规划和二〇三五年远景目标的建议》的说明中指出："党的十八大以来，党中央坚持系统谋划、统筹推进党和国家各项事业，根据新的实践需要，形成一系列新布局和新方略，带领全党全国各族人民取得了历史性成就。在这个过程中，系统观念是具有基础性的思想和工作方法。"我们要建设的社会主义现代化是一项复杂的系统工程。只有坚持系统观念，加强顶层设计和整体谋划，才能把短期利益与长远利益，局部利益与全局利益，经济利益与社会、政治、生态利益及发展与安全等有机统一起来。全面建成小康社会目标实现以后，中华民族伟大复兴进入关键时期。"十四五"时期，面对国内外环境的深刻复杂变化，面对经济社会发展中的错综复杂矛盾，面对世界百年未有之大变局，我们都必须从系统观念出发，加强前瞻性思考、全局性谋划、战略性布局、整体性推进，全面协调推动各领域工作和社会主义现代化建设，以中国式现代化推进中华民族伟大复兴。

作者简介

张旭,中国社会科学院经济研究所政治经济学研究室主任、教授、博士生导师。中央"马工程"专家。中国社会科学院当代中国马克思主义政治经济学创新智库秘书长。全国中国特色社会主义政治经济学研究中心(中国社会科学院)副主任。兼任全国马克思列宁主义经济学说史学会副会长、秘书长;北京高校研究生思想政治理论课研究会副理事长、秘书长;中国《资本论》研究会常务理事、副秘书长;中国政治经济学学会常务理事;中华外国经济学说研究会常务理事;中国马克思恩格斯研究会常务理事;首都经济学家论坛副主席。历任中国人民大学苏联东欧研究所副所长、中国人民大学党委宣传部副部长、中国人民大学马克思主义学院副院长,中国人民大学复印报刊资料《世界经济导刊》《高新技术及产业化》《国际经济文摘》《社会主义经济理论与实践》主编。出版《中国经济学的构建与发展》(中国经济出版社,1999年版)、《混合所有制理论与实践》(中国税务出版社,2000年版)、《20世纪经济学解析》(中国社会科学出版社,2000年版)、《马克思主义经济学体系研究》(中国人民大学出版社,2002年版)等著作20余部,发表学术论文200余篇。研究领域:政治经济学、世界经济学、发展经济学、中国经济学。

张　旭：论中国式现代化道路的理论逻辑

习近平总书记在庆祝中国共产党成立100周年大会上的讲话中指出：我们坚持和发展中国特色社会主义，"创造了中国式现代化新道路"[①]。2021年7月6日，在来自160多个国家的500多个政党和政治组织的领导人参加的中国共产党与世界政党领导人峰会上，习近平总书记在主旨发言中指出："中国共产党将团结带领中国人民深入推进中国式现代化，为人类对现代化道路的探索做出新贡献。"[②]《中共中央关于党的百年奋斗重大成就和历史经验的决议》再次明确指出："以中国式现代化推进中华民族伟大复兴，"党的百年奋斗深刻影响了世界历史进程，"党领导人民成功走出中国式现代化道路，创造了人类文明新形态，拓展了发展中国家走向现代化的途径，给世界上那些既希望加快发展又希望保持自身独立性的国家和民族提供了全新选择。"[③] 深刻认识和把握中国式现代化道路的理论逻辑，有利于增强对中国式现代化道路在中华民族发展史上、世界社会主义发展史上、人类社会发展史上的里程碑意义的理解，更有利于增强中国式现代化道路的理论自信和文化自信。

一、中国式现代化道路是对人类发展规律的崭新实践

"从全面建成小康社会到基本实现现代化，再到全面建成社会主义现代化强国，是新时代中国特色社会主义发展的战略安排。"[④] 中国式现代化道路就是将马克思主

---

① 习近平. 在庆祝中国共产党成立100周年大会上的讲话[M]. 北京：人民出版社，2021：12.
② 习近平. 加强政党合作　共谋人民幸福——在中国共产党与世界政党领导人峰会上的主旨讲话[M]. 北京：人民出版社，2021：7.
③ 本书编写组. 中共中央关于党的百年奋斗重大成就和历史经验的决议[M]. 北京：人民出版社，2021：64.
④ 习近平. 决胜全面建成小康社会　夺取新时代中国特色社会主义伟大胜利[M]. 北京：人民出版社，2017：29.

义基本原理同中国具体实际相结合、同中华优秀传统文化相结合的成果,是马克思主义中国化的创新发展。

(一)中国式现代化道路首先是社会主义的现代化

共产主义代替资本主义,这是不可抗拒的历史发展规律,人类社会最终将走向共产主义。马克思和恩格斯在《共产党宣言》中曾经对资本主义在历史上的进步给予了高度赞扬:"资产阶级在它的不到一百年的阶级统治中所创造的生产力,比过去一切世代创造的全部生产力还要多,还要大。自然力的征服,机器的采用,化学在工业和农业中的应用,轮船的行驶,铁路的通行,电报的使用,整个大陆的开垦,河川的通航,仿佛用法术从地下呼唤出来的大量人口——过去哪一个世纪料想到在社会劳动里蕴藏有这样的生产力呢?"[①] "资产阶级的灭亡和无产阶级的胜利是同样不可避免的。"[②] "代替那存在着阶级和阶级对立的资产阶级旧社会的,将是这样一个联合体,在那里,每个人的自由发展是一切人的自由发展的条件。"[③]在《〈政治经济学批判〉序言》中,马克思指出:"大体说来,亚细亚的、古希腊罗马的、封建的和现代资产阶级的生产方式可以看作是经济的社会形态演进的几个时代。资产阶级的生产关系是社会生产过程的最后一个对抗形式,这里所说的对抗,不是指个人的对抗,而是指从个人的社会生活条件中生长出来的对抗;但是,在资产阶级社会的胎胞里发展的生产力,同时又创造着解决这种对抗的物质条件。因此,人类社会的史前时期就以这种社会形态而告终。"[④]

恩格斯在为马克思《资本论》第一卷所作的书评中写道:"资本和劳动的关系,是我们全部现代社会体系所围绕旋转的轴心。"[⑤] 在《资本论》中,马克思科学论证了资本主义发展的历史走向:"社会的财富即执行职能的资本越大,它的增长的规模和能力越大,从而无产阶级的绝对数量和他们的劳动生产力越大,产业后备军也就越大。可供支配的劳动力同资本的膨胀力一样,是由同一些原因发展起来的。因此,产业后备军的相对量和财富的力量一同增长。但是同现役劳动军相比,这种后备军越大,常备的过剩人口也就越多,他们的贫困同他们所受的劳动折磨成反比。最后,工人阶级中贫苦阶层和产业后备军越大,官方认为需要救济的贫民也就越多。

---

① [德]马克思,恩格斯. 马克思恩格斯文集:第2卷[M]. 北京:人民出版社,2009:36.
② [德]马克思,恩格斯. 马克思恩格斯文集:第2卷[M]. 北京:人民出版社,2009:43.
③ [德]马克思,恩格斯. 马克思恩格斯文集:第2卷[M]. 北京:人民出版社,2009:53.
④ [德]马克思,恩格斯. 马克思恩格斯文集:第2卷[M]. 北京:人民出版社,2009:592.
⑤ [德]马克思,恩格斯. 马克思恩格斯文集:第3卷[M]. 北京:人民出版社,2009:79.

这就是资本主义积累的绝对的、一般的规律。""这一规律制约着同资本积累相适应的贫困积累。因此,在一极是财富的积累,同时在另一极,即在把自己的产品作为资本来生产的阶级方面,是贫困、劳动折磨、受奴役、无知、粗野和道德堕落的积累。"①

"随着这种集中或少数资本家对多数资本家的剥夺,规模不断扩大的劳动过程的协作形式日益发展,科学日益被自觉地应用于技术方面,土地日益被有计划地利用,劳动资料日益转化为只能共同使用的劳动资料,一切生产资料因作为结合的、社会的劳动的生产资料使用而日益节省,各国人民日益被卷入世界市场网,从而资本主义制度日益具有国际的性质。……资本的垄断成了与这种垄断一起并在这种垄断之下繁盛起来的生产方式的桎梏。生产资料的集中和劳动的社会化,达到了同它们的资本主义外壳不能相容的地步。这个外壳就要炸毁了。资本主义私有制的丧钟就要响了。剥夺者就要被剥夺了。"②

中国式现代化道路是在无产阶级政党——中国共产党的领导下进行的现代化,这一现代化克服了资本主义现代化的一切消极后果,克服了资本主义制度本身的一切弊端,是在社会主义制度下根据科学社会主义原则进行的现代化。改革开放后,1979年3月31日,在党的理论工作务虚会上,邓小平指出:"我们当前以及今后相当长一个历史时期的主要任务是什么?一句话,就是搞现代化建设。能否实现四个现代化,决定着我们国家的命运、民族的命运。在中国的现实条件下,搞好社会主义的四个现代化,就是坚持马克思主义,就是高举毛泽东思想伟大旗帜。你不抓住四个现代化,不从这个实际出发,就是脱离马克思主义,就是空谈马克思主义。社会主义现代化建设是我们当前最大的政治,因为它代表着人民的最大的利益、最根本的利益。""我们要在中国实现四个现代化,必须在思想政治上坚持四项基本原则。这是实现四个现代化的根本前提。这四项是:第一,必须坚持社会主义道路;第二,必须坚持无产阶级专政;第三,必须坚持共产党领导;第四,必须坚持马列主义毛泽东思想。"四项基本原则是我们党长期以来所一贯坚持的,四项基本原则归结为一句话就是"我们坚持了科学社会主义"③。

---

① [德]马克思,恩格斯. 马克思恩格斯文集:第5卷[M]. 北京:人民出版社,2009:742-744.
② [德]马克思,恩格斯. 马克思恩格斯文集:第5卷[M]. 北京:人民出版社,2009:874.
③ 邓小平. 邓小平文选:第2卷[M]. 北京:人民出版社,1994:162-165.

（二）中国式现代化道路是中国特色社会主义的现代化

恩格斯指出："每一个时代的理论思维，包括我们这个时代的理论思维，都是一种历史的产物，它在不同的时代具有完全不同的形式，同时具有完全不同的内容。"① 理论如此，道路也是如此。邓小平同志曾经指出："过去搞民主革命，要适合中国情况，走毛泽东同志开辟的农村包围城市的道路。现在搞建设，也要适合中国情况，走出一条中国式的现代化道路。""中国式的现代化，必须从中国的特点出发。"②

习近平总书记在纪念马克思诞辰200周年大会上的讲话中指出："当代中国的伟大社会变革，不是简单延续我国历史文化的母版，不是简单套用马克思主义经典作家设想的模板，不是其他国家社会主义实践的再版，也不是国外现代化发展的翻版。社会主义并没有定于一尊、一成不变的套路，只有把科学社会主义基本原则同本国具体实际、历史文化传统、时代要求紧密结合起来，在实践中不断探索总结，才能把蓝图变为美好现实。"③ 2013年1月5日，习近平总书记在新进中央委员会的委员、候补委员学习贯彻党的十八大精神研讨班上的讲话中强调指出："中国特色社会主义，是科学社会主义理论逻辑和中国社会发展历史逻辑的辩证统一，是根植于中国大地、反映中国人民意愿、适应中国和时代发展进步要求的科学社会主义，是全面建成小康社会、加快推进社会主义现代化、实现中华民族伟大复兴的必由之路。""中国特色社会主义是社会主义而不是其他什么主义，科学社会主义基本原则不能丢，丢了就不是社会主义。一个国家实行什么样的主义，关键要看这个主义能否解决这个国家面临的历史性课题。"④

"我们的任务是全面建设社会主义现代化国家，当然我们建设的现代化必须是具有中国特色、符合中国实际的，我在党的十九届五中全会上特别强调了五点，就是我国现代化是人口规模巨大的现代化，是全体人民共同富裕的现代化，是物质文明和精神文明相协调的现代化，是人与自然和谐共生的现代化，是走和平发展道路的现代化。这是我国现代化建设必须坚持的方向。"⑤

邓小平同志曾经指出："我们搞社会主义才几十年，还处在初级阶段。巩固和

---

① [德]马克思,恩格斯.马克思恩格斯文集:第9卷[M].北京:人民出版社,2009:436.
② 邓小平.邓小平文选:第2卷[M].北京:人民出版社,1994:163-164.
③ 习近平.在纪念马克思诞辰200周年大会上的讲话[M].北京:人民出版社,2018:26.
④ 习近平.习近平谈治国理政[M].北京:外文出版社,2014:21-22.
⑤ 习近平.把握新发展阶段 贯彻新发展理念 构建新发展格局[J].求是,2021(9):4-18.

发展社会主义制度，还需要一个很长的历史阶段，需要我们几代人、十几代人，甚至几十代人坚持不懈地努力奋斗，决不能掉以轻心。"① 习近平总书记认为，邓小平同志当年说这个话，主要是从政治上讲的，强调的是在当时我国经济基础比较薄弱的条件下，需要很长时间的艰苦奋斗才能实现现代化，同时强调"即使实现了现代化，要把我国社会主义制度世世代代坚持下去，仍要一以贯之地把巩固和发展社会主义制度的问题解决好，不可能一劳永逸。"②

二、中国式现代化道路是对人民立场的执着坚守

马克思指出："历史活动是群众的活动，随着历史活动的深入，必将是群众队伍的扩大。"③ 列宁指出："发现唯物主义历史观，或者更确切地说，把唯物主义贯彻和推广运用于社会现象领域，消除了以往的历史理论的两个主要缺点。第一，以往的历史理论至多只是考察了人们历史活动的思想动机，而没有研究产生这些动机的原因，没有探索社会关系体系发展的客观规律性，没有把物质生产的发展程度看作这些关系的根源；第二，以往的理论从来忽视居民群众的活动，只有历史唯物主义才第一次使我们能以自然科学的精确性去研究群众生活的社会条件以及这些条件的变更。"④ 习近平总书记更是强调："人民立场是马克思主义政党的根本政治立场，人民是历史进步的真正动力，群众是真正的英雄，人民利益是我们党一切工作的根本出发点和落脚点。"⑤

（一）中国式现代化道路是为了人民的现代化

早在新中国成立之初，1949年6月，在新政治协商会议筹备会上，毛泽东就指出："中国人民将会看见，中国的命运一经操在人民自己的手里，中国就将如太阳升起在东方那样，以自己的辉煌的光焰普照大地迅速地荡涤反动政府留下来的污泥浊水，治好战争的创伤，建设起一个崭新的强盛的名副其实的人民民主共和国。"⑥

"政之所兴在顺民心，政之所废在逆民心。"全心全意为人民服务，是我们党一

---

① 邓小平. 邓小平文选:第3卷[M]. 北京:人民出版社,1993:379-380.
② 习近平. 把握新发展阶段 贯彻新发展理念 构建新发展格局[J]. 求是,2021(9):4-18.
③ [德]马克思,恩格斯. 马克思恩格斯文集:第1卷[M]. 北京:人民出版社,2009:287.
④ 中共中央马恩列斯著作编译局. 列宁专题文集:论马克思主义[M]. 北京:人民出版社,2009:14.
⑤ 习近平. 习近平谈治国理政:第2卷[M]. 北京:外文出版社,2017:189.
⑥ 毛泽东. 毛泽东选集:第4卷[M]. 北京:人民出版社,1991:1467.

切行动的根本出发点和落脚点,是我们党区别于其他一切政党的根本标志。党的一切工作,必须以最广大人民根本利益为最高标准。检验我们一切工作的成效,最终都要看人民是否真正得到了实惠、人民生活是否真正得到了改善、人民权益是否真正得到了保障。习近平总书记指出:"人民是我们党执政的最深厚基础和最大底气。为人民谋幸福、为民族谋复兴,这既是我们党领导现代化建设的出发点和落脚点,也是新发展理念的'根'和'魂'。只有坚持以人民为中心的发展思想,坚持发展为了人民、发展依靠人民、发展成果由人民共享,才会有正确的发展观、现代化观。……即使是实现了现代化的国家,如果执政党背离人民,也会损害现代化成果。"①

以人民为中心,不断实现人民对美好生活的向往。改革开放40多年的实践启示我们:为中国人民谋幸福、为中华民族谋复兴,是中国共产党人的初心和使命,也是改革开放的初心和使命。我们党来自人民、扎根人民、造福人民,全心全意为人民服务是党的根本宗旨,必须将最广大人民的根本利益作为我们一切工作的根本出发点和落脚点,坚持把人民拥护不拥护、赞成不赞成、高兴不高兴作为制定政策的依据,顺应民心、尊重民意、关注民情、致力民生,既通过提出并贯彻正确的理论和路线方针政策带领人民前进,又从人民实践创造和发展要求中获得前进动力,让人民共享改革开放成果,激励人民更加自觉地投身改革开放和社会主义现代化建设事业。

人民热爱生活,期盼有更好的教育、更稳定的工作、更满意的收入、更可靠的社会保障、更高水平的医疗卫生服务、更舒适的居住条件、更优美的环境,期盼孩子们能成长得更好、工作得更好、生活得更好。"人民对美好生活的向往,就是我们的奋斗目标"②。党的十八届五中全会提出要坚持以人民为中心的发展思想,把增进人民福祉、促进人的全面发展、朝着共同富裕方向稳步前进作为经济发展的出发点和落脚点。"这一点,我们任何时候都不能忘记,部署经济工作、制定经济政策、推动经济发展都要牢牢坚持这个根本立场"③。以人民为中心的发展思想,不是一个抽象的概念,不能只停留在口头上、止步于思想环节,而要体现在经济社会发展的各个环节。要坚持人民主体地位,顺应人民群众对美好生活的向往,不断实现好、维护好、发展好最广大人民根本利益,做到发展为了人民、发展依靠人民、发展成

---

① 习近平. 把握新发展阶段 贯彻新发展理念 构建新发展格局[J]. 求是,2021(9):4-18.
② 习近平. 习近平谈治国理政[M]. 北京:外文出版社,2014:4.
③ 中共中央文献研究室,编. 习近平关于社会主义社会建设论述摘编[M]. 北京:中央文献出版社,2017:12.

果由人民共享,做出更有效的制度安排,使全体人民朝着共同富裕方向稳步前进,绝不能出现"富者累巨万,而贫者食糟糠"的现象。

(二) 中国式现代化道路是依靠人民的现代化

人民群众是历史的创造者,人民性是马克思主义最鲜明的品格。2012年12月31日,习近平总书记在十八届中央政治局第二次集体学习时的讲话中特别强调:"改革开放是亿万人民自己的事业,必须坚持尊重人民首创精神,坚持在党的领导下推进。改革开放是人民的要求和党的主张的统一,人民群众是历史的创造者和改革开放事业的实践主体。"[1]中国式现代化建设过程中在认识和实践上的每一次突破和发展、每一个新生事物的产生和发展、每一个方面经验的创造和积累,无不来自亿万人民的实践和智慧。

在社会主义革命和现代化建设中,我们党形成了群众路线,将其看作我们党的生命线和根本工作路线,是我们党永葆青春活力和战斗力的重要传家宝。群众路线本质上体现的是马克思主义关于人民群众是历史的创造者这一基本原理。只有坚持这一基本原理,我们才能把握历史前进的基本规律,只有按历史规律办事,我们才能无往而不胜。

马克思和恩格斯在《共产党宣言》中指出:"无产阶级的运动是绝大多数人的,为绝大多数人谋利益的独立的运动。"[2]恩格斯在为《法兰西内战》1891年版所写的导言中指出:"工人阶级一旦取得统治权,就不能继续运用旧的国家机器来进行管理",必须"以新的真正民主的国家政权来代替"[3]。马克思在《哥达纲领批判》中则严厉地提醒:"在共产主义社会中国家制度会发生怎样的变化呢?换句话说,那时有哪些同现在的国家职能相类似的社会职能保留下来呢?这个问题只能科学地回答;否则,即使你把'人民'和'国家'这两个词连接一千次,也丝毫不会对这个问题的解决有所帮助。"[4]

党的十八届三中全会提出的全面深化改革的总目标,就是完善和发展中国特色社会主义制度、推进国家治理体系和治理能力现代化。这是坚持和发展中国特色社会主义的必然要求,也是实现社会主义现代化的应有之义。[5]因此,不论过去、现在和将

---

[1] 中共中央文献研究室,编. 习近平关于全面深化改革论述摘编[M]. 北京:中央文献出版社,2014:138.
[2] [德]马克思,恩格斯. 马克思恩格斯文集:第2卷[M]. 北京:人民出版社,2009:42.
[3] [德]马克思,恩格斯. 马克思恩格斯文集:第3卷[M]. 北京:人民出版社,2009:110-111.
[4] [德]马克思,恩格斯. 马克思恩格斯文集:第3卷[M]. 北京:人民出版社,2009:444-445.
[5] 习近平. 习近平谈治国理政:第1卷[M]. 北京:外文出版社,2014:104.

来，我们都要坚持一切为了群众，一切依靠群众，从群众中来，到群众中去，把党的正确主张变为群众的自觉行动，把群众路线贯彻到治国理政全部活动之中。

三、中国式现代化道路是对唯物史观的深刻贯彻

历史唯物主义是关于人类社会发展一般规律的科学。在革命、建设、改革各个历史时期，我们党运用历史唯物主义，系统、具体、历史地分析中国社会运动及其发展规律，在认识世界和改造世界过程中不断把握规律、积极运用规律，推动党和人民事业取得了一个又一个胜利。我们党在实践中不断回答"什么是社会主义、怎样建设社会主义""建设什么样的党、怎样建设党""实现什么样的发展、怎样发展"等重大历史性课题，也都是正确运用历史唯物主义的结果。中国式现代化道路，是我们党运用唯物史观开辟的中国发展新道路。

（一）中国式现代化道路是对历史唯物主义的全新证明

历史唯物主义认为，生产力和生产关系、经济基础和上层建筑相互作用，相互制约，支配着整个社会发展进程。生产关系一定要适合生产力状况，上层建筑一定要适合经济基础状况，它们共同作用构成整个社会的矛盾运动。只有把生产力和生产关系的矛盾运动同经济基础和上层建筑的矛盾运动结合起来观察，把社会基本矛盾作为一个整体来观察，才能全面把握整个社会的基本面貌和发展方向。

马克思在《德意志意识形态》中指出："人们所达到的生产力的总和决定着社会状况。"① 在《〈政治经济学批判〉序言》中，马克思对唯物史观做了最完整的表述："人们在自己生活的社会生产中发生一定的、必然的、不以他们的意志为转移的关系，即同他们的物质生产力的一定发展阶段相适合的生产关系。这些生产关系的总和构成社会的经济结构，即有法律的和政治的上层建筑竖立其上并有一定的社会意识形式与之相适应的现实基础。物质生活的生产方式制约着整个社会生活、政治生活和精神生活的过程。不是人们的意识决定人们的存在，相反，是人们的社会存在决定人们的意识。社会的物质生产力发展到一定阶段，便同它们一直在其中运动的现存生产关系或财产关系（这只是生产关系的法律用语）发生矛盾。于是这些关系便由生产力的发展形式变成生产力的桎梏。那时社会革命的时代就到来了。随

---

① ［德］马克思,恩格斯. 马克思恩格斯文集:第 1 卷[M]. 北京:人民出版社,2009:533.

着经济基础的变更，全部庞大的上层建筑也或慢或快地发生变革。"①

  坚持和发展中国特色社会主义，就必须极大地提高社会生产力，不断夯实社会主义经济基础。邓小平指出："社会主义阶段的最根本任务就是发展生产力，社会主义的优越性归根到底要体现在它的生产力比资本主义发展得更快一些、更高一些，并且在发展生产力的基础上不断改善人民的物质文化生活。"② 在新中国成立前的党的七届二中全会上，毛泽东指出："从中国境内肃清了帝国主义、封建主义、官僚资本主义和国民党的统治（这是帝国主义、封建主义和官僚资本主义三者的集中表现），还没有解决建立独立的完整的工业体系问题，只有待经济上获得了广大的发展，由落后的农业国变成了先进的工业国，才算最后地解决了这个问题"③。1955 年3 月31 日，在中国共产党全国代表会议的关于"结论"的讲话中，毛泽东就认为："我们进入了这样一个时期，就是我们现在所从事的、所思考的、所钻研的，是钻社会主义工业化、钻社会主义改造、钻现代化的国防，并且开始要钻原子能这样的历史的新时期。"④ 1957 年2 月27 日，毛泽东在《关于正确处理人民内部矛盾的问题》中这样表述中国工业化的道路问题："这里所讲的工业化道路的问题，主要是指重工业、轻工业和农业的发展关系问题。我国的经济建设是以重工业为中心，这一点必须肯定。但是同时必须充分注意发展农业和轻工业。"⑤ 这一观点在毛泽东中共中央八届三中全会的讲话提纲中变成了"在以重工业为中心任务的条件下，实行工业与农业同时并举，逐步建立现代化的工业与现代化的农业"⑥。这就使得关于中国发展生产力的主要模式建立了起来，这种模式就是围绕重工业这个中心，建立社会主义坚实的经济基础。

  苏联在第一个"五年计划"完成以后，大工业总产值占工农业总产值的70%，就宣布实现了工业化。而毛泽东则认为建立独立完整的工业体系才是实现了社会主义工业化的具体标准。这是独特的"中国特色"的工业化或现代化标准。在毛泽东看来，发展生产力最主要的就是工业化的实现，而工业化的实现标志就是建立完整的工业体系。在建立完整的工业体系的过程中，逐步实现"四个现代化"。这样，完整的工业体系的建设就成为发展生产力的基本标准，实现"四个现代化"就成为发

---

① ［德］马克思,恩格斯. 马克思恩格斯文集:第 2 卷[M]. 北京:人民出版社,2009:591 - 592.
② 邓小平. 邓小平文选:第 3 卷[M]. 北京:人民出版社,1993:63.
③ 毛泽东. 毛泽东选集:第 4 卷[M]. 北京:人民出版社,1991:1433.
④ 毛泽东. 毛泽东文集:第 6 卷[M]. 北京:人民出版社,1999:395.
⑤ 毛泽东. 毛泽东文集:第 7 卷[M]. 北京:人民出版社,1999:240 - 241.
⑥ 毛泽东. 毛泽东文集:第 7 卷[M]. 北京:人民出版社,1999:243.

展生产力的基本战略。1957 年 3 月 12 日,毛泽东在中国共产党全国宣传工作会议上的讲话中更明确地说:"我们一定会建设一个具有现代工业、现代农业和现代科学文化的社会主义国家。"① 1959 年年底到 1960 年 2 月,毛泽东在《读苏联〈政治经济学教科书〉的谈话》中进一步指出:"建设社会主义,原来要求是工业现代化,农业现代化,科学文化现代化,现在要加上国防现代化。"② 1964 年在全国三届人大一次会议上,周恩来代表党中央郑重宣布:我们一定要在本世纪内,把我国建设成为一个具有现代农业、现代工业、现代国防和现代科学技术的社会主义强国。从而使保护和发展生产力这一根本任务具体化了,并且实现了从社会主义工业化发展战略到社会主义现代化总体发展战略的伟大转变。自 1949 年 10 月 1 日中华人民共和国成立以来,经过接续奋斗,2012 年,按照工业体系完整度来算,中国已经拥有 39 个工业大类、191 个中类、525 个小类,根据调整,2018 年中国已经拥有 41 个大类、207 个中类、606 个小类,成为全世界唯一拥有联合国产业分类中全部工业门类的国家。而在 2010 年,中国国内生产总值已经达到 397983 亿元,调整后为 401513 亿元,超过日本成为世界第二大经济体。国家统计局的数据显示,2021 年,我国国内生产总值同比增长了 8.1%,经济增速在全球主要经济体中名列前茅;经济总量达到了 114.4 万亿元,按年平均汇率折算后达到了 17.7 万亿美元,稳居世界第二,占全球经济的比重超过了 18%。人均国内生产总值 80976 元,达到了 12551 美元,已经成为中等收入偏上国家。2021 年年末,外汇储备余额 32502 亿美元,稳居世界第一。

坚持和发展中国特色社会主义,必须不断适应社会生产力发展而调整生产关系,不断适应经济基础发展完善上层建筑。新中国成立 70 多年来,中国式现代化取得了一系列重大成就,根本原因就是我们通过不断调整生产关系激发了社会生产力发展活力,通过不断完善上层建筑适应了经济基础的发展要求。我们进行经济体制改革,进行政治体制、文化体制、社会体制、生态文明体制和党的建设制度改革,都是出于这个目的。毛泽东在《论人民民主专政》中说:"全世界共产主义者比资产阶级高明,他们懂得事物的生存和发展的规律,他们懂得辩证法,他们看得远些。"③ 习近平总书记指出:"一个国家、一个民族要振兴,就必须在历史前进的逻辑中前

---

① 毛泽东. 毛泽东文集:第 7 卷[M]. 北京:人民出版社,1999:268.
② 毛泽东. 毛泽东文集:第 8 卷[M]. 北京:人民出版社,1999:116.
③ 毛泽东. 毛泽东选集:第 4 卷[M]. 北京:人民出版社,1991:1468.

进、在时代发展的潮流中发展。"① 这个前进的逻辑、发展的潮流,从根本上讲,就是历史唯物主义所揭示的人类社会发展的规律和趋势。新中国成立时在经济上、文化上很落后,要取得真正的独立,就必须实现国家的富强和工业现代化。

(二) 中国式现代化道路是对唯物辩证法的全新运用

世界物质统一性原理是辩证唯物主义最基本、最核心的观点,是马克思主义哲学的基石。恩格斯在《反杜林论》中指出:"世界的真正的统一性在于它的物质性,而这种物质性不是由魔术师的三两句话所证明的,而是由哲学和自然科学的长期的和持续的发展所证明的。"② 遵循这一观点,最重要的就是坚持一切从客观实际出发,而不是从主观愿望出发。

当代中国最大的客观实际是什么?就是我国仍处于并将长期处于社会主义初级阶段。这是我们认识当下、规划未来、制定政策、推进事业的客观基点,不能脱离这个基点,否则就会犯错误,甚至犯颠覆性的错误。习近平总书记指出:"对这个问题,很多同志在认识上是知道的,但在遇到具体问题时,有些同志会出现'乱花渐欲迷人眼'的情况,经常会冒出各种主观主义的东西,有时甚至头脑发热、异想天开。有的人喜欢拍脑袋决策、拍胸脯表态,盲目铺摊子、上项目,或者提出一些不切实际的高指标,结果只能是劳民伤财、得不偿失。为什么会出现这样的问题?甚至反复出现这样的问题?从思想根源来看,就是没有做到一切从实际出发。"③ 同时,客观实际不是一成不变的,而是不断发展变化的。"变化者,乃天地之自然。"坚持一切从实际出发,既要看到社会主义初级阶段基本国情没有变,也要看到我国经济社会发展每个阶段呈现出来的新特点。

毛泽东在《读苏联〈政治经济学教科书〉的谈话》中指出:"社会主义一定要向共产主义过渡。过渡到了共产主义的时候,社会主义阶段的一些东西必然是要灭亡的。就是到了共产主义阶段,也还是要发展的。它可能要经过几万个阶段。……一切事物总是有'边'的。事物的发展是一个阶段接着一个阶段不断地进行的,每一个阶段也是有'边'的。不承认'边',就是否认质变或部分质变。"④ 习近平总书记指出:"社会主义初级阶段不是一个静态、一成不变、停滞不前的阶段,也

---

① 习近平. 开放共创繁荣 创新引领未来:在博鳌亚洲论坛 2018 年年会开幕式上的主旨演讲[M]. 北京:人民出版社,2018:5.
② [德]马克思,恩格斯. 马克思恩格斯文集:第 9 卷[M]. 北京:人民出版社,2009:436.
③ 习近平. 辩证唯物主义是中国共产党人的世界观和方法论[J]. 求是,2019(1):4-8.
④ 毛泽东. 毛泽东文集:第 8 卷[M]. 北京:人民出版社,1999:108.

不是一个自发、被动、不用费多大力气自然而然就可以跨过的阶段,而是一个动态、积极有为、始终洋溢着蓬勃活力的过程,是一个阶梯式递进、不断发展进步、日益接近质的飞跃的量的积累和发展变化的过程。"因此,"全面建设社会主义现代化国家、基本实现社会主义现代化,既是社会主义初级阶段我国发展的要求,也是我国社会主义从初级阶段向更高阶段迈进的要求"①。

1956年毛泽东同拉丁美洲一些国家的代表谈话时指出:"有一点要跟大家说清楚,就是中国的经验只能提供作为参考,照抄则不可。各国应根据自己国家的特点决定方针、政策,把马克思主义同本国特点结合起来。中国的经验,有好的也有不好的,有成功的也有失败的。即使是好的经验,也不一定同别的国家的具体情况相适合。照抄是很危险的,成功的经验,在这个国家是成功的,但在另一个国家如果与不同于本国的情况相结合而一模一样地照搬就会导向失败。照抄别国的经验是要吃亏的,照抄是一定会上当的。这是一条重要的国际经验。"② 中国式现代化道路既没有照抄苏联现代化的方式,也没有照抄资本主义发达国家的现代化路径,而是依据不断变化的实际情况,及时调整现代化策略,走出了一条从"四个现代化"到全面小康,再到全面建设社会主义现代化国家的全新道路,为经济文化落后国家实现现代化提供了新的借鉴,这是对唯物辩证法的成功运用。党的十八届五中全会上习近平总书记提出了新发展理念,创新发展、协调发展、绿色发展、开放发展、共享发展,是关系我国发展全局的一场深刻变革。这"五大发展理念"相互贯通、相互促进,是具有内在联系的集合体,要统一贯彻,不能顾此失彼,也不能相互替代。哪一个发展理念贯彻不到位,发展进程都会受到影响。"新发展理念的提出,是对辩证法的运用;新发展理念的实施,离不开辩证法的指导。"③

辩证唯物主义虽然强调世界的统一性在于它的物质性,但并不否认意识对物质的反作用,而是认为这种反作用有时是十分巨大的。马克思、恩格斯始终认为,"人们的观念、观点和概念,一句话,人们的意识,随着人们的生活条件、人们的社会关系、人们的社会存在的改变而改变",未来社会是物质生活和精神生活统一的社会,"精神生产随着物质生产的改造而改造"④。因此,到了社会主义社会,由于社会的物质关系和物质生产发生了根本变化,所以人们的精神文化和社会生活也

---

① 习近平. 把握新发展阶段 贯彻新发展理念 构建新发展格局[J]. 求是,2021(9):4-18.
② 毛泽东. 毛泽东文集:第7卷[M]. 北京:人民出版社,1999:64.
③ 习近平. 习近平谈治国理政:第2卷[M]. 北京:外文出版社,2017:221.
④ [德]马克思,恩格斯. 马克思恩格斯文集:第2卷[M]. 北京:人民出版社,2009:50-51.

必然要出现新的特点。毛泽东指出，资本主义提高劳动生产率，主要靠技术进步，社会主义提高劳动生产率靠技术加政治。"提高劳动生产率，一靠物质技术，二靠文化教育，三靠政治思想工作。后两者都是精神作用"①，这就指明了社会主义提高劳动生产率与资本主义提高劳动生产率的重要区别。因此，我们党强调理想信念是共产党人精神上的"钙"，强调"革命理想高于天"，就是精神变物质、物质变精神的辩证法。

矛盾是普遍存在的，矛盾是事物联系的实质内容和事物发展的根本动力，人的认识活动和实践活动，从根本上说就是不断认识矛盾、不断解决矛盾的过程。党的十八大以来，我国社会生产力、综合国力、人民生活水平实现了历史性跨越，我国基本国情的内涵不断发生变化，我们面临的国际国内风险、面临的难题也发生了重大变化。我们党强调增强问题意识、坚持问题导向，就是承认矛盾的普遍性、客观性。我们党强调不能简单以国内生产总值增长率论英雄，提出加快转变经济发展方式、调整经济结构，提出化解产能过剩，提出全面深化改革、全面依法治国，提出加强生态文明建设，等等，都是针对中国式现代化道路中一些牵动面广、耦合性强的深层次矛盾提出的。面对复杂形势和繁重任务，唯物辩证法要求我们首先要有全局观，对各种矛盾做到心中有数，同时又要优先解决主要矛盾和矛盾的主要方面，以此带动其他矛盾的解决，在实践中不断提高驾驭复杂问题的能力和不断推进在实践基础上的理论创新。

毛泽东指出，由于经验不足，"错误是一定会犯的，各个国家的革命和建设都会发生错误。中国将来也一定会犯错误。认真一些，就会少犯错误，少犯全国性的错误，即使犯了全国性的错误也会及早纠正。不犯错误是不可能的，如果我们相信唯物论的话。人的思维不可能完全确切地反映客观实际。人类只能在认识事物的过程中逐渐克服认识的不足，这是没有办法的事。事物是十分错综复杂的，又是在发展变化的，人的思维的反映跟不上客观实际，就一定会犯错误，如果我们相信辩证法的话"②。所以，要更加自觉地坚持和运用辩证唯物主义世界观和方法论，更好地在实际工作中把握现象和本质、形式和内容、原因和结果、偶然和必然、可能和现实、内因和外因、共性和个性的关系，增强辩证思维、战略思维能力，切实推进中国式现代化的发展。

---

① 毛泽东. 毛泽东文集:第8卷[M]. 北京:人民出版社,1999:124-125.
② 毛泽东. 毛泽东文集:第7卷[M]. 北京:人民出版社,1999:65-66.

四、中国式现代化道路是对世界历史思想的创造性转化

马克思指出:"各个相互影响的活动范围在这个发展进程中越是扩大,各民族的原始封闭状态由于日益完善的生产方式、交往以及因交往而自然形成的不同民族之间的分工消灭得越是彻底,历史也就越是成为世界历史。"① 今天,人类交往的世界性比过去任何时候都更深入、更广泛,各国相互联系和彼此依存比过去任何时候都更频繁、更紧密。一体化的世界就在那儿,谁拒绝这个世界,这个世界就会拒绝他。习近平总书记多次强调:"我们要站在历史正确的一边,坚持深化改革、扩大开放,加强科技领域开放合作,推动建设开放型世界经济,推动构建人类命运共同体。"② 中国式现代化道路是对马克思世界历史思想的创造性转化,具体表现在我国高水平对外开放的整个历史过程中。

(一)中国式现代化道路是站在历史正确一边的现代化

马克思的"世界历史"不是一般历史学意义上的世界史,而是特指随着生产力的发展,尤其是资本主义制度建立以来世界各个民族、各个国家普遍交往,进入相互依存状态的世界整体化发展的趋势。按照马克思的观点,"全部人类历史的第一个前提无疑是有生命的个人的存在"③。这是历史的自然基础。随着每一个民族的生产力、分工和内部交往的不断发展,个体化的存在就不断地被纳入相互依赖的存在关系中,"以一定的方式进行生产活动的一定的个人,发生一定的社会关系和政治关系"④。随着生产力和这种交往的普遍发展,其结果是在生产力和生产关系的矛盾运动中,劳动者和土地的分离、劳动者和自己劳动力的分离,逐渐形成了现代社会的两大阶级,即无产阶级和资产阶级。而从"世界历史"的角度看,"这种状况是以世界市场的存在为前提的",因此,"无产阶级只有在世界历史意义上才能存在,就像共产主义——它的事业——只有作为'世界历史性的'存在才有可能实现一样。而各个人的世界历史性的存在,也就是与世界历史直接相联系的各个人的存在"⑤。

---

① [德]马克思,恩格斯. 马克思恩格斯文集:第1卷[M]. 北京:人民出版社,2009:541.
② 习近平. 在企业家座谈会上的讲话[M]. 北京:人民出版社,2020:10.
③ [德]马克思,恩格斯. 马克思恩格斯文集:第1卷[M]. 北京:人民出版社,2009:519.
④ [德]马克思,恩格斯. 马克思恩格斯文集:第1卷[M]. 北京:人民出版社,2009:523.
⑤ [德]马克思,恩格斯. 马克思恩格斯文集:第1卷[M]. 北京:人民出版社,2009:539.

马克思的"世界历史"理论是人类社会交往和生产力发展到一定阶段的产物。马克思以西欧为例,勾画了历史向世界历史的转变过程。在中世纪,随着第一次分工——城乡的分离,"城乡之间的对立是随着野蛮向文明的过渡、部落制度向国家的过渡、地域局限性向民族的过渡而开始的,它贯穿着文明的全部历史直到现在"①。分工的进一步扩大导致生产和交往在城市中的分离,"城市彼此建立了联系,新的劳动工具从一个城市运往另一个城市,生产和交往之间的分工随即引起了各城市之间在生产上的新的分工,不久每一个城市都设立一个占优势的工业部门。最初的地域局限性开始逐渐消失"②。不同城市的分工直接导致了工场手工业的产生。到了17世纪中叶,英国的商业和工场手工业都占据优势,给英国创造了相对的世界市场,造成了工场手工业所不能满足的产品需求。这一强大的需求最终在18世纪推动了大工业的产生,从而最终"消灭了各国以往自然形成的闭关自守的状态","使每个文明国家以及这些国家中的每一个人的需要的满足都依赖于整个世界",从而,大工业"首次开创了世界历史"③。由此可见,当生产力(大工业)和普遍交往发展起来以后,就必然历史地表现为全球化的过程。由于资本主义生产方式的一个显著特征就是它的国际性质,"资产阶级社会的真正任务是建成世界市场(至少是一个轮廓)和确立以这种市场为基础的生产"④,因此,在一定的时期内,全球化也就表现为资本主义的全球化。

在中国式现代化过程中,我们以经济建设为中心,坚持四项基本原则,坚持改革开放。面对开放,很多人不理解,甚至反对。邓小平指出:"社会主义必然胜利嘛,最后要战胜资本主义,走向共产主义。现在有些人对社会主义没有信心,认为实行开放政策是对资本主义投降。我们是把实行开放政策当作社会主义发展的补充。"⑤ 对外开放为中国式现代化道路注入了巨大动力,我们在向发达国家学习的同时不断发展我们自己,在经济全球化的大舞台上成功推进中国式现代化不断取得新的成就。2008年世界金融危机后,反全球化或逆全球化、单边主义抬头,仿佛全球化走到了尽头,"要坚持全球化战略思维,这次结构性改革必须有国际视野,更坚定地扩大对外开放。我多次强调,中国对外开放的大门一旦打开,就不可能关上,

---

① [德]马克思,恩格斯. 马克思恩格斯文集:第1卷[M]. 北京:人民出版社,2009:556.
② [德]马克思,恩格斯. 马克思恩格斯文集:第1卷[M]. 北京:人民出版社,2009:559.
③ [德]马克思,恩格斯. 马克思恩格斯文集:第1卷[M]. 北京:人民出版社,2009:566.
④ [德]马克思,恩格斯. 马克思恩格斯文集:第10卷[M]. 北京:人民出版社,2009:166.
⑤ 中共中央文献研究室,编. 邓小平年谱(1965—1997):下卷[M]. 北京:中央文献出版社,2004:930.

开放程度会越来越大,开放水平会越来越高,介入全球化能力会越来越强"①。"开放还是封闭,前进还是后退,人类面临着新的重大抉择。""人类社会发展的历史告诉我们,开放带来进步,封闭必然落后。世界已经成为你中有我、我中有你的地球村,各国经济社会发展日益相互联系、相互影响,推进互联互通、加快融合发展成为促进共同繁荣发展的必然选择。"②

2020年11月10日,习近平总书记出席上海合作组织成员国元首理事会第二十次会议并发表讲话。在这次会议上,习近平总书记发出了"世界怎么了,我们怎么办"的时代之问:"新冠肺炎疫情加速了国际格局调整,世界进入动荡变革期。国际社会正在经历多边和单边、开放和封闭、合作和对抗的重大考验。""中国的发展离不开世界,世界的繁荣也需要中国。中国正在加快形成以国内大循环为主体、国内国际双循环相互促进的新发展格局,建设更高水平开放型经济新体制。中国将坚定不移奉行互利共赢的开放战略,从世界汲取发展动力,也让中国发展更好惠及世界。"③

历史发展有其规律,但人在其中不是完全消极被动的。只要把握住历史发展大势,抓住历史变革时机,奋发有为,锐意进取,人类社会就能更好前进。"当前,世界经济面临诸多复杂挑战,我们决不能被逆风和回头浪所阻,要站在历史正确的一边,坚定不移全面扩大开放,推动建设开放型世界经济,推动构建人类命运共同体。"④

(二)中国式现代化道路是独立自主的现代化

中国式现代化道路是站在世界历史高度审视当今世界发展趋势和面临的重大问题,坚持和平发展道路,坚持独立自主的和平外交政策,坚持互利共赢的开放战略,不断拓展同世界各国的合作,积极参与全球治理,在更多领域、更高层面上实现合作共赢、共同发展,不依附别人、更不掠夺别人,同各国人民一道努力构建人类命运共同体,把世界建设得更加美好。我们党在领导革命、建设、改革长期实践中,历来坚持走独立自主开拓前进的道路,这种独立自主的探索和实践精神、这种坚持走自己的路的坚定信心和决心,是我们党全部理论和实践的立足点,也是党和人民

---

① 中共中央文献研究室,编. 习近平关于社会主义社会建设论述摘编[M]. 北京:中央文献出版社,2017:299.
② 习近平. 开放共创繁荣 创新引领未来:在博鳌亚洲论坛2018年年会开幕式上的主旨演讲[M]. 北京:人民出版社,2018:6.
③ 习近平. 中国的发展离不开世界 世界的繁荣也需要中国[N]. 人民日报,2020-11-11(001).
④ 习近平. 在深圳经济特区建立40周年庆祝大会上的讲话[M]. 北京:人民出版社,2020:9.

事业不断从胜利走向胜利的根本保证。坚持独立自主,就要坚持中国的事情必须由中国人民自己作主张、自己来处理。

早在 1936 年 7 月,当斯诺问及在什么情况下外国商人能够在中国经营等问题时,毛泽东明确回答:"只有中国取得真正的独立和民主之后,才有可能把大量外资用于大规模地发展生产事业,也只有自由的中国,由于生产性经济的广泛发展,才能够偿还这种外国投资的本金和利息。"这就是说,让外国资本投资或我们借取外债,都必须以获得"真正的独立与民主"① 为前提,必须"以自力更生为主,同时不放松争取外援"。1938 年 10 月,毛泽东在中共六届六中全会上所做的政治报告中指出:"中国无论何时也应以自力更生为基本立脚点。但中国不是孤立也不能孤立,中国与世界紧密联系的事实,也是我们的立脚点,而且必须成为我们的立脚点。我们不是也不能是闭关主义者,中国早已不能闭关。"② 1956 年,在中共八大的政治报告中,毛泽东亲笔写进了在学习外国时必须坚持的重要原则:"中国的革命和中国的建设,都是依靠发挥中国人民自己的力量为主,以争取外国援助为辅,这一点也要弄清楚。那种丧失信心、以为自己什么都不行、决定中国命运的不是中国人自己,因而一切依赖外国的援助,这种思想是完全错误的。"在毛泽东看来,中国是一个人口众多的社会主义大国,外援只能帮助我们解决某些问题,根本性的问题如几亿人口的温饱问题只能靠我们自己解决。邓小平也一再强调:"像中国这样大的国家搞建设,不靠自己不行,主要靠自己,这叫作自力更生。"③

习近平总书记指出:"世界上没有放之四海而皆准的具体发展模式,也没有一成不变的发展道路。历史条件的多样性,决定了各国选择发展道路的多样性。人类历史上,没有一个民族、没有一个国家可以通过依赖外部力量、跟在他人后面亦步亦趋实现强大和振兴。那样做的结果,不是必然遭遇失败,就是必然成为他人的附庸。""我们要虚心学习借鉴人类社会创造的一切文明成果,但我们不能数典忘祖,不能照抄照搬别国的发展模式,也绝不会接受任何外国颐指气使的说教。"④

在当代世界发展中,社会主义建设始终必须依靠不断扩大由生产社会化、国际化客观规律决定的平等互利的国际经济交往,社会主义的发展仍然必须主要依靠本国人民自己的力量,自力更生。中国的对外开放是自力更生基础上的对外开放。这

---

① 本书编写组. 毛泽东1936年同斯诺的谈话[M]. 北京:人民出版社,1979:129.
② 中华人民共和国外交部,中共中央文献研究室,编. 毛泽东外交文选[M]. 北京:中央文献出版社,1994:16.
③ 邓小平. 邓小平文选:第3卷[M]. 北京:人民出版社,1993:78.
④ 习近平. 习近平谈治国理政:第1卷[M]. 北京:外文出版社,2014:29,30.

也是我国国情的要求。我国是人口大国，依靠国外的力量不可能解决我国的粮食问题、经济发展、社会建设等问题。"实践反复告诉我们，关键核心技术是要不来、买不来、讨不来的。只有把关键核心技术掌握在自己手中，才能从根本上保障国家经济安全、国防安全和其他安全。"① 西方国家对我国出口的高、精、尖技术有着很严格的限制，最先进的技术和设备靠引进是不能获得的，我国必须依靠自己的力量，在利用吸引外资、吸收引进技术的同时，消化和创新技术更重要，应该依靠本国的力量赶超发达国家的高新技术，防止我国对国外高新技术的过度依赖，增强我国的经济实力。我国自力更生的能力越强，国家经济实力越强大，国际上获得越高信誉、吸引越多合作者，我国对外开放的深度和广度进行得越迅速。同时，对外开放能更好地增强自力更生的能力。在对外开放过程中积极利用外国的投资、先进技术与管理经验，取得更好的经济和社会效益，可以加快本国经济发展、增强经济实力和综合国力，坚持独立自主、自力更生，积极对外开放都是为了更好更快地推进社会主义现代化建设。

当前，我国正在形成以国内大循环为主体、国内国际双循环相互促进的新发展格局。构建新发展格局最本质的特征是实现高水平的自立自强。习近平总书记指出："我国作为一个人口众多的超大市场规模的社会主义国家，在迈向现代化的历史进程中，必然要承受其他国家都不曾遇到的各种压力和严峻挑战。""我们只有立足于自身，把国内大循环畅通起来，努力炼就百毒不侵、金刚不坏之身，才能任由国际风云变幻，始终充满朝气生存和发展下去，没有任何人能打到我们、卡死我们！"②

---

① 习近平. 习近平谈治国理政：第 3 卷[M]. 北京：外文出版社，2020：248.
② 习近平. 把握新发展阶段　贯彻新发展理念　构建新发展格局[J]. 求是，2021(9)：4－18.

作者简介

江宇，1981 年出生于安徽淮北，2000 年加入中国共产党。北京大学理学学士、经济学博士。国务院发展研究中心研究员，中国社会科学院世界社会主义研究中心特约研究员，北京市卫生经济学会副会长。主要研究方向为马克思主义政治经济学、当代中国经济、发展经济学、国有企业、医药卫生体制改革、乡村振兴等。

江 宇、彭 姝：中国共产党、中国特色社会主义与中国式现代化①

要夺取中华民族伟大复兴的胜利，必须在理论上正确认识坚持党的领导、坚持中国特色社会主义和坚持走中国式现代化道路三者的关系，在实践上把三者有机统一起来，避免理论和实践、政治和经济、党建和发展的脱节，把党的领导的政治优势和中国特色社会主义制度优势转化为推进中国式现代化的强大动力。

一、中国式现代化的本质是社会主义现代化

"现代化"一词起源于西方，通常指以农业为基础的低收入社会向利用科学和技术的城市化和工业化社会的转变②。率先完成工业革命的西方资本主义国家确立起对世界的统治，也垄断了"现代化"的话语权。中国共产党提出"中国式现代化道路"，做出"中国式现代化本质是中国特色社会主义现代化"的论断，就是要说明中国式现代化本质是社会主义现代化，这是中国式现代化同西方现代化最本质的区别。那么，中国式现代化道路和社会主义是什么关系？可以从两个方面来认识，即中国式现代化是现代化逻辑和社会主义逻辑的统一。一方面，中国式现代化的五个中国特色（人口规模巨大、全体人民共同富裕、物质文明和精神文明协调发展、人与自然和谐共生、走和平发展道路），只有在社会主义制度下才能实现；另一方面，走中国式现代化道路将让社会主义从思想、制度和运动，拓展为现代化道路和

---

① 本文为深圳市建设中国特色社会主义先行示范区研究中心资助项目《现代化视域下党的建设研究》（SFQYJ2101）、中共深圳市委党校重大基础学术研究工程项目《中国共产党的政治领导研究》（ZD1901）的阶段性成果。

② ［美］吉尔伯特·罗兹曼. 中国的现代化［M］. 南京：江苏人民出版社，2014：1.

文明新形态,丰富了社会主义的本质。

(一) 人口规模巨大的现代化,本质上是依托社会主义经济制度,让全体人民成为现代化的主体

当前 31 个发达国家①人口总计 10.4 亿,仅相当于中国的 72%,其他发展中国家并未普遍实现现代化。资本主义并没有实现人口规模巨大的现代化,这是由资本主义的本质所决定的:资本出于增殖需要,必须保持一支由过剩人口组成的"产业后备军",必然是少数人的现代化;在国际上,资本主义国家不扩张就无法生存,必然是少数国家的现代化。资本主义现代化必然伴随内部两极分化、全球两极分化、文化和种族的灭绝。只有社会主义国家才能实现人口规模巨大的现代化。

第一,社会主义制度有利于突破资本规模的限制,实现充分就业,让全体人民共同参与现代化进程。马克思主义人口观批判了马尔萨斯②的人口论,认为人口问题本质上是社会问题,资本主义的人口过剩本质上是相对人口过剩,也就是相对于资本增殖的需要而产生的人口过剩③。资本主义制度下的人口只是等待资本雇佣的"产业后备军",而发展中国家资本存量有限,无法雇用足够的劳动力,导致经济发展落后和大量失业的状况并存。也正因如此,新中国成立时,西方认为中国的人口是现代化的巨大负担。毛泽东反其道而行之,在《唯心历史观的破产》中驳斥美国国务卿艾奇逊关于中国人口问题的论断时指出,"世间一切事物中,人是第一个可宝贵的。在共产党领导下,只要有了人,什么人间奇迹也可以造出来"④。新中国没有把人口简单当作等待资本雇佣的生产要素,而是发挥社会主义制度的优势,把人民组织起来进行集体协作,弥补物质资源的不足,迅速实现工业化的初始积累,这种模式只有在公有制为主体的制度下才能实现,其核心就是变"资本雇用人"为"劳动者占有资本",依靠社会主义制度让巨大的人口规模充分参与现代化进程。

第二,社会主义制度能够兼顾物质资料生产和人自身的生产,从而实现较高的人类发展水平。马克思主义认为,物质资料生产和人自身生产是社会生产的两种形

---

① 注:2021 年全球共有 31 个发达国家(人均 GDP 超过 2 万美元),分别是:美国、加拿大、澳大利亚、新西兰、英国、爱尔兰、法国、荷兰、比利时、卢森堡、德国、奥地利、瑞士、挪威、冰岛、丹麦、瑞典、芬兰、意大利、西班牙、葡萄牙、希腊、斯洛文尼亚、捷克、斯洛伐克、马耳他、塞浦路斯、日本、韩国、新加坡、以色列。
② 马尔萨斯人口论(马尔萨斯人口论的主要观点是:"人在无妨碍时",以几何级数增加,而生活资料只以算术级数增加。因此,在长时段里人的增长必然大大超过生活资料的增长,造成人口过剩。
③ 杨成钢,杨紫帆.中国共产党百年人口思想与马克思主义人口理论的现代化和中国化[J].人口研究,2021,45(6):3-13.
④ 毛泽东.毛泽东选集:第 4 卷[M].北京:人民出版社,1991:1512.

式。以健康、教育和性别平等为主要标志的人力资本发展水平滞后,使世界许多国家陷入贫困陷阱,呈现出"穷、愚、病"的恶性循环。在社会主义国家,医疗、教育是具有公益性的社会事业,以公有制为主体的医院和学校的提供,能够尽快实现基础教育和基本医疗的普及。新中国成立后,人均预期寿命从新中国成立前的35岁增加到20世纪70年代末的68岁,2022年提高到77.9岁,小学净入学率在20世纪70年代就达到90%以上,比发展中国家平均水平高30个百分点[①],超越了一般低收入国家高生育率、高死亡率、越生越穷、越穷越生的恶性循环。因此,社会主义国家能够把大规模的人口转变为高质量的人力资源,成为现代化的重要动力。

第三,我国社会主义制度和中华传统文化相结合,发扬共同体传统,有利于减少人口规模巨大而带来的巨大内部分化和矛盾冲突。中华民族自古以来在世界东方繁衍生息,有相对独立完整的地理空间、多样的地理结构、巨大的人口规模、大一统的国家体制和治理体系,既确保了国家的稳定和民族绵延,又通过内部的协作交融创造了灿烂文化。14亿人团结协作就是现代化的巨大动力,14亿人分崩离析也会带来巨大灾难。在处理人同自然界、人和社会关系的探索中,中国形成了大一统国家体制和由家庭、家族、民族、国家累进组成的社会共同体,国家伦理和社会伦理、家庭伦理高度同构。中国共产党发挥制度和文化优势,把人口和国土的巨大规模转化为发展优势,认为国家的统一、人民的团结、国内各民族的团结,这是现代化事业胜利的基本保障,避免了许多人口大国由内部差异导致的矛盾冲突。从社会主义的生产目的看,社会主义的生产目的是满足人民真实需要,缩小两极分化,避免资本扩张导致的两极分化和对外扩张才能实现人口规模巨大的现代化,避免阶级分化以及由此带来的内部矛盾冲突。

在未来相当长时期内,我国人口规模巨大的基本国情不会根本改变,人口对经济社会发展的压力不会根本改变,人口与资源环境的紧张关系不会根本改变。实现人口规模巨大的现代化,就是要坚持马克思主义的人口观,把人民作为现代化的根本动力,坚持以人民为中心,坚持教育和卫生优先发展,增进人民团结,使14亿人口成为推进现代化的磅礴力量。

(二)全体人民共同富裕的现代化,本质是发挥社会主义制度优势,缩小三大差别、避免两极分化

西方的现代化以资本为主导,会导致两极分化、阶层固化、增长乏力等问题。

---

① 潘维.中国模式:解读人民共和国的60年[M].北京:中央编译出版社,2009:217.

按照马克思、恩格斯的构想,共产主义社会将彻底消除阶级之间、城乡之间、脑力劳动和体力劳动之间的对立和差别,实行各尽所能、按需分配,真正实现社会共享,实现每个人自由而全面的发展。只有社会主义才能缩小城乡、区域和阶级分化,扎实走向共同富裕。

第一,只有社会主义才能消除城乡分化。西方现代化是以工业化、城镇化为主导的,带来了城乡两极分化、大城市病、生态环境破坏和健康危机等问题。马克思主义揭示了城乡分化的根源,认为"某民族内部的分工,首先引起工商业劳动和农业劳动的分离,从而也引起城乡的分离和城乡利益的对立"①,资本主义不仅无法消灭城乡对立,反而使这种对立日益尖锐化。"城市已经表明了人口、生产工具、资本、享受和需求的集中这个事实;而在乡村则是完全相反的情况:隔绝和分散"②,指出城乡融合发展是未来社会主义的重要内容,"通过消除旧的分工,进行生产教育、变换工种、共同享受大家创造出来的福利,以及城乡的融合,使社会全体成员的才能得到全面的发展","将结合城市和乡村生活方式的优点而避免二者的偏颇和缺点"③,并预见"城乡关系的面貌一改变,整个社会的面貌也跟着改变"④。习近平总书记高度重视城乡融合发展,提出"加快建立健全城乡融合发展体制机制和政策体系"等重要思想。中国共产党坚持缩小城乡差别、推进城乡融合发展,在完成脱贫攻坚任务之后以全党之力推动乡村振兴,超越资本主导的现代化道路导致的城乡二元对立,避免因为农村发展滞后而导致市场规模萎缩、因为国内循环乏力而陷入中等收入陷阱。

第二,只有社会主义才能实现区域协调发展。我国大陆自然环境和发展水平差距大,大于世界上主要资本主义国家。西方资本主义并未有效解决区域协调发展问题,西方区域协调发展的理论和实践也不足以解决我国区域协调发展问题。资本主义国家的区域发展格局是由资本塑造的。尽管资本主义国家也会考虑区域协调发展的问题,但其出发点是维护资本的利益,而不是改善相应地区居民的福利,无论是地理空间还是地理空间上的人,都是资本塑造的对象和资本塑造的人。对资本有用就发展,没有用就抛弃。先进地区能吸引到新的社会经济活动,吸引更多资本涌入,而其他地区陷入萧条和衰败的恶性循环。结果是财富、权力和影响力分布不均,集

---

① [德]马克思,恩格斯. 马克思恩格斯全集:第3卷[M]. 北京:人民出版社,1960:24-25.
② [德]马克思,恩格斯. 马克思恩格斯全集:第1卷[M]. 北京:人民出版社,2009:556.
③ [德]马克思,恩格斯. 马克思恩格斯全集:第4卷[M]. 北京:人民出版社,1958:368.
④ [德]马克思,恩格斯. 马克思恩格斯全集:第4卷[M]. 北京:人民出版社,1958:159.

中在若干地区。所以,资本主义国家不可能从根本上解决区域协调发展的问题。社会主义国家能够摆脱资本主导的逻辑,让全国各地各族人民享有平等的发展权,"要根据各地区的条件,走合理分工、优化发展的路子"①。党的十八大以来,中西部地区经济增长明显快于东部地区,区域发展协调性增强,形成了地区经济发展良性互动的局面。

第三,只有社会主义才能消除阶级和阶级分化。阶级分化是导致两极分化最根本、最核心的原因。资本主义诞生以来,无论是资本主义国家内部还是资本主义世界,收入差距总体上都在扩大,其根本原因就是资本所得增速超过经济增长速度,两极分化的根本原因是资本所得和劳动所得的差距。在资本主义历史上,仅有二战后约30年的收入分配差距没有扩大,主要原因是世界大战引起的社会革命以及社会主义运动倒逼资本主义内部建立再分配机制,而20世纪80年代"新自由主义革命"之后,西方国家的两极分化又持续恶化。1960—1980年,收入分配中最底层的50%只占国民收入的20%左右;但这一份额几乎被砍掉了一半,在2010—2015年下降到只有12%;最上层1%的份额则朝相反的方向移动,从不到11%上升到超过20%②。在社会主义国家,"由社会全体成员组成的共同体来共同而有计划地尽量利用生产力;把生产发展到能够满足全体成员需要的规模,消灭牺牲一些人的利益来满足另一些人的需要的情况,彻底消灭阶级和阶级对立"③。习近平总书记多次指出,社会主义市场经济就是要坚持我们的制度优越性,有效防范资本主义市场经济的弊端。社会主义生产目的是满足人民群众实际需要,这一本质要求是同共同富裕的目标内在统一的。中国在所有制上以公有制为主体,确保了分配上能够避免恶性的两极分化。改革开放之后,一度出现比较突出的收入分配矛盾的时候,中央采取了措施,缩小地区、城乡和人群之间的收入差距,既没有超越阶段,也没有无所作为,努力缩小社会差距,并且最终向共同富裕迈进。在资本主义条件下,资本刻意制造两极分化,以为资本集中创造条件。而在社会主义条件下,国家、集体和个人的利益是一致的,党和国家能够限制资本无序扩张,使共同富裕成为高质量发展的动力。在社会主义条件下,共同富裕对推进高质量发展有四个方面作用:一是增强社会的流动性和活力,如果再努力都改变不了命运,人们就会选择"躺平";二是推进公共服务均等化,提高医疗、教育、社会保障水平,有利于提高人力资源水平,特别是扩大技术工人

---

① 习近平. 推动形成优势互补高质量发展的区域经济布局[J]. 求是,2019(24):4-9.
② [法]托马斯·皮凯蒂. 资本与意识形态(英文版)[M]. 出版地不详:Arthur Goldhammer出版社,2020:523.
③ [德]马克思,恩格斯. 马克思恩格斯全集:第4卷[M]. 北京:人民出版社,1958:371.

来源；三是构建更公平的市场经济，如果一个社会出现两极分化，少数利益集团掌握过多资源，其就会利用垄断地位影响市场公平竞争；四是共同富裕有利于提高低收入者、中产阶级的消费能力和消费预期，扩大国内总需求。很多发展中国家陷入"中等收入陷阱"，就是因为在发展到中等收入阶段时没有及时解决收入分配的问题，所以我们必须全面认识公平和效率的辩证关系，在推进共同富裕中实现高质量发展。

（三）物质文明和精神文明协调发展的现代化，本质是在社会主义经济基础上建设高度发达的精神文明

马克思主义认为，精神生产是与物质生产相适应的。"与资本主义生产方式相适应的精神生产，就和与中世纪生产方式相适应的精神生产不同"[①]，同样，资本主义精神文明也只能建立在资本主义生产方式基础上，人的全面发展被物质主义掩盖，必然导致与之相适应的商品拜物教、物质主义、享乐主义、消费主义、个人主义的意识形态，导致人的异化，迷失精神家园。资本渗透到社会领域，导致社会结构的碎片化、原子化，带来阶层对立、民族宗教等问题。第一，资本主义文明建立在阶级压迫和剥削基础上，必然导致劳动者精神的贫乏。"在资产阶级社会里，资本具有独立性和个性，而活动着的个人却没有独立性和个性"[②]。人们沉迷于资本的无限追逐和无穷占有，劳动精神的本来面目和人之为人的精神信仰被遮蔽了，追求低级庸俗的感官刺激和物欲满足。第二，资本主义倾向于把一切社会关系瓦解和改造为契约交易关系，曾经带给人们情感慰藉和归属感的血缘、宗族、地域等社会关系都被物质欲望所取代，也会导致精神的空虚和扭曲，个人原子化倾向日渐严重，焦虑带来的孤独和迷茫充斥着人们的精神世界[③]，"精神的无限性变成十分狭隘的有限性；精神的思辨知性被退化为单纯工具主义的感性；精神的丰富性被衰减为单维的物欲性"[④]。第三，资本主义社会的资本必然渗透到思想文化和意识形态领域，塑造对其有利的意识形态。资本主义是建立在个人主义价值观上的，因此不可能向社会传输积极向上的价值观，反而是暴力犯罪、自杀、吸毒、邪教等社会问题频发，资本营造的"宅文化""奶头乐"让青年人丧失了思考能力，资本为了一时的利益渲

---

① [德]马克思,恩格斯. 马克思恩格斯全集:第33卷[M]. 北京:人民出版社,2004:346.
② [德]马克思,恩格斯. 马克思恩格斯文集:第2卷[M]. 北京:人民出版社,2009:46.
③ 刘云杉. 时间的拜物教属性与当代资本主义精神危机[J]. 马克思主义理论教学与研究,2022,2(3):65-74.
④ 张雄. 金融化世界与精神世界的二律背反[J]. 中国社会科学,2016(1):4-21,203.

染片面化、标签化、情绪化的行为等。

马克思主义认为,只有社会主义才有高度的精神文明,"它在自己的发展进程中要同传统的观念实行最彻底的决裂"①,在改造世界的生产活动中,"生产者也改造着,炼出新的品质,通过生产而发展和改造着自身,造成新的力量和新的观念,造成新的交往方式、新的需要和新的语言"。社会主义文明是人类文明史上所出现的最高最新型的文明,它汲取和继承人类文明的全部有价值的物质成果和精神成果。中国式现代化在创造巨大物质财富的同时,坚持从中华民族传统美德和红色基因中汲取力量,发展社会主义先进文化,弘扬社会主义核心价值观。优先发展社会事业,坚持把公益性写在医疗和教育事业的旗帜上,实现经济和社会协调发展,不断推进人的全面发展和社会全面进步。

(四)人与自然和谐共处的现代化,本质是遵循社会主义生产目的,构建人与自然的命运共同体

西方在实现工业化、城镇化的同时,也导致了大城市病、生态环境破坏和健康危机等问题。从旧石器时代到今天,人均能量消耗提高了4.6万倍,人口增长了数千倍,如果总是以耗能增加为代价,人类的进化很难持久,这是不可违背的自然规律。据统计,自1700年以来,全球约1/3的农田已经退化,约87%的内陆湿地已经消失,1/3的商业渔业资源被过度捕捞;人类每年平均失去的生态系统服务价值超过全球经济总产值的10%;生态系统退化已经影响了约32亿人的福祉,占世界人口的40%;空气污染每年造成约700万人早逝,占所有死亡人数的1/9②。资本主义生态危机的根源在于其生产方式,资本主义社会中经济的"非理性物质生产""反生态社会劳动"和"去使用目的的商品交换"源自或受驱动于资本主义性质的价值或交换价值生产,后者又依从服务于实现剩余价值的生产和资本的增殖。要保护和合理利用自然环境,就必须在社会主义制度下,"社会化的人,联合起来的生产者,将合理地调节他们和自然之间的物质变换,把它置于他们的共同控制之下,而不让它作为一种盲目的力量来统治自己;靠消耗最小的力量,在最无愧于和最适合于他们的人类本性的条件下来进行这种物质变换"③。习近平总书记指出,"生态环境是关系党的使命宗旨的重大政治问题,也是关系民生的重大社会问题","生态兴则文

---

① [德]马克思,恩格斯. 马克思恩格斯全集:第2卷[M]. 北京:人民出版社,2009:52.
② 资料来源:联合国环境规划署网站,2022世界环境日"只有一个地球"事实和数据。
③ [德]马克思,恩格斯. 马克思恩格斯文集:第7卷[M]. 北京:人民出版社,2009:928-929.

明兴,生态衰则文明衰","自然界的命运和人类息息相关。我们是在为历史、为民族做这件事"。随着经济的发展,越来越多的人类活动不断触及自然生态的边界和底线。马克思主义自然观认为,人与自然是辩证统一的。习近平生态文明思想是指导人与自然和谐共处的指南,也是马克思主义自然观和中国实际与中华优秀传统文化结合进行的创造,认为人与自然不是主体与客体的关系,而是平等的,要把人类社会的物质能量循环纳入自然界的循环,实现和谐共生、永续发展。早在1958年3月,钱学森同志借鉴苏州园林的设计思路,就提出"山水城市"的构想,指出"要以中国园林艺术来美化,让园林包围建筑,而不是建筑群中有几块绿地","在社会主义中国有没有可能发扬光大祖国传统园林,把一个现代化城市建成一大座园林"。党的十八大以来,习近平总书记提出"建设山水城市"的思路,让人民看得见山、看得见水、记得住乡愁。这对于破解西方现代化弊病、探索出一条新型城镇化道路具有重要贡献。

(五)和平发展的现代化,本质是扭转资本主义全球化的"中心—边缘"格局,构建人类命运共同体

发展中国家如何对待全球秩序、如何处理和世界强国的关系,是现代化道路上的又一个难题。从1825年英国确立资本主义制度到1914年一战爆发,资本主义经历了"百年和平",诞生了第一批资本主义强国,这些国家也是今天发达国家的主体。但是,这些国家的人口只占全球不到1/6,而当剩下5/6的广大国家和人口追求现代化时,他们发现,发展的难度要远远大于先行的那些国家。一方面,落后国家不再有遍布世界的殖民地,可以利用全球资源缓解资本主义发展带来的矛盾。另一方面,现有的强国总要用各种办法,维护不公平的政治经济秩序,从而维持自己在全球格局中的金字塔地位。"当我们把自己的目光从资产阶级文明的故乡转向殖民地的时候,资产阶级文明的极端伪善和它的野蛮本性就赤裸裸地呈现在我们面前,因为它在故乡还装出一副很有体面的样子,而一到殖民地它就丝毫不加掩饰了。"[①]二战之后,资本主义的剥削改变了形式,从直接的军事占领变成了依靠金融、跨国公司、意识形态输出以及军事侵略。这种全球分工虽然使西方国家暂时得到繁荣,但长期来看破坏了全球经济循环的均衡性,导致全球市场需求萎缩,成为引起全球金融危机的原因。正如邓小平同志所说:"总之,南方得不到适当的发展,北方的

---

① [德]马克思,恩格斯. 马克思恩格斯全集:第9卷[M]. 北京:人民出版社,1961:251.

资本和商品出路就有限得很,如果南方继续贫困下去,北方可能就没有出路。"在这种背景下,包括中国在内的发展中国家,必须回答这样的问题:如何在一个被资本主义生产方式所统治的全球体系中,突破中心国家对边缘国家的抑制,走出一条和西方不同的现代化道路。缓解全球两极分化、富国和穷国的矛盾、资本和劳动的矛盾、效率和公平的矛盾,以全球公平正义和平发展为中国式现代化营造良好外部环境。

二、中国式现代化是对社会主义运动的重大贡献

中国式现代化只有坚持社会主义才能实现,反过来,中国式现代化也将为社会主义运动增添新的光彩。中国式现代化的实现,将创造人类文明的新形态,使社会主义从理论、制度、运动的"三位一体"拓展为理论、制度、运动、文明形态的"四位一体",不仅为中华民族伟大复兴开辟了道路,也为我国从社会主义初级阶段向更高阶段迈进开辟了道路。

(一)马克思主义的展望:只有社会主义才能创造高度的文明

马克思、恩格斯对未来社会主义社会创造人类的新文明寄予厚望,认为奴隶制、农奴制、雇佣劳动制是文明时代三大时期所特有的三大奴役形式,它们的基础都是一个阶级对另一个阶级的剥削,社会历史的发展必将出现一个更高阶段的文明,共产主义社会是高度文明的社会①。恩格斯还引用摩尔根的观点:"总有一天,人类的理智一定会强健到能够支配财富,一定会规定国家对它所保护的财产的关系,以及所有者的权利的范围。社会的利益绝对地高于个人的利益,必须使这两者处于一种公正而和谐的关系之中,"②"把这一切从统治阶级的独占品变成全社会的共同财富和促使它进一步发展。"③

(二)中国式现代化道路是科学社会主义理论逻辑和中国社会发展历史逻辑的统一

中华民族有辉煌的历史,但近代以来却成为世界现代化进程中的落伍者。中国

---

① [德]马克思,恩格斯. 马克思恩格斯全集:第4卷[M]. 北京:人民出版社,2012:194.
② [德]马克思,恩格斯. 马克思恩格斯全集:第4卷[M]. 北京:人民出版社,2012:195.
③ [德]马克思,恩格斯. 马克思恩格斯全集:第2卷[M]. 北京:人民出版社,1972:479.

共产党的成立,使中国人在精神上从被动转为主动,开始寻找救亡图存的道路,这是中国式现代化探索的起点。1921—1949年,经过新民主主义革命,中国推翻"三座大山",结束了少数剥削者统治广大劳动人民的历史,结束了旧中国一盘散沙的局面,废除了一系列不平等条约和帝国主义的一切特权。中国实现了民族独立,摆脱了全球垄断资本的奴役;实现了深刻的社会革命,打破了小农经济对现代化的约束;建立了领导现代化建设的强大无产阶级政党和国家政权,为开辟中国式现代化道路扫除了障碍。1949—1978年,党领导人民自力更生、艰苦奋斗,开启了大规模现代化建设,国家的统一、民族的团结、深刻的社会革命、强大的组织能力、坚定的斗争精神,为现代化增添了巨大动力。党领导人民完成生产资料社会主义改造,为现代化提供了基本政治前提、奠定了制度基础,为大规模资本积累创造了条件,建立了独立完整的工业体系,并在若干尖端科技领域取得重大突破,摆脱了对大国的依附地位。建立人民当家作主的国家政权,消灭一切剥削制度,构建了中华民族历史上最为平等和团结的社会,激发了人民参与现代化建设的积极性,社会主义制度的优势初步显现,为改革开放之后进一步发展和完善中国式现代化道路积累了丰富的物质基础和宝贵经验,创造了有利的社会结构和国际环境。改革开放以来,我们扩大开放,充分利用全球化机遇发展自己,避免因为经济体制封闭僵化、市场规模有限而限制现代化进程,同时吸取苏联的教训,在发展市场经济和对外开放时,必须坚持独立自主,防止陷入依附地位。党的十八大以来,以习近平同志为核心的党中央全面加强党的领导,深入推进自我革命,党更加坚强有力总揽全局,为拓展中国式现代化道路锻造了更加坚强的领导力量。党领导人民坚持和完善中国特色社会主义制度,推进国家治理体系和治理能力现代化,我们的各项国家制度日益成熟稳定,确立了新时代"中国之治"的四梁八柱,为中华民族长治久安和社会主义事业长久发展夯实了制度基础。我国经济发展的协调性、平衡性、可持续性明显,国家经济实力、科技实力、综合国力跃上新台阶,为发展中国式现代化道路奠定了更为坚实的物质基础。全党全国各族人民文化自信明显增强,社会凝聚力和向心力极大提升,为发展中国式现代化道路提供了更为主动的精神力量。事实证明,新时代中国特色社会主义不仅能够指引中国赶上世界潮流,取得和西方同样的发展成就,同样也能够进一步引领世界潮流,解决西方现代化尚未解决的问题。

(三)中国式现代化道路不仅为中华民族伟大复兴开辟了道路,也为我国从社会主义初级阶段向更高阶段迈进开辟了道路

习近平总书记指出:"全面建设社会主义现代化国家、基本实现社会主义现代化,既是社会主义初级阶段我国发展的要求,也是我国社会主义从初级阶段向更高阶段迈进的要求。"① 这是我们党继 20 世纪 80 年代提出"社会主义初级阶段"理论以来,首次明确提出"社会主义从初级阶段向更高阶段迈进"的前景,是党对社会主义发展阶段认识的重大突破。基本实现社会主义现代化,是党中央确定的 2035 年实现的远景目标,把实现这一目标确定为"社会主义从初级阶段向更高阶段迈进的要求",其含义是:从现在到 2035 年,我国仍将处于社会主义初级阶段,但同时也进入为社会主义从初级阶段向更高阶段迈进做准备的阶段,这充分显示了党中央对我国社会主义发展前景的高度自信和长远部署,必将激励全国各族人民为建设更加成熟稳定的社会主义社会而努力奋斗。20 世纪 80 年代,我们党提出"社会主义初级阶段"的概念,"我国社会主义的初级阶段,……不是泛指任何国家进入社会主义都会经历的起始阶段,而是特指我国在生产力落后、商品经济不发达条件下建设社会主义必然要经历的特定阶段"。可见,我们党对"初级阶段"的界定就是"生产力落后、商品经济不发达"这两个条件。当前,我国生产力和科技发展水平同资本主义的差距已经显著缩小并逐步超越,商品经济已经渗透到经济社会生活各个领域,中国社会主义的制度优势和"四个自信"更加充分地显示,中国从社会主义初级阶段向更高阶段迈进的条件正在逐步成熟。尽管这仍然是一个很长的历史过程。

三、中国式现代化的关键是把党的领导优势转化为发展效能

中国式现代化是中国共产党领导的现代化,这是中国式现代化的本质属性,是与其他现代化道路的根本不同。怎样理解"中国共产党领导的现代化"? 关键是回答怎样把党的领导转变为推进现代化的发展效能。生产力和生产关系相互作用,是马克思主义的基本原理。中国共产党领导现代化,不是机械地、静止地看待生产力对生产关系的决定作用,而是既承认生产力的决定作用,又能动地发挥生产关系对生产力的反作用,通过生产关系的调整乃至革命,解放和发展生产力。实现中国式现代化,就是要把握住生产关系对生产力、上层建筑对经济基础的反作用原理,把党的领导的优势转化为发展效能。

(一) 中国共产党是超越近代以来世界政党政治传统的大党

政党政治是西方的发明,政党只作为特定选民利益的代表、竞争执政的政治组

---

① 习近平. 把握新发展阶段,贯彻新发展理念,构建新发展格局[J]. 求是,2021(9)4 – 18.

织，履行政治生活中连接国家与社会的功能。利用政党，西方政治完成了两个重要的概念转化：将人民转化为选民、将民主转化为选举，由此开辟了一条将人民利益降格为选民利益，再将选民利益降格为胜选政党的利益，并最终转化为胜选政党（执政党）背后的资本利益的便利通道。所以，西方政党所运作的选举式民主，本质上是一个将民众利益不断通约化、窄化的裁剪式民主。政党在西方民主政治生活中扮演的是重要的工具性角色，是西方民主政治制度得以可持续运作的"轴承"，背后真正起主导作用的"发动机"是资本。中国共产党继承传统文化精华，坚持知行合一；做到务实求变；注重辩证思维；以党的自我革命为中心，通过以组织建构、制度优化、资源开发与整合相结合的积极调适，提升党自身建设水平和引领经济社会发展的能力和水平。中国共产党超越竞争式政党政治框架，探索党作为人民的先锋队组织，领导国家、社会和人的全面发展，打造人民利益与政党使命、国家目标同构的政治共同体，筑牢资本与政治之间的"防火墙"，真正做到以人民为中心，坚持"一张蓝图绘到底"，克服了西方政党政治的短期主义、否决政治，为创造人类政治文明新形态做出新的探索，这是中国共产党能够成功引领中国式现代化的内在优势。

（二）把党的建设融入现代化建设各领域全过程

党的建设从来不是无源之水、无根之木，从来不是脱离外部环境，而是跟每一个历史时期党的事业紧密结合，跟事业发展的要求同步发展的，"全息性"是党的建设的一个重要特征和优势。党建与具体事业相结合，党建工作才有生命力。一是要避免把党建窄化、用党务代替党建的做法，党务代替党建，容易陷入形式主义、留痕主义，过于台账化、细节化的误区，使党建失去其最核心的价值。让党建融入具体业务工作，才能引领方向、培养干部、凝聚团队、鼓舞精神。二是避免把党建泛化、用党建取代实务工作，要围绕党建工作对业务工作的促进开展功能评价，而不是凌驾于业务工作之上。三是深入研究党建与业务工作互融共促的方式方法，积极探索党建与业务工作深度融合的有效路径，变"两张皮"为"一股绳"，使二者在相辅相成、相互促进中实现共同发展。

（三）持续巩固党执政的群众基础

"欲筑室者，先治其基。"中国艰难而独特的现代化道路历程昭示，一个超大规模的发展中国家，要变后发现代化劣势为理性现代化优势，需要一个组织严密、纪律严明的政党来组织和引领。中国共产党的组织动员、思想宣传、统一战线和基层群众工作，在革命、建设和改革的各个时期都发挥了不可替代的重要作用。借助党的组织体系，党的思想理论、政策主张、决策部署能够自上而下贯彻落实，继而对社会各系统和人民形成政治动员、政治吸纳，整合不同利益群体，广泛地联合一切可以联合的力量，推动国家与社会的快速发展。面向未来，党组织体系建设必须与时俱进，特别是随着大数据、人工智能技术的迅速发展与渗透，要推动基层党组织全面进步、全面过硬。从党建就是党做工作、做党的工作这样的局限性中走出来，转变为党发动群众做工作、党与群众一起做工作，真正将民间社会的活力与智慧激活和调动起来。强化属地化党组织建设，从更具现实利益链接的生活空间入手，通过嵌入属地性的社区共同体建设，扩大党组织影响力。结合新业态的发展特点，大力发展"Online"型党组织，对新型党组织的学习方式、组织生活采取更加灵活的安排，并着力打通新业态党建体制内党建的链接，畅通新业态党组织、党员的利益表达和权益维护的渠道。积极发展新社会阶层先进分子入党，探索党员教育管理新机制。

（四）造就更加韧性包容的复合型现代化

面向未来，要更进一步发挥党的统一领导和组织统筹的优势，造就更加韧性包容的复合型现代化。第一，以共同富裕为目标，统筹区域、城乡的协同发展，创造更加包容的现代化。例如，当前方兴未艾的"东数西算"、党支部领办乡村合作社等，都是打破传统格局在党的领导统筹下实现益贫性发展的中国式现代化新路径。第二，以高质量发展为要求，统筹各层次、各要素的复合性发展，创造更具内涵性的现代化。中国从现代化起步就不具备西方国家从技术突破到生产力爆发到经济、政治、社会的顺序传导式发展的条件，因而中国共产党领导创造了国家建设优先，以国家主权能力实施理性规划、重点保障的跃升式现代化道路。未来的社会主义现代化强国建设征程中，我们依然需要克服诸多发展瓶颈与短板，同时还要高度防备甚至迎战来自外部的"卡脖子"约束，因此，加强党的统一领导，超前布局，统筹规划，做强长板，补足短板，使得中国式现代化做到技术层、器物层、制度层、文化层一体用力，复合式发展，才能真正丰富现代化的内涵，更加彰显社会主义现代化的本质与优势。第三，以韧性治理为支撑，统筹常态与危机态治理，创造更抗风险的现代化。近年来，全球化出现逆流、新冠疫情大流行、局部战争冲突呈现出激化趋势，无论是国家治理还是国际合作都面临更大的风险与变数，在党的领导下中国发展与治理的韧性更加突出，中国成为全世界最安全、最稳定、最和平的大国。面向未来，党要进一步用足用好党的领导力、动员力优势，做到在常态治理下能有效预警和防范各类风险，在危机到来时能有效驾驭和化解各类危机，在危机过去后能更快恢复常态并创造新的发展可能，让中国式现代化更具韧性与抗逆力。第四，把先进制度和先进技术相融合，开创更加未来主义的智慧型现代化。伴随大数据、云计算、人工智能、量子科技的兴起，人类社会即将步入第四次工业革命之门。中国共产党无论是作为政治组织自身谋求发展，还是作为最大人口规模国家的领导党谋求国家的现代化发展，必须具有鲜明的未来主义思维和强大的智慧化能力。当前中国在人工智能发展领域确实拥有不可替代的独特竞争优势，党的领导能使中国现代化进程充分利用和释放这种优势，打通数据壁垒、规范数据应用，用数字化提升国家治理体系和社会主义市场经济体制，丰富全过程民主形式，丰富和发展人类文明新形态。

作者简介

刘凤义,经济学博士、教授、博士生导师,现任南开大学党委宣传部部长,中央马克思主义理论研究与建设工程专家,兼任中国特色社会主义经济建设协同创新中心(国家 2011 计划协同创新中心)副主任、南开大学政治经济学研究中心副主任、天津市社科联副主席、中国《资本论》研究会副会长、中国政治经济学学会副会长、全国马克思列宁主义经济学说史学会副会长、中国经济发展研究会副会长等。

长期从事马克思主义政治经济学的教学与研究工作,研究领域为现代资本主义经济、中国特色社会主义政治经济学、习近平经济思想等。出版教材、著作 10 余部,在《马克思主义研究》《光明日报》《经济日报》等重要报刊发表学术论文 120 余篇,目前主持国家社科基金重大项目 1 项,主持完成国家社科基金重点项目、青年项目各 1 项,主持教育部人文社科重点研究基地重大项目 2 项。曾获教育部高等学校科学研究优秀成果奖(人文社科)二等奖,国家级教学成果二等奖,天津市青年教师基本功大赛一等奖,天津市优秀教师、天津市教学名师、天津市"五一"劳动奖章,天津社科优秀成果特等奖、一等奖,天津市教学成果特等奖、一等奖等奖项和荣誉。

刘凤义：深刻理解中国式现代化的本质要求

党的二十大报告指出："中国式现代化的本质要求是：坚持中国共产党领导，坚持中国特色社会主义，实现高质量发展，发展全过程人民民主，丰富人民精神世界，实现全体人民共同富裕，促进人与自然和谐共生，推动构建人类命运共同体，创造人类文明新形态。"这一重要论断是我们党对中国式现代化理论的重要创新，为推进中国式现代化实践提供了行动指南。

一、中国式现代化的本质要求体现了我国现代化的内在规定性

全面建成社会主义现代化强国、实现中华民族伟大复兴，是中国共产党人矢志不渝的奋斗目标。在新中国成立特别是改革开放以来长期探索和实践基础上，经过党的十八大以来在理论和实践上的创新突破，我们党成功推进和拓展了中国式现代化。党的二十大报告指出："中国式现代化，是中国共产党领导的社会主义现代化，既有各国现代化的共同特征，更有基于自己国情的中国特色。"这揭示了中国式现代化的内在规定性。

中国式现代化是中国共产党领导的社会主义现代化。领导力量决定道路方向，中国共产党领导与社会主义现代化之间具有内在必然联系，这是中国式现代化区别于西方现代化的根本标志。因此，坚持中国共产党领导、坚持中国特色社会主义，被纳入中国式现代化的本质要求。中国式现代化有各国现代化的共同特征。这表明我国的现代化不是故步自封的现代化，而是符合人类社会发展内在要求和发展趋势的现代化，以海纳百川的宽阔胸襟借鉴吸收人类一切优秀文明成果。中国式现代化更有基于自己国情的中国特色。这表明中国式现代化不是简单延续我国历史文化的母版，不是简单套用马克思主义经典作家设想的模板，不是其他国家社会主义实践

的再版，也不是国外现代化发展的翻版，而是我们党坚持把马克思主义基本原理同中国具体实际相结合、同中华优秀传统文化相结合的成果，是党团结带领人民独立自主探索开辟出来的新道路。

二、中国式现代化的本质要求体现了我国现代化的本质属性

中国式现代化是人口规模巨大的现代化，是全体人民共同富裕的现代化，是物质文明和精神文明相协调的现代化，是人与自然和谐共生的现代化，是走和平发展道路的现代化。这是中国式现代化的显著特征，这些特征共同指向了我国现代化的本质属性——以人民为中心，这决定了中国式现代化的本质要求必然体现以人民为中心。

从领导力量上看，必须坚持中国共产党领导。中国共产党是为中国人民谋幸福、为中华民族谋复兴的党。我们党始终坚持维护人民根本利益，增进民生福祉，不断实现发展为了人民、发展依靠人民、发展成果由人民共享，让现代化建设成果更多更公平地惠及全体人民。从制度属性上看，必须坚持中国特色社会主义。中国特色社会主义不是从天上掉下来的，是党和人民历经千辛万苦、付出各种代价取得的宝贵成果。中国特色社会主义在中国取得巨大成功，必须一以贯之进行下去。从现代化内容上看，中国式现代化的本质要求涵盖经济建设、政治建设、文化建设、社会建设、生态文明建设，体现了中国特色社会主义事业总体布局。为此，党的二十大报告做出一系列重要部署，提出：高质量发展是全面建设社会主义现代化国家的首要任务；全过程人民民主是社会主义民主政治的本质属性，是最广泛、最真实、最管用的民主；满足人民日益增长的精神文化需求；全体人民共同富裕取得更为明显的实质性进展；尊重自然、顺应自然、保护自然，是全面建设社会主义现代化国家的内在要求。从世界贡献上看，要拓展世界眼光，深刻洞察人类发展进步潮流，积极回应各国人民普遍关切，为解决人类面临的共同问题做出贡献。这些都表明，中国式现代化不仅造福中国人民，而且造福世界人民，是以人民为中心的现代化。

三、中国式现代化的本质要求体现了我国现代化的合规律性

中国式现代化既有各国现代化的共同特征，更有基于自己国情的中国特色。这体现出人类社会现代化进程中矛盾的普遍性和特殊性辩证关系。现代化作为一个系

统，是一个矛盾的统一体，既要抓住主要矛盾，又要抓住矛盾的主要方面，这也是把握现代化发展规律的要求。

唯物辩证法认为，矛盾具有普遍性和特殊性。从对现代化的要求来看，可以划分为"一般要求"和"本质要求"，前者体现普遍性特征，后者体现特殊性特征。现代化"一般要求"，是指只有具备了一些基本标准才能称一国为现代化国家。目前，关于现代化的标准尚没有统一认识，人们衡量现代化国家有不同的分类。例如，从发达程度上分，可分为发达国家、中等发达国家、发展中国家等。对于衡量现代化的指标体系，人们也有不同观点。例如，有学者提出用人均GDP、农业增加值占GDP的比重、服务业增加值占GDP的比重、城镇化率等指标来衡量，有学者提出以人口发展指标、经济发展指标、社会发展指标等来衡量。尽管各种衡量现代化的指标体系不完全一致，但依然能反映出一些共性。从这个意义上说，我国的现代化指标体系需与已有的现代化指标体系进行对标。同时，要把握好中国式现代化的"本质要求"。中国式现代化的本质要求包含九方面内容，体现了我国现代化的内在规定性和本质属性，应该在把握矛盾的普遍性和特殊性辩证关系中构建我国的现代化指标体系。

唯物辩证法认为，一切存在的事物都由既相互对立又相互统一的矛盾组合而成。我国现代化进程中要善于运用对立统一论，坚持两点论和重点论的统一。在不同的发展阶段，一个国家实现现代化要解决的主要矛盾和矛盾的主要方面也是不同的。我国社会主要矛盾是人民日益增长的美好生活需要和不平衡不充分的发展之间的矛盾，需紧紧围绕这个社会主要矛盾推进各项工作。人民美好生活需要日益广泛，不仅对物质文化生活提出了更高要求，而且在民主、法治、公平、正义、安全、环境等方面的要求日益增长。因此，中国式现代化的本质要求中必然包括实现高质量发展、发展全过程人民民主、丰富人民精神世界、实现全体人民共同富裕、促进人与自然和谐共生等内容。其中，高质量发展作为全面建设社会主义现代化国家的首要任务，是推动中国式现代化的主要方面，必须完整、准确、全面贯彻新发展理念，坚持社会主义市场经济改革方向，坚持高水平对外开放，加快构建以国内大循环为主体、国内国际双循环相互促进的新发展格局。可见，中国式现代化的本质要求体现了抓主要矛盾和矛盾的主要方面的规律要求。

作者简介

岳德常,1952年出生于河南商城,黄河科技学院中华文化传承发展研究院副院长、研究员,研究方向为马克思主义、中华优秀传统文化。已出版的主要著作有:《〈道德经〉新诠——道即价值体系论》《〈大学·中庸〉新诠》《历史之谜的新解答》《政治学王冠上的宝石》《闻道勤行——培育和践行社会主义核心价值观》《价值体系进化论》《"大学之道"新诠——中华优秀传统文化传承发展研究》。

岳德常：中国式现代化是自觉坚持社会主义核心价值体系的现代化

习近平总书记在党的二十大报告中明确了我们党第二个百年的奋斗目标：以中国式现代化全面推进中华民族伟大复兴。在学习贯彻党的二十大精神研讨班上的重要讲话中又就中国式现代化进一步提出了一系列重要论述，彻底打破了"现代化＝西方化"的迷思。这些都是重大理论创新，需要我们深入研讨阐发。为进一步深入理解中国式现代化的深厚内涵，在全社会打破"现代化＝西方化"的迷思，进一步确立"四个自信"，这里把"十四个坚持"中的"坚持社会主义核心价值体系"与上述理论创新贯通起来，提出一个新观点：中国式现代化是自觉坚持社会主义核心价值体系的现代化，分为如下三层意思来论证这个新观点。

一、中国式现代化必须自觉坚持社会主义核心价值体系

习近平总书记指出："中国式现代化，打破了'现代化＝西方化'的迷思，展现了现代化的另一幅图景，拓展了发展中国家走向现代化的路径选择，为人类对更好社会制度的探索提供了中国方案。"① 某些人之所以会出现"现代化＝西方化"的迷思，其原因就在于他们的哲学反思不到位，没有深入价值体系层面，跳不出西方那一套价值体系的牢笼。我们要想走出一条不同于西方式现代化的新的现代化道路，就必须自觉坚持社会主义核心价值体系。

---

① 习近平在学习贯彻党的二十大精神研讨班开班式上发表重要讲话强调:正确理解和大力推进中国式现代化[N]. 光明日报,2023-02-08(001).

（一）价值体系是控制社会过程的最隐秘的力量

中国式现代化是一种全新的文明形态，代表了人类进化的方向。它与西方式现代化的区别就在于它坚持了一种新的价值体系，那就是社会主义核心价值体系。西方人在资本主义价值体系的主导下，走出了一条充斥着危机、灾难、不可持续的现代化道路，其之所以如此，原因就在于西方式现代化中暗含的价值体系的狭隘片面。我们要想走出一条不同于西方现代化道路的中国式现代化道路，就必须有一个科学合理的价值体系来引导和保障，这个价值体系只能是社会主义核心价值体系。党的十九大报告把"坚持社会主义核心价值体系"作为十四个基本方略之一，习近平总书记对这个问题进行了大量深入的论述，他指出，"要大力培育和弘扬社会主义核心价值体系和核心价值观，加快构建充分反映中国特色、民族特性、时代特征的价值体系"[①]，他还对价值体系在社会生活中的作用进行了深刻分析："核心价值观是文化软实力的灵魂、文化软实力建设的重点。这是决定文化性质和方向的最深层次要素。一个国家的文化软实力，从根本上说，取决于其核心价值观的生命力、凝聚力、感召力。培育和弘扬核心价值观，有效整合社会意识，是社会系统得以正常运转、社会秩序得以有效维护的重要途径，也是国家治理体系和治理能力的重要方面。"[②] 这些论述，既是对社会主义意识形态作用的新阐释，也是对中国特色社会主义建设规律的新认识，进一步明确了社会主义核心价值体系的重要地位和作用，对于我们正确理解和大力推进中国式现代化来说，意义也十分重大。

为深入理解社会主义核心价值体系对于中国式现代化的重要性，在此打一个比方，就像动物植物成长过程中都有一个遗传密码一样，社会这个有机体的成长过程也有一个遗传密码，这就是价值体系。这个东西虽然看不见、摸不着，却是一个客观存在物，控制着社会的运行过程。中国式现代化之所以区别于西方式现代化，不在于科学技术，也不在于生产力发展水平，两种现代化的根本区别在于价值体系有优劣高下的不同。西方式现代化创造出来的科学技术、物质财富等器物层面的东西，都可以拿来为中国式现代化服务，但其中所包含的价值体系却必须审慎地予以剔除。西方现代化的各种问题的根源在于价值体系的狭隘片面，但由于西方人的哲学反思没有深入价值体系层面，无法走出困境。

---

① 习近平. 习近平谈治国理政:第1卷[M]. 北京:外文出版社,2014:106.
② 习近平. 习近平谈治国理政:第1卷[M]. 北京:外文出版社,2014:163.

两种现代化发展路径指向两种不同的文明形态，导致这种区别的根本原因在于各自坚持的价值体系的不同。中国式现代化必须自觉坚持社会主义核心价值体系，我们已经把它确立为基本方略。西方式现代化则必须坚持资本主义价值体系，虽然西方人没有在口头明确地这样表述，但在实际上却把它作为不言而喻、不容置疑的真理。整个西方式现代化的发展过程，看起来高度复杂，但在实际上却产生于几条最简单的游戏规则：放纵低水平欲望，外加市场法则和民主选举程序。这几条规则的自我繁殖、反复迭代，就形成了私有制价值体系的超循环过程。这个超循环过程产生于无数个体的生命过程，反过来又凌驾于个体生命与社会运行过程之上，这几条规则的内在缺陷，经过反复迭代，不断放大，越来越偏离社会与人性发展的需要，形成路径依赖，导致了整个社会系统走向自我毁灭的悲剧命运。这既是西方式现代化的奥秘之所在，也是其之所以难以改弦更张的症结之所在。

就像食物会自发地趋向于腐烂变质一样，在私有制价值体系超循环的控制下，任何社会组织都不可能和谐稳定可持续地发展下去。无论是古代还是现代，无论是中国还是外国，统统没有例外。请看当今西方社会正处于私有制价值体系超循环的控制之下，所以就普遍地趋向劣质化，政治人物劣质化，政治过程劣质化，不能正确应对各种现实问题，在堆积如山的各种问题上苟延残喘，得过且过地混日子。以美国政客为例，他们追求的是"美国第一"，打压盟友、掏空北约、瓦解欧盟、制造难民、薅羊毛、割韭菜、贸易战，无恶不作，看起来是坑害他人、肥了自己、精明至极，但实际上却不过是在低水平价值体系超循环控制之下的自我折腾，这种折腾不仅无助于挽回其社会衰败的大趋势，反而使其更加无法应对各种现实问题，在疫情危机、经济危机和种族矛盾的冲击下，在乱哄哄的冲突中加速走向衰败。在这种衰败的趋势控制下，不仅人民大众会被奴役受剥削，在生存的自然必然性的控制之下，丧失主体地位，包括那些位高权重者也同样处于神秘力量的控制之下，比如资本家，他也不过就是资本的人格化。再如那些政客们，也都处于自己所无法掌控的神秘力量的控制之下，遵循着"捣乱失败，再捣乱再失败，直至灭亡"的逻辑。虽然他们也狂热自信地坚持"自由、民主、人权"，但实际上却不过是被低水平价值体系超循环控制着的木偶罢了。以美国为例，虽然有越来越多的美国人发现了国家方向的错误，却不知道如何扭转这个错误方向，就像开汽车的人找不到方向盘一样，既不知道错误方向的形成机制，也不知道如何解决问题，眼睁睁地看着自己所属的群体走向衰败。据称,"现在,有66%的选民认为,美国正朝着错误的方向行进"①。在2022年7月1日晚间中央台的新闻联播中,这个数字已经上升为85%。

(二) 必须在思想上突破私有制价值体系的控制,才能打破"现代化＝西方化"的迷思

我们要想避免西方式现代化模式的困境,就要打破"现代化＝西方化"的迷思,就必须像《国际歌》所唱的那样,让思想冲破牢笼,突破私有制价值体系超循环的精神控制,改变私有制社会运行机制的规则,把它从社会运行过程中清除出去,用社会主义核心价值体系的自我繁殖、反复迭代来主导社会经济运行过程,只有当这个价值体系的自我繁殖、反复迭代过程稳定运行之后,社会主义制度才能进入稳定发展阶段。社会主义之所以出现在世界上,就是因为马克思为人类揭示了一个新的价值体系,这就是《共产党宣言》开篇所说的那个"幽灵"。它先在欧洲的上空飘荡,后来又飘到了俄罗斯、飘到了中国,一些先进的人们接受了它并实践它,于是它便在社会生活中扎下根、立住脚,逐渐成为有形的具体存在。就像胎儿在子宫中孕育成长并最终诞生一样,新制度的成长也经历了这样一个从"幽灵"到成形、成长起来,并最终在社会生活中占据主导地位的过程。这个遗传密码至关重要,它是决定着社会主义之所以是社会主义的主导因素。只有认识到这个主导因素,自觉地坚持和培育社会主义核心价值体系,我们所要建设的社会主义才能像动物或植物一样,自然而然地成长起来,而不再是一个由建筑材料堆砌起来的没有生命的建筑物。党中央提出了建设社会主义核心价值体系的目标,既是人类政治文明意识的一次新突破、新进步,也是对原本就潜藏在马克思主义理论体系中的理论精髓的深入阐发,必将极大地促进社会主义制度的发展,将人类政治文明稳定在一个新阶段。

我们要想摆脱私有制价值体系的禁锢,就必须把哲学反思深入价值体系层面。在对客观事物的认识过程中,人们大都是从那些表面的不重要的属性开始,逐步由浅入深,最后才抓住本质属性。对社会主义的认识也是如此,以往人们所强调的公有制、人民民主专政、党的领导、发展生产力、共同富裕等,它们都是社会主义的特征,但相对于社会主义核心价值体系来说,它们不是本质属性。现在看来,它们的存在只不过是为了服务于建设社会主义核心价值体系的需要:生产力的发展和公

---

① 民调:近70%美国人认为国家正行进在错误道路上[EB/OL]. (2015-08-06)[2022-02-16]. 人民网,http://world.people.com.cn/n/2015/0806/c1002-27421290.html.

有制是为新价值体系的成长创造经济基础,党的领导和无产阶级专政是为新价值体系的成长提供政治保护措施,民主与法治建设则是新价值体系表达和实现自己的途径与方式。

就像胎儿在遗传密码的控制下逐渐成长起来一样,社会主义核心价值体系就是社会主义的"遗传密码",有了这个遗传密码,自然而然地就要发育出公有制、党的领导等社会特征。因而这些特征不是社会主义的本质属性,它们只是社会主义躯体上的"器官",只有作为遗传密码的社会主义核心价值体系才是本质属性;作为社会主义社会,如果没有这个遗传密码,而是一直让资本主义的遗传密码居于主导地位,这个社会就不具有这些特征,因为这个社会不需要这些"器官"。即使有了这些"器官",由于没有社会主义核心价值体系与之相匹配,这些"器官"也会蜕变、衰亡,原苏联、东欧社会主义政权之所以崩溃瓦解,其原因就在于此。

由于社会主义与资本主义之间存在遗传密码的不同,要想从资本主义演变为社会主义,就必须有一个脱胎换骨的改造,就需要用暴力来砸碎旧的国家机器,建立共产党领导的社会主义制度,用一种新的价值体系来重组社会运行过程。就像在生物的成长过程中,其遗传密码会出现变异一样,在资本主义的躯体中,具有社会主义价值体系的人就是遗传密码的新变异,他们与这个躯体的维持过程格格不入,于是和旧制度发生冲突,冲突的结果或者是新的价值体系成长壮大,打破旧制度的"外壳",建立起与自己相适应的新制度;或者是新的价值体系日渐萎缩、边缘化,被旧制度淹没和淘汰。由此可见,如果没有社会主义核心价值体系的成长壮大,资本主义制度就不可能像修正主义者所主张的那样"和平长入社会主义"。但修正主义者们不管这些差别,在他们看来,随着生产力的发展,资本主义可以长成社会主义,这就像相信"大猩猩"可以长成"人"一样荒诞。这种忽视社会主义与资本主义的本质差别的做法,正如马克思所说的那样:"那些证明现存社会关系永存与和谐的现代经济学家的全部智慧,就在于忘记这种差别。"① 这些人之所以会出现这种迷思,其原因也在于哲学反思不到位,与当今那些把"现代化=西方化"的人一样跳不出私有制价值体系的"牢笼"。

从中国的情况来看,中国共产党领导中国人民走过了"站起来""富起来""强起来"等不同发展阶段,也依然面临来自内部和外部的各种挑战,其原因就在于私有制价值体系仍然纠缠着我们。于是我们便可发现,中国式现代化是以人

---

① [德]马克思,恩格斯. 马克思恩格斯选集:第2卷[M]. 北京:人民出版社,1995:3.

为本的现代化，是超越了西方现代化道路的没有异化现象的现代化，是真正走出动物界的人类文明新形态。于是我们便可进一步发现，社会主义现代化与资本主义现代化的根本区别在于它们具有不同的价值体系。我们要走出一条不同于西方式现代化道路的中国式现代化道路，就必须坚持社会主义道路，就必须坚持社会主义核心价值体系。

社会主义核心价值体系是社会主义制度的基因，只有当这种价值体系主导了社会生活过程之后，社会主义制度才可以成长发展、自我完善。只有当人民群众在精神上获得觉醒、从私有制价值体系的控制下解放出来的时候，人们才能转变为自立自强、奋发有为、聪明智慧的人，我们这个社会才能在利用市场经济的同时驾驭市场经济。只有当那些积极进取、追求完美的人经常地每日每时地自发地和大批地产生出来的时候，现在层出不穷的各种社会疾患才能逐步减轻乃至痊愈，那些积极的、健康的新事物才能萌芽成长起来，社会管理工作才能走上正轨。价值体系的这个转化、升华堪称点金术，它可以化腐朽为神奇、化包袱为财富，为社会主义治理体系的建立提供稳定的人性基础。有了这个点金术，我们才能在吸收消化西方式现代化的物质成果的同时，避开西方式现代化的陷阱，开创人类文明新形态。在我们中国人身上，寄托着人类进一步进化的希望。

二、要坚持社会主义核心价值体系，就必须自觉坚持党的领导

由于中国式现代化是自觉坚持社会主义核心价值体系的现代化，如果我们不能清醒地坚持社会主义核心价值体系，中国式现代化就很容易滑入西方式现代化模式。为避免这种危险，我们就要把社会主义核心价值体系"灌输"到中国现代化过程之中，就需要坚持党的领导。所谓坚持党的领导，其实质也就是要通过这样一种组织制度来保证社会主义核心价值体系对社会生活过程的领导。因而在党的百年奋斗的历史经验中，"坚持党的领导"被放在了第一条的位置上。习近平总书记指出："党的领导直接关系中国式现代化的根本方向、前途命运、最终成败。党的领导决定中国式现代化的根本性质，只有毫不动摇坚持党的领导，中国式现代化才能前景光明、繁荣兴盛；否则就会偏离航向、丧失灵魂，甚至犯颠覆性错误。"[①]

---

① 习近平在学习贯彻党的二十大精神研讨班开班式上发表重要讲话强调:正确理解和大力推进中国式现代化[N]. 光明日报,2023－02－08(001).

（一）社会主义核心价值体系是马克思主义思想精髓

在人类进化出人的躯体之后，还必须进一步进化出与人的躯体相配套的价值体系，人类才能真正地进化为人。推进价值体系的进化过程，是共产党人的历史使命。共产党人之所以不同于其他人，就在于他为人类带来了新的价值体系。他们不仅要发现这种价值体系，还要身体力行地坚持它，让它进入人们的思想与生活实践，从而把整个社会生活都提升到新的运行轨道上，做好了这件事情，共产党人才算完成了自己的历史使命。

毫无疑问，这一历史使命的完成是一个漫长的历史过程。在整个共产主义运动的发展过程中，都必须坚持社会主义核心价值体系。对于社会主义核心价值体系的重要性的认识，共产党人也经历了一个由隐到显的过程。在马克思主义诞生初期，这个新的价值体系并没有得到明确的表述，正如卡西尔所说的，"一种政治理想和一个社会纲领，开始时总是处在比较模糊的、潜在的状态，后来通过发展才变得明确起来"①。虽然马克思坚持社会主义核心价值体系，但这个价值体系还潜藏在马克思的潜意识深处，要把它明确地揭示出来，还需要共产主义运动的漫长的历史过程才得以完成。从《共产党宣言》发表至今，共产主义运动经历了波澜壮阔的175年。在共产党人改造旧世界的过程中，特别是在中国共产党人的长期革命实践中，领导中华民族经历了从站起来、富起来到强起来的伟大飞跃，越来越深入地认识到价值体系在个人生命与社会运行过程中的重要作用，从而把"坚持社会主义核心价值体系"确立为基本方略。

社会主义核心价值体系的提出标志着共产党人对它的认识完成了一个由潜在向自觉的转变，这是马克思主义成长过程中的一个重要里程碑。在达到这个新高度之后，我们再回头来看马克思对资本主义社会的分析，马克思之所以能够以批判的眼光来审视资本主义制度，就因为他率先确立了以人的自由全面发展为核心价值的价值体系，虽然他没有明确地说出来，但却是他整个理论体系的精髓之所在，也是其批判资本主义制度的"初心"之所在。正由于他具有了这种价值体系，能够对异化现象进行分析批判。异化现象的根源就在于资本主义价值体系，它是一个以物为本的颠倒的价值体系，马克思后来在《资本论》中批判的"商品拜物教"，以及在《哥达纲领批判》中所说的"资产阶级权利"都是这个东西。正是由于他心目中存

---

① ［德］恩斯特·卡西尔. 人论[M]. 甘阳，译. 上海：上海译文出版社，1985：229.

在着一个以人为本的价值体系,能够摆脱资本主义价值体系的束缚,看到它的缺陷,看到它的历史暂时性;这与拉萨尔等庸人形成了鲜明对比,这些人没有能力把批判的目光深入价值体系层面,而只能提出"公平的分配""不折不扣的劳动所得"的口号。有了这种以人为本的价值体系,马克思也就能够深入分析资本主义社会中的异化现象,从而能够发现那个非异化的正常的社会形态,那就是共产主义,他称之为"历史之谜的新解答"。

列宁也摆脱了资本主义价值体系的束缚,所以能抓住马克思主义的精髓,进一步开创马克思主义理论发展新境界。十月革命胜利后,他发现了这个东西并没有随着旧制度的灭亡而灭亡,仍然在我们的周围散发着"臭气","经常的每日每时地自发地和大批地产生着资本主义和资产阶级",他把这个东西称为"小生产",所以他说:"无产阶级专政不是结束阶级斗争,而是以新的形式、新的武器继续进行阶级斗争。"①

毛泽东也摆脱了资本主义价值体系的束缚,在价值体系上达到了一个新高度,因而也能抓住马克思主义的精髓,进一步开创了马克思主义理论发展新境界。在领导中国革命的艰苦卓绝的奋斗过程中,深入地研究了价值体系问题,他把这个东西称为"世界观"。他发现,有两种世界观——无产阶级世界观和资产阶级世界观,彼此进行着不可调和的斗争,他说:"无产阶级要按照自己的世界观改造世界,资产阶级也要按照自己的世界观改造世界。"② 所以他要求广大知识分子"逐步地抛弃资产阶级世界观而树立无产阶级的、共产主义的世界观。世界观的转变是一个根本的转变"③。

从中国共产党人自身的历史经验来看,我们之所以能够领导中国人民从危机中奋起,从一个胜利走向另一个胜利,其根本原因就在于,经过老一辈革命家的率先垂范和辛勤培育,党内形成了三大作风等优良传统,具有了自我净化提高的强大功能,形成了新价值体系的"良性循环"。党组织就像是一个革命的大熔炉,能够把各种不同背景、不同经历的普通人陶冶锻炼成坚定的共产党人。另外,通过考察共产主义运动中的反面例证,我们也可以发现,修正主义的实质就在于没有摆脱资本主义价值体系的束缚,没有把立场放在社会主义核心价值体系上,不管是马克思所批判的浦鲁东、拉萨尔,还是后来的赫鲁晓夫、戈尔巴乔夫,其共同特点就在于,

---

① [苏]列宁. 列宁选集:第4卷[M]. 北京:人民出版社,1995:543.
② 毛泽东. 毛泽东文集:第7卷[M]. 北京:人民出版社,1999:230.
③ 毛泽东. 毛泽东文集:第7卷[M]. 北京:人民出版社,1999:225.

他们在精神上仍然处于资本主义价值体系的控制之下，既没有意识到价值体系问题，也意识不到资本主义价值体系对他们的控制，这个价值体系处于他们的无意识的深处，因而在他们看来是不言而喻、不容置疑的。旧制度对人的精神束缚是无形的，如果没有对自身价值体系的反思，人们就摆脱不了这个无形的束缚，也不可能坚持社会主义核心价值体系。对于共产党人来说，只有摆脱了资本主义价值体系的束缚，自觉地坚持社会主义核心价值体系，才能成为真正的马克思主义者，才能自觉坚持社会主义核心价值体系，成为一名真正的共产党人。对于党组织来说，只有让这种价值体系在党内形成了稳定的超循环，党组织才能朝气蓬勃地引领社会主义革命，推动物质文明、政治文明、精神文明、社会文明、生态文明的发展进步，以改造旧社会，开创出一条不同于西方式的现代化道路。于是我们可以得出这样一个结论：社会主义核心价值体系是马克思主义的精髓，也是共产主义运动的灵魂。只要坚持了它，共产主义事业就高歌猛进，如若放弃了对它的坚持，就必然要像苏联东欧的共产党那样走向衰败和灭亡。

（二）共产党的历史使命就是坚持社会主义核心价值体系

有了"坚持社会主义核心价值体系"这一基本方略，我们就可以更深入地认识共产党的历史使命。所谓坚持社会主义核心价值体系，其实质就在于把人类从私有制价值体系的控制下解放出来，任何单独个体都无法完成这一历史使命，所以必须要坚持共产党的领导。

从历史上看，轴心期出现的各种宗教哲学学说都致力于唤醒人性向上成长，不管是中国的老子、孔子，还是印度的佛教、西方的基督教，都力图引导人类摆脱动物性本能即私有制价值体系的控制，但经过2500多年的奋斗，他们的努力最终都归于幻灭。究其原因，可以从以下两个方面来考察：

第一，人类的哲学反思必须深入价值体系层面，才能最终抓住人性与社会运行规律的根本。在两种价值体系的冲突中，资本主义价值体系具有先入为主的优势；由于这个原因，即使是人们根本就没有有意识地坚持这种价值体系的时候，却也仍然在坚持着它。某些人只需要倡导西式的民主，倡导西方那种"过把瘾就死"的生活方式，就可以潜移默化地把资本主义价值体系传播开来。而对这个最深层的价值体系的反思，则必须在共产党人改造旧世界的革命实践中才能逐步深入达到。

第二，现实生活过程一直处于私有制价值体系的控制之下，它具有先入为主的优势，因而无须有人推动，它就可以自动地在个体与社会环境之间形成互相推动、互相强化的超循环过程。而要打破这个超循环过程,必须借助于无产阶级政党的强大的组织领导。新的价值体系只存在于少数先进分子的心中,要想让它在社会生活中占据支配地位,就需要有一个组织来引导社会价值体系的进步,这就是共产党。共产党之所以能够代表历史进步的方向、代表人民的根本利益,就是因为它是坚持社会主义核心价值体系的政党。归根结底,人民的利益要靠这种新的价值体系来保障。

从当下中国的情况来看,当今社会生活中之所以存在诸多问题,其主要原因就在于资本主义的那一套价值体系仍然发挥着作用,它不是把人引向积极负责的方向,而是引向相反的方向,把人们的注意力锁定在基本物质需要上。我们现在还离不开市场经济,但它本来就是在私有制价值体系的主导下成长起来的经济制度,其中包含着一个塑造人们的价值体系的精神模板,它运用生存的自然必然性的强制压力,迫使人们把注意力集中到个体基本物质需要上,使人们的生命过程庸俗化、市场化。所以,当市场经济发展起来的时候,那些在新中国一度绝迹的丑恶现象又死灰复燃并猖獗起来。在这样的现象层出不穷的情况下,社会主义核心价值体系就会不断退缩,成为浮在生活之上的无根之萍,与之相应的,就会出现历史虚无主义思潮,它代表着人性的初级阶段,处于这个阶段的人无法认同社会主义制度和共产党的领导,当这样的人越来越多,共产党的执政能力就会面临越来越严峻的挑战。

从当今整个人类的情况来看,当今人类面临自我毁灭威胁,其原因就在于以美国为首的整个西方文明顽固地坚持资本主义价值体系,由于其哲学反思能力的低下,他们不知道因而也没有能力坚持社会主义核心价值体系,即使有些西方人看到了人类自我毁灭的威胁,也找不到出路,只能眼睁睁地看着这个自我毁灭过程的日益临近。要想挽救人类文明的命运,就要靠我们中国共产党人。

"坚持社会主义核心价值体系"这一基本方略的确立,使我们把对社会运行规律的认识深入价值体系层次,厘清解决问题的思路,从而也就可以找到坚持社会主义核心价值体系的路径,为解答现实难题找到办法。"问题的这种新的提法本身就已包含问题的解决。"[①] 所谓坚持社会主义核心价值体系,也就是运用执政权力来培育社会主义核心价值体系,使之形成稳定运行的超循环,取代资本主义价值体系超循环对社会生活的控制。

对于整个人类进化的历史进程来说,就是要从私有制的束缚下彻底解放出来,

---

① [德]马克思,恩格斯. 马克思恩格斯全集:第3卷[M]. 北京:人民出版社,2002:279.

把社会运行过程提升到一个新的轨道上，这是对整个社会生活的脱胎换骨的改造，用《共产党宣言》中的话来说，就是"使整个社会革命化"，这是共产党人的历史使命。对于我们中国共产党人来说，只有做好了这件事情，我们才能摆脱两极分化、腐败现象和各种社会丑恶现象的纠缠，中国特色社会主义也就具有了生机活力，自然而然地成长起来，此即所谓"社会主义核心价值体系是兴国之魂"的深刻含义。共产党人之所以要夺取政权，之所以要改革开放，之所以要推进中国式现代化，其最终目的都是培育社会主义核心价值体系，用它来取代私有制价值体系对社会生活的控制，只有完成了这一任务，共产主义革命才算取得了最后成功。

我们现在对建设社会主义核心价值体系的重要性的认识已经很到位，关键在于抓好落实，正如列宁所说的："对社会主义思想体系的任何轻视和任何脱离，都意味着资产阶级思想体系的加强。"① 共产党要自觉运用执政权力对社会主义核心价值体系精心照看，就像母亲照料襁褓中的婴儿一样，为了其成长，不惜一切代价，因为在这个婴儿身上寄托了她的全部希望。所以就必须把社会主义核心价值体系的培育作为整个社会管理过程的核心，把它融入国民教育、精神文明建设和党的建设全过程，使其贯穿改革开放和社会主义现代化建设各领域，使其在社会生活中成长起来。只有这样来认识价值体系问题，才能自觉地坚持和建设社会主义核心价值体系，在当前复杂的形势面前抓住关键，正确地解决社会主义革命的建设过程中遇到的各种问题，代表和维护好人民的根本利益。

三、党组织要坚持社会主义核心价值体系，首先要把它"修之于党"

社会主义核心价值体系是兴国之魂，所谓坚持党的领导，其实质是要坚持社会主义核心价值体系的领导。要坚持党的领导，就不仅要规定一套体制机制来保证党组织的领导地位，还必须在党组织内部建立一套体制机制以保证社会主义核心价值体系在党内的主导地位，进而才能借助党组织的执政地位，使这种新的价值体系融入全体社会成员的思想与行动中，从而把这种价值体系"灌输"到社会运行过程中，用它来主导现代化进程。要做好这件事情，也就是老子所说的把大道"修之于国"。要做好这件事情，共产党人首先就必须把它"修之于党"。一旦我们这样来提

---

① [苏]列宁. 列宁选集:第1卷[M]. 北京:人民出版社,1995:327.

出问题，也就找到了把马克思主义思想精髓与中华优秀传统文化精华贯通起来的桥梁。

（一）要把社会主义核心价值体系"修之于天下"，首先要把它"修之于党"

不管是中国式现代化，还是人类命运共同体，抑或人类文明新形态，它们都是同一个理想目标的不同表述，要实现这个理想目标，要求共产党人运用执政权力把社会主义核心价值体系"灌输"到社会运行之中，把社会文明的运行过程提升到新的运行轨道上。要让这种价值体系进入社会运行过程，不仅要让它进入顶层设计、发展蓝图和各种制度法规，还要让它进入每个人的头脑和行动，要让它内化于心、外化于行。不仅共产党人要把它"修之于身"，全体社会成员都必须把它"修之于身"，然后它才能进入日常生活，具有现实生命力。

首先是执政的共产党人要把社会主义核心价值体系"修之于身"，只有真正具有了这种价值体系，才能运用执政权力来坚持它，并运用它来改造旧世界。但由于共产党人也不是来自其他星球，也同样生活在旧世界之中，是在私有制价值体系超循环所控制的环境中成长起来的。因而在改造旧世界的过程中，他们必须像马克思所说的那样，"抛掉自己身上的一切陈旧的肮脏东西，才能成为新社会的新基础"[①]。习近平总书记所强调的"以伟大自我革命引领社会革命"，其目标也无非是让共产党人从私有制价值体系超循环的控制之下解放出来，摆脱那些在无意识状态下从社会环境中接受的价值体系。

但自我革命是一件很困难的事情，虽然从马克思、恩格斯、列宁、毛泽东到习近平，都对它高度重视、大力倡导，但迄今为止仍然还是难以解决的问题。其原因就在于，要突破私有制价值体系超循环的控制，人们必须把哲学反思深入价值体系层面。为什么苏联东欧共产党人守不住社会主义政权，其原因就在于他们的哲学发展水平不到位，其反思没有深入价值体系层面，也就无法发现私有制价值体系超循环的存在，无法突破它的控制，只能眼睁睁地看着自己走向自我毁灭而束手无策。为什么有些人会产生"现代化＝西方化"的迷思，其原因也在于哲学反思没有深入价值体系层面。现在我们已经有了"坚持社会主义核心价值体系"的基本方略，发现了那种自发形成的私有制价值体系超循环是人类自毁机制的根源，站在了人类哲

---

① [德]马克思,恩格斯. 马克思恩格斯选集:第1卷[M]. 北京:人民出版社,1995:91.

学反思的最高处，于是我们可以以社会主义核心价值体系为核心，构建一个新的话语体系，这个新的话语体系具有强大的生命力和说服力，首先，它符合哲学社会科学理论自身发展的规律，是在马克思主义理论的基础上发展起来的体现中国特色社会主义理论的根本特征的最新成果；其次，它抓住了社会运行过程中的主要矛盾，找到了现实难题的正确解答，因而能够代表人民的根本利益；最后，它继承了中国优秀文化传统，我们现在所说的坚持社会主义核心价值体系，也就是中国古代圣贤所说的"遵道而行"，中国式现代化也就是遵道而行的现代化。这样一来，我们就可以理解为什么习近平总书记要大力倡导中华优秀传统文化了，从而也就可以发现程恩富老师所提出的"国学为根论"①的重要价值了。

让私有制价值体系超循环运行起来的是人类自己，突破它的控制并建立社会主义核心价值体系超循环的也只能是人类自己。当私有制刚一产生的时候，它所带来的弊端就被人类中的那些敏感的天才们发现了，于是乎那些力图矫正其弊端的思想学说应运而生，比如佛教、基督教等，在中华大地上也出现了老子与孔子。2000多年以后，我们回头来看各种学说，比较一下它们的优劣，就可以发现，我们中国哲学所思考的问题很超前、很早熟，很早就追求"闻道"的目标。中国传统文化中的释道儒三家都把闻道或开悟作为核心价值，所讨论的是通过什么渠道实现开悟，是顿悟还是渐悟。现在看来，所谓"道"，就是价值体系，所谓闻道，就是突破私有制价值体系的束缚，意识到那种高级的完善的价值体系，这也无非就是我们现在所说的社会主义核心价值体系。老子要求人们闻道勤行，从"修之于身"做起，然后"修之于家""修之于乡"，直到"修之于天下"；孔子更是把闻道作为人生的核心价值，他说："朝闻道，夕死可矣。"他们都站在知行论范式的高度来提出问题，我们中国人很早就认识到的问题，西方人却要经历很长时间才能想到，直到出现了马克思，才开始研究人的实践与价值体系的关系。同时还由于马克思主义在西方不占主导地位，西方社会摆脱不了资本主义价值体系的束缚，甚至想不到要摆脱其束缚，其反思能力不能深入价值体系层次，只有中国人才能承担引领人类完成价值体系的进化的历史使命。

（二）中华优秀传统文化中的"大学之道"为解决这个问题提供了路径

完美的社会产生于完美的个体，这是一个不言而喻、不证自明的公理。知道了

---

① 岳德常."国学为根论"新探——从程恩富的文化主张说起[J].云梦学刊,2022(6):54-64.

这一公理，自然也就产生了一个问题：在一个不完美的社会中，怎样产生出完美的个体来组建完美的社会呢？当我们提出这个问题之后，自然也就发现了中华优秀传统文化中的精华——儒家"大学之道"对于当今人类的巨大价值。

在很多人看来，儒学是非常保守的，它假设上古曾经存在着一个大同社会，后来大同社会解体、礼崩乐坏，它要求世人克己复礼、回到过去。人们只看到了一盆洗澡水，却没有看到其中还有一个婴儿，那就是儒家"大学之道"，它是中华优秀传统文化的优势之所在。通过走上"大学之道"，人们就可以超越私有制价值体系超循环，成长为一位君子，乃至圣贤。通过培养出这样的新人，儒学就可以为人类文明新形态的生成奠定社会基础，从而为我们开创中国式现代化发展道路提供了一条可行路径。于是我们可以得出一个论断：中国式现代化是遵道而行的现代化。

"大学之道"出自《大学》第一章。关于这一章的内容，古人有很好的概括，那就是"三纲领""八条目"。"三纲领"就是"明明德、亲民、止于至善"；"八条目"就是"格物、致知、诚意、正心、修身、齐家、治国、平天下"。它们说的是同一件事情，就是要想构建一个理想的社会，就要培育完美的个体，用中国人的话来说，就是培养君子乃至圣贤。这个培养过程从个体的觉悟开始，在"三纲领"中就是"明明德"，在"八条目"中就是"格物致知"，用我们现在的话来说，就是反思自己的价值体系，认识大道的存在，然后才能经过"诚意正心"的修身过程，把大道"修之于身"，然后才能"齐家""治国""平天下"，实现天下大同的理想。

这一系列环节初看起来平淡无奇，其意义却十分重大。这是一个把个体的精神成长与社会整体的进步有机统一的发展过程，它包含了对于个体与社会之间的有机联系的深刻洞见，这是其他宗教信仰所无法企及的。在这一系列环节中，"修身"是"本"，"治国平天下"是"末"，如果在"修身"这个环节没有做好，就不可能实现"治国平天下"的目标。

"大学之道"的道理并不复杂，但人们却经常对它视而不见、听而不闻，其原因就在于，只有踏上"大学之道"并自觉坚持遵道而行，人们才能体会到其中的奥妙与重要，否则就无法把哲学反思深入价值体系层面，也就无法摆脱私有制价值体系的控制。佛教有一种说法叫作"一心开二门"，其意思是说众生所本来具有的心性与诸佛如来的心性相同，之所以会产生佛与凡夫众生的区别，就在于能不能觉悟。一念迷就是众生，一念觉就是佛。通过走上"大学之道"，人们就可以在精神上突破私有制价值体系的精神控制，走出动物式存在状态，进化为真正的人。随着这样的人不断增多，由量变到质变，自然就会带来社会运行的轨迹的改变，由内耗丛生、自我毁灭转变为和谐稳定与可持续发展。

作为一个整体的人的生成过程,也就是人类从私有制价值体系超循环的控制下解放出来的过程。"大学之道"即人的生成之道,所有的人都必须走上"大学之道",才能突破私有制价值体系超循环的控制,真正进化为人,因而《大学》指出"自天子以至于庶人,壹是皆以修身为本"。毛泽东曾经说过:"在建设社会主义社会的过程中,人人需要改造,剥削者要改造,劳动者也要改造。"① 马克思也曾说过:"无论为了使这种共产主义意识普遍地产生还是为了实现事业本身,使人们普遍地发生变化是必需的。"② 于是我们便可发现,虽然《大学》、毛泽东和马克思所使用的术语不同,但其含义却是完全一致的。这样一来,我们也就可以把儒家学说与马克思、毛泽东的理论贯通起来了,与习近平总书记所说的"以党的自我革命引领社会革命"也贯通起来了。于是我们也就可以说:"大学之道"即儒马贯通之道。

太阳底下没有新东西,唯有那些沿着"大学之道"向上走的人们才能为人类社会带来新东西。通过走上"大学之道",人们就可以突破对私有制价值体系的消极默认,认识常道,在对它的"知行合一"的坚持中,在现实中构建一个越来越完美的人性与社会。所谓中国式现代化,无非就是这种理想社会的实现过程。由于"大学之道"能够引导人类摆脱低水平价值体系超循坏的控制,为完美社会的形成提供合格的成员,就可以抓住社会政治过程的根本,在各种政治学理论体系中鹤立鸡群。由于它能够把哲学反思深入价值体系层面,与马克思主义处于同一个哲学发展水平,它就可以与马克思主义互为补充,与马克思主义贯通起来,实现有机融合,形成一个科学合理的政治学理论话语体系,为人类找到一条摆脱自我毁灭困境的出路。这与习近平总书记关于开创人类文明新形态的论述相呼应,摆脱了私有制价值体系的控制,通过引导全体社会成员追求个性的自由全面发展,人们便可摆脱贪婪、愚蠢与好勇斗狠的生活,社会也就可以摆脱两极分化、环境恶化、充满血腥与罪恶的现代化路径,构建新的物质生产与分配方式,按照现在的科学技术发展水平,人类完全可以保证每个人的正常物质需要,开创一条全体人民共同富裕、物质文明与精神文明协调发展、人与自然和谐共生的现代化发展道路。

与之形成鲜明对比,当今的各种政治学理论由于缺少对于价值体系的反思,在哲学上抓不住根本,所以就打不破"现代化=西方化"的迷思,所以其社会政治经

---

① 毛泽东. 毛泽东文集:第7卷[M]. 北京:人民出版社,1999:223,271.
② [德]马克思,恩格斯. 马克思恩格斯选集:第1卷[M]. 北京:人民出版社,1995:91.

济过程处于低水平价值体系超循环的控制之下，按照自己的逻辑运行，处于政客们的自觉意识之外，他们在理论与实践上舍本逐末，在决策程序、民主制度建设上煞费苦心，徒劳无益，事与愿违，无法从社会政治领域进入自由王国。当下的"右派"公知以反对权力腐败为名而主张私有化改革，其根源也同样是由于不知大道，数典忘祖。他们在坚持私有制价值体系的同时，却又不想要这种价值体系带来的腐败和各种丑恶现象，理论上的这种自相矛盾，使得他们就像热锅上的蚂蚁，永远也找不到现实问题的正确解答。在当今人类文明奔向自我毁灭的潮流中，中国式现代化代表了人类文明的希望。

总而言之，中国式现代化之所以不同于西方式现代化，就在于它是自觉坚持社会主义核心价值体系的现代化，同时也是遵道而行的现代化。与之相对应的，西方式现代化之所以难以为继、弊端丛生，其原因就在于它是背道而行的现代化。两种现代化模式的较量，不仅是两种价值体系的较量，同时也是大道与邪径的较量，对于整个人类文明来说，也就是生存与毁灭的较量。只有这个最根本的问题呈现出来之后，中华文化的优势才能显现出来。中国式现代化开创人类文明新形态，代表的是人类继续生存下去的希望。要想走出这样一条新的现代化道路，我们所有的人都应当遵道而行，都应当摆脱私有制价值体系的控制，从一个与资本主义制度相适应的"经济人"转变为与社会主义制度相适应的能够自觉坚持社会主义核心价值体系的"新人"。没有"新人"，就没有人类文明新形态。对于共产党人来说，"大学之道"即自我革命之道。对于全社会来说，"大学之道"即一代新人的生成之道。以坚持社会主义核心价值体系为理论创新的起点，我们就可以构建一个把儒学与马克思主义贯通起来的话语体系，在引导每个人都能遵道而行以实现自身天命的同时，我们就可以开辟出一条不同于西方的中国式现代化道路，"实现第二个百年奋斗目标，以中国式现代化全面推进中华民族伟大复兴"[①]。

---

① 习近平. 高举中国特色社会主义伟大旗帜　为全面建设社会主义现代化国家而团结奋斗——在中国共产党第二十次全国代表大会上的报告[M]. 北京:人民出版社,2022:21.

作者简介

孟鑫,现为中共中央党校(国家行政学院)科学社会主义教研部教授、博士生导师,中国科学社会主义学会副秘书长,当代世界社会主义专业委员会副会长,《科学社会主义》杂志副主编。学科专业为科学社会主义与国际共产主义运动,主要研究方向为社会主义发展史与中国特色社会主义理论和实践。近年来,主持国家社科基金重大项目2项,出版专著3部,发表论文50余篇,2次获得中央党校教学优秀奖。

孟 鑫：中国式现代化道路的显著特征

"现代化"一词内涵丰富，在马克思主义研究领域，一般从社会变迁的角度使用"现代化"。在"中国式现代化"的表述中，"现代化"主要是"指工业革命以来人类文明所发生的一种革命性变化，它既包括从传统社会向现代社会、传统经济向现代经济、传统政治向现代政治、传统文化向现代文化的转变过程及其变化，也包括不同国家追赶、达到和保持世界先进水平的国际竞争及其变化"①。总之，它是指工业革命以来人类社会从传统状态向发达状态的深刻变革。这种"从传统到现代之'现代'，不是一般的实践概念上的'现代'，也不仅仅是走出'苏联模式'困境的现代，而是现代化意义上的'现代'"②。

根据对世界各国现代化进程的社会条件、国际背景、历史阶段等因素的综合分析，可以看到，工业革命以来人类大致走过三种类型的现代化道路。一是以英国、法国为代表的资本主义现代化道路。它是在社会基本矛盾激化基础上进行社会革命，推动社会变迁，进而确立现代国家制度，引领国家实现现代化。二是以美国、日本为代表的资本主义现代化道路。它是以英法模式为师，压缩确立资本主义制度的历史进程，实现跨越式现代化。三是以苏联为代表的现代化道路，表现为现代化进程起步较晚，各方面基础相当薄弱，目的是在较短的时间内实现现代化，其现代化进程终止于国家解体。这是社会主义现代化实践中的重大挫折，其经验和教训都值得关注。实现现代化是当今世界绝大多数发展中国家的发展目标，中国也不例外，但是，理论和实践都证明，中国不可能复制这些已有的现代化模式，而是必须走出一条符合中国国情的现代化道路。为此，几代中国共产党人带领中国人民接力奋斗，

---

① 孟鑫. 马克思现代性视域下中国道路的价值和意义[J]. 马克思主义研究, 2016(2):30-36.
② 秦刚,郭强. 社会主义"从传统到现代"的新发展[J]. 科学社会主义, 2018(1):11-16.

探索出这条即将带领中国在2035年基本实现现代化的中国式现代化道路,它与世界上其他类型的现代化道路相比,具有显著的不同和鲜明的特点。

一、以科学理论作为现代化道路的指导思想

任何现代化道路都需要特定思想理论的引领。这种思想理论规定着这个国家现代化道路的本质属性,决定着这条道路的发展目标和前进方向。当今世界几种代表性的现代化道路均是在确定的思想理论引领下形成和发展的。资本主义现代化道路的思想基础是自由主义,以苏联模式为代表的传统社会主义现代化道路也是在马克思主义指导下形成的,但斯大林主义对其影响却极为深刻。中国式现代化道路的指导思想是马克思主义及其中国化的理论成果。世界现代化历史和中国的发展实践证明,马克思主义及其中国化的理论成果将指导中国走出一条新型现代化道路,开辟发展中国家走向现代化的新途径,丰富人类的现代化实践进程。

第一,为中国式现代化道路指明了发展规律。马克思主义强调,任何一个社会,"它还是既不能跳过也不能用法令取消自然的发展阶段"①。这种论述深刻表明人类社会发展是有其特定规律的。中国的现代化道路作为人类现代化进程的重要组成部分,必须符合人类社会发展规律的要求,其现代化进程既不能急于超越必要的发展阶段,也不能盲目照搬其他国家的发展模式。尤其是不能人为地创造不符合生产力发展水平的发展道路,这样的道路即使在理论上可以论证是具有社会主义属性的,但在实践中仍然会遭遇现实挫折。

在社会主义发展史上,苏联作为第一个开辟社会主义道路的国家,创造了用社会主义生产关系解放生产力、促进经济和社会迅速发展的奇迹。到20世纪80年代的勃列日涅夫时期,苏联已经站在现代化国家的门槛上,但是,由于在斯大林时期,苏联就有了冒进超越的苗头,在理论上已经抛弃了列宁对经济文化落后国家社会主义发展规律的认识,使得苏联的现代化进程遭遇灭顶之灾。列宁在1920年就明确指出:"怎样设想一个发达的社会主义社会,这也不困难。这也已经解决了。但是,怎样实际地从旧的、习惯了的、大家都熟悉的资本主义,向新的、还没有产生的、没有牢固基础的社会主义过渡,却是一个最困难的任务。"② 1939年,斯大林在联共

---

① [德]马克思,恩格斯. 马克思恩格斯选集:第2卷[M]. 北京:人民出版社,2012:83,267,787,289-290.
② [苏]列宁. 列宁全集:第38卷[M]. 北京:人民出版社,2017:120.

（布）第十八次代表大会上明确宣布，"我们已经基本上实现了共产主义第一阶段，即社会主义"①。"我们还要前进，向共产主义前进。"② 就此，苏联开始出现急于向共产主义过渡的"超越阶段论"。赫鲁晓夫提出"共产主义建立论"，勃列日涅夫提出"发达社会主义论"，安德罗波夫提出的"发达社会主义起点论"开始有定位回退的迹象，但是直到戈尔巴乔夫提出"发展中的社会主义论"，仍无法挽回苏共理论认识脱离现实国情、违背发展规律的消极影响，极大地损害了苏联的社会主义现代化进程，最终导致国家解体、亡党亡国。

在毛泽东思想指导下，中国在新中国成立初期取得了相当大的发展成就，尤其是在社会主义改造基本完成后的1956—1966年成就显著，"我们现在赖以进行现代化建设的物质技术基础，很大一部分是这个期间建设起来的"③。但是也出现过"大跃进"以及后来的"文化大革命"等情况，致使社会主义建设实践遭遇严重挫折。究其本源，都是因为在思想理论上对经济文化落后国家的国情认识不全面、不深刻，以至于一些方针、政策违背了社会主义发展规律。党的十一届三中全会以来，在中国特色社会主义理论体系指导下，党领导中国人民开辟了中国特色社会主义道路，开启了建设社会主义现代化国家的新征程。40多年来的实践充分说明，这一科学理论体系有效指导了中国式现代化道路的开辟和拓展进程，中国共产党人既严格坚守了社会主义社会的基本特征和本质属性，又根据现实国情的要求在实践中不断探索和完善现代化建设举措，充分体现了科学理论对中国式现代化道路的指导作用。

第二，明确了中国现代化道路的方向。实现共产主义一直是马克思主义对人类社会未来发展走向的规划和设想，它也成为中国共产党人为之不懈奋斗的远大理想。按照马克思对共产主义社会基本内涵的揭示，它一定是一个高度现代化的社会。在中国，实现共产主义和实现国家现代化是一个一体化的实践进程，二者只是在时间节点上会有所差异。但是，现实社会主义制度在经济文化落后国家首先确立，与马克思的设想有很大不同。这些国家缺少建设社会主义的经济基础和实践经验的客观现实，成为经济文化落后国家发展中不可逾越的鸿沟。中国在社会主义建设实践中同样遭遇这一严峻挑战，这也成为中国在社会主义现代化进程中必须正视的现实，同时决定了在我国社会主义现代化进程中，共产主义的远大理想和国家建设的现实基础应实现科学匹配，既要方向明确，共产主义远大理想不变，朝着建设现代化国

---

① [苏]斯大林. 斯大林选集：下卷[M]. 北京：人民出版社，1979：399，471.
② [苏]斯大林. 斯大林选集：下卷[M]. 北京：人民出版社，1979：399，471.
③ 中共中央文献研究室，编. 三中全会以来重要文献选编[M]. 北京：人民出版社，1982：804.

家的目标不懈努力,又要深刻认识起点低、基础弱、仍处于社会主义初级阶段的现实国情,科学确定现代化的阶段性目标。

从毛泽东思想到习近平新时代中国特色社会主义思想,都在为我国确定科学的发展目标提供思想指引。毛泽东思想为中国确立了实现"四个现代化"的发展目标,邓小平理论提出"全面开创社会主义现代化建设新局面""到建国一百年时基本实现现代化"的目标,"三个代表"重要思想提出2020年建党一百年时"全面建成小康社会"的目标,习近平新时代中国特色社会主义思想提出,"2020年开启全面建设现代化国家新征程,到2035年基本实现社会主义现代化,到本世纪中叶,建成社会主义现代化强国"①。这个现代化目标体系是在马克思主义中国化的一系列理论成果的指导下阶段性明确的,它与我国的基本国情相匹配,体现了科学理论对我国现代化进程的有效指引和深刻影响。

二、以先进的政党作为现代化建设的领导核心

在中国这样的国家实现现代化,任务艰巨、挑战严峻,需要一个坚强的领导核心。历经长期社会主义革命和建设历程的考验,中国共产党已当之无愧地成为我国现代化进程的领导核心。中国历史性地成为中国共产党执政各民族派参政、多个社会阶层、多民族、广地域的国家。在追求现代化的征程上,如何发挥执政党的领导作用、充分发挥各类主体积极性和创造性,是值得高度关注的问题。

第一,加强党的长期执政能力建设,使中国共产党成为现代化道路的坚强领导核心。邓小平指出:"在中国这样的大国,要把几亿人口的思想和力量统一起来建设社会主义,没有一个由具有高度觉悟性、纪律性和自我牺牲精神的党员组成的能够真正代表和团结人民群众的党,没有这样一个党的统一领导,是不可能设想的,那就只会四分五裂、一事无成。"② 面对人民的热切期待,面对国家的发展实际,面对建设现代化国家的历史使命,党只有通过加强长期执政能力建设,不断创新领导方式、健全领导制度、提升领导能力,才能成为中国式现代化道路上的坚强领导核心。在加强党的长期执政能力建设中最为关键的是形成了党的全面领导制度。这一制度是指"党领导人大、政府、政协、监察机关、审判机关、检察机关、武装力

---

① 中共中央党史和文献研究院.十九大以来重要文献选编[M].北京:中央文献出版社,2019:20,8.
② 邓小平.邓小平文选:第2卷[M].北京:人民出版社,1994:341-342.

量、人民团体、企事业单位、基层群众自治组织、社会组织等制度。健全各级党委（党组）工作制度，确保党在各种组织中发挥领导作用"[1]。它能够确保党在坚持社会主义制度的基础上，将立法、司法和行政等多方力量，将社会各阶层的力量统筹起来，为现代化建设凝聚巨大合力，实现建设现代化国家的奋斗目标。执政党能否整合和调动社会多元主体力量积极参与国家建设，是对其领导体制和领导能力的考验。中国共产党通过发挥全面领导制度优势，努力凝聚国家中不同利益主体的力量，形成了巨大的国家建设合力。

第二，建立了有效的政党合作机制，可以避免党际内耗纷争。以中国的社会历史发展进程为依据，中国形成了独具特色的多党合作和政治协商的政党制度。作为一种新型的政党制度，它在执政党和参政党之间确立了一套有效的合作机制，既明确执政党的领导地位，又充分发挥参政党的重要作用。共产党领导、多党派合作，共产党执政、多党派参政是其显著特征。这种合作型的政党制度，在国家现代化进程中展现了明显优势。首先，明确了执政党的领导地位，可以避免权力纷争。中国共产党作为执政党，它的执政地位来源于历史形成和人民选择；各民主党派成为参政党也有其历史依据和实践根基。执政党与参政党之间是"长期共存、互相监督、肝胆相照、荣辱与共"的关系。这种政党关系是各民主党派和中国共产党的共同选择。它避免了多党制中频繁出现的党际博弈和政治冲突，这也成为我国社会主义现代化进程能够长期保持连续性和稳定性的决定性因素。其次，明确了参政党的地位和作用，充分发挥了参政党的独特优势。各民主党派联系范围广泛，专业人才集聚，在民主监督、参政议政、政治协商中有着不可替代的作用和优势。尤其是在参与方针政策制定和执行，以及国家事务管理中作用突出。这种新型政党制度避免了执政党和参政党之间相互倾轧、纷争夺利的局面，同时也避免了一党执政中监督缺位所导致的腐败僵化。西方现代化进程中形成了竞争型的政党制度，其党际关系是执政党与在野党的关系，无论是两党制还是多党制，竞争和博弈是其党际关系的本质，各政党价值理念不同、群体目标相异、利益博弈剧烈，在国家发展中难以形成合力，与我国合作型党际关系差异显著。

三、以人民为中心作为现代化事业的宗旨理念

任何国家在推进现代化进程中都有其核心理念，本质上就体现为实现现代化的

---

[1] 本书编写组. 中国共产党第十九届中央委员会第四次全体会议文件汇编[M]. 北京：人民出版社，2019：25.

宗旨是什么的问题。从制度的角度看,当今世界形成的以资本主义制度和社会主义制度为基础的两类现代化道路,其各自的现代化宗旨有本质差别。资本主义制度下形成了以资本为中心的现代化理念,社会主义中国推进现代化的宗旨则是以人民为中心。在不同宗旨理念的影响下,国家现代化的实现方式、发展路径存在很大差异。中国追求现代化的历史和实践表明,我们所坚持的以人民为中心的现代化宗旨,对现代化进程的推动作用更为突出。最为关键的是,在科学社会主义引领下形成的整体利益优先的社会发展理念,展现了人类现代化进程中更高层次的价值追求。

第一,以资本为中心的现代化道路不是最优选择。在资本主义现代化进程中,资本是推动国家和社会发展的深层动力。剩余价值规律决定了资本存在的价值和资本家进行生产活动的唯一动机就是实现资本增殖。生产力作为实现这一目标的工具而被不断发展和提升。马克思指出:"竞争使资本主义生产方式的内在规律作为外在的强制规律支配着每一个资本家。竞争迫使他不断扩大自己的资本来维持自己的资本。"① 资本无限增殖的本性和欲望,成为社会再生产的目标和动力,客观上推动着这些国家在现代化道路上不断前行。

资本对资本主义国家现代化进程的影响贯穿始终。在自由资本主义阶段,资本家发挥资本在国家各个领域中的影响力,目的在于通过施加影响实现资本利益最大化。在进入国家垄断资本主义阶段后,垄断资本联手国家权力,在资本增殖的全过程发挥主导作用。随着凯恩斯主义的推行,国家权力干预社会经济活动的深度和广度不断加深,资本已经成为国家体制的有机组成部分,其影响具有全面性、经常性和稳定性,在国家发展中发挥着重大的和决定性的作用。随着科技革命空前推进和社会化大生产程度不断提高,作为资本主义基本矛盾的社会化大生产与生产资料私人占有之间的冲突不断激化,资本主义制度的存在和发展面临严峻挑战,垄断资本对国家政治体制加紧渗透,并挟持国家以"总资本家"的角色介入社会再生产,助力剩余价值的实现,这是资本主义走到国家垄断资本主义阶段的核心动力。

在从自由资本主义到国家垄断资本主义的发展进程中,主要西方国家通过工业革命,完成了从农业社会向工业社会的转变,进而完成了第一次现代化进程(1763—1970年),目前正在经历第二次现代化进程(1971—2100年)。② 可见,私人资本推动了资本主义国家的第一次现代化进程,而到了第二次现代化阶段,在知

---

① [德]马克思,恩格斯. 马克思恩格斯选集:第2卷[M]. 北京:人民出版社,2012:83,267,787,289-290.
② 何传启. 现代化概念的三维定义[J]. 管理评论,2003(3):8-14,63.

识创新、科学发现、技术发明、信息传播过程中，国家垄断资本发挥了更为重要的作用，国家权力与资本集团相互勾结，最终实现资本利益最大化。但是，无论是在第一次现代化进程还是在第二次现代化进程中，英国、美国、法国等发达资本主义国家一直无法真正解决资本与劳动的对立、贫富分化等问题，尤其是主要资本主义国家在现代化进程中大都建立了福利国家制度，目前这一制度问题频发，难脱困境。这一切都说明，以资本为中心的现代化道路不是人类的最优选择。

第二，以人民为中心是中国式现代化道路对人类发展目标的提升。人类追求现代化的核心和宗旨是什么？仅仅是提高生产力，增加物质生产总量吗？从深层次看，以资本为中心的现代化仅仅是现代化的一种形式，这种形式的现代化忽视了现代化的主体——人。以资本和物为中心的现代化的确是实现现代化的重要阶段，但它不会是最高阶段，以人为中心的现代化才是人类现代化目标的最优选择。在中国式现代化道路中，人始终是现代化的核心和主体。中国共产党在现代化进程中依靠谁、目标是为了谁的问题上，有着深刻的思想认识，并制定了清晰的实践战略。

一是确定了中国式现代化的主体力量是人民。毛泽东说，"人民，只有人民，才是创造世界历史的动力"[1]。坚持现代化进程中的人民主体地位，就是坚持唯物史观。作为推动社会发展的主体力量，人民群众在历史发展和历史活动中处于核心地位，更是根本推动力量。习近平总书记指出，"人民群众有着无尽的智慧和力量"[2]。在中国式现代化道路上坚持人民主体地位，这是中国共产党作为无产阶级政党自觉践行马克思主义价值观的体现。有效地发挥人民群众在社会主义现代化建设中的能动作用，不断拓宽中国式现代化道路，也会加速人类的现代化进程，更好地完成社会主义的历史使命。发挥人民群众的积极性、主动性、创造性是实现社会主义现代化的根本保证。中国式的现代化建设，只有在人民群众的大力支持和坚决拥护下才能真正得以实现，各项路线方针政策以及实践要求，只有得到人民群众的真心拥护和全力支持才能切实得以贯彻。

二是明确了中国式现代化的价值取向是为了人民。在中国共产党的价值体系中，一切为了人民，体现在理论认识和实践要求的各个领域。在中国式现代化道路中坚持以人民为中心的价值取向，是社会主义国家的本质要求。邓小平强调中国现代化的标准要看"是否有利于提高人民的生活水平"[3]。因为建设一个现代化的中国，是

---

[1] 毛泽东.毛泽东选集:第3卷[M].北京:人民出版社,1991:1031.
[2] 习近平.习近平谈治国理政:第2卷[M].北京:外文出版社,2017:52,83,313.
[3] 邓小平.邓小平文选:第3卷[M].北京:人民出版社,1993:372,265.

全体人民实现共同利益、创造更加美好生活的伟大事业。人民是现代化国家的创造者和根本力量,是中国现代化事业的贡献者和建设者,理应成为国家现代化成果的拥有者和享有者,这是中国特色社会主义理论和实践的科学逻辑。只有始终以造福人民为根本目的和根本价值取向,中国式现代化道路才能拥有源源不断的强大发展动力。正因如此,习近平总书记明确指出:"我们的目标就是让全体中国人都过上更好的日子。"①

四、以共同富裕作为现代化进程的奋斗目标

马克思在 19 世纪预测,社会主义社会的显著标志就是"生产将以所有的人富裕为目的"②。习近平总书记认为,"逐步实现全体人民共同富裕"③ 是中国特色社会主义在新时代的坚定目标。这说明,中国式现代化道路就是一条以实现全体人民共同富裕为奋斗目标的道路。

第一,共同富裕的现代化道路体现了社会主义本质特征。中国式现代化道路将会在中国呈现一个什么样的社会状态?这是我们在开启现代化进程初期就应该思考的问题。刻画社会主义现代化国家的未来状态,最重要的依据是社会主义本质。空想社会主义者托马斯·莫尔在《乌托邦》中首次描述了社会主义的理想形态是"每人一无所有而又每人富裕"④ 的社会。这一社会形态的核心标志是生产资料公有制,以共建共享的社会形态作为人类走出阶级对立状态的思想启蒙。马克思、恩格斯在设想社会主义新社会时,一直将"人的自由而全面的发展"视作未来社会的本质特征,强调这是实现人的解放的根本前提。马克思将生产力高度发展和社会关系合理发展看作实现人的解放的两个必要条件。在生产力发展基础上建立合理的社会关系,是人类实现"从必然王国进入自由王国的飞跃"⑤ 的前提条件。因此,一个现代化的社会主义社会必然要实现社会生产力高度发展,同时必须构建合理的生产关系。作为生产关系的重要组成部分,合理的分配关系,即创造者和享有者统一的分配关系必将构建共同富裕的社会。这样的现代化道路就是全体社会成员共同创造财富、共同享有创造成果的发展道路。为此,习近平总书记强调:"消除贫困、改善民生、

---

① 习近平. 习近平谈治国理政:第 3 卷[M]. 外文出版社,2020:133.
② [德]马克思,恩格斯. 马克思恩格斯选集:第 2 卷[M]. 北京:人民出版社,2012:83,267,787,289-290.
③ 中共中央党史和文献研究院. 十九大以来重要文献选编[M]. 北京:中央文献出版社,2019:20,8.
④ [英]托马斯·莫尔. 乌托邦[M]. 北京:商务印书馆,1982:115.
⑤ [德]马克思,恩格斯. 马克思恩格斯选集:第 3 卷[M]. 北京:人民出版社,2012:815.

逐步实现共同富裕,是社会主义的本质要求,是我们党的重要使命。"①

第二,共同富裕是中国式现代化道路的奋斗目标。中国共产党和中国人民在现代化进程中之所以将共同富裕作为奋斗目标,是因为共同富裕作为社会主义的价值理念,一直是中国共产党初心使命的现实凝结,是社会主义理想信念的现实体现,也一直是中国人民心目中理想社会的真实展现。邓小平指出:"社会主义的特点不是穷,而是富,但这种富是人民共同富裕。"② 作为一个社会主义国家,中国将共同富裕作为现代化道路的奋斗目标是必然选择。共同富裕是中国进行现代化建设的重要内容和根本目的,更是建成社会主义现代化强国的核心要求,因为"共同富裕是中国特色社会主义的根本原则"③。将共同富裕作为中国式现代化道路的前进目标清晰地表明,当中国成为一个社会主义现代化国家,那必将是一个人民拥有更加美好生活的国家。从根本上看,中国式现代化道路终将走向马克思主义所设想的人类社会的理想状态——实现人的自由全面发展。

第三,共同富裕的现代化道路体现社会主义制度的优越性。中国将作为世界上人口最多的国家实现现代化。当今世界约30个国家带领大约10亿人口实现了现代化,而中国将带领14亿人,让世界1/5的人口实现现代化,还要实现共同富裕,这是极为艰巨的挑战,但对于人类却有更大的意义和价值。其中最大的意义就是通过建设一个共同富裕的现代化国家,充分展现社会主义制度的优越性,为人类提供走向现代化的新的制度选择。在以往历史中,资本主义制度是带领人类实现现代化的主要制度模式。中国式现代化道路正在向世界表明,人类的现代化道路可以有多元的、更优的选择。中国特色社会主义制度在现代化进程中的核心作用体现在,政治上努力建立有效保证人民当家作主的现代政治体制;经济上努力建立使全体社会成员共享建设成果的分配体制。虽然两种社会制度都会促使国家实现现代化,根本区别却无法忽视:资本主义生产资料私有制决定了生产力充分发展之后,出现的是两极分化——"一极是资本和财富的积累,一极是贫困积累"④;社会主义生产资料公有制是使社会财富惠及每个社会成员的制度保证。

---

① 习近平. 习近平谈治国理政:第2卷[M]. 北京:外文出版社,2017:52,83,313.
② 邓小平. 邓小平文选:第3卷[M]. 北京:人民出版社,1993:372,265.
③ 中共中央文献研究室. 十八大以来重要文献选编:上[M]. 北京:中央文献出版社,2014:12.
④ [德]马克思,恩格斯. 马克思恩格斯选集:第2卷[M]. 北京:人民出版社,2012:83,267,787,289-290.

五、根植于中华优秀传统文化的现代化道路

任何现代化道路的开辟和拓展,不仅要结合本国的国情和现实,更要将本国的历史传统和优秀文化作为思想理念源头。中国式现代化道路的开辟和拓展中,许多现实举措和方针政策都带有中华优秀传统文化的基因。这使中国式现代化道路对当代中国发展模式的探索和解答,展现出厚重的历史文化底蕴。中国式现代化道路传承发展了中华优秀传统文化所具有的思维方式、思想精华和价值理念,并与新时代的新思想、新理念相结合,成为推动中国发展的有效路径。

第一,为中国式现代化道路提供了独特的思维方式。思维方式是指人认识事物的视角、方式和方法,对人们的实践行为具有决定性影响。长期以来,中华民族在理性面对客观世界的同时深入认识主观世界,不断提升自己认识世界和改造世界的能力,形成了独特的思维方式。历经长期沉积和深刻浸染,这种思维方式已成为中华文化的重要组成部分,已深深融入中华民族的行为规范和思想意识中,在实践中表现为一种稳定的民族心理、坚韧的行为方式以及相互认同的价值理念,这一切深刻影响着国家民族的发展理念和发展道路。中国式现代化道路根植于中华传统文化,浸染于五千年的民族历史和悠久的东方文明,中华文化的思维方式必然会体现于这条现代化道路中。如中华文化在长期发展中形成的一种典型思维方式就是注重对现实世界的深入认识,强调个人应通过自身能力的提升致力于提高改造客观世界的能力,进而推动国家和社会的发展。在儒家思想中就充满了这种"入世"之道和"治世"理念,被称为经世致用。习近平总书记特别强调在推进中国特色社会主义事业中"清谈误国,实干兴邦",这种思维方式就是对优秀传统文化中经世致用传统理念的传承和践行。再如,中华文化注重把握认识的整体性,这种思维方式强调认识中不能以偏概全、不能简单对立。在中国式现代化道路上,中国共产党人坚持理论联系实际,坚持与时俱进,推进改革开放,坚持求真务实,解放思想、实事求是,正确认识中国国情,都充分展示了中华传统文化的思想精髓。

第二,为中国式现代化道路提供了深厚的文化滋养。文化是"一个国家、一个民族传承和发展的根本,如果丢掉了,就割断了精神命脉。"① 中华文明孕育了优秀的传统文化,其丰富的思想精华和价值理念长期滋养着中华民族,形成了中华民族

---

① 习近平. 习近平谈治国理政:第 2 卷[M]. 北京:外文出版社,2017:52,83,313.

独具东方意蕴的行为方式和思想意识。中华优秀传统文化是滋养和守护民族进步和国家发展的强大力量。作为中华民族的精神命脉,中华优秀传统文化以其独特的思想理念和价值观念深刻影响着中国人民的知行体系。中国式现代化道路在形成和发展中一直坚持从历史文化中汲取营养,这也是这条发展道路具有"中国特色"的重要原因。中华优秀传统文化中"天人合民为邦本""出入相友,守望相助""人而无信,不知其可也""德不孤,必有邻"等一系列思想内容和价值理念,历经时代变迁和时间推移,为中国式现代化道路构建了牢固的思想文化基础。中国式现代化道路致力于实现国家的现代化和中华民族的伟大复兴,展现的是中国共产党人和中国人民对于国家发展的理念、认知和情感,对中华文化思想精华和价值理念的继承和吸收,是其在现实中取得巨大成就的思想根源。中华优秀传统文化作为中华民族的"根"和"魂",是中国式现代化道路勇于前行的根基力量。

中国式现代化道路特点突出、优势明显,有必要对其进行深刻总结,只有全面认识中国式现代化道路的显著特点,才能坚定道路自信,对中国特色社会主义现代化事业充满信心。

第二篇

中国式现代化的实现路径

作者简介

王伟光,中国社会科学院大学教授、南开大学终身教授、中共中央党校教授,哲学博士,博士研究生导师,中国社会科学院学部委员;中国共产党第十六次、十七次、十八次、十九次全国代表大会代表,第十七届中央委员会候补委员,第十八届中央委员会委员;第十届全国人民代表大会代表、法律委员会委员;第十三届全国政协常委、民族和宗教委员会主任;第六届全国青联常委。现任中国社会科学院马克思主义学院院长、南开大学·中国社会科学院大学21世纪马克思主义研究院院长、中国辩证唯物主义研究会会长,中央马克思主义理论研究和建设工程咨询委员会委员、首席专家,马克思主义理论一级学科、哲学一级学科学术带头人。曾任中共中央党校副校长,中国社会科学院院长、党组书记,中国社会科学院学部主席团主席,中国地方志指导小组组长,中国社会科学院大学校长,马克思主义研究基金会理事长。1987年荣获国务院颁发的"做出突出贡献的中国博士学位获得者"荣誉称号。

主要研究领域集中在马克思主义哲学、马克思主义和马克思主义中国化、中国特色社会主义理论体系、习近平新时代中国特色社会主义思想、中国特色社会主义重大理论与实践问题和中华思想通史等方面。专著包括《社会主义通史》《新大众哲学》《社会矛盾论》《利益论》《王伟光自选集》《王伟光讲习录》《当代中国马克思主义的最新成果》《中华思想通史绪论》《中国社会形态史纲》《国际金融垄断资本主义论》等。在国家级报纸、期刊上发表论文600余篇。主持多项国家社科基金项目。

王伟光：实现中国式现代化是成就中国特色社会主义伟大事业

实现现代化是中华儿女100多年来孜孜以求的梦想。经过100多年的艰苦奋斗，中国共产党以英明正确的理论指南和艰苦卓绝的精神品质带领中国人民走出中国特色社会主义现代化道路，开启以中国式现代化创造举世瞩目发展奇迹的成功路径，为世界社会主义发展注入了最磅礴的生机活力。在世界百年未有之大变局和中华民族伟大复兴战略全局相互交织的关键时期，中国如何实现现代化、如何推进中华民族伟大复兴，不仅决定着中国人民的未来命运，也决定着世界社会主义的发展，更决定着人类文明的前进方向。我们的答案是以中国式现代化发展中国、发展社会主义、实现民族复兴、创造人类文明新形态。以中国式现代化推进中华民族伟大复兴是中国共产党的中心任务。中国共产党人必须准确把握中国式现代化的科学内涵，深刻理解中国式现代化的内在要求，以中国式现代化理论为引领，大力推进中国式现代化，以中国式现代化成就中国特色社会主义伟大事业。

一、中国式现代化理论，是习近平新时代中国特色社会主义思想的重要内容，是马克思主义中国化时代化的创新成果

中国式现代化理论是习近平新时代中国特色社会主义思想的重要组成部分，贯穿了马克思主义的基本立场观点和方法，丰富和发展了中国特色社会主义理论体系，是马克思主义中国化时代化的最新理论成果。

（一）中国式现代化理论的提出和形成

中国式现代化理论是中国共产党带领中国人民在革命、建设、改革和新时代的

伟大实践中逐渐形成并确立的科学理论。这一理论在中国共产党成立100多年、新中国成立70多年的伟大实践中,特别是在改革开放40多年、新时代中国特色社会主义10年的历史成就中逐渐成熟,时至今日,中国式现代化理论体系已经基本形成。这一理论具有深厚的理论渊源和鲜明的精神要义,具有重大的历史价值和现实意义,必将对中华民族的未来、对世界人类文明的发展产生深远的影响。

中国要实现现代化,最直接的目的就是摆脱落后、振兴中华。以鸦片战争为开端,中华民族所蒙受的一系列苦难,让中国人民深深地认识到落后就要挨打的道理,无数仁人志士开始探索救亡图存的道路。正如毛泽东同志所说:"在一个半殖民地的、半封建的、分裂的中国里,要想发展工业,建设国防,福利人民,求得国家的富强,多少年来多少人做过这种梦,但是一概幻灭了。"① 洋务运动、太平天国运动、戊戌变法、辛亥革命等无一不是为国家富强、民族发展而积极努力,虽然都以失败告终,但是在探索民族独立、国家富强的道路上积累了宝贵经验,启动了中国式现代化的前奏。

十月革命的胜利,给中国送来了马克思列宁主义。中国共产党的成立,让中国人民成功走上了救亡图存的道路,找到了走上现代化的正确方向。经过28年浴血奋战,中国共产党带领中国人民推翻了压在身上的"三座大山",实现了民族独立、人民解放,成立了新中国,为摆脱落后、走上现代化发展道路奠定了最根本的社会条件。

新中国成立之后,为摆脱落后局面,党和国家带领人民想方设法搞建设,逐步提出了"走自己的路"建设社会主义、实现"四个现代化"的主张。1959年年底,毛泽东完善了社会主义现代化建设的构想,指出"建设社会主义,原来要求是工业现代化、农业现代化、科学文化现代化,现在要加上国防现代化"②。这是对中国式现代化的初次全面构思和系统阐释。从新中国成立到改革开放前夕,中国共产党通过"走自己的路",探索适合我国国情的社会主义建设道路,初步建立起独立完整的社会主义工业化体系和国民经济体系,为社会主义现代化建设提供政治前提、制度保障和物质基础,也为成功开辟中国式现代化道路积累了一系列原创性、自主性的历史经验和理论准备。

1978年党的十一届三中全会召开,中国开启了改革开放和社会主义现代化建设

---

① 毛泽东. 毛泽东选集:第3卷[M]. 北京:人民出版社,1991:1080.
② 毛泽东. 毛泽东文集:第8卷[M]. 北京:人民出版社,1999:116.

新时期，正式提出了"中国式现代化"命题。党的十一届三中全会之后，中国共产党带领全国人民一心一意搞建设，提出了"走自己的道路，建设有中国特色的社会主义"的科学论断，形成了社会主义初级阶段理论。1979年邓小平同志指出："现在搞建设也要适合中国情况，走出一条中国式的现代化道路。""中国式的现代化，必须从中国的特点出发。"①"我们要实现的四个现代化，是中国式的四个现代化。"②在邓小平同志"中国式现代化"思想的引领下，我国取得了改革开放和社会主义现代化建设的伟大成就，实现了从生产力相对落后的状况到经济总量跃居世界第二的历史性突破，实现了人民生活从温饱不足到总体小康、奔向全面小康的历史性跨越，实现了中华民族从站起来到富起来的历史性跨越，中国式现代化从理念变成了实践。中国共产党人为中国式现代化理论的最终确立迈出了关键一步。

中国特色社会主义进入新时代，党和人民在中国式现代化理论和实践上取得巨大成功，现代化实践越发扎实，现代化道路越发成型，现代化理论越发成熟。党的十八大以来，以习近平同志为核心的党中央立足中华民族伟大复兴战略全局和世界百年未有之大变局，统筹推进"五位一体"总体布局，协调推进"四个全面"战略布局，推动党和国家事业取得历史性成就、发生历史性变革，成功推进和拓展了中国式现代化的新局面、新境界，提出了一系列新理念、新思想、新论断、新战略。新时代10年中国式现代化发展取得了重大成就，国内生产总值突破百万亿元大关，人均国内生产总值超过了1万美元。在经济总量不断增加的同时，经济结构也不断优化，城市化率有了显著提高，社会发展有了很大进步，国家经济实力、科技实力和综合国力跃上新台阶。

习近平总书记在擘画和推进中国式现代化的实践过程中，不断思考中国式现代化的理论与实践问题，在党的十九届五中全会上明确提出了"中国式现代化"这个重大命题，系统阐发了中国式现代化的基本特征，在中国共产党成立100周年大会上的讲话中使用了"中国式现代化新道路"和"人类文明新形态"的概念，将这两者的辩证关系置于中国特色社会主义的实践全局进行整体性考虑。在党的二十大报告中，习近平总书记再次聚焦中国式现代化问题，明确提出了中国式现代化理论，对中国式现代化进行了系统阐发，确立了中国式现代化的理论体系。这一理论体系的形成进一步丰富、完善了习近平新时代中国特色社会主义思想，为实现中国式现

---

① 中共中央文献研究室. 邓小平年谱(1975—1997)：上卷[M]. 北京：中央文献出版社，2004：502.
② 中共中央文献研究室. 邓小平年谱(1975—1997)：上卷[M]. 北京：中央文献出版社，2004：582.

代化提供了根本遵循。

(二) 中国式现代化的理论内涵和实质要义

中国式现代化是基于中国国情、具有中国特色、符合中国实际、区别于西方现代化的社会主义现代化。中国式现代化道路是适合中国国情、具有中国特性、已经并将最终能够实现现代化的正确途径。中国式现代化理论是关于中国式现代化性质、内涵、任务、目标、实现路径、战略举措的理论体系,是实现中国式现代化的理论指南。习近平总书记指出:"中国式现代化,是中国共产党领导的社会主义现代化,既有各国现代化的共同特征,更有基于自己国情的中国特色。中国式现代化是人口规模巨大的现代化,是全体人民共同富裕的现代化,是物质文明和精神文明相协调的现代化,是人与自然和谐共生的现代化,是走和平发展道路的现代化。"① 这是我们党站在新的历史起点上,基于世情国情党情的新变化,扎根中国具体实践,以社会主要矛盾的变化为依据,以马克思主义和科学社会主义为指引,充分吸收中华优秀传统文化,坚持以人民为中心的发展理念,对中国式现代化所做出的科学判断、战略构想和理论确定。

1. 中国式现代化是人口规模巨大的现代化

人口规模巨大是我国的基本国情。从世界现代化历史进程来看,在人口规模如此大的基础上实现现代化,在人类社会发展史上既没有先例可循,又没有成功经验可以借鉴。只有立足我国人口规模巨大的基本国情,才能创造性地探索出适合自身人口规模特点的现代化发展方式。"无产阶级的运动是绝大多数人的,为绝大多数人谋利益的独立的运动"②,区别于为资产阶级这一少数人谋利益的西方现代化,中国式现代化始终坚持以人民为中心,坚持实现现代化"一个都不能少",让14亿人口整体迈入现代化。中国式现代化这一国情特征,不仅是对西方国家现代化的历史性超越,也为人口众多的发展中国家通往现代化提供了可资借鉴的成功经验。

2. 中国式现代化是全体人民共同富裕的现代化

实现全体人民共同富裕,是我国全体人民的共同期盼,是社会主义的本质要求。西方资本主义国家在实现现代化过程中,只注重资产阶级少数人的利益,导致出现

---

① 习近平.高举中国特色社会主义伟大旗帜 为全面建设社会主义现代化国家而团结奋斗——在中国共产党第二十次全国代表大会上的报告[N].人民日报,2022-10-26(001).
② [德]马克思,恩格斯.马克思恩格斯选集:第1卷[M].北京:人民出版社,2012:411.

贫者越贫、富者越富，穷国越穷、富国越富的两极分化现象，随之而来的便是政局不稳、社会动荡、冲突不断、战争流血，这是一种片面、畸形的现代化。吸取西方国家现代化的教训，中国式现代化必须努力消除分配差距、地区发展差距、城乡差距等发展不平衡不充分的问题，最终实现共同富裕。最终实现共同富裕是中国式现代化的实质要义，要求中国式现代化要始终把实现人民对美好生活的向往作为现代化建设的出发点和落脚点，着力维护社会公平正义，坚决防止两极分化，推动共享发展，朝着全体人民共同富裕的目标稳步推进现代化。

3. 中国式现代化是物质文明和精神文明相协调的现代化

"物质富足、精神富有是社会主义现代化的根本要求。物质贫困不是社会主义，精神贫乏也不是社会主义。"① 中国式现代化不仅要有深厚的物质条件来夯实人民美好生活的物质基础，同时还要进行精神文明建设。如果精神文明滞后于物质文明建设，就会导致人的精神迷失、道德滑坡、思想退步、国家的意识形态领域受到严峻挑战，就会丧失实现现代化的精神动力。物质文明和精神文明协调发展构成了中国式现代化的基本要求，明确要求中国式现代化是建设物质文明和精神文明相协调的现代化，是发展社会主义先进文化、加强理想信念教育、牢固树立社会主义核心价值观、实现人的物质与精神两个文明的全面发展的现代化。

4. 中国式现代化是人与自然和谐共生的现代化

人与自然和谐共生的现代化，是对马克思主义自然观的坚持与自觉，是对中华优秀传统文化天人合一、道法自然观念的继承和发展。人与自然和谐共生的现代化是中国式现代化的重要内涵。实现人与自然和谐共生的现代化，就要彻底贯彻新发展理念，坚持"绿水青山就是金山银山"的绿色发展观，将经济发展与环境保护统一起来，形成以绿色为导向，包括绿色发展观、绿色政绩观、绿色生产方式、绿色生活方式等科学的生态发展观，坚定不移走生产发展、生活富裕、生态良好的文明发展道路，坚持把建设美丽中国的理念转化为全体人民自觉行动，集中力量优势共同保护生态环境。

5. 中国式现代化是走和平发展道路的现代化

"治国者常富，而乱国者常贫。"和平与发展是相互联系、辩证统一的。和平是发展的前提，发展是和平的保障。面对前所未有的世界之变、时代之变，我国一以

---

① 习近平.高举中国特色社会主义伟大旗帜　为全面建设社会主义现代化国家而团结奋斗——在中国共产党第二十次全国代表大会上的报告[N].人民日报,2022-10-26(001).

贯之地选择走和平发展之路。"我国不走一些国家通过战争、殖民、掠夺等方式实现现代化的老路"①，这种通往现代化的老路充满着野蛮与血腥、剥削与压迫，给发展中国家人民带来了深重苦难。坚持走和平发展道路是中国式现代化的根本原则。中华民族自古以来就是爱好和平的民族，我国始终坚定地站在历史正确、文明进步的一边，高举和平、发展、合作、共赢旗帜，以胸怀天下的大国情怀将本国发展与世界和平统一起来，为世界和平与发展注入强大力量。

（三）中国式现代化的现实和历史意义

中国式现代化是中国人民推进国家富强、民族复兴的正确选择，打破了"现代化等于西方化""现代化等于私有化""现代化等于资本主义化"的发展老套路，丰富了人类文明新形态，为世界上其他发展中国家实现现代化提供了可借鉴的选择。中国式现代化是科学社会主义理论和实践的最新体现，为世界社会主义发展指明了方向，提供了样板，贡献了方案。

1. 中国式现代化为国家富强、民族伟大复兴提供了方向和路径

习近平总书记在党的二十大精神研讨班开班式上，强调中国式现代化是"强国建设、民族复兴的唯一正确道路"②。中国共产党自成立以来，特别是改革开放40多年以来，中国共产党带领中国人民之所以能够取得举世瞩目的成就，关键在于走中国特色社会主义道路，以中国式现代化引领中国特色社会主义伟大实践，实现了从站起来、富起来到强起来的伟大飞跃。站在新的历史起点上，党的二十大对中国式现代化进行了系统和全面的阐释，重点部署未来5年全面建设社会主义现代化国家的战略任务和重大举措，对"建设什么样的社会主义现代化强国、怎样建设社会主义现代化强国"这一重大时代课题做出新的探索。习近平总书记强调："从现在起，中国共产党的中心任务就是团结带领全国各族人民全面建成社会主义现代化强国、实现第二个百年奋斗目标，以中国式现代化全面推进中华民族伟大复兴。"③ 这一新的论断凸显了"以中国式现代化全面推进中华民族伟大复兴"的时代感召力和理论伟力，明确了到2035年我国发展的总体目标，重点部署了未来5年的战略任务

---

① 习近平. 高举中国特色社会主义伟大旗帜　为全面建设社会主义现代化国家而团结奋斗——在中国共产党第二十次全国代表大会上的报告[N]. 人民日报,2022-10-26(001).
② 习近平在学习贯彻党的二十大精神研讨班开班式上发表重要讲话强调　正确理解和大力推进中国式现代化[N]. 人民日报,2023-02-08(001).
③ 习近平. 高举中国特色社会主义伟大旗帜　为全面建设社会主义现代化国家而团结奋斗——在中国共产党第二十次全国代表大会上的报告[N]. 人民日报,2022-10-26(001).

和重大举措,制定了走向现代化和实现中华民族伟大复兴的时间表、路线图。党的二十大确定从2025年到2035年基本实现社会主义现代化,从2035年到21世纪中叶把我国建成富强民主文明和谐美丽的社会主义现代化强国,这一宏伟蓝图深刻揭示了以中国式现代化实现中华民族伟大复兴目标的科学性、可行性和实践性,向全党发出了坚定走中国式现代化道路的冲锋号和动员令,向全国各族人民描绘了未来中国的光明前景,向世界展示了以中国式现代化实现中华民族伟大复兴的坚定决心。

2. 中国式现代化为发展中国家实现现代化提供了新的选择

深刻认识中国式现代化的伟大现实意义和历史价值,既要把握其特殊的中国意义,也要把握其世界普遍意义。中国是世界上最大的发展中国家,中国式现代化既有中国特殊价值也有其世界普遍意义。中国式现代化道路的成功探索不仅证明了实现现代化道路的多样性,同时也打破了广大发展中国家对西方现代化发展道路的盲目崇拜和路径依赖,为发展中国家提供了现代化新选择。

世界上从来没有哪一个人口大国像中国一样在40多年的改革开放中取得如此举世瞩目的成就,使一个积贫积弱、一穷二白的落后国家变成如今经济快速发展、综合国力明显增强、日益走近世界舞台中央并不断扩大其国际影响力的大国。中国不输出现代化发展模式,但是愿意主动与广大发展中国家分享中国探索现代化道路的成功经验,特别是在解决广大发展中国家面临的包括贫困等共同问题时提供有益借鉴。中国式现代化既使本国实现了各方面的快速发展,取得了历史性成就,也使中国保持自身发展的独立性。中国式现代化以无比雄辩的事实证明了通往现代化的道路是多样的,拓展了发展中国家走向现代化的途径,打破了西方垄断称霸的格局,为世界上其他发展中国家探索出一条具有本国特色、符合本国实际的现代化发展道路提供了中国智慧和中国方案。正如习近平总书记指出的:"中国式现代化为广大发展中国家独立自主迈向现代化树立了典范,为其提供了全新选择。"①

3. 中国式现代化为世界社会主义发展注入了生机活力

长期以来,由于人类社会现代化的早期发生是由资本主义打开通道、取得成就的。在相当长时间里,把现代化与西方化、私有化、资本主义化相提并论的观点在世界舆论场上占了上风。西方资本主义国家的现代化话语霸权严重遏制了各国进行现代化建设的探索,对现代化就是资本主义化的狭义认知阻碍了世界现代化理论和

---

① 习近平在学习贯彻党的二十大精神研讨班开班式上发表重要讲话强调 正确理解和大力推进中国式现代化[N]. 人民日报,2023-02-08(001).

实践的创新发展。实践证明，世界上既不存在定于一尊的现代化模式，也不存在放之四海而皆准的现代化标准。中国作为世界最大的发展中国家，选择了社会主义方向，走出了一条中国特色的社会主义现代化道路，证明了现代化并不只有资本主义一家。

对比西方资本主义现代化的野蛮与血腥，中国则走出了一条中国特色社会主义现代化新道路，充满着民主平等、和平发展与合作共赢。马克思主义唯物史观认为，判断一个国家的社会性质的直接标准是本国的生产关系、经济基础的性质和状况，生产资料所有制的性质和状况。当然，根本标准最终还是生产力。同样，判断一个国家的现代化性质也是如此。我国生产资料所有制是公有制为主体、多种所有制形式并存，这就决定了在现代化进程中人民可以免受资本的剥削与压迫，真正实现人民当家作主、追求共同富裕，这就是社会主义现代化的实现形式。中国式现代化是社会主义的现代化，具有鲜明的社会主义优越性，与西方资本主义侵略扩张、战争掠夺的现代化有着本质区别。中国式现代化是在马克思主义指导下，既遵循人类社会发展的普遍规律、社会主义建设的普遍规律、共产党执政的普遍规律，又具有与中国具体实际相结合的特殊规律的现代化。中国式现代化是马克思主义指导下，立足中国具体实际的、始终坚持社会主义方向的现代化。中国式现代化使中国在保持自身独立性的同时，实现了社会主义现代化的创新性发展，取得了历史性成就。中国式现代化打破了"现代化等于资本主义"的神话，用事实证明通过社会主义道路同样能够实现现代化，并用中国的大踏步发展证明了社会主义制度的优越性，为世界社会主义注入了活力。

二、中国式现代化是中国特色社会主义现代化，是人类社会发展进步的文明新形态

中国式现代化是中国共产党在充分汲取中华民族几千年文明成果、借鉴世界其他国家优秀文明成就，在不断推进的马克思主义中国化时代化的指引下，团结带领全国各族人民艰苦奋斗、勇于创新，接续推进中国特色社会主义伟大事业中成功摸索出来的现代化，它不仅推动中华民族伟大复兴成为现实，也为人类社会发展进步创造了新的文明形态。

（一）中国式现代化是长期发展积累的中华优秀文明的最新形态

中华文明是世界上唯一不曾中断的文明，拥有5000多年的历史，在人类发展长

河中创造了辉煌的成就，蕴含着灿烂的中华优秀传统文化，一直滋养着中华民族长久发展。中国式现代化，深深植根于中华优秀传统文明，在形成和发展过程中不断从中华优秀传统文明中汲取智慧和力量。

中华优秀传统文明强调的"大道之行、天下为公"的大同理想，为中华民族实现民族复兴中国梦提供了理想范本。中华优秀传统文明强调的"民为贵""民惟邦本"的治国理念，为我们这样一个人口规模巨大的国家实现现代化提供了文明启示；中华优秀传统文明强调的"治国之道，富民为始""不患寡而患不均，不患贫而患不安"的理政要旨，为建设全体人民共同富裕的现代化提供了文化底蕴；中华优秀传统文明强调的"仓廪实而知礼节，衣食足而知荣辱"的以德治国观念，为建设物质文明和精神文明相协调的现代化提供了思想基础；中华优秀传统文明强调的"天人合一""道法自然"的生态文明思想，为建设人与自然和谐共生的现代化提供了中国智慧；中华优秀传统文明强调的"协和万邦""与人为善"的处世哲理，为建设走和平发展道路的现代化提供了文明支撑……这些被中国式现代化吸收的中华民族优秀传统思想，无论过去还是现在，都有其鲜明的民族特色，在社会主义现代化建设中也将继续绽放光彩。在中国特色社会主义伟大实践，特别是社会主义现代化国家建设伟大征程中，中国式现代化呈现出了中华文明蓬勃发展的最新形态，是中华文明创新发展的历史超越。

（二）中国式现代化是中国共产党领导人民百年奋斗的必然产物

中国式现代化来源于中国共产党对中国国情和历史的科学把握，来源于中国化时代化马克思主义理论指南的指导，来源于中国特色社会主义伟大实践的科学总结，是在改革开放40多年的伟大实践中产生的，是在中华人民共和国成立70多年的艰辛探索中产生的，是在中国共产党领导人民进行了100多年的艰苦奋斗中产生的。

百年来，我们党团结带领中国人民所进行的一切奋斗，就是为了把我国建设成为现代化强国，实现中华民族伟大复兴。新民主主义革命为实现现代化创造了根本社会条件。社会主义革命和建设时期，为现代化建设提供制度前提和宝贵经验、理论准备、物质基础。改革开放和社会主义建设新时期，为中国式现代化提供了充满新的活力的体制保证和雄厚扎实的物质保障。

党的十八大以来，以习近平同志为核心的党中央领导全党全国各族人民砥砺前行，不断实现理论和实践上的创新突破，成功推进和拓展了中国式现代化。在认识上不断深化，创立了习近平新时代中国特色社会主义思想，实现了马克思主义中国化时代化新的飞跃,为中国式现代化提供了根本指导。习近平总书记关于中国式现代化理论进一步深化了对中国式现代化的内涵和本质的认识,概括形成中国式现代化的中国特色、本质要求和重大原则,系统构建中国式现代化的理论体系,使中国式现代化更加清晰、更加科学、更加可行。习近平总书记关于中国式现代化理论在战略上不断完善,提出深入实施科教兴国战略、人才强国战略、乡村振兴战略等一系列重大战略思想,为中国式现代化提供了坚实的战略支撑;在实践上不断丰富,推进一系列变革性实践、实现一系列突破性进展、取得一系列标志性成果,推动党和国家事业取得历史性成就、发生历史性变革,特别是消除了绝对贫困问题,全面建成小康社会,为中国式现代化提供了更为完善的制度保证、更为坚实的物质基础、更为强大的精神力量。

(三) 中国式现代化是世界各国现代化发展经验教训的科学总结和历史进步

借鉴吸收一切人类优秀文明成果,是一个国家特别是落后国家实现现代化的重要途径。中国式现代化是我国充分吸收借鉴世界各国现代化发展经验前提下开创的现代化,同时,在吸取其他国家发展教训的基础上通过走自己的路,探索中国特色社会主义的现代化,实现了现代化理论和实践上的创新。

借鉴吸收一切人类优秀文明成果,是我们党一贯秉持的态度。毛泽东同志指出:"我们的方针是,一切民族、一切国家的长处都要学,政治、经济、科学、技术、文学、艺术的一切真正好的东西都要学。"[①] 邓小平同志强调:"科学技术是人类共同创造的财富。任何一个民族、一个国家,都需要学习别的民族、别的国家的长处,学习人家的先进科学技术。"[②] "社会主义要赢得与资本主义相比较的优势,就必须大胆吸收和借鉴人类社会创造的一切文明成果,吸收和借鉴当今世界各国包括资本主义发达国家的一切反映现代社会化生产规律的先进经营方式、管理方法。"[③] 党的十八大以来,习近平总书记多次强调要借鉴吸收一切人类优秀文明成果。然而,借鉴吸收一切人类优秀文明成果,并不是照抄照搬其他国家的现代化模式。在人类历史上,没有一个国家、没有一个民族,可以通过依赖外部力量、照搬外国模式、跟在他人后面亦步亦趋实现强大和振兴。那样的后果,不是遭到失败,就是成为他人

---

① 毛泽东. 毛泽东文集:第7卷[M]. 北京:人民出版社,1999:41.
② 邓小平. 邓小平文选:第2卷[M]. 北京:人民出版社,1994:91.
③ 中共中央文献研究室. 邓小平年谱(1975—1997):上卷[M]. 北京:中央文献出版社,2004:460.

的附庸。中国式现代化之所以创造人类文明新形态，就是坚持走自己的路。

中国式现代化最显著的特征就是由中国共产党领导，在充分吸收学习发达资本主义国家先进文明成果的同时，对资本主义的制度、理念、道路等进行了扬弃，打破了现代化等于西方化、等于资本主义现代化的老套路，建设中国自身的现代化，走社会主义现代化新路。中国所走的社会主义现代化道路，不是照搬照抄其他社会主义国家的现代化模式，而是根据中国的具体实际，充分吸取其他国家发展社会主义现代化的经验教训，开辟中国特色社会主义道路。中国式现代化的早期探索是在学习苏联的条件下开启的现代化，但却既总结吸取了苏联模式的经验教训，又避免了苏联改旗易帜现代化的悲剧倒退，成功探索出一条适合于中国国情的社会主义现代化新路径。经过几十年的探索，中国形成了具有本国特色的社会主义现代化理论和实践。习近平总书记在党的二十大报告中指出："中国式现代化的本质要求是：坚持中国共产党领导，坚持中国特色社会主义，实现高质量发展，发展全过程人民民主，丰富人民精神世界，实现全体人民共同富裕，促进人与自然和谐共生，推动构建人类命运共同体，创造人类文明新形态。"① 这一关于中国式现代化的高度概括，既是中国共产党人对中国式现代化的理论理解，也是中国共产党人对中国现代化的实践总结。

（四）中国式现代化是中华民族谋求民族复兴初心使命的理想实现

为中国人民谋幸福、为中华民族谋复兴是中国共产党人的初心和使命，实现现代化是近代以来中国人民的梦想与追求。中国共产党自成立以来，就努力带领人民实现中华民族伟大复兴，成功走上了中国式现代化道路。

中国式现代化道路是在实践中探索出来的实现民族复兴的必由之路。中国式现代化，不是上天赐予的，也不是其他国家施舍的，而是一代代中国人民在历史中摸索探寻出来的，是中国共产党领导人民群众，在系统总结5000多年的中华文明史、500多年的社会主义运动史、180多年的中国近现代史、100多年的党史、70多年的新中国史、40多年的改革开放史经验的基础上，靠自己的头脑思索、靠自己的双脚探索、靠自己的双手创造出来的。这是我们从自身发展艰辛探索中得到的正确答案，更是我们独立寻求走向现代化发展道路的经验升华。它符合中国国情，体现中国特

---

① 习近平. 高举中国特色社会主义伟大旗帜　为全面建设社会主义现代化国家而团结奋斗——在中国共产党第二十次全国代表大会上的报告[N]. 人民日报，2022 - 10 - 26(001).

色，反映人民需求，是新征程上全面建成社会主义现代化强国的必由之路，是新时代全面推进中华民族伟大复兴的必由之路。

中国式现代化所取得的历史性成就，雄辩地证明我们成功找到了实现中华民族伟大复兴的正确方向和路径。面向未来，中国共产党有信心、有能力、有底气坚定不移走好中国式现代化道路。以中国式现代化全面推进中华民族伟大复兴，是一条光明大道。习近平总书记强调："历史和实践已经并将进一步证明，这条道路，不仅走得对、走得通，而且也一定能够走得稳、走得好。"① 中国人民已经从历史的奋斗中走出了一条中国式现代化道路，也必将沿着这条光明大道走向未来，推动实现中华民族伟大复兴。

（五）中国式现代化是人类共产主义文明发展进程中的阶段性文明新形态

中国式现代化是在马克思主义指导下开创形成的，走的是社会主义发展道路，以推进人类文明发展为使命，以实现共产主义为最终目标。中国式现代化创造的"人类文明新形态"，不是什么别的"新形态"，而是马克思主义所指明的人类社会未来发展的必然趋势和归宿，是科学社会主义所阐明的代替人类最后一个剥削阶级社会的社会主义社会形态和共产主义社会形态。一句话，中国式现代化所创造的"人类文明新形态"就是社会主义社会文明新形态和未来的共产主义社会文明新形态，社会主义社会文明新形态是共产主义社会文明新形态的前提准备和第一阶段。

社会主义作为共产主义的初级阶段，使得中国式现代化在推进中国特色社会主义伟大事业进程的过程中，推进了共产主义文明发展。中国共产党领导中国人民开辟了中国特色社会主义道路，在经济、政治、文化、社会、生态文明等方面取得了巨大成就，高高举起了世界社会主义发展旗帜，让科学社会主义在21世纪绽放出了更加灿烂的光芒。中国式现代化，是人类文明发展的新成果，是人类共产主义文明发展进程中的阶段性成果。

---

① 习近平．加强政党合作 共谋人民幸福——在中国共产党与世界政党领导人峰会上的主旨讲话[N]．人民日报，2021-07-07(001)．

三、学习贯彻落实习近平新时代中国特色社会主义思想,做好中国式现代化这篇大文章

党和人民推进中国式现代化的历史进程越向前,对党的创新理论科学指引的需求就越强烈。新时代10年,习近平总书记坚持运用马克思主义立场观点方法,立足新时代新征程党的使命任务,统筹把握中华民族伟大复兴战略全局和世界百年未有之大变局,把马克思主义基本原理同中国具体实际相结合,同中华优秀传统文化相结合,形成了习近平新时代中国特色社会主义思想这一马克思主义中国化时代化最新理论成果。新时代党的创新理论科学深刻回答"建设什么样的社会主义现代化强国、怎样建设社会主义现代化强国"的重大时代课题,形成了中国式现代化理论,为推进和拓展中国式现代化提供了理论指引。

(一)坚持以习近平新时代中国特色社会主义思想为指导

伟大的实践需要伟大的理论,伟大的理论指导伟大的实践。以中国式现代化全面推进中华民族伟大复兴,建设社会主义现代化强国,是一项伟大而艰巨的事业,关键在于持续进行实践创新与理论创新,根本在于始终坚持习近平新时代中国特色社会主义思想的指导,不断丰富和发展当代中国马克思主义,让马克思主义在中国牢牢扎根并开花结果。

"中国共产党为什么能,中国特色社会主义为什么好,归根到底是马克思主义行,是中国化时代化的马克思主义行。"[①] 作为中国之治的理论表达,中国化时代化的马克思主义是解决一切中国问题的理论根基,是中国改革发展的思想先导,是中国现实经验的理性提升。拥有马克思主义科学理论的指导,是我们党鲜明的政治品格和强大的政治优势;不断谱写马克思主义中国化时代化新篇章,是当代中国共产党人的实践需要、历史责任与时代使命。中国化时代化的马克思主义在当代中国新时代这个特定时空的创新发展,形成了当代中国马克思主义。

推进中国式现代化必须以当代中国马克思主义为指导。党的十八大以来,我们党在已有基础上继续前进,从战略完善到实践成果,从物质基础到制度保证,创新

---

① 习近平. 高举中国特色社会主义伟大旗帜 为全面建设社会主义现代化国家而团结奋斗——在中国共产党第二十次全国代表大会上的报告[N]. 人民日报,2022-10-26(001).

发展当代中国马克思主义、21世纪马克思主义，不断实现其在理论和实践上的创新突破。其中概括形成关于中国式现代化的中国特色、本质要求和重大原则，初步构建中国式现代化的理论体系，为中国式现代化提供了根本遵循。习近平总书记指出："推进中国式现代化是一个系统工程，需要统筹兼顾、系统谋划、整体推进，重点要正确处理好顶层设计与实践探索、战略与策略、守正与创新、效率与公平、活力与秩序、自立自强与对外开放等一系列重大关系。"① 这一重要论述充分体现了习近平新时代中国特色社会主义思想的世界观、方法论和贯穿其中的立场观点方法，为大力推进中国式现代化指明了方向路径，使得以中国式现代化全面推进中华民族伟大复兴的宏图愿景更加清晰、制度保证更加完善、物质基础更加坚实、精神力量更加主动、实践推进更加科学、建设成果更加显著。新时代新征程上，建设社会主义现代化强国，必须始终坚持习近平新时代中国特色社会主义思想的根本指导，在理论创新和实践创新的良性互动中，不断丰富和发展当代中国马克思主义，让当代中国马克思主义展现出更强大、更有说服力的真理力量。

（二）坚持党的领导

习近平总书记在党的二十大精神研讨班开班式上，深入阐释党在中国式现代化建设中的领导地位，指出"党的领导直接关系中国式现代化的根本方向、前途命运、最终成败"，强调"党的领导决定中国式现代化的根本性质"②。坚持中国共产党领导，是中国式现代化最鲜明的特征和最突出的优势，是推进中国式现代化必须坚持的最高原则。只有毫不动摇坚持党的领导，中国式现代化才能前景光明、繁荣兴盛；否则就会偏离航向、丧失灵魂，甚至犯颠覆性错误。

党的领导是确保中国式现代化社会主义方向的根本特征。方向决定道路，道路决定命运。我国进行中国式现代化建设的过程也是与各种敌对势力、各种错误思潮不断斗争的过程，在伟大斗争中，我们之所以能取得胜利，其根本原因是坚持了中国共产党的领导。党的领导确保了中国式现代化建设的社会主义方向，使中国特色社会主义事业始终沿着正确方向不断前进，坚持党的领导是中国式现代化的根本特征。

---

① 习近平在学习贯彻党的二十大精神研讨班开班式上发表重要讲话强调 正确理解和大力推进中国式现代化[N]. 人民日报,2023-02-08(001).
② 习近平在学习贯彻党的二十大精神研讨班开班式上发表重要讲话强调 正确理解和大力推进中国式现代化[N]. 人民日报,2023-02-08(001).

党的领导是不断推进中国式现代化稳步前进的坚强保障。中国式现代化道路的形成与发展，一方面离不开党的自身建设的伟大工程，离不开我们党以伟大自我革命引领伟大社会革命；另一方面离不开党从战略思维的角度统筹规划、科学布局中国式现代化的近期目标、未来蓝图和战略安排，离不开党为了推进现代化所采取的重大战略决策和举措，离不开全党的接续奋斗。

历史实践证明，办好中国事情，关键在党。这是中国人民在长期的历史实践中总结出来的颠扑不破的真理。中国共产党是实现中华民族伟大复兴的不可替代的领导核心，是中国式现代化的谋划者、领导者和推动者，是有力推动中国式现代化取得伟大成功的坚强核心。实现中国式现代化，离不开党的坚强领导。

（三）坚持中国特色社会主义

中国式现代化是社会主义现代化，而不是其他什么现代化。推进中国式现代化，必须始终坚持社会主义道路，坚定不移走中国特色社会主义道路。

只有坚持中国特色社会主义道路，才能把握中国式现代化的正确方向。党的十八大以来，国内外形势变化和我国各项事业发展给我们提出了一个重大课题，这就是必须从理论和实践结合上系统回答新时代坚持和发展什么样的中国特色社会主义、怎样坚持和发展中国特色社会主义。习近平总书记指出："在道路、方向、立场等重大原则问题上，旗帜要鲜明，态度要明确，不能有丝毫含糊。"[①]他反复强调："在政治制度模式上，我们就是要咬定青山不放松、任尔东西南北风。"[②] 改革开放以来，我们党每当遇到严峻挑战，党中央总是能够沉着冷静、把握得当、因应适宜，总是能够成功扭转危局、化危为机、开创新局。根本原因在于在方向问题上，我们党的头脑十分清醒坚定，不断推动社会主义制度自我完善和发展，坚定不移走中国特色社会主义道路。

坚持中国特色社会主义，是中国式现代化同西方现代化的根本区别。以中国式现代化全面推进中华民族伟大复兴，必须坚持以经济建设为中心，坚持四项基本原则，坚持改革开放，坚持独立自主、自力更生，坚持道不变、志不改，既不走封闭僵化的老路，也不走改旗易帜的邪路，坚持把国家和民族发展放在自己力量的基点上，坚持把中国发展进步的命运牢牢掌握在自己手中。全党要更加自觉地增强道路

---

① 中共中央宣传部. 习近平新时代中国特色社会主义思想三十讲[M]. 北京:学习出版社,2018:329.
② 中共中央宣传部. 习近平新时代中国特色社会主义思想三十讲[M]. 北京:学习出版社,2018:329.

自信、理论自信、制度自信、文化自信，既不走封闭僵化的老路，也不走改旗易帜的邪路，保持政治定力，坚持实干兴邦，始终坚持和发展中国特色社会主义。

（四）坚持社会主义制度与市场经济的最佳结合

经济发展是社会发展的基础，任何时候都要把经济发展摆在首位。推进中国式现代化、建设社会主义现代化强国，必须以经济建设为中心，坚持社会主义市场经济改革方向，使市场在资源配置中起决定性作用和更好发挥政府作用，将社会主义制度和市场经济实现最佳结合。

社会主义制度是人类历史迄今为止最先进的社会制度，它继承和吸收了包括资本主义制度文明在内的人类一切制度文明的优秀成果，能够克服包括资本主义制度在内的一切旧制度的弊端，代表着人类社会的发展方向，具有人类社会发展至今一切已有社会制度所不可比拟的优势。坚持社会主义制度，就要充分发挥人民自己当家作主的制度优势，发挥社会主义制度代表最广大人民群众的根本利益的制度优势，最大限度地调动人民群众的主动性和创造性，使生产力系统中人的因素高度活跃起来；充分发挥社会主义制度代表了先进生产力的发展要求，让一切劳动、知识、技术、管理、资本等各种要素的活力竞相迸发，让一切创造社会财富的源泉充分涌流，极大地解放和发展社会生产力。

历史和现实都有力地证明，市场经济是人类经济社会发展不可逾越的一个历史阶段。与其他经济体制相比，市场经济是目前人类社会发展阶段配置经济资源的最有效率的体制和发展社会生产力的最佳机制。社会主义中国正是通过建立和发展社会主义市场经济，使市场在国家宏观调控下对经济资源配置起重要作用，从而在短短几十年的时间内实现了巨大的经济飞跃和社会进步。

在建设社会主义现代化国家新的征程上，要进一步把社会主义制度的优越性与市场在资源配置方面的优势充分结合起来，把坚持走中国特色社会主义道路与推进市场经济改革有机结合起来，善于用市场经济的办法充分发挥社会主义制度的优越性，解放和发展社会生产力，不断推进社会主义现代化强国建设。

（五）坚持以人民为中心，最终实现共同富裕

坚持人民至上是马克思主义的基本立场，在习近平新时代中国特色社会主义思想中居于基础性的地位。以人民为中心的发展思想，科学回答了实现什么样的发展，创造性地回答了发展为了谁、发展依靠谁、发展成果由谁享有等重大问题。坚持以

人民为中心、实现全体人民共同富裕是中国式现代化的本质特征。推进中国式现代化，必须坚持以人民为中心，坚持发展为了人民、发展依靠人民、发展成果由人民共享的理念，最终实现共同富裕。

中国式现代化是全体人民共同富裕的现代化，这是由中国特色社会主义制度的本质决定的。必须看到，富裕是各国现代化追求的目标，但一些发达国家搞了几百年工业化和现代化，不仅没有实现共同富裕，贫富差距反而越来越严重。在社会主义现代化建设中，我们既要不断解放和发展社会生产力，不断创造和积累社会财富，又要防止两极分化，切实推动人的全面发展、全体人民共同富裕取得更为明显的实质性进展。

要毫不动摇坚持公有制主体地位推进共同富裕。所有制决定分配，生产资料归谁所有决定财富如何分配，收入的两极分化是由生产资料占有的两极分化所决定的。社会主义不同于资本主义的制度差别根本在于以公有制为主体。坚持公有制为主体的经济制度，是解决分配不公、防止两极分化的根本性举措，只有坚持公有制为主体毫不动摇，才能从经济上保证共同富裕的实现。

要毫不动摇地坚持按劳分配为主的分配制度实现共同富裕。推进共同富裕，包括两方面的任务：一是做大蛋糕，就是解放和发展生产力，让国家尽快富起来、强起来，这是社会主义共同富裕的物质基础。二是要分好蛋糕，解决好分配问题，防止和避免两极分化，关键是要坚持按劳分配为主的分配制度，让人民公平地享受到自己的劳动成果。在做大和分好蛋糕的过程中，不断满足人民日益增长的美好生活需要，稳步朝着中华民族伟大复兴的目标前进。

作者简介

程恩富,中国社会科学院学部委员、学部主席团成员,中国社会科学院大学首席教授;第十三届全国人大教科文卫委员会委员。曾任中国社会科学院马克思主义研究院院长。现兼任西北工业大学创新马克思主义研究中心首席专家。

程恩富教授主编在英国出版的《国际思想评论》《世界政治经济学评论》国际期刊,以及在国内出版的《政治经济学研究》《海派经济学季刊》中文刊物;担任全球学术团体——世界政治经济学学会会长、中国政治经济学学会名誉会长、中华外国经济学说研究会名誉会长;世界文化论坛和中国创新马克思主义论坛理事长,日本理论经济学会国际顾问,俄罗斯圣彼得堡大学和经济法律大学荣誉教授;在中国、美国、俄罗斯、日本、意大利、印度、越南等10个国家发表800多篇文章,出版40多部著作,是中外著名马克思主义理论家和经济学家;曾在中共中央政治局集体学习会上作过讲解,在两任中共中央总书记主持的座谈会上汇报过理论问题。

程恩富、刘美平：新质生产力的学理分析与培育路径
——提速中国式现代化的重要举措①

2023年9月，习近平总书记在黑龙江考察调研期间首次提到"新质生产力"，强调整合科技创新资源，引领发展战略性新兴产业和未来产业，加快形成新质生产力。这是今后我国在国内外新形势下经济发展的新战略选择。那么，到底什么是新质生产力？新质生产力的发展需要怎样的制度环境和前提条件？通过怎样的路径发展和培育新质生产力？对这三个问题的回答成为我们学习习近平总书记关于"新质生产力"重要论述的关键所在。

一、理解新质生产力的三个维度

（一）新生产要素维度的新质生产力

生产力是人们利用、改造和保护自然的能力。土地、劳动力、资本是市场经济中传统生产力的构成要素，其中土地和劳动力具有实体性，而资本具有实体性（自然属性）和非实体性（价值属性）两种属性，其生产力质态往往是实体性的。随着科学技术的不断发展，我们不仅要重视传统生产要素土地、劳动力、资本在新型工业化中的重要作用，更要及时发现新生产要素在科技创新中的新功能。生产力是推动人类文明不断向前发展的决定性力量，当新生产要素赋能传统生产要素的时候，新的劳动者、新的生产工具、新的生产对象就会应运而生。当新生产要素与传统生产要素之间融合成长的时候，就会带动新质生产力的能级跃迁。

---

① 本文是国家社会科学基金项目"人类命运共同体建构方式研究"（21FKSB019）的阶段性成果。

新质生产力是核心要素信息化并且能够驾驭资本的生产力。从农耕文明时期的畜力生产力到工业文明时期的机械生产力，从奴隶社会的土地作为核心要素到资本主义社会资本作为核心要素，其间生产力发生了质的飞跃。可见，核心生产要素在某种程度上最终决定着经济社会形态。中国实行的是中国特色社会主义类型的市场经济，而私人资本控制经济社会发展是资本主义生产力的根本特征。中国特色社会主义就是要对各类公有资本，尤其是私人大资本进行多方控制和有效驾驭，特别是要"内在地规定新时代资本的发展方向和目的"①，需要在公有制为主体的基础上依赖一种新质的生产工具和生产手段，这种新的生产手段就是信息技术和信息劳动。正是信息要素、信息科技革命、智能生产手段的诞生，从而使得传统生产力的质态发生根本性变化，形成实体性生产力和虚拟性信息生产力并行互促发展的新格局。

新质生产力是以信息要素智能化方式解放劳动者的生产力。本体论层次的信息，就是事物运动的状态和状态改变的方式。认识论层次的信息，就是认识主体所感知或所表述的事物。②信息存在于原始社会、奴隶社会、封建社会、资本主义社会、社会主义社会，只不过当人类改造自然的能力处于较低层次的时候，人们更多地依靠视觉、听觉或通过口口相传等手段来获得信息，这表明人们对信息的认知水平和获得的能力以及生产力水平处于不同程度的低质状况。20世纪50年代，微电子技术、通信技术和计算机的应用使人们获得了捕捉信息的能力，此时信息才能成为信息要素进入生产力视野并逐渐成为生产力要素。当信息成为生产力要素的时候，信息作为不同于物质和能量的特定信息要素就开始通过信息技术改变劳动形式和提升劳动效率，并致力于武装劳动者成为智能劳动者，智能劳动者就是经过信息要素和信息技术武装之后的拟人化的劳动者，他具备了劳动者、劳动资料、劳动工具的复合型拟人化特征，智能劳动者通过智能劳动解放劳动者本身就成为新质生产力的显著特征。

新质生产力是信息、数据和网络聚合能级提升的生产力。信息的商业化传递需要网络才能插上腾飞的翅膀，没有网络，信息就是一潭死水，不能发挥生产要素的关键作用。因此，信息和网络一起将劳动资料网络化，网络作为生产力新要素的神奇力量在于它具有全球反馈、时空共在、节点式互动等特征，在大算力技术的支持下，信息被捕捉、加工、整理成为商业数据，至此，信息、网络、数据成为新质生

---

① 权衡. 资本的逻辑批判及其发展：一个理论分析框架[J]. 复旦学报（社会科学版），2022,64(6):13-24.
② 钟义信. 智能科学与创新教育[J]. 中国大学教学，2006(1):28-29,37.

产力的标配。当信息、网络、数据成为核心生产要素的时候,劳动者从事的劳动形式由此发生根本性变化,从面对实体劳动资料到从事信息资源的开发、利用和信息转换工作。当数据、信息、网络成为新生产要素的时候,数据搜集、数据挖掘、数据分析、数据产品加工、数据营销等数据劳动都会蝶变成有价值的数据再生产。这样一来,数据就成为信息化的商品,这些海量数据即经过加工后的特定信息商品就通过互联网驾驭传统生产要素嬗变的方向、规模和结构。新质生产力就表现为劳动对象的数字化、劳动资料的网络化、劳动者从事的信息劳动的虚拟化。①

数字经济是新质生产力的新形态。数据、信息、网络作为新的三个生产要素,因其自身的强渗透性、多兼容性、超时空性扩散力具备了整合传统生产力的能力,进而羽化成由数据生产力、信息生产力和网络生产力构成的新质生产力。国家为加强数字经济的发展,进一步将数据生产要素转变成数据生产力,于2023年10月25日成立了国家数据局。② 国家数据局由国家发展和改革委员会管理,主要负责协调推进数据基础制度建设,统筹数据资源整合共享和开发利用,统筹推进数字中国、数字经济、数字社会规划和建设等。这表明数据生产力会因为国家数据局的建立而进入发展的"快车道",必将助力新质生产力迈上更高发展层次。

(二) 新科学技术维度的新质生产力

新质生产力是标志性新技术引领的技术革命视域下的生产力。研究人类社会的技术发展历史之后,不难发现不同时代有不同时代的新质生产力。蒸汽动力技术的诞生引发了第一次产业革命,这是18世纪机械力取代人力和畜力的新质生产力。以电力技术为标志产生的第二次工业革命,是19世纪电力取代机械力的又一次飞跃,这是那个时代电力生产力蕴含的能量孕育的新质生产力。进入20世纪后半期,以电子计算机、航天技术、生物科技为标志的第三次工业革命,宣告了又一次新质生产力的诞生。可见,新质生产力是跳跃式产业革命的结果,是爆发式技术创新的结果。

新科学技术的产生需要产生它的土壤和条件。科技发展历史表明,科学技术的产生并不具有任意性,中国是历史上四大文明古国之一,但是中国为什么没有发生工业革命这一"李约瑟难题"令我们开始思考技术革命的发生机理和空间选择问

---

① 周延云,李琪. 生产力的新质态:信息生产力[J]. 生产力研究,2006(7):90-92.
② 2023年10月13日,《中央机关及其直属机构2024年考试录用公务员招考简章》显示,国家数据局发布了多个职位,主要包括从事数据治理和发展政策研究,参与重大战略、重大规划、重大改革、重大活动等;从事数据资源管理和开发利用推进;参与研究拟订数字经济有关发展战略、规划和政策,协同推进数字产业化和产业数字化,承担有关综合管理工作,与国家数据局相关职责高度匹配。

题。研究发现,新质生产力的出现是文化革命、制度革命、基础科学革命、产业技术革命综合作用的结果,崭新的产业技术革命的发生是文化革命、制度革命和基础科学革命的逻辑结果和现实表现,不经过前三个方面的深刻革命,以产业革命为运动形式的新质生产力是不会出现的。文化变革与制度变革对于科技革命至关重要,这里重点阐述基础科学与新质生产力之间的关系。

新质生产力是建立在前沿性基础科学与开发性应用科学共同作用基础上的生产力。以往中国核心高端关键技术短缺的最根本原因就是基础科学发展滞后,当然也有"造不如买,买不如租"的技术进口发展战略的错误导向。尤其是要"消除主要依赖引进外国科技的西方比较优势理论和战略,牢固确立自主知识产权优势理论和战略"①,这是改变中国高科技技术创新短缺的根本措施。人们通过基础研究发现新科学,以新科学演绎新技术,再以新技术全面推动新应用研究,进而使得从基础研究到应用研究经历的多个环节构成高效运转的科技研发闭环。前沿性基础科学需要长期的、艰苦的累积性研究才能有新思想、新学说、新理论的产生,这些前沿性基础科学的深入研究是诞生新技术的源头,是实现从"0"到"1"原始创新的根本,没有前沿性基础科学支撑的应用技术研究都是跟随性创新或者模仿性创新。

改变模仿性创新的根本策略是具备基础研发的合力底座。通过新科学转化路径的可行性探求、新科学之间耦合路径的尝试性探究、新自然科学与新社会科学交叉路径的关联性试验探究,实现引领性技术、颠覆性技术的关键性突破,建构信息技术、生物技术、绿色技术、算力技术、人工智能技术的超前性研发,在此基础上,把这些系统性新技术群首先运用到实体经济制造业领域,提高资源转化能力和转化效率;运用到生产经营管理中,提高数字化、信息化和智能化管理效能;运用到社会运行中,降低公共产品高质量均质化服务成本。由此可见,新科学技术不仅能够促进实体经济的动态高质量发展,而且还可以带动全社会整体生产力的普遍提升。这说明,以基础研发为底蕴的理论创新是产生超前技术和关键技术的活水源头,是新质生产力产生、发展和形成的标志。

新质生产力是新技术群的共同崛起。一个社会进入新质生产力的总格局,是现代高新科技在国民经济各行各业大致协同发展的结果,仅有几个产业领域的高新技术领先发展,还不能称其为新质生产力的社会形态,只能称其为新产业。尤其是对于中国这样一个有着14亿多人口的大国而言,对于当下美西方制裁中国经济和科技

---

① 程恩富. 全面开启建设社会主义现代化国家的若干重点解析[J]. 当代经济研究,2021(1):8-10.

的国际新形势而言,我们必须有实现自立自强的国民经济内循环的能力,必须有不受制于美西方"卡脖子"的高新技术群。电子与信息技术、生物工程和新医药技术、航空航天技术、核应用技术、海洋工程技术、新能源与高效节能技术、环境保护新技术、现代农业技术等,这些领域的关键高新科技我们一个都不能少,需要通过新型举国体制来逐步攻克,否则都会受制于美西方的制裁、围堵和打压。

(三) 战略性新兴产业维度的新质生产力

新质生产力需要结构科学合理的产业体系来支撑。在现代产业体系中,基础设施产业、民生产业、战略性新兴产业是支撑新质生产力的三大支柱。其中,传统的基础设施产业包括道路、铁路、桥梁、机场、港口、火车站、水电气管网系统、排污系统等,新基础设施产业主要包括5G基站建设、城际高速铁路和城市轨道交通、新能源汽车充电桩、特高压、大数据中心、人工智能、工业互联网七大领域,传统基础设施产业和新型基础设施产业共同构成新质生产力的两大基石。民用轻工业、农业、以居民住房为主体的公租房和商品房建筑业属于实体民生产业,教育、医疗、养老属于服务型民生产业。新质生产力不是抛弃这些实体民生产业和服务型民生产业,而是运用信息通信技术和大数据技术对传统产业群进行全面产业升级,升级后的新传统产业与战略性新兴产业共同构成高效、快捷、稳定、安全的新质产业集群,建立在新质产业群基础上的生产力成为新质生产力。

新质生产力需要明确现代产业体系内部结构的各自功能定位。产业的功能定位是以产业分工为基础的。[①] 以数字化技术、智能化技术改造升级后的基础设施产业、大健康产业、大农业、大房地产业成为新质生产力发展依托的新生力量。先进重型装备制造业、高科技军事工业作为战略性新兴产业成为新质生产力的核心主导产业,是代表未来产业发展趋势的先导性产业,是能够掌控国际局势把握战略主动权的竞争性产业。华为 Mate 60 Pro 的成功销售,表明中国具备了完全自主研发高科技的能力,实现了真正意义上的产业结构升级,这说明中国可以不再像以往那样不得不依靠房地产业来拉动经济增长了,而今完全可以依靠现代产业体系中的战略性新兴产业来促进中国经济的强劲增长。由此可见,由结构科学合理的现代产业体系特别是其中的战略性新兴产业推动的新质生产力完全可以进入良性循环发展的新赛道。

理性预测前瞻性战略产业是确保新质生产力呈现持久旺盛生命力的密码。战略

---

① 宋宪萍,程恩富. 马克思主义的分工理论及其当代发展[J]. 海派经济学,2023,21(3):1-16.

性新兴产业一定是特定空间的掌控型高科技产业,就太空而言,太空育种业、太空通信业、太空军工产业都是前瞻性战略产业。就深海而言,深海工程制造业、深海勘探业、深海加工业、深海资源制药业、深海多层分工交通业等都是前瞻性战略产业。随着科学技术的进一步发展,新能源产业、类脑智能产业、量子信息通信产业、基因生物产业、航空航天产业、深海装备产业也会成为未来前瞻性战略产业。前瞻性战略产业发展也是有规律可循的,我们可以沿着新材料、新介质、新微观世界单元、新宏观集成整体架构、新网络连接形式的全新设计思路,构筑未来产业的研发方向,探索单个产业独立型芯片向多个产业兼容型芯片转化方式,力争通过全产业链布局,实现国产化集成产业连续升级向产业迭代升级的根本性转变。

二、促进新质生产力发展的中国特色社会主义生产关系

(一)要正确认识社会主义生产关系与新质生产力的辩证关系

新质生产力需要社会主义生产关系的加持和掌控。马克思主义政治经济学告诉我们,生产力和生产关系二者是统一的,既相互作用又相互影响。观察经济发展史,不同性质的生产力最终会产生不同的生产关系或经济制度。"手推磨产生的是封建主的社会,蒸汽磨产生的是工业资本家的社会。"[1] 只有社会主义生产关系,才能促进社会主义新质生产力以前所未有的速度呈现出高质量发展。有学者认为,"社会主义基本经济制度为新质生产力的发展提供微观载体"[2],事实上,作为生产关系的社会主义基本经济制度,不仅为新质生产力提供了微观载体——国有企业和民营企业,[3] 更是为新质生产力发展提供了人民性、和谐性、稳定性成长的内在规定性。没有公有制为主体的社会主义生产关系,就无法塑造新质生产力的社会主义社会。

社会主义生产关系促进新质生产力发展是通过中国共产党的全面领导和马克思主义中国化时代化最新理论成果来实现的。中国特色社会主义伟大事业的发展借鉴了资本主义生产力发展成果,利用资本为新质生产力发展提供发展条件,但是资本主义境遇下的私人资本利用科学技术并将其异化为奴役工人阶级的手段,则是需要

---

[1] [德]马克思,恩格斯.马克思恩格斯选集:第1卷[M].北京:人民出版社,2012:222.
[2] 周绍东,胡华杰.新质生产力推动创新发展的政治经济学研究[J].新疆师范大学学报(哲学社会科学版),2024(1):247-255.
[3] 这里的民营企业,实际上就是私有企业。只不过不是所有的私有企业都能成为新质生产力的可靠主体。我们可以依靠像华为这样的民族性私有企业,而不能依靠像恒大这样的风险性私有企业发展新质生产力。

加以校正和革新的。在马克思看来,"科学技术被资本用来打破自然和道德界限的工具之逻辑"①,这表明我们必须要对资本主义生产方式进行变革,而要变革中国特色社会主义社会范围内的私人大资本垄断和无序扩张,恰恰要贯彻落实中国共产党的全面领导和习近平新时代中国特色社会主义思想。中国共产党通过"人民至上"体制机制和新发展理念,通过为资本设置红绿灯来建构资本运行秩序,确保资本运用的人民性和资本增殖的普惠性,确保中高速发展和缩小贫富差距。

社会主义基本经济制度是确保新质生产力正确发展方向的约束性条件。新质生产力是新生产要素全面融入和渗透下的生产力,是先进的新生产要素在制度变革过程中提升传统生产要素的生产力。那么,"先进的技术要素如何通过制度变革而成功地转化为普遍有效的新技术范式"②?对这一问题的回答,成为新生产要素与制度优化之间关系的核心内容。一方面,先进生产要素符合社会主义基本经济制度的发展诉求,社会主义基本经济制度正是通过先进生产要素的普遍优化来彰显其优越性的;另一方面,社会主义基本经济制度有利于一切先进新生产要素的产生和运用,让先进技术要素有利于劳动人民、有利于中国式现代化建设和国强民富,是社会主义基本制度为先进技术要素开辟前进道路的原则,是确保新生产要素服务于新质生产力的民族经济发展方向。

(二)要正确运用政府与市场的调节体制机制

政府的市场驾驭能力是确保新质生产力成长的前提条件。政府和市场的关系是社会主义市场经济的重要关系,政府的重要作用之一就是为新质生产力建构公平、公正、高效、有序、统一的市场秩序,目的在于提高市场交易效率和降低市场交易成本;混乱、无序、垄断的市场不仅无法使新质生产力健康成长,还会提高市场交易成本并降低市场交易效率。高效市场和高效政府是社会主义市场经济的目标追求,③当前的问题是,高效市场是不会自动出现的。因此,需要政府依法对市场主体、市场交易制度、市场行为进行规制,政府营造法治化环境就显得至关重要。"法治化营商环境作为经济法促进有为政府的典型映射,应遵循市场主体平等规则,不让任何一类市场主体形成不正当的竞争优势或劣势。"④ 这样一来,政府不仅是高

---

① 卓承芳. 后马克思主义激进技术批判理论及其反思[J]. 哲学研究,2022(9):40-47.
② 邬晓燕. 论绿色技术范式的制度建构——从李约瑟问题谈起[J]. 北京行政学院学报,2017(1):105-110.
③ 刘国光,程恩富. 全面准确理解市场与政府的关系[J]. 毛泽东邓小平理论研究,2014(2):11-16+91.
④ 刘大洪. "中国式现代化"与有为政府的经济法促进[J]. 政治与法律,2023(8):2-15.

效政府，还应该是有为政府；市场不仅是高效市场，还应该是有效市场，从而实现高效政府和高效市场、有为政府和有效市场之间的双向促进。只有政府和市场各自的运行状态和彼此之间的相互关系处于良好秩序状况时，我们才能真正为新质生产力创造健康发展的条件，才能促进新质生产力开创一片新天地。

政府调控市场要以正确的政治经济学理论为依据。市场壁垒的存在、资源和商品价格的扭曲、需求和供给的非对称性等都是市场失灵的突出表现，治理市场运行存在的这些问题需要科学的理论指导，而那些主张"小政府、大市场"并认为市场自身具有有效性并会自动实现动态平衡的学者，不外乎是中了西方经济学的圈套。在西方经济学看来，经济人的假设是正确的，"这是市场有效性理论乃至整个西方经济学理论所赖以成立的基础"[①]。而事实上，在马克思主义政治经济学看来，经济人假设存在严重问题，西方经济学中的"经济人"是"完全自私经济人论"，而经济实践中的"经济人"是"利己利他双性经济人"[②]。当"经济人"假设被否定之后，我们就否定了西方经济学指导下干预市场的理论基础，就认清了新自由主义思潮带来的严重后果，就会在马克思主义政治经济学指导下实行政府科学干预市场、实时校正市场失灵、果断打破市场垄断、有效降低民生领域商品市场价格等重要措施，并以此提高新质生产力发展效率。

新质生产力需要政府为其可持续发展开辟广阔、稳定、统一、高效、公平的市场。"一带一路"倡议是中国政府为新质生产力发展开辟的最广阔国际市场，与此同时，中国市场也是世界各国来华发展的更广阔空间；中国所处的国内外大安全格局是政府为新质生产力发展营造的稳定市场环境；破除地区之间的利益分割，就要建立统一的要素市场、商品市场和服务市场，这是政府为新质生产力创造高效、公平、统一大市场的有力举措。当然，政府调控市场具有一定的价值取向和偏好选择。资本主义国家的政府调控市场是有利于资产阶级集团的，中国的人民政府是出于对人民负责和对国家负责进行的市场调控，调控的出发点决定了政府使用的调控手段和调控工具。以房地产行业为例，住房具有民生属性，当房地产市场发展出现扭曲现象时，政府就要对房地产市场中将购房作为投资属性的行为进行规范和治理。哪个行业出现了偏离人民要求和伤害群众利益的市场行为，政府就要对哪个行业进行市场干预和经济规制。如果说房地产行业属于传统行业，那么，平台经济则是新兴

---

① 杨灿明. 关于政府与市场关系的再思考[J]. 中南财经政法大学学报,2019(6):26-30,159.
② 程恩富. 改革开放以来新马克思经济学综合学派的若干理论创新[J]. 政治经济学评论,2018,9(6):47-57.

行业。政府调控不仅体现在传统产业领域,更要对新兴产业进行及时规范。随着大数据、信息化、互联网和人工智能时代的到来,互联网行业更容易形成市场垄断,近年来出现的平台垄断现象就是信息化时代的突出问题。一些平台企业不再像以往通过传统规模经济的手段获取市场势力或提高市场占有率,而是通过数据资源获取便利化、数据智能化、信息共时化、网络协同化来获取市场规模,导致"产业组织逐步从原先的垂直整合架构向网络协同架构转化"①。对此,政府已经在大数据时代对平台经济垄断进行了有序治理,这样的治理对于新质生产力在平台经济领域的发展至关重要。

(三)要充分发挥国有企业促进新质生产力发展的重大作用

国有企业是新质生产力发展的根基。国有企业是社会主义经济中生产资料公有制的集中体现,是确保中国共产党长期稳定执政的经济基础,更是推动新质生产力发展的坚实后盾。在中国特色社会主义市场经济中,"公有制企业天然地被赋予追求社会福利最大化的目标,绝不仅仅是弥补市场失灵的工具,而是整个社会经济发展的重要基础"②。国有企业在金融、能源、电力、通信、交通等重要关键领域发挥着基础性、关键性作用,国有企业在大型装备制造业、军工产业、储备产业、文化产业、农业等关系国计民生的重要行业领域发挥着不可替代的作用,国有企业还是国家经济安全、政治安全、文化安全、社会安全、生态安全等总体安全的坚强保障者。无论是数据、网络、信息等新生产要素的全新闪亮登场,还是战略性新兴产业的横空出世,都需要安全、稳定的发展环境,而国有企业正是国家稳定发展的锚定物。正是从这个意义上讲,国有企业为新质生产力发展保驾护航,国有企业最能体现中国共产党的执政意愿。

国有企业支持的新质生产力是数字化时代建设中国式现代化的重要主体。以新型工业化、城镇化和人的自身现代化为内容的中国式现代化为新质生产力提供了广阔的发展空间,新质生产力是推进中国式现代化的强大推动力。中国式现代化需要国有企业、民族性民营企业的共同努力,尤其是需要支撑国民经济命脉的国有企业。当世界经济进入数字化时代,首先崛起的是私有企业,它们占据了平台经济的重要位置,而且形成了愈演愈烈的垄断态势。这就要求我们要实现国有企业在平台经济

---

① 何大安,李怀政. 大数据时代产业垄断形成机理及其发展[J]. 社会科学战线,2022(2):53-64.
② 杨春学,杨新铭. 所有制适度结构:理论分析、推断与经验事实[J]. 中国社会科学,2020(4):46-65,205.

领域的大发展,要在治理平台经济垄断问题的同时,提升国有企业在平台经济领域的占比。面对平台经济垄断,首先要清楚平台经济垄断的根本原因,"平台经济垄断产生的根本原因是大数据初始资源私人占有和平台企业私有制"①。对此,我们要在坚持社会主义公有制的前提下,在确保国家信息安全和公民隐私安全的前提下,不断扩大国有企业在平台经济领域的规模,一方面通过国有企业夯实数字基础设施建设,另一方面通过提升数字国有企业发展质量,获得更多数字资源,形成数字生产力,共同推进数字化时代新质生产力发展,从而推动中国式现代化建设的进程。

新质生产力会依托国有企业实现更高层次的共同富裕。新质生产力的发展是为了让全国人民在更高的层次上都过上美满幸福生活,实现共同富裕。财富和收入分配问题本质上是所有制问题,②而国有企业正是生产资料公有制的承载体,也是新质生产力发展的最重要主体。一方面,只有承载新质生产力发展任务的国有企业能够为全国人民提供更多可供分配的实体财富;另一方面,作为新质生产力主体的国有企业因为容纳了更多的新生产要素和新科技,还能够创造出更多的数字产业、数字财富和数字化就业机会,这些就业机会是改变贫穷落后的根本措施。国有企业分布在各个行业,众多拥有国有企业的新产业会产生更强的溢出效应,由此形成经济良性循环的良好态势,从而为共同富裕创造了更多的实现路径。

三、培育新质生产力的可行性路径

(一)新机制为培育新质生产力提供新动力

新质生产力需要新思想、新主体、新机制、新动力的通力合作与协同推进。新的国际形势要求我们在创新马克思主义理论指导下,在习近平新时代中国特色社会主义思想的正确指引下,在中国共产党的全面领导下,从中华优秀传统文化蕴藏的丰富思想中汲取大智慧,围绕国家战略生存需求和国家经济长远发展进行布局谋篇。通过准确识变、主动求变和科学应变,明确国家可持续发展的战略目标,推进新质生产力的高效发展和生产关系改革创新的同频共振。

习近平新时代中国特色社会主义思想是新质生产力发展的行动指南。中华民族

---

① 程恩富,王爱华. 数字平台经济垄断的基本特征、内在逻辑与规制思路[J]. 南通大学学报(社会科学版),2022,38(5):1-10.
② 邱敏学. 国有企业促进共同富裕的内在机理及其实现路径[J]. 马克思主义研究,2022(10):122-132.

共同体是新质生产力发展的民族主体，创新、协调、绿色、开放、共享的新发展理念是激发中华民族共同体团结一致促进新质生产力发展的内生动力。新发展格局是新质生产力发展的空间载体；现代化产业体系是新质生产力发展的中观载体，国有企业、民族性民营企业是新质生产力发展的微观载体。高质量发展既是新质生产力追求的目标，也是新质生产力发展的结果，高质量发展与新质生产力具有价值取向一致的内在规定性。高水平社会主义市场经济体制是治理体系和治理能力现代化的生动反映，治理体系和治理能力现代化从总体上确保新质生产力的高效、稳定、长远发展，高水平社会主义市场经济体制、治理体系和治理能力现代化、新质生产力三者之间具有内在的统一性和外在的契合性。

新机制是孕育新质生产力的源头。新机制为新质生产力发展开辟新赛道并酝酿新动力，新赛道上的新主体是新质生产力的新生力量，是第四次产业革命的领跑者。新机制包括新资源创新机制、新收入分配机制、新社会流动机制、新经营机制。新动力是新赛道得以开拓的新能量，是确保新赛道顺利畅通并可持续延展的源泉，新赛道是新质生产力具体实施领域的优先选择范围。

新机制为新质生产力的爆发提供能量。运用资源创新机制激活人才队伍中的新创新主体，运用新收入分配机制激发具备科技创新优势的多层级科技创新中心释放新动能，运用新社会流动机制激励创新集群低成本运行实现高效率，运用新经营机制发现新场景融合虚拟现实创新构筑数字化产业新基地，再通过新主体在新动力作用下发现更多新场景，从而提高新效率。这充分说明，在新机制、新主体、新能量、新动力共同作用下，就会开辟出新赛道，进而形成新质生产力发展的能量场。

（二）新场域为新质生产力发展创造新空间

新质生产力要有新的作为空间。这些新的作为空间有的是原有行业的新技术应用场景，有的是新技术支撑的崭新领域。2021年10月29日，华为成立了包括煤矿军团、海关和港口军团、智慧公路军团、智能光伏军团和数据中心能源军团等在内的首批行业"军团"[①]，这是华为的通信技术、操作系统、智能控制技术在传统的煤炭领域、海关与港口领域、公路交通领域、绿色能源领域等有所作为的新场域，是

---

① 后来，华为又建立了第二批十个军团，包括：电力数字化军团、政务一网通军团、机场与轨道军团、互动媒体军团、运动健康军团、显示新核军团、园区军团、广域网络军团、数据中心底座军团与数字站点军团。2022年5月26日，华为公司在深圳坂田基地A区举行第三批军团系统部组建成立大会。第三批五个军团系统部分别为：数字金融军团、站点能源军团、机器视觉军团、制造行业数字化系统部和公共事业系统部。

全新技术改造传统产业的成功典型,是实现并完成产业结构升级的突出标志,这些新场域是新技术引领的新质生产力发展新载体。

先进核心技术在扩散过程中会带动更多企业开辟新场域。在华为"军团"模式的示范下,自2022年开始三大电信运营商也纷纷建立了自己的"军团"①。中国联通先后建立了装备制造、智慧钢铁、服装制造、智慧矿山、汽车制造等九大行业"军团";中国电信成立了包括卫健、应急、文旅、教育、住建、金融等在内的12个产业研究院;中国移动陆续成立了电力、智慧园区、智慧医院等"军团"。进入2023年,中国移动又成立了私有云、公安、全连接工厂、车联网等"军团"。

新场域是高科技产业链上的企业群通过系统性核心关键技术为新质生产力发展开辟的新市场。以半导体产业为例,半导体产业具备国际竞争力的科技研发产品最终体现在芯片上,芯片又是制造业的"大脑",计算机芯片、手机芯片、智能制造芯片、高端服务芯片构成半导体产业链式结构关键环节,而研制芯片的集成电路技术包括新材料技术、电路设计技术、封装技术、物理布局技术、制程技术、以语言模型建构技术和视觉处理技术以及算力底座技术为组成部分的人工智能技术,所有这些新科技的研发不是一个企业能够完全承担的,而是需要产业链上的技术相关企业群集成研发、协同研发、合作研发才能突破美国对中国的系统性关键核心技术封锁。

具备研发核心关键技术的头部企业是新质生产力发展过程中创造新场域的主力军。2023年8月29日,华为Mate 60 Pro全面销售,意味着困扰中国多年的芯片技术打开新局面,意味着美国对中国制造业的全面制裁以失败告一段落,意味着中国开启了新质生产力发展新征程。不仅如此,在已有5G芯片基础上,华为又研制出了5.5G芯片。华为的5.5G芯片拥有的通感一体技术、无源物联技术、内生智能技术已经成为超过美国半导体行业的先进高科技,5.5G芯片的问世必将带来更多新的应用场景,由上述新应用场景构成新质生产力需要的新赛道再为中国半导体产业开辟新的市场,这标志着我国半导体产业的产业升级在第四次产业革命中初步完成。

(三) 世界和平为新质生产力发展提供良好环境

战争是破坏新质生产力发展的最大障碍。无论是俄罗斯乌克兰冲突,还是哈马斯以色列冲突,所有这些军事冲突都是局部战争,而这些局部战争毫无疑问不仅给

---

① 杨光."军团"模式能否打开5G行业市场的新天地?[J].通信世界,2023(15):30-32.

战火中的人民带来人道主义灾难,还给世界各国生产力发展带来了毁灭性打击,而发生战争的原因在于政治,在于美西方的政治军事霸权。列宁指出:"从马克思主义的观点来看,必须根据每一个具体情况,就每一次具体战争,确定战争的政治内容……任何战争都仅仅是政治的继续。"① 根据马克思主义战争理论,战争是政治的继续,战争是政治的另一种表现方式。战争分为正义战争和非正义战争。为民族独立、国家解放的人民战争属于正义战争,正义战争是促进被压迫民族解放生产力和发展生产力的根本方法,中国人民打败日本侵略者的人民战争、广大亚非拉国家的独立战争都是人民战争的典型形式,都是解放第三世界生产力的正义战争。不管是奴隶社会、封建社会还是资本主义社会,出于霸权目标的资本主义挑起的非正义战争都是为了摧毁敌方生产力,从而获得更多的能源、资源、财富、空间和精英人口。正如恩格斯所指出的:"只要有利益相互对立、相互冲突和社会地位不同的阶级存在,阶级之间的战争就不会熄灭。"② 如果说第一次世界大战和第二次世界大战是以有限战争的形式凸显资本主义国家霸权的话,那么,新帝国主义的军事霸权则表现为"无限战争"。由于"无限战争具有战争期限的延绵性、战争军事目的的不确定性、战争手段的不适度性以及战争空间影响的开放性等多重维度"③,无限战争是对当代资本主义主导的世界生产力更具有破坏力的战争,是掠夺第三世界财富的新手段。我们支持被压迫者和被压迫国家进行反抗的正义战争,反对一切形式的非正义战争,更反对新帝国主义实施的无限战争。

霸权主义严重影响新质生产力的发展。新质生产力是以新科技体系为引领的新制造业支撑的生产力,是以数字化金融服务和智能化生产型服务为特征的生产力。新帝国主义的经济霸权主义和军事凯恩斯主义严重影响了各国新质生产力的发展,新帝国主义以巨型跨国垄断公司制造了全球范围的"生产和流通的新垄断",以"金融资本的新垄断"制造了"畸形发展的经济金融化"④。无论是生产领域和流通领域,还是国际化程度很高的经济金融化领域,都发生了因新帝国主义的垄断而导致新技术传播受阻、高科技产品国际贸易不畅通以及高科技研发资本严重短缺的现象,所以新帝国主义成为严重制约新质生产力发展的阻碍因素。不仅如此,新帝国

---

① [苏]列宁. 列宁全集:第28卷[M]. 北京:人民出版社,1990:303.
② [德]马克思,恩格斯. 马克思恩格斯选集:第1卷[M]. 北京:人民出版社,1990:708.
③ 孔明安,陈宇. 当代帝国主义的无限战争及其内在逻辑[J]. 湖北大学学报(哲学社会科学版),2023,50(5):115-122,171.
④ 程恩富,鲁保林,俞使超. 论新帝国主义的五大特征和特性——以列宁的帝国主义理论为基础[J]. 马克思主义研究,2019(5):49-65,159-160.

主义还依赖其霸权势力"通过金融剥削与政治经济依附体系主导世界政治经济体系，引发世界财富的两极分化与全球的再生产危机"①，而全球再生产危机对新质生产力发展具有最大的破坏力和杀伤力。

新质生产力发展是推动世界和平的重要手段。新质生产力发展在普遍交往中推动世界和平。在马克思主义交往理论中，交往不应是局限于区域、国别之内的有限交往，而应该是突破地域空间限制的普遍交往，是开放、包容、正义的世界性交往。交往也不局限于精神交往，更多的是生产关系和生产力层面的多重交往。"交往与生产互为前提，交往内生于生产，生产只有在交往中才能进行。"② 新质生产力基于正义交往才能够着力推动现代化建设，新质生产力是更高层次人类普遍交往意义上的生产力，是能够为正义交往提供资源和路径的生产力。如果说以往资本主义创造的生产力使得人类的交往朝着非正义的方向演进，那么，新质生产力则为世界和平提供了高质量人类正义交往的新手段。究其原因在于：在资本主义国家资本逻辑控制下，他们总是习惯于凭借自己在工业革命过程中积累起来的生产力方面先发优势，"将本国利益凌驾于他国利益和国际社会的共同利益之上"③，通过非正义交往和强权垄断制造人类前途命运的各种危机。而新质生产力则是基于人类命运共同体伟大构想，以责任共担、利益共享的正义交往思路谋求世界和平，为全世界正义交往和平等合作开拓了广阔新天地的生产力。

四、结语

新质生产力是我们建设中国式现代化和提升中国国际竞争力的最重要途径，是全力赶超西方发达国家的最重要措施。因此，我们要在中国共产党的全面领导下，充分发挥中国特色社会主义生产关系和基本经济制度的优势，牢牢把握新质生产力特定内涵、演变规律和面临的国际形势，充分利用智能产业革命的时代机遇，抓住各种经济周期叠加带来的发展机会，通过统筹新生产要素、新科技、新产业来支撑新质生产力全面提升，通过创造有利于新质生产力发展的新机制、新场域、新赛道，来开辟新质生产力发展空间，从而掌握新国际形势下新质生产力发展的战略主动权，在奠定中国科技创新和自主知识产权优势的基础上，切实推动新质生产力的能级跃迁。

---

① 周文,肖玉飞.新帝国主义批判[J].政治经济学研究,2021(2):113-126.
② 侯振武,杨耕.关于马克思交往理论的再思考[J].哲学研究,2018(7):10-18,127.
③ 李包庚,耿可欣.走向交往正义的人类命运共同体[J].浙江社会科学,2022(9):4-13,156.

作者简介

陈晋,中央党史和文献研究院原院务委员(副部长级),中国中共文献研究会副会长兼毛泽东思想生平研究会会长,中国毛泽东诗词研究会会长、研究员。享受国务院颁发的政府特殊津贴(1993年),获中央直属机关"五一劳动奖章"(2005年)。

研究专长:中共党史和理论、毛泽东等党的领袖人物研究,以及党史文献和理论电视片撰稿。

主要成果:《毛泽东传(1893—1949)》(执笔者之一)、《毛泽东年谱(1949—1976)》(执笔者之一,副主编),主持的重要研究课题有《毛泽东与中国道路》《毛泽东时代的中国》《中国道路:马克思主义中国化经典文献回眸》《为了初心和使命》《中国特色社会主义文化发展道路》《实现共同发展,促进祖国统一》等,均已公开出版。主持编纂有毛泽东、周恩来、刘少奇、朱德、任弼时等党和国家重要领导人的大型系列文稿。

论著有:《大时代的脉络与记忆:从五四运动到改革开放》《中国道路与文化自信》《中国共产党一路走来》《速读新时代》《毛泽东读书笔记精讲》《毛泽东阅读史》《毛泽东的文化性格》《毛泽东与文艺传统》《毛泽东文艺评传》《读毛泽东札记》《毛泽东、邓小平、江泽民与中国先进文化》《世纪小平》《陈晋自选集》(属中宣部学习出版社出版的"学习理论文库")等十余部。在报刊上发表研究或宣传文章二百余篇。

陈　晋：中国式现代化的历史逻辑

中国的现代化理论和实践，是从近代以来逐步开始自觉推动的。到了20世纪30年代，中国知识界开始自觉考虑中国的现代化该怎么干的问题。于是，1933年7月，他们在一本杂志上发起了一场讨论，提出了几个问题，要求大家讨论：第一，中国的现代化要具备哪些先决条件；第二，中国的现代化是在个人主义的基础上搞现代化，还是以社会主义的方式搞现代化；第三，外国资本和国民资本在中国的现代化中到底起什么作用。

这些问题被提出来以后，他们讨论出了三种结论：第一，主张搞社会主义式的中国现代化；第二，主张搞资本主义式的中国现代化；第三，主张搞社会主义和资本主义结合起来的中国现代化。这说明我们对现代化的自觉，至少在20世纪30年代就比较突出和明显了。但是，与20世纪30年代知识分子的讨论不同的是，中国共产党在那之前，一直到后来的奋斗，实际上就是在解决一个问题，即怎么为中国的现代化创造条件，也就是在回答那场讨论中提出的解决哪些先决条件的问题。中国共产党人认为，只有新民主主义革命取得成功，才能够为中国的现代化创造根本的社会条件。这是中国式现代化历史逻辑的第一步。

一、中国式现代化历史逻辑的第二步

关于中国式现代化历史逻辑的第二步，党的二十大报告中写得很清楚："在新中国成立特别是改革开放以来长期探索和实践基础上，经过十八大以来在理论和实践上的创新突破，我们党成功推进和拓展了中国式现代化。"所以，历史逻辑很明确，就是新中国成立以来，我们开始在人民当家作主的社会条件下、在社会主义的条件下，探索现代化道路问题。关键是，什么是现代化？我们的现代化应该是什么样的？20世纪50年代初，人们对现代化的概念主要是工业化，从1953年起开始大规模建设工业。与此同时，不光是工业化，还有别的领域现代化的问题。所以，在20世纪50年代末，就基本形成了"四个现代化"的概念：工业、农业、国防、科学技术的现代化。"四个现代化"一经提出，实际上就把它作为了中国式现代化的前进方向和奋斗目标。这是中国式现代化历史逻辑最明显的一步。

到了1978年邓小平到日本访问、参观，特别是他来到日产汽车的生产车间，看到那么宏伟的工厂，装配车间的汽车工业化技术那么先进，整个车间干干净净，人员也不多，他深受震撼，说了一句话："我知道什么是现代化了。"回国以后，到了1979年，他就提出了一个新的概念。英国人问他，你们搞的"四个现代化"是什么样子？邓小平说，我们的"四个现代化"和你们那个不一样，我姑且把它叫作"中国式的四个现代化"，今天"中国式现代化"这个名称就是这么来的。到了1979年12月，日本前首相大平正芳来我国访问，见到邓小平又问了一个问题，你们搞的"四个现代化"到底是什么样子？这一问，让邓小平沉默了，有人说他沉默了14秒钟，他在想怎么回答这个问题，最后他就说了这么几句话：我们要实现的"四个现代化"和你们的现代化不一样，这是第一句话；第二句话，我们要实现的现代化是中国式的；第三句话，中国式现代化实现以后到底是什么样？他紧接着说，到20世纪末我们实现"四个现代化"的时候也就是一个"小康之家"。这就把"四个现代化"定位为"中国式的"，进而定位为"小康"。所以，从此以后，"中国式现代化"用得不多，开始大量用"小康"，即"小康之家""小康社会""总体小康""全面小康"等。我们建设了几十年，到2021年才正式宣布全面建成小康社会。

从这个过程中我们可以体会到：第一，全面建设小康社会是我们这几十年的中心任务；第二，全面建设小康社会本身就是中国式现代化在中国拓展和丰富的一个阶段性标志。这就是中国式现代化历史逻辑的第二步。

紧接着问题就来了。2021年，我们实现全面建成小康社会，而全面建成小康社会以后，社会的变化、经济的发展和邓小平当初设想的小康社会已经是天壤之别。1979年邓小平设想的20世纪末建成的小康社会，他的目标是人均国内生产总值800美元，但我们2021年全面建成小康社会时，人均国内生产总值超过了1.2万美元。所以，在即将实现全面建成小康社会目标之前，习近平总书记就在考虑我们在完成全面建成小康社会这个中心任务之后，下一步的中心任务是什么。所以，从2015年开始，习近平总书记就重新提起邓小平1979年提到的"中国式现代化"的概念，不断地进行阐述，在党的二十大报告中进行了充分阐述，到了2023年2月7日，在中央党校的讲话中，他又进行了深入阐述。这样，我们就形成了"中国式现代化"的理论体系，这个历史逻辑是很清楚的。

二、为什么说中国式现代化就是人类文明新形态

第一，现代化过程本身就是创造某种文明形态的过程，中国是这样，世界也是一样。所以我们经常讲"从农业文明到工业文明，再到现代文明"，甚至后现代主义还创造出了一个后现代文明。这证明现代化过程和文明创造过程是不能分割的。所以，现代化过程，也是某种文明形态形成的过程。

第二，中国式现代化创造的新的文明形态是马克思主义基本原理、科学社会主义基本原则同中国具体实际、中华优秀传统文化在理论和实践上相结合的产物。也就是说，我们创造的人类文明新形态，它就是马克思主义和中国具体实际、科学社会主义基本原则和中国具体实际结合的新产物，这个"实际"就包括中国的文化国情、文化实际，它有文明、文化的前提和本质，而且在现代化过程中、在马克思主义中国化过程中、在中国特色社会主义发展过程中，越来越浓烈，越来越让我们的现代化过程成为一种文明创造行为。

第三，中国式现代化的创新在哪里？中国式现代化超越了工业文明单向度的追求，它要实现物质文明、政治文明、精神文明、社会文明、生态文明的协调发展，而且中国已经把这五大文明覆盖在中国式现代化的整个过程中。另外，中国式现代化拥有中华民族价值观的支撑，这里的价值观，就是指中华优秀传统文化、革命文化和社会主义先进文化。我们创造的文明"新"就新在这里。当然，它主要还是在中国共产党领导的中国特色社会主义道路上发展起来的一种文明。

三、中国式现代化创造的文明为什么是人类的

说到这里，我们还要思考一个问题，就是为什么中国式现代化创造的文明不叫"中国式新文明"，而叫"人类文明新形态"，它为什么是人类的？

这个问题我们也要去思考，而且思考这个问题，可以从党的二十大报告中理解，即不断谱写马克思主义中国化时代化新篇章的"六个坚持"，其中第六个"坚持"就是"坚持胸怀天下"，只有胸怀天下，才能够为人类创造文明新形态，才能够为人类做出更大的贡献。

胸怀天下有两层含义：一是吸收别人的东西；二是把自己的东西拿到世界舞台上去运用、去贡献，为解决全人类共同面临的问题拿出中国方案。"人类文明新形态"就是这个含义。它背后的逻辑支撑是什么？党的二十大报告里表述得很清楚："中国共产党是为中国人民谋幸福、为中华民族谋复兴的党，也是为人类谋进步、为世界谋大同的党。"这里"也是"后面的部分，就是一种胸怀天下的立场。正因为有了胸怀天下的立场、出发点和世界观、方法论，我们才有可能在现代化过程中创造属于人类的一种文明新形态，而且这个过程不仅是逻辑推导，它也是一种实实在在的理念和行动。实际上，哪怕我们在没有直接为现代化进行探索和实践的时候，即便中国共产党和其革命处于低潮时，我们都没有放弃和忘记胸怀天下的立场和方法论。

大家都知道长征很艰难，在长征途中，毛泽东翻越岷山时往西一看，看到了昆仑山，创作了著名的《念奴娇·昆仑》，在此词的后半部分他讲道，不仅要改造中国，还要改造世界。他说："而今我谓昆仑，不要这高，不要这多雪。安得倚天抽宝剑，把汝裁为三截。"即要把昆仑山砍成三段，去改造中国的山河。改造的目的是什么？他写道："一截遗欧"，送到欧洲；"一截赠美"，送到美国；"一截还东国"，送到日本。为什么要送到这些地方？最后他写道："太平世界，环球同此凉热。"这就是胸怀天下。"环球同此凉热"，就是今天习近平总书记讲的"人类命运共同体"。所以，为什么把构建人类命运共同体作为中国式现代化的一个本质要求？道理就在这里，它也是中国式现代化能够创造人类文明新形态的政治前提，我们的目的是构建人类命运共同体，而且将其作为人类文明新形态，它不仅有中国的价值观支撑，还有党的二十大之前就提出来的全人类共同价值。全人类共同价值，就是我们能够理直气壮地把我们创造的新的文明形态称为"人类文明新形态"的价值观支撑。

所以说，人类文明新形态，"新"的地方很多，为什么叫"人类文明新形态"，而不叫"中国式文明新形态"？需要我们进一步去思考和回答。

作者简介

韩震,男,哲学博士。现任北京师范大学学术委员会主任、哲学教授、博士生导师。曾任北京师范大学副校长、北京外国语大学校长和党委书记。兼任马克思主义理论研究和建设工程咨询委员会委员、国家教材委员会委员兼大中小德育一体化专家委员会主任、教育部社会科学委员会哲学学部委员、中国高等教育学会高校社会科学管理研究会理事长、中国现代外国哲学学会副理事长等职务,北京市社科联副主席,《北京师范大学学报》、Frontiers of Philosophy in China 编委会主任,马克思主义理论研究和建设工程重点教材《西方哲学史》和《马克思恩格斯列宁经典著作选读》首席专家。专著有《西方历史哲学导论》《生成的存在》《重建理性主义信念》《全球化时代的文化认同与国家认同》《思考的痕迹》《社会主义核心价值观新论》《社会主义核心价值观的话语构建与传播》《大国话语》《大国博弈与未来世界》《教材15讲》等,译著有《自我的根源》《历史与转义》等,在《中国社会科学》《哲学研究》《人民日报》《光明日报》等报刊发表论文、译文700余篇。入选教育部"跨世纪人才"培养计划、人事部等部委首批"新世纪百千万国家级人才"、中宣部"文化名家暨四个一批"人才培养人选、中组部"万人计划"首批哲学社会科学领军人才,多次获国家和省部级教学、教材及科研成果奖。

韩 震：以历史思维解读中国式现代化道路①

改革开放以来，中国用了短短几十年的时间就变成世界第一制造业大国、第二大经济体，以史无前例的规模和速度解决了绝对贫困问题，并且开启了建设社会主义现代化强国的新征程。中国发展的成就或"奇迹"，已经历史性地证明了中国道路的成功。本文力图就中国道路何以成功的原因，进行历史哲学的解读与阐释。

一

首先，我要声明，在此我只是阐释中国道路的成功，而不是证明中国道路是唯一的成功道路。实际上，近代以来，世界上有许多国家迅速崛起的案例。譬如，美国历史学家麦格劳就写道："……在1820—1990年这170年间，人均年收入的增长在英国翻了10倍，德国翻了15倍，美国翻了18倍，日本翻了25倍。"②麦格劳还引用马克思和恩格斯的话来证明，"资本主义时代是人类历史上的一个独特时期，是一个经济增长的时期"③。马克思和恩格斯的确说过："资产阶级在历史上曾经起过非常革命的作用"④资产阶级在其出现之后所创造的生产力，"比过去一切世代创

---

① 本文系国家社科基金重大委托专项"新时代中国特色哲学基本理论问题研究"（批准号：18VXK001）阶段性成果。
② [美]托马斯·麦格劳. 现代资本主义：三次工业革命中的成功者[M]. 赵文书,肖锁章,译. 南京：江苏人民出版社,1999：1-2.
③ [美]托马斯·麦格劳. 现代资本主义：三次工业革命中的成功者[M]. 赵文书,肖锁章,译. 南京：江苏人民出版社,1999：2. 麦格劳还指出："英国的工业化始于18世纪晚期，代表了现代资本主义发展的早期阶段。德国和美国紧随其后，于19世纪晚期在世界上大放异彩。日本在20世纪前一点才开始工业化进程，但在20世纪30年代便成为一个重要的工业国并于50年代后实现了惊人的增长。"（同上书,第3页）
④ [德]马克思,恩格斯. 马克思恩格斯选集：第1卷[M]. 北京：人民出版社,2012：402.

造的全部生产力还要多,还要大"①。问题是,马克思、恩格斯都更加强调资本主义的历史局限性,未来的社会应该建立在更加公正的制度基础上,而社会主义现代化道路的探索就是人类走向未来的必由之路。中国以前所未有的发展进程证明了社会主义现代化道路的可能性和优越性。中国发展道路的重要性,不仅在于社会的人口规模更大,经济发展的速度更快,中国2020年的GDP是1980年的220倍,人均GDP是150倍;而且更在于中国走了一条不同于西方国家现代化的道路,开创了中国特色社会主义现代化发展道路。

谈到"中国道路",就必须给这个"道路"以内涵上的规定性。所谓中国道路,就是中国在追求经济社会现代化发展的探索过程中走出了适合自身特点和需要的发展路径。这是一条大国崛起的道路,也是社会主义成功探索的道路。中国道路的成功既是制度创设、文化演变的结果,也是世界发展大势给中国提供历史机遇的产物,但是历史文化和世界形势不可能自动带来中国的发展。中国道路的成功,归根结底是中国共产党团结带领中国人民为实现中华民族伟大复兴目标奋斗的实践结果。正如习近平总书记在庆祝中国共产党成立100周年大会上的讲话中指出的,"一百年来,中国共产党团结带领中国人民进行的一切奋斗、一切牺牲、一切创造,归结起来就是一个主题:实现中华民族伟大复兴"②。而"中国特色社会主义是党和人民历经千辛万苦、付出巨大代价取得的根本成就,是实现中华民族伟大复兴的正确道路"③。

二

中国道路的成功不是从"无"或零开始的,也不是在封闭状态下展开的。中国社会主义现代化发展的航船,一方面是带着深厚的历史和文化传统的基础启程的,另一方面是在参照世界各国百舸争流的现代化发展经验教训中不断寻觅探索推进的。中国道路的探索不是随心所欲构建空中楼阁,而是一个在符合中国实际、契合世界发展大势条件下进行创造性实践的过程。

首先,中国的历史经验和教训告诉我们,要实现具有历史意义的发展,必须坚持持续开放。我们应该关注这样一个事实,即中国在人类历史上创造过辉煌的文明

---

① [德]马克思,恩格斯. 马克思恩格斯选集:第1卷[M]. 北京:人民出版社,2012:405.
② 习近平. 在庆祝中国共产党成立100周年大会上的讲话[M]. 北京:人民出版社,2021:3.
③ 习近平. 在庆祝中国共产党成立100周年大会上的讲话[M]. 北京:人民出版社,2021:13.

成就,然而,在近代以来却落伍了,甚至一度"呈现在世界面前的是一派衰败凋零的景象"。① 中国历史上富有生命力和创造力的时期,如汉唐盛世、元代和明朝初年,都是处于比较开放的状态,不仅在发展开拓上积极进取,而且在对外交往方面也展现了广博的胸襟与气度。西方的崛起绝不是什么种族或文化上的优越,而是历史的机缘造成的。尽管历史是不能假设的,但却可以反观。实际上,西方的崛起是与航海及殖民联系在一起的。航海不仅需要天文、地理、水文等各方面的知识,而且航海及贸易带来的交往的扩大也有利于知识的生产,新的知识与贸易的扩展又推动了产业的革命。由此看来,在某种意义上,中国思想上的落伍是从明朝的禁海政策开始的。从历史的角度看,"中国具有先于欧洲探索和发现新世界并从中获利的必要条件,但是历史并没有沿这条轨迹发展"②。假如15世纪初期,明朝郑和下西洋的船队持续延续且不断扩大的话,那么最先在科学技术和生产方式上实现突破的,也许就是中国人了。③ 可是,"到了1436年,帝国干脆发布一项法令,禁止建造新的远洋船舶。……造船技术迅速荒疏衰退,到了16世纪中叶,中国海军已无力抵御在中国海岸一带活动日益猖獗的海盗"④。不仅如此,西班牙历史学家麦克伦南还指出:"这是中国历史的一个转折点。从那时起,中国这个最先进的文明体系开始背对世界,发展陷入停滞,一个本可能称霸世界的帝国逐渐变成欧洲大国劫掠的目标。"⑤ 中国可能称霸世界是西方人的思维方式,但中国从航海退回海内的陆地,从而失去了开放和发展的机遇,这确实是关键的转折点。历史已经证明,经济社会的发展需要互通有无的交流,知识和文化的创新也需要多样性的互鉴。封闭是没有出路的,唯有持续的开放才能永葆经济社会的发展活力和文化创造的生命力。开放才有发展的新边界,开放才能不断开启新的发展可能性。未来的历史将证明,1978年以来中国逐渐打开国门,坚持持续有序的开放,是中国道路成功的原因之一。

其次,近代以来中国的发展史告诉我们,要实现具有历史意义的发展,必须坚

---

① 习近平. 在庆祝中国共产党成立100周年大会上的讲话[M]. 北京:人民出版社,2021:21-22.
② [西]胡里奥·克雷斯波·麦克伦南. 欧洲文明如何塑造现代世界[M]. 黄锦桂,译. 北京:中信出版集团,2020:7.
③ 就此,美国历史学家威廉·麦克尼尔指出:"如果当时中国人有意进一步开展探险活动,会有什么样的结果。一位中国的哥伦布很可能在哥伦布本人寻找中国无着,无意中发现伊斯帕尼奥拉岛前半个世纪就发现了美洲的西海岸。中国船的适航性无疑足以使其横渡太平洋再返回中国。的确,如果类似于郑和远征的航行重新开始,中国的航海家很可能在大航海家亨利王子去世(1460年)以前就已经绕过非洲,发现了欧洲。"([美]威廉·麦克尼尔. 竞逐富强[M]. 孙岳,译. 北京:中信出版集团,2020:42-43.)
④ [美]威廉·麦克尼尔. 竞逐富强[M]. 孙岳,译. 北京:中信出版集团,43.
⑤ [西]胡里奥·克雷斯波·麦克伦南. 欧洲文明如何塑造现代世界[M]. 黄锦桂,译. 北京:中信出版集团,2020:7.

持走社会主义道路。在以往历史上，中国有过多次兴衰的交替，但是近代这次的衰败与过去的王朝兴替不一样。历史上的王朝更替，更多是周边游牧民族的侵扰或直接入主中原造成的，不仅很快就重新恢复繁荣，而且外来者很快被建立在更先进生产方式基础上的中原文化所同化。就此，日本研究现代化历史的教授指出："中国最大的特长是它在历史上曾是一个亚洲的文化大国，包括日本的中国周围国家是汲取了中国的文化来发展自己的文化的。虽然有几个时期北方的民族在武力上优于中国，但即使这样的时期，中国仍没有失去亚洲大国的地位。"不过，鸦片战争之后，历史进程发生了重大改变。"鸦片战争以后中国最大的不幸就在于失去了亚洲文化大国的地位。"① 中国近代衰败的原因是它遭遇了比当时的中国掌握更加先进生产力的西方人，中国人面对的是一种新的资本主义文明。我们不能再按部就班地依照中国的旧制进行历史演化，因为那样我们就面临进一步衰落的境地。从这个意义上说，中国面临的是现代化"启蒙"的任务。与此同时，我们也无法走与西方同样的道路，因为西方资本主义国家是靠殖民掠夺而发展的，它们不会允许当时占世界人口1/4的中国发展得同它们一样强大，如果中国变成资本主义列强，那么它们也就没有多少可以掠夺的对象了。从这个意义上说，中国面临的是"救亡"的问题。毛泽东在《论人民民主专政》中清楚地阐明了这个道理："自从一八四〇年鸦片战争失败那时起，先进的中国人，经过千辛万苦，向西方国家寻找真理。"②"帝国主义的侵略打破了中国人学西方的迷梦。""中国人向西方学得很不少，但是行不通，理想总是不能实现。"为什么？因为"先生老是侵略学生"。③ 或许有人反驳，日本也是后起走资本主义道路的"成功者"，也曾经受到西方列强的觊觎，为什么日本就能够成功？实际上，这是因为中国在面对西方的挑战上压力更大一些。正如日本历史学家依田憙家指出的，"当时欧美对东亚的压力主要对着中国，对日本的压力因而比较弱一些，这也是对日本现代化非常有利的条件"④。鉴于这种差别，日本仍然可以走模仿西方的路，而中国必须另辟蹊径。这就是"中国人找到了马克思列宁主义这个放之四海而皆准的普遍真理，中国的面目就起了变化了"⑤。为什么马克思列宁主义能够改变中国、发展中国？原因何在？这是因为马克思主义能够同时解决中国现代化"启蒙"和民族独立"救亡"的双重任务。马克思主义承认资本主义对封

---

① [日]依田憙家. 日中两国现代化比较研究[M]. 卞立强,等,译. 北京:北京大学出版社,1997:343.
② 毛泽东. 毛泽东选集:第4卷[M]. 北京:人民出版社,1991:1469.
③ 毛泽东. 毛泽东选集:第4卷[M]. 北京:人民出版社,1991:1470.
④ [日]依田憙家. 日中两国现代化比较研究[M]. 卞立强,等,译. 北京:北京大学出版社,1997:340.
⑤ 毛泽东. 毛泽东选集:第4卷[M]. 北京:人民出版社,1991:1470.

建主义的先进性，认可其推动生产力发展的历史作用，与此同时批判其阶级剥削和民族压迫的实质。这就给寻求启蒙与救亡道路的中国人民以行动的指南。① 中国的现代化发展，不仅要反对封建主义，而且要反对帝国主义（也就是反对资本主义）。由此可见，没有社会主义就没有新中国，也就没有创造发展奇迹的中国道路。

再次，新中国发展史告诉我们，要实现具有历史意义的发展，必须坚持不断改革。正如前文所述，中国选择了走社会主义道路，在近代以来的历史条件下唯有社会主义才能救中国，因此中国的发展必须走社会主义道路。但是，我们是在借鉴苏联模式的社会主义的国际环境下走向社会主义的，苏联模式既给了我们以学习的动力，也限制了我们的眼界，给我们增加了许多条条框框，让我们在探索社会主义发展道路时变得越来越僵化。"计划"可以作为战略目标的导向，但是也容易让人们忽略根据瞬息万变的形势不断调整计划的必要。另外，任何计划都是人来制定的，而本质上作为"Dasein"的所有人在认识上都是有局限性的，现实中不可能有一劳永逸完善的计划。按照《易经》的观点，"变则通"，通则易生；这就是说变革有利于发展，发展才能开启有希望的未来。旧的习惯和陋俗往往成为限制我们创造力的枷锁，只有打破原有思想规划的牢笼，才能摆脱陈规旧俗的束缚。正如邓小平指出的，"不打破思想僵化，不大大解放干部和群众的思想，四个现代化就没有希望"。无论党还是国家，"如果一切从本本出发，思想僵化，迷信盛行，那它就不能前进，它的生机就停止了，就要亡党亡国"。② 邓小平把改革看成是社会主义制度的自我完善。要完善社会主义制度，就要正视我们在体制机制方面存在的问题。邓小平指出："党和国家现行的一些具体制度中，还存在不少的弊端，妨碍甚至严重妨碍社会主义优越性的发挥。如不认真改革，就很难适应现代化建设的迫切需要，我们就要严重地脱离广大群众。"③ 要变革要创新，就必须让思想冲破旧意识、旧框框的束缚，让思想在更加广阔的空间思考，让改革创造的行动不断拓展发展的可能性空间。实践证明，改革极大地推动了中国的发展变化，彻底改变了中国贫穷落后的面貌。当然，许多国家都想进行成功的改革，为什么不一定成功呢？这里可能也有文化上的原因，中国没有形而上学意义上的世界"始基"，没有绝对的神圣存在，中国古代就按照"天人关系"的互动体系理解社会变化，这也许给中国改革奠定了文化基

---

① 韩震. 马克思主义何以能推动中国发展进步[J]. 光明日报,2018-05-09(011).
② 邓小平. 邓小平文选:第2卷[M]. 北京:人民出版社,1994:143.
③ 邓小平. 邓小平文选:第2卷[M]. 北京:人民出版社,1994:327.

础。这个问题我已经在别的文章中加以论证,① 此处就不赘述了。总之,社会是不断发展的,改革也不能有停顿。改革没有完成时,只有进行时。"只有顺应历史潮流,积极应变,主动求变,才能与时代同行。"② 中国道路之所以能够成功,就在于我们不断通过改革解放和增强社会活力。

最后,全球史和社会主义发展史告诉我们,要实现具有历史意义的发展,必须坚持独立自主的路线。实际上,在全球范围内,任何国家都想通过一定的变革实现经济社会的发展,改变落后的面貌。但是,为什么真正的成功者寥若晨星?原因在于,在资本主义的世界体系中,发展中国家维护自己的发展利益、拓展自身的发展空间是非常不容易的。在世界体系或西方霸权形成之前,各民族往往是各自在一定地域内相对孤立地发展着的,直到1820年,中国、印度加上亚洲其他地方,经济产出占世界的一半以上(但后来被欧洲甩开,远远落后于欧美)。实际上,西方的崛起是一个非常晚近的历史进程。但是,伴随着殖民主义和资本主义的相互促进,西方的崛起让原来大多孤立、分散的民族演化的历史变成了世界历史,而这种将所有民族纳入世界历史的进程却是建立在支配—从属或中心—边缘的关系之上的。马克思、恩格斯在《共产党宣言》中就指出,正像"资产阶级使农村屈服于城市的统治",它也"使未开化和半开化的国家从属于文明国家,使农民的民族从属于资产阶级的民族,使东方从属于西方"③。资本主义的扩张史是充满"血与火"的历史,不仅包括美国、澳大利亚在内的西方殖民主义者对所谓"新大陆"印第安人的种族灭绝式的屠杀,而且西方殖民过程充满了杀戮,"英国对大英帝国其他地区的臣民的残酷压迫;日本在二战前和二战中在东南亚国家中犯下的种种罪行;美国白人对黑人的奴役;德国对犹太人的大屠杀"④。伴随着第二次世界大战和反法西斯战争的胜利,赤裸裸的殖民入侵才成为过去,但是西方的霸权依然如故,只不过换了一种方式,当代的西方霸权更多体现为贸易政策、金融机制、人权标准等。原巴西学院院长何塞·罗米欧在为《全球化与世界体系》一书写的前言中指出:资本主义的"全球化""已被用作造成经济控制和为全球政策辩解的概念。这些全球政策要求最

---

① 韩震. 中国道路成功的历史哲学思考[J]. 马克思主义与现实,2020(2).
② 习近平. 习近平谈治国理政:第3卷[M]. 北京:外文出版社,2020:181.
③ [德]马克思,恩格斯. 马克思恩格斯选集:第1卷[M]. 北京:人民出版社,2012:405.
④ [美]托马斯·麦格劳. 现代资本主义:三次工业革命中的成功者[M]. 赵文书,肖锁章,译. 南京:江苏人民出版社,1999:8.

贫穷国家屈从,丧失其生命力,最终破坏其国家根基和民族精神。"① 卡洛斯·马丁斯在为《全球化与世界体系》一书写的绪论中也指出:"依附国家的内部结构是由对国际资本的从属关系而形成的;当帝国主义和垄断势力在国际经济中居于统治地位时,外部条件对外围国家发展进程的作用大大限制了这一发展具有独立性的可能性。"② 由此,我们可以知道为什么发展中国家的发展道路如此举步维艰。

中国道路之所以能够走成功,就在于中国在国际关系中一直坚持独立自主的原则。新中国成立之前,毛泽东就明确指出:"中国必须独立……中国的事情必须由中国人民自己作主张,自己来处理,不容许任何帝国主义国家再有一丝一毫的干涉。"③ 邓小平则指出:"中国的事情要按照中国的情况来办,要依靠中国人自己的力量来办。……中国人民珍惜同其他国家和人民的友谊和合作,更加珍惜自己经过长期奋斗而得来的独立自主的权利。任何外国不要指望中国做他们的附庸,不要指望中国会吞下损害我国利益的苦果。"④ 习近平总书记也明确指出,中国将继续走自己探索且符合中国实际的发展道路,"把中国发展进步的命运牢牢掌握在自己手中"。⑤ 有了独立自主的权利,中国才能够走自己的路,探索中国特色社会主义道路,才能根据自己的目标和利益,按照自己的节奏不断深化改革、扩大开放,持续地激发经济社会发展的活力。

三

任何国家都希望能够独立自主,许多国家希望能够进行必要的改革,按照自己的利益和节奏保持开放和处理国际关系,问题是愿望不一定能实现。中国道路成功的关键密码是中国共产党。在当代中国,能够团结带领中国人民独立自主地走中国特色社会主义道路,不断深化改革、扩大开放的,只有中国共产党。

在此,我不是更多地从意识形态的角度去论证,而是从历史和现实的需要去证明。世界历史是各个民族、国家发展进程的总和。但是,历史以事实证明,唯有组

---

① [巴西]弗朗西斯科·洛佩斯·塞格雷拉,主编. 全球化与世界体系:上[M]. 白凤森,等译. 北京:社会科学文献出版社,2003:前言2.
② [巴西]弗朗西斯科·洛佩斯·塞格雷拉,主编. 全球化与世界体系:上[M]. 白凤森,等译. 北京:社会科学文献出版社,2003:32.
③ 毛泽东. 毛泽东选集:第4卷[M]. 北京:人民出版社,1991:1465.
④ 邓小平. 邓小平文选:第3卷[M]. 北京:人民出版社,1993:3.
⑤ 习近平. 在庆祝中国共产党成立100周年大会上的讲话[M]. 北京:人民出版社,2021:15.

织起来的民族和国家力量，才能成为具有世界历史意义的力量。现在有些人认为盎格鲁—撒克逊有所谓"自由放任"的传统。实际上，在历史上，"英国政府对市场的大规模干预促进了英国的工业革命，并有助于确定其前进的道路"①。英国推行自由贸易政策是在其获得优势之后才展开的，因为这符合其最大利益。另外，在现代化进程中为什么德国最初落后于英、法等国，19世纪中叶时德国很多地区仍然非常贫穷落后，这主要是因为"直到1871年德国才成为一个中央集权的国家"，而此时英、法等国"早在数百年前就实现了统一"②。"但到了1900年，统一后的德意志却成了一支主要的经济力量"。这主要得益于统一的"自由贸易区，实行共同的商业政策，对外则统一关税"③。

  日本之所以能够在东亚率先崛起，也是因为日本更早地实现了国家内的统一。明治维新之后的日本，国家意识爆棚，成为推动日本走向现代化国家的动力，当然也因偏狭的民族主义让日本后来走向军国主义的道路。日本学者依田憙家分析了日本为什么能够在中国之前走向现代化道路。这主要是因为：在佩里将军率美国舰队叩关之后，面对西方的压力，"在当时的日本，以已经形成的国内统一市场为基础，民族的形成相当迅速，所以对外危机感带有强烈的民族意识的因素。……但由于统治机构是分散的，所以反而以对外危机感为媒介，增强了要求国家统一的民族意识"。在当时的历史条件下，"日本发自民族意识的攘夷思想能够很容易地升华为要求国家统一的思想"④。比较之下，"中国长期居于包括东亚大部分地区的国际秩序——册封体制——的中心，由于中国本身的国内统一市场形成的迟缓，在一种默然的'天下'的意识之下，阻碍了把中国当作一个国家来认识"⑤。中国人不知道现代国家与"天下"的不同，也不理解国家与朝廷的区别，社会处于一盘散沙的境地。产生了历史的悖谬现象，处于各番分治情况的日本在西方的压力下要求统一，中国却在封建专制之下要求变革改良的时候恰恰会动摇国家的统一。在改革的文化氛围上，与文化传统深厚的中国相比，日本也更容易接受外来文化。"中国是世界文明……的发源地之一，自古以来就拥有独自的文化体系。相反，日本虽然存在一

---

① [美]威廉·麦克尼尔. 竞逐富强[M]. 孙岳,译. 北京:中信出版集团;2020:199.
② [美]托马斯·麦格劳. 现代资本主义:三次工业革命中的成功者[M]. 赵文书,肖锁章,译. 南京:江苏人民出版社,1999:151.
③ [美]托马斯·麦格劳. 现代资本主义:三次工业革命中的成功者[M]. 赵文书,肖锁章,译. 南京:江苏人民出版社,1999:154.
④ [日]依田憙家. 日中两国现代化比较研究[M]. 卞立强,等,译. 北京:北京大学出版社,1997:44.
⑤ [日]依田憙家. 日中两国现代化比较研究[M]. 卞立强,等,译. 北京:北京大学出版社,1997:45.

定的原始文化体系,但有着经常吸收先进国家的文化来提高自己文化的传统。"① 另外,在一个西方列强到处殖民扩张的时代,唯有民众团结一心和国家统一才能维护民族的独立。"日本周围为大海包围,拥有的国土比较狭小,因而早在江户时代中期就形成了国内统一市场……而中国是拥有广大国土的内陆国家,国内统一市场成立晚"。② 还有一点必须注意,"与许多其他后起之秀"——新加坡、韩国——一样,日本也是"用政府的力量来加速发展"。"日本政府不仅在大工程上投资,在组织贸易展览会、建立质量认证体系以及促进行业联盟的发展等方面,也协调并支持在明治政府的非农业经济中占主要地位的小型企业。这些活动大多出现在明治政府于 1884 年发表的十年经济发展计划中。这项计划达 30 卷,是世界上最早的国民经济综合发展计划之一。"③

从德国、日本崛起的历史可见,唯有国家统一起来,整个民族才能够掌握自己的发展命运,才会形成具有世界历史意义的力量。这个道理在现时代仍然具有意义。

那么为什么在中国共产党成立之前,中国做不到这一点呢? 这除了上文中依田憙家分析的理由外,更加重要的是,德国和日本崛起之前,资本主义还没有进入帝国主义阶段。而这个时候的中国还处于一盘散沙状态,当中国人开始惊醒,开始为救亡图存而"学习西方"的时候,资本主义已经进入了帝国主义的阶段。在作为资本主义垄断阶段的强权政治或"世界体系"下,西方留给后发展中国家的角色只剩下"边缘""依附""失败国家"等了。中国要改变自己的命运,只有举起马克思列宁主义的旗帜,走社会主义的道路了,由此,中国共产党成为"历史的选择""人民的选择"就容易理解了。

而且,即使在改革开放的时代,中国共产党仍然是中流砥柱。为什么? 一方面,国家必须统一起来才能成为具有世界历史意义的力量,在现时代仍然具有意义。美国战略研究家罗伯特·阿特就指出:"……现在仍是民族国家时代。民族主义仍然是当今世界政治中最强大的力量之一,民族国家仍然是国际政治中的最重要因素。""市场并不在政治真空里,而是处于政治秩序中,国际市场也处于大国建立的国际政治秩序中。……而且,全球化主要是富国和强国的现象。"④ 古巴学者赫尔曼·桑切斯指出:"新自由主义阶段各国经济的跨国化也意味着主权的极度丧失:把它们

---

① [日]依田憙家. 日中两国现代化比较研究[M]. 卞立强,等,译. 北京:北京大学出版社,1997:177.
② [日]依田憙家. 日中两国现代化比较研究[M]. 卞立强,等,译. 北京:北京大学出版社,1997:176.
③ [美]托马斯·麦格劳. 现代资本主义:三次工业革命中的成功者[M]. 赵文书,肖锁章,译. 南京:江苏人民出版社,1999:490,500.
④ [美]罗伯特·阿特. 美国大战略[M]. 郭树勇,译. 北京:北京大学出版社,2005:202.

称作依附性国家已经绝不是一种夸张。""国家被缩小和削弱以后,减少了民族经济抵御外国经济压力的能力。只有国家以其集中的资源和调节机制,才能化解外国的经济压力。"① 另一方面,二战之后帝国主义也发展到新阶段,即世界进入了由一两个"超级大国"支配的阶段。尤其是"冷战"结束后,美国成为唯一的超级大国,其霸凌行为越来越恣意妄为。美国的霸权已经发展到不仅要捍卫自己优势地位和利益,而且不允许其他国家的发展程度接近自己,认定任何国家的综合国力接近自己都是对自己霸权的威胁,必须加以遏制。20世纪七八十年代日本GDP接近美国的70%时,美国靠"广场协议"将日本压制下去,让日本陷入"失去的几十年",从而一蹶不振。现在中国又接近美国的实力,美国更是无法接受。哈佛大学教授格雷厄姆·艾利森认为,由于"从未见过世界上出现像中国这样造成全球力量平衡发生如此快速度的结构性变化",而"对于那些在'美国即世界第一'的世界里长大的美国人来说……中国取代美国成为世界最大经济体是不可想象的"。因此,尽管"战争并非不可避免",但是"就目前的态势而言,美国和中国在未来发生战争不仅是有可能的问题,而且很可能比目前所认识到的可能性更大"②。美国的霸凌心理超出道德价值观的底线。中国的人口是美国的四倍,美国却限制中国发展的权利,这是中国人民绝对不能答应的。试想,如果没有中国共产党,如果我们也走西方的道路,那么美国同样会像对待日本一样,把中国压制下去。这些年来有些日本的首相一旦表现出丝毫的自主意愿或者试图对美国说"不",就会因各种原因迅速倒台。显然,美国依赖强大的情报和国力,可以驾轻就熟地在西式民主模式下搞垮自己不喜欢的政权,甚至有时公开颠覆他国的政权。现在看来,中国共产党且唯有中国共产党才能够在现时代团结带领中国人民实现中华民族伟大复兴的梦想。没有中国共产党,就不可能成功地走出一条社会主义道路;没有中国共产党,就不可能有中国独立自主的发展;没有中国共产党,也许能够有某种开放,但那将是没有正确方向的开放,中国必将继续沦为资本主义世界体系的附庸;没有中国共产党,也许会有这样那样的改革,但那将是利益集团之间的博弈,不可能成为中国社会进步的推动力量。中国共产党团结带领中国人民走的中国道路,成为美国难以下口的硬茬。

人民希望幸福,国家希望发展。自20世纪50年代起,亚洲奋起直追,先是韩

---

① [巴西]弗朗西斯科·洛佩斯·塞格雷拉,主编. 全球化与世界体系:上[M]. 白凤森,等,译. 北京:社会科学文献出版社,2003:128,132.
② [美]格雷厄姆·艾利森. 注定一战:中美能避免修昔底德陷阱吗?[M]. 陈定定,傅强,译. 上海:上海人民出版社,2019:7,8,22.

国、新加坡、中国台湾、中国香港所构成的"亚洲四小龙"的崛起,随后是1978年改革开放之后的中国大陆,接着就是东南亚和印度。某些小经济体的发展美西方还可以忍受,但是像中国这样体量的国家创造发展奇迹,超出了他们的掌控范围。中国道路的成功,引起了西方资本主义社会的恐慌,中国的成功使西方的道路或制度遇到竞争。① 问题在于,中国道路既然创造了发展奇迹,那么我们有什么理由去放弃,反而转向选择已经暴露出许多弊端的模式?希望中国这样做的人,如果不是无知,那就是别有用心了。

---

① 美国学者奥特曼和哈斯2011年就指出,"这种竞争来自中国式的社会主义。在西方经济陷于困境之时,中国经济近期表现出色,已增强了制度吸引力。"[美]罗杰·奥特曼,理查德·哈斯. 美国人的挥霍与美国的权力——财政不负责任的恶果[J]. 国外社会科学文摘,2011(371):17.

作者简介

韩振峰,教授、博士、博士生导师。现任北京交通大学人文社会科学学院院长、北京交通大学马克思主义学院院长,北京市首都大学生思想政治教育研究基地常务副主任、首席专家。韩振峰教授先后主持、主研《"三个代表"重要思想科学体系研究》《党的先进性建设的历史经验及时代要求》《社会主义的辉煌前景——社会主义道德建设研究》等国家社科规划基金项目。主要从事马克思主义理论与思想政治教育专业教学与研究工作。先后撰著出版《思想政治工作论纲》《科学社会主义在中国的新发展》《马克思主义在中国的新发展》等著述 10 余部,发表专业论文 280 余篇。连续参加中宣部组织的《理论热点面对面》《中国特色社会主义理论体系学习读本》等理论通俗读物的撰写工作,并多次参与党和国家重大课题及相关报告、文件的调研与起草工作。

韩振峰：开辟中国式现代化道路新境界

习近平总书记在党的二十大报告中对中国式现代化的科学内涵、重要特征和本质要求作了系统论述，强调要"以中国式现代化全面推进中华民族伟大复兴"。认真学习和领会习近平总书记关于中国式现代化的重要论述，对于党团结带领全国各族人民全面建成社会主义现代化强国、实现中华民族伟大复兴中国梦，具有十分重要的现实意义和深远的历史意义。

一、中国式现代化是中国共产党人长期探索的重要成果

实现现代化是近代以来中华民族孜孜以求的梦想，实现中华民族伟大复兴是中国共产党百年奋斗的主题。党的十九届六中全会审议通过的《中共中央关于党的百年奋斗重大成就和历史经验的决议》强调，一百年来，"党领导人民成功走出中国式现代化道路，创造了人类文明新形态"。回顾中国共产党在不同历史时期带领人民探索中国式现代化道路的艰辛历程，深刻总结其历史经验，对于新时代全面建设社会主义现代化国家、更好实现第二个百年奋斗目标具有重要启迪。

新民主主义革命时期，我们党团结带领人民经过 28 年的浴血奋战，以武装的革命反对武装的反革命，终于推翻了压在中国人民头上的"三座大山"，彻底结束了旧中国半殖民地半封建社会的历史，废除了西方列强强加给中国的各种不平等条约和帝国主义在中国的一切特权，建立了人民当家作主的中华人民共和国，完成了民族独立和人民解放的历史任务。在这一时期，党对如何实现现代化这一事关国家发展和民族未来的重大课题进行了深入思考。1934 年，毛泽东同志提出，中华苏维埃共和国"在将来向前发展过程中，它将实行国家工业化政策"。抗日战争时期，毛泽东同志进一步意识到，"要中国的民族独立有巩固的保障，就必须工业化"。1945

年，毛泽东同志在党的七大政治报告中提出，中国工人阶级必须"为着中国的工业化和农业近代化而斗争"。在1949年召开的党的七届二中全会上，毛泽东同志明确提出了适应中国国情的"现代化"概念，强调要"使中国稳步地由农业国转变为工业国，把中国建设成一个伟大的社会主义国家"。党在新民主主义革命时期的理论和实践探索，为真正找到一条中国式现代化道路奠定了坚实的思想基础，创造了根本社会条件。

在社会主义革命和建设时期，我们党带领人民进行社会主义革命，消灭了在中国延续几千年的封建剥削压迫制度，确立了社会主义基本制度，推进社会主义建设，实现了中华民族有史以来最为广泛而深刻的社会变革，实现了一穷二白、人口众多的东方大国大步迈进社会主义社会的伟大飞跃。在这一时期，以毛泽东同志为主要代表的中国共产党人开始了对社会主义现代化道路的艰辛探索。新中国成立初期，面对西方资本主义和苏联社会主义两种社会制度不同的现代化建设模式，我们党果断选择了社会主义现代化，正如毛泽东同志所指出的那样："资本主义道路，也可增产，但时间要长，而且是痛苦的道路。我们不搞资本主义，这是定了的。"1957年3月12日，毛泽东同志在中国共产党全国宣传工作会议上的讲话中明确指出："我们一定会建设一个具有现代工业、现代农业和现代科学文化的社会主义国家。"1959年年底到1960年2月，毛泽东同志在《读苏联〈政治经济学教科书〉的谈话》中进一步指出："建设社会主义，原来要求是工业现代化、农业现代化、科学文化现代化，现在要加上国防现代化。"至此，党中央对现代化的认识已经实现了从社会主义工业化到社会主义现代化总体发展的战略转变。中国共产党团结带领全国人民创造的社会主义革命和建设的伟大成就，为探索中国式现代化道路、实现中华民族伟大复兴提供了根本政治前提，奠定了制度基础。

从党的十一届三中全会开始，我们党团结带领人民解放思想、开拓创新，实现了新中国成立以来党的历史上具有深远意义的伟大转折。党果断做出实行改革开放的历史性决策，确立了社会主义初级阶段的基本路线，开创并发展了中国特色社会主义，实现了从计划经济体制到社会主义市场经济体制、从封闭半封闭到全方位开放的历史性转变，实现了从生产力相对落后的状况到经济总量跃居世界第二的历史性突破，创造了改革开放和社会主义现代化建设的伟大成就。以邓小平同志为主要代表的中国共产党人在推进改革开放和现代化建设的过程中，探索并开创了中国特色社会主义伟大道路，制定了到21世纪中叶分三步走、基本实现社会主义现代化的发展战略。邓小平同志指出，"过去搞民主革命，要适合中国情况，走毛泽东同志开辟的农村包围城市的道路。现在搞建设,也要适合中国情况,走出一条中国式的现代化道路"。"中国式的现代化,必须从中国的特点出发"。面对在 21 世纪如何实施好"三步走"战略的新课题,以江泽民同志为主要代表的中国共产党人提出了"基本实现现代化,建成富强民主文明的社会主义国家"的"新三步走"战略,并确立了"三位一体"的现代化布局,开创全面改革开放新局面,成功把中国特色社会主义推向 21 世纪。在全面建设小康社会进程中,以胡锦涛同志为主要代表的中国共产党人,进一步对中国式现代化目标作了新的战略安排,提出了建设"富强民主文明和谐的社会主义现代化国家"的战略目标,确立了"四位一体"现代化布局,成功在新形势下坚持和发展了中国特色社会主义。党的十八大正式将"实现社会主义现代化和中华民族伟大复兴"作为建设中国特色社会主义的总任务。

二、新时代党对中国式现代化道路的新阐释

中国特色社会主义进入新时代,我国社会主要矛盾转化为人民日益增长的美好生活需要和不平衡不充分的发展之间的矛盾。以习近平同志为核心的党中央统筹世界百年未有之大变局和中华民族伟大复兴战略全局,把马克思主义基本原理与中国具体实际相结合、与中华优秀传统文化相结合,以高超的政治智慧和强烈的使命担当继续深化对中国式现代化一系列重大理论和实践问题的认识,尤其是对"什么是中国式现代化、如何实现中国式现代化"等重大课题进行了深入思考,提出了一系列具有原创性贡献的新理念和新战略,实现了中国式现代化理论与实践的新发展。

首先,强调中国式现代化新道路是党在理论和实践上的创新突破。2021 年 7 月 1 日,习近平总书记在庆祝中国共产党成立 100 周年大会上明确指出:"我们坚持和发展中国特色社会主义,推动物质文明、政治文明、精神文明、社会文明、生态文明协调发展,创造了中国式现代化新道路,创造了人类文明新形态。"2022 年 7 月 26 日,习近平总书记在省部级主要领导干部"学习习近平总书记重要讲话精神,迎接党的二十大"专题研讨班上指出:"在新中国成立特别是改革开放以来的长期探索和实践基础上,经过党的十八大以来在理论和实践上的创新突破,我们成功推进和拓展了中国式现代化。"在这里,习近平总书记既强调中国式现代化道路是党长期艰辛探索的结果,又强调成功推进和拓展中国式现代化是党的十八大以来党在理论和实践上的"创新突破";既强调"五大文明"是中国式现代化道路的核心要素,又强调了中国式现代化道路"创造了人类文明新形态"。此外,习近平总书记还特

别强调:"中国式现代化既切合中国实际,体现了社会主义建设规律,也体现了人类社会发展规律。"①

其次,概括并提出了中国式现代化的科学内涵。一是强调中国式现代化是中国共产党领导下的社会主义现代化。这一重要论断清楚地说明了三点:中国式现代化是中国共产党领导下的现代化;中国式现代化的性质是社会主义现代化,而不是什么其他主义的现代化;中国式现代化是具有鲜明中国特色的现代化。从世界社会主义500多年的发展历程来看,社会主义从空想到科学、从理论到实践、从一国实践到多国发展,集中反映了人类对美好社会制度的追求。社会主义现代化就是这一美好愿望的具体实践。中国式现代化在理论和实践上不断创新突破,使科学社会主义在21世纪的中国焕发出强大生机活力。二是强调中国式现代化是以人民为中心的现代化。习近平总书记指出:"只有坚持以人民为中心的发展思想,坚持发展为了人民、发展依靠人民、发展成果由人民共享,才会有正确的发展观、现代化观。"西方现代化是以少数剥削者利益为核心的现代化,只有中国式现代化才是真正坚持以人民为中心、为最广大人民谋幸福的现代化。三是强调中国式现代化在推进过程上是"并联式"发展。② 习近平总书记指出:"我国现代化同西方发达国家有很大不同。西方发达国家是一个'串联式'的发展过程,工业化、城镇化、农业现代化、信息化顺序发展,发展到目前水平用了二百多年时间。我们要后来居上,把'失去的二百年'找回来,决定了我国发展必然是一个'并联式'的过程,工业化、信息化、城镇化、农业现代化是叠加发展的。"四是强调中国式现代化在实现方式上的不平衡性。习近平总书记强调:"全面建设社会主义现代化,一个地区、一个民族都不能落下,同时我国区域差异大、发展不平衡,现代化进程不可能齐步走,要鼓励有条件的地区率先实现现代化,支持带动其他地区实现现代化。"③

最后,规划了中国式现代化发展的宏伟蓝图。2017年,习近平总书记在党的十九大报告中将坚持和发展中国特色社会主义总任务确定为"实现社会主义现代化和中华民族伟大复兴",并将实现社会主义现代化和中华民族伟大复兴的过程划分为两个阶段:第一个阶段,从2020年到2035年,在全面建成小康社会的基础上,再奋斗十五年,基本实现社会主义现代化;第二个阶段,从2035年到21世纪中叶,在基本实现现代化的基础上,再奋斗十五年,把我国建成富强民主文明和谐美丽的

---

① 习近平. 习近平著作选读:第二卷[M]. 北京:人民出版社,2023:368.
② 中共中央文献研究室. 习近平关于社会主义经济建设论述摘编[M]. 北京:中央文献出版社,2017:159.
③ 习近平. 习近平著作选读:第二卷[M]. 北京:人民出版社,2023:415.

社会主义现代化强国。从全面建成小康社会到基本实现现代化，再到全面建成社会主义现代化强国，是新时代中国特色社会主义发展的战略安排，也是中国式现代化发展的战略目标。

三、党的二十大对中国式现代化理论的新发展

党的二十大是全党全国各族人民迈上全面建设社会主义现代化国家新征程、向第二个百年奋斗目标进军的关键时刻召开的一次十分重要的大会，习近平总书记所作的党的二十大报告是我们党团结带领全国各族人民在新时代新征程坚持和发展中国特色社会主义的政治宣言和行动纲领。党的二十大报告对中国式现代化重大理论和实践问题进行了深刻论述，极大地丰富了中国式现代化理论，推动了中国式现代化实践。

首先，明确了中国式现代化的重要地位。习近平总书记在党的二十大报告中明确指出："从现在起，中国共产党的中心任务就是团结带领全国各族人民全面建成社会主义现代化强国、实现第二个百年奋斗目标，以中国式现代化全面推进中华民族伟大复兴。"与此同时，习近平总书记还强调了中国式现代化道路的世界意义，即"中国式现代化为人类实现现代化提供了新的选择"，"为解决人类面临的共同问题提供更多更好的中国智慧、中国方案、中国力量，为人类和平与发展崇高事业做出新的更大的贡献"。

其次，强调了中国式现代化的共同特征和中国特色。习近平总书记在党的二十大报告中强调："中国式现代化，是中国共产党领导的社会主义现代化，既有各国现代化的共同特征，更有基于自己国情的中国特色。"这段话从马克思主义唯物辩证法关于矛盾的普遍性和特殊性有机结合的高度，深刻阐释了中国式现代化的"普遍性"，即各国现代化的"共同特征"，同时也深刻指出了中国式现代化的"特殊性"，即符合自己国情的"中国特色"。中国式现代化是科学社会主义基本原则与中国实际有机结合的产物，是马克思主义关于现代化的普遍性理论与中国特殊国情相结合的产物。

再次，强调了中国式现代化的重要特征。第一，中国式现代化是人口规模巨大的现代化。我国是一个具有14亿多人口的大国，这样一个人口规模巨大的国度要整体迈入现代化社会，其整体规模超过现有发达国家的总和，这种发展态势将彻底改写现代化的世界版图，丰富人类文明发展新形态，它在人类社会发展史上将是一件

具有里程碑意义的大事。第二，中国式现代化是全体人民共同富裕的现代化。共同富裕是社会主义的本质要求，也是中国式现代化的重要特征。推进中国式现代化，关键要坚持以人民为中心的发展思想，致力于解决好地区差距、城乡差距以及收入分配差距，促进社会公平正义，坚决防止两极分化，逐步实现全体人民共同富裕。第三，中国式现代化是物质文明和精神文明相协调的现代化。中国式现代化在强调物质文明发展的同时，还强调社会主义精神文明的发展，强调通过弘扬社会主义核心价值观、加强理想信念教育、弘扬中华优秀传统文化，来增强人民的精神力量，提升人们的精神素质，强化人们的精神动力，促进人的全面发展和社会全面进步。第四，中国式现代化是人与自然和谐共生的现代化。生态文明建设是关乎中华民族永续发展的根本大计。生态兴则文明兴，生态衰则文明衰。中国式现代化把推进生态文明建设放在重要位置，强调走生产发展、生活富裕、生态良好的文明发展道路，建设美丽中国。第五，中国式现代化是走和平发展道路的现代化。过去一些老牌资本主义国家实现现代化走的是暴力掠夺和殖民的道路，而中国式现代化强调走和平发展道路，强调同世界各国互利共赢，强调为人类谋进步，推动构建人类命运共同体，努力为人类和平与发展做出贡献。

最后，提出了中国式现代化的本质要求。习近平总书记在党的二十大报告中明确提出了推进中国式现代化的本质要求，这就是"坚持中国共产党领导，坚持中国特色社会主义，实现高质量发展，发展全过程人民民主，丰富人民精神世界，实现全体人民共同富裕，促进人与自然和谐共生，推动构建人类命运共同体，创造人类文明新形态"。这九个方面的本质要求，体现了中国共产党在新时代推进中国式现代化的内在需要，是党团结带领全国人民齐心协力推进现代化建设、推进民族复兴大业的行动纲领。

关于如何推进中国式现代化：一要坚持中国共产党领导。中国共产党领导是中国特色社会主义最本质的特征，是中国特色社会主义制度的最大优势，全面建设社会主义现代化国家、全面推进中华民族伟大复兴，关键在党。坚持党的领导是中国式现代化的本质要求，也是实现中国式现代化目标任务的坚强政治保障。二要坚持中国特色社会主义。习近平总书记多次强调"我们推进的现代化，是中国共产党领导的社会主义现代化"。在中国式现代化的前进道路上，要时刻把握其内在的社会主义属性，从而确保正确的前进方向。三要实现高质量发展。高质量发展是全面建设社会主义现代化国家的首要任务。在全面建设社会主义现代化国家、实现第二个百年奋斗目标的过程中，我们要以推动高质量发展为主题，把实施扩大内需战略同深化供给侧结构性改革有机结合起来,加快建设现代化经济体系。四要发展全过程人民民主。"全过程人民民主是社会主义民主政治的本质属性。"因为全过程人民民主"实现了过程民主和成果民主、程序民主和实质民主、直接民主和间接民主、人民民主和国家意志相统一,是全链条、全方位、全覆盖的民主",所以它是"最广泛、最真实、最管用的社会主义民主"。五要丰富人民的精神世界。推进中国式现代化既要不断推进物质文明建设,又要大力加强精神文明建设;既要不断满足人们日益增长的物质生活需要,更要不断满足人民日益增长的精神文化需要;既要不断丰富和充实人们的现实生活世界,更要不断丰富和充实人们的精神世界。六要实现全体人民共同富裕。治国之道,富民为始。共同富裕是中国人民的共同期盼,也是中国共产党人的庄严使命。我们讲的共同富裕是"全民共富",绝不是少数人的富裕,更不是搞贫富两极分化,要防止出现"富者累巨万,而贫者食糟糠"的现象,要在推进人的全面发展、促进全体人民共同富裕方面取得实质性进展。七要促进人与自然和谐共生。人与自然和谐共生是协调推进"五位一体"整体布局的重要内容,也是中国式现代化在生态文明建设方面的本质要求,新时代要站在人与自然和谐共生的高度谋划发展,不断推进美丽中国建设。八要推动构建人类命运共同体。这是中国式现代化在处理国际事务和外交关系方面的重要准则,体现了我国坚持维护世界和平、促进共同发展的外交政策宗旨。和平、和睦、和谐是中华民族五千多年来一直追求和传承的理念,中国始终是世界和平的建设者、国际秩序的维护者、全球发展的贡献者。在推进中国式现代化的新征程上,我们要继续高举和平、发展、合作、共赢的旗帜,坚定不移奉行独立自主的和平外交政策,坚持走和平发展道路,推动建设新型国际关系,推动构建人类命运共同体,以中国的新发展为世界提供新机遇。九要创造人类文明新形态。人类文明经历了从低级到高级、从简单到复杂、从落后到进步的漫长演进过程。社会主义文明是建立在人类文明全部成果基础上、超越资本主义文明的新型文明。创建人类文明新形态是中国式现代化在文明实现方式上的基本要求,新时代我们要坚持走中国特色社会主义文明发展之路,统筹推进"五位一体"总体布局、协调推进"四个全面"战略布局,在全面建设社会主义现代化国家、全面推进中华民族伟大复兴过程中,继续深入推动物质文明、政治文明、精神文明、社会文明、生态文明协调发展,不断创造和完善人类文明新形态,以中国式现代化引领人类文明新发展。

作者简介

金民卿,哲学博士、二级研究员、博士生导师。中国社会科学院近代史研究所党委书记、副所长,中国社科院大学教授。文化名家暨"四个一批"人才,国家"万人计划"哲学社会科学领军人才,国家监委首届特约监察员,国务院政府特贴专家,马克思主义理论和建设工程项目首席专家,中国历史唯物主义学会副会长,中国现代史学会副会长,全国党建研究会特约研究员。主要从事哲学、文化与意识形态、马克思主义中国化、毛泽东生平与思想、中国近现代史、中共党史党建研究。出版著作《马克思主义中国化的思想逻辑》《马克思主义中国化思想史论》《马克思主义中国化研究文稿》《青年毛泽东的思想转变之路》《中国化马克思主义的初步形成》《改革开放30年思想史》《中国力量》《中国精神》10余部,在《人民日报》《光明日报》《求是》《中国社会科学》《马克思主义研究》《近代史研究》等报刊上发表大量学术论文。

金民卿：毛泽东"农业国向工业国转变"思想及其现实意义

实现现代化是中国人民获得解放、中华民族实现独立、国家摆脱贫穷落后的必要条件，是国家实现繁荣富强、人民获得幸福生活、中华民族实现伟大复兴的根本基础，而国家工业化是实现现代化的核心内容和关键环节。为此，在新民主主义革命时期，毛泽东就把发展工业作为新民主主义革命和建设的重要组成部分，强调中国一定要实现由农业国向工业国的转变，把工业化和现代化作为中国未来发展的方向。在中国革命即将在全国取得决定性胜利、规划新中国建设和发展之时，他更是突出强调这个问题，并在新中国成立后领导党和人民把这个思想转化为现实，在中国式现代化探索和发展历程中产生了深远影响。

一、实现农业国向工业国转变是中国向现代化发展的一个关键环节

毛泽东以大历史观来观照近代中国和世界状况，指出近代以后中国落后的根本原因，就在于缺乏工业化的经济技术基础、封建专制制度的腐朽，以及西方列强的野蛮侵略；他坚持唯物史观的基本原理，把大工业生产同社会生产力发展直接联系起来，强调工业化是解放和发展社会生产力的关键因素，同时也是巩固新型生产关系、新型社会制度、人民当家作主新政权的根本条件；他把握世界各国现代化的共同特征和普遍要求，认识到工业化在现代化发展中的关键作用。为此，他高度重视国家工业化问题，把从农业国向工业国的转变看作是根本改变国家命运、实现民族振兴和人民幸福的决定性条件和基础性环节。

在新民主主义革命的过程中，毛泽东始终重视经济建设，强调工业在经济发展

中的重要地位。土地革命时期,他就指出:每个革命工作人员一定要认识到,"革命战争的激烈发展,要求我们动员群众,立即开展经济战线上的运动,进行各项必要和可能的经济建设事业",认为在革命战争环境中没有进行经济建设的可能,要等战争最后胜利了,有了和平的、安静的环境,再去搞经济建设。这种观点是不正确的。① 尽管当时苏区的工业基础非常薄弱,他还是强调要尽可能发展基本的工业、矿业(钨砂生产)、手工业等。他在讲到苏区经济政策时强调,"我们的经济建设的中心是发展农业生产,发展工业生产,发展对外贸易和发展合作社","有计划地恢复和发展手工业和某些工业"。②

抗日战争时期,他多次强调经济建设、发展工业的重要性,把工业是否先进作为判断一个国家发达程度的标志。他在讲到抗日根据地的经济政策时提出:"应该积极发展工业农业和商品的流通。应该吸引愿来的外地资本家到我抗日根据地开办实业。应该奖励民营企业,而把政府经营的国营企业只当作整个企业的一部分。凡此都是为了达到自给自足的目的。应该避免对任何有益企业的破坏。关税政策和货币政策,应该和发展农工商业的基本方针相适合,而不是相违背。认真地精细地而不是粗枝大叶地去组织各根据地上的经济,达到自给自足的目的,是长期支持根据地的基本环节。"③ 在领导开展大生产运动的过程中,他强调要根据实际情况发展农业、工业和手工业。1945年1月,他在《必须学会做经济工作》的讲话中提出,要"使陕甘宁边区和敌后各解放区,做到粮食和工业品的全部或大部的自给,并有盈余。我们必须使农业、工业、贸易三方面都比现在有更大的成绩"④。抗日战争时期,延安还专门召开过陕甘宁边区工业会议,部署安排工业发展问题。正是在这种努力下,抗日根据地的工业虽然因为受到各方面限制而规模不大,但还是在艰苦条件下取得不小成绩。例如,陕甘宁边区在1937年只有700个工人,1942年有了4000人,1944年有13000人。⑤

随着中国革命胜利的步伐不断加快,毛泽东越来越突出强调国家工业化、实现由农业国向工业国转变的问题。抗日战争胜利之际,他在党的七大上强调,中国人民在革命胜利后的重要任务就是要实现国家的工业化,把中国从农业国变为工业国,这也是巩固和发展新政权的基础和保证。"在新民主主义的政治条件获得之后,中

---

① 毛泽东. 毛泽东选集:第1卷[M]. 北京:人民出版社,1991:119.
② 毛泽东. 毛泽东选集:第1卷[M]. 北京:人民出版社,1991:130,131,132.
③ 毛泽东. 毛泽东选集:第2卷[M]. 北京:人民出版社,1991:768.
④ 毛泽东. 毛泽东选集:第3卷[M]. 北京:人民出版社,1991:1015.
⑤ 毛泽东. 毛泽东选集:第3卷[M]. 北京:人民出版社,1991:946.

国人民及其政府必须采取切实的步骤，在若干年内逐步地建立重工业和轻工业，使中国由农业国变为工业国。新民主主义的国家，如无巩固的经济做它的基础，如无进步的比较现时发达得多的农业，如无大规模的在全国经济比重上占极大优势的工业以及与此相适应的交通、贸易、金融等事业做它的基础，是不能巩固的"。"中国工人阶级的任务，不但是为着建立新民主主义的国家而斗争，而且是为着中国的工业化和农业近代化而斗争"[①]。

1947年12月，他在党的十二月会议上又讲道，中国人民在抗日战争结束后的任务，就是要"在政治上、经济上、文化上完成新民主主义的改革，实现国家的统一和独立，由农业国变成工业国"[②]，当然蒋介石发动反革命内战使这个工作暂时无法开展。解放战争胜利前夕，他在党的七届二中全会上再次强调，新政权成立后一定要"谨慎地、逐步地而又积极地"引导分散的个体的农业经济和手工业经济"向着现代化和集体化的方向发展"，建立独立完整的工业体系，推动经济获得全面发展，由落后的农业国变成先进的工业国；否则就不可能由新民主主义社会发展到将来的社会主义社会，就不可能巩固无产阶级在国家政权中的领导权。[③]

毛泽东对经济建设和工业发展的高度重视，关于实现国家工业化、农业近代化或现代化的思想，抓住了世界各国现代化的共同特征和普遍要求。人类文明发展进程表明，工业化是现代化的根本基础和关键要素，没有大工业的发展，就不可能有生产力的大发展，而没有先进发达的生产力，就谈不上现代化。毛泽东对工业化的高度重视，使中国人在现代化道路探索的开始阶段就抓住了现代化的关键所在。新中国成立后，中国共产党团结带领人民在中国式现代化探索、开创和发展的过程中，始终以开放的胸怀学习世界各国现代化的共同成果，吸收各国现代化发展的成功经验。正因如此，中国式现代化一方面具有立足基本国情的鲜明中国特色，同时又"具有世界各国现代化的普遍特征"，融入世界现代化的大潮之中而不是游离其外，把握人类走向现代化的普遍性要求，为人类文明新形态的形成和发展做出了重大贡献。这与毛泽东从一开始就高度重视工业化的思想是分不开的。在新时代新征程上推进中国式现代化，必须牢牢立足具体国情，坚持以经济建设为中心，坚持改革开放，把发展生产力作为根本任务和内在基础，同时要以海纳百川的宽阔胸襟借鉴吸收人类现代化发展中的一切优秀成果，使我国现代化事业更好地顺应人类发展进步

---

① 毛泽东.毛泽东选集:第3卷[M].北京:人民出版社,1991:1081.
② 毛泽东.毛泽东选集:第4卷[M].北京:人民出版社,1991:1245.
③ 毛泽东.毛泽东选集:第4卷[M].北京:人民出版社,1991:1432-1433.

潮流，更能体现人类发展的普遍规律，更好地为人类共同进步做出自己的贡献。

二、实现农业国向工业化国转变首先必须取得中国革命胜利

毛泽东根据中国半殖民地半封建的社会性质和主要矛盾，明确提出实现工业化是中国历史发展的必然选择，是实现中华民族复兴的根本条件，但在半殖民地半封建社会条件下，实现农业国向工业国转变、发展国家工业化是不可能的，必须正确处理革命与现代化的关系，首先取得革命胜利，并在此基础上大力开展工业化和现代化建设。

鸦片战争以后，中国逐步沦为半殖民地半封建社会，日益成为一个积贫积弱的国家，领土和主权完整受到严重侵犯，人民遭受的政治压迫和经济剥削不断加重，传统农业经济遭到严重破坏的同时，民族工业也受到封建主义和外来资本主义的双重限制而难以顺利发展。中国人尝试了多种救国方案都告以失败，包括孙中山在内的很多有识之士都有过实业救国的梦想，但也都一并幻灭了。国民党统治下的中国，并没有改变中国半殖民地半封建的性质，没有推动国家工业的发展。"在国民党政府统治之下，一切依赖外国，它的财政经济政策是破坏人民的一切经济生活的。国民党统治区内仅有的一点小型工业，也不能不处于大部分破产的状态中。政治不改革，一切生产力都遭到破坏的命运，农业如此，工业也是如此。"①

革命在近代中国具有第一位的重要性，是近代中国发展的历史主题。革命的根本目的就是要解放和发展生产力，就是要推翻旧的生产关系以及建立其上的政治制度，并建立新的生产关系和社会制度，为生产力的发展创造条件。在半殖民地半封建社会条件下，中国的工业化和现代化缺乏发展的条件和环境，"没有独立、自由、民主和统一，不可能建设真正大规模的工业。没有工业，便没有巩固的国防，便没有人民的福利，便没有国家的富强"②。为此，必须首先取得革命胜利，推翻压在中国人民头上的帝国主义、封建主义和官僚资本主义"三座大山"，建立人民当家作主的新政权和先进合理的社会制度，建立独立、自由、民主、统一、富强的中国，在新政权、新制度的保障下，实现从农业国向工业国的稳步发展，为工业化和现代化创造根本社会条件、政治前提和制度保障。没有革命的胜利，就不能发展工业，

---

① 毛泽东. 毛泽东选集:第3卷[M]. 北京:人民出版社,1991:1080.
② 毛泽东. 毛泽东选集:第3卷[M]. 北京:人民出版社,1991:1080.

就不能解放社会生产力,从落后的农业国向先进的工业国转变也就缺乏现实的可能性。毛泽东的这一观点是根据中国具体实际而得出的真理性认识,有些人刻意把革命与现代化对立起来,制造所谓的现代化史观和革命史观的对立,用所谓的现代化史观来否定革命的正义性、合法性,为告别革命论张目,这是我们今天必须高度注意的具有明显历史虚无主义特点的问题。

工业化和现代化是近代以来中国人的长期追求,实现农业国向工业国的转变是中国人奋斗的一个方向,但这只有在革命取得胜利后才有可能。"革命的结果,将使工人阶级有可能聚集力量因而引导中国向社会主义方向发展……把土地从封建剥削者手里转移到农民手里,把封建地主的私有财产变为农民的私有财产,使农民从封建的土地关系中获得解放,从而造成将农业国转变为工业国的可能性。"① 抗日战争的伟大胜利,给中国人民实现工业化创造了条件,中国人民的任务就是要在政治、经济、文化上完成新民主主义的改革,实现国家的统一和独立,由农业国变成工业国。但是,由于蒋介石政府发动反革命内战,这个工作无法开展。因此,必须将革命进行到底,推翻蒋介石和国民党政府的反动统治,为工业化和现代化创造条件。对此,毛泽东在《将革命进行到底》的社论中讲道:"坚决彻底干净全部地消灭一切反动势力,不动摇地坚持打倒帝国主义,打倒封建主义,打倒官僚资本主义,在全国范围内推翻国民党的反动统治,在全国范围内建立无产阶级领导的以工农联盟为主体的人民民主专政的共和国。这样,就可以使中华民族来一个大翻身,由半殖民地变为真正的独立国……并由此造成统一的民主的和平局面,造成由农业国变为工业国的先决条件。"② 这就是说,首先要取得革命胜利、建立人民当家作主的人民民主专政政权,在其保障之下实现从农业国向工业国的转变。

正是因为正确处理了革命与现代化的关系,毛泽东领导党和人民经过长期不懈的努力,取得了新民主主义革命的决定性胜利,彻底结束了半殖民地半封建社会,完成了民族独立和人民解放的伟大历史任务,创建了人民当家作主的中华人民共和国,为中国式现代化的探索和发展创造了根本社会条件。没有这一根本条件,中国就不可能实现从农业国向工业国的转变,就不可能开启中国式现代化的探索、开创和发展之路。当前,我们讨论中国式现代化的历史发展,当然要更多地关注新中国成立特别是改革开放以来党领导人民的理论和实践探索,但我们决不能忘记这个探

---

① 毛泽东. 毛泽东选集:第3卷[M]. 北京:人民出版社,1991:1074.
② 毛泽东. 毛泽东选集:第4卷[M]. 北京:人民出版社,1991:1375.

索的前提是新民主主义革命的胜利。同时,党领导人民在革命过程中积累的丰富斗争经验和历久弥新的革命精神,对于新时代新征程上推进中国式现代化具有重要意义,我们一定要在新时代的历史方位中继续坚持和发扬革命斗争精神,在复杂的国际国内条件下不断增强志气、骨气、底气,以不信邪、不怕鬼、不怕压的精神知难而进、迎难而上,全力战胜前进道路上的各种风险挑战,依靠顽强斗争打开事业发展的新天地,在具有许多新特点的伟大斗争中取得新的伟大胜利。

三、实现农业国向工业国转变必须坚持党的领导和社会主义方向

毛泽东在《论人民民专政》中提出,新民主主义革命的伟大胜利,"使中国有可能在工人阶级和共产党的领导之下稳步地由农业国进到工业国,由新民主主义社会进到社会主义社会和共产主义社会,消灭阶级和实现大同"[①]。这就是说,实现农业国向工业国转变、发展国家工业化,必须坚持中国共产党的领导,必须坚持社会主义和共产主义的发展方向。党的领导是实现农业国向工业国转变的根本前提,社会主义和共产主义是根本制度属性和长远战略目标。

近代以来,中国人民为实现救亡图存,设计和实施了一个个方案,但都没有成功;在追求工业化、现代化方面进行了一次次尝试,但最终都归于失败。其中的根本原因就在于缺乏先进政党的领导,缺乏科学思想的指导,没有找到适合中国国情的发展道路,没有建立人民当家作主的社会制度。中国共产党的诞生是中国近代历史发展的必然结果,是中国人民全面觉醒后的自觉选择。中国共产党的成立,是中国历史上开天辟地的大事变,它以强大的凝聚力把中国人民紧紧凝聚起来形成团结统一的强大历史合力,深刻改变了近代以来中国历史发展的方向,深刻改变了中华民族和中国人民的命运。

生产力是人类历史发展的决定性因素,能否促进生产力发展是判断一个政党先进与否的根本标准。毛泽东指出:"中国一切政党的政策及其实践在中国人民中所表现的作用的好坏、大小,归根到底,看它对于中国人民的生产力的发展是否有帮助及其帮助之大小,看它是束缚生产力的,还是解放生产力的。"[②] 中国共产党带领人民进行新民主主义革命,就是要用革命的方法彻底消灭一切反动势力,打倒帝国

---

① 毛泽东. 毛泽东选集:第4卷[M]. 北京:人民出版社,1991:1476.
② 毛泽东. 毛泽东选集:第3卷[M]. 北京:人民出版社,1991:1079.

主义、封建主义和官僚资本主义,建立独立、自由、民主、统一、富强的新中国,使中华民族获得独立,使中国人民获得解放,推动中国社会生产力获得解放和发展。正因如此,中国共产党始终走在历史正确的方向上,赢得了中国最广大人民群众的真心支持和真诚拥护。

实现农业国向工业国转变,必须坚持中国共产党的领导。没有中国共产党的领导,中国人民的革命斗争就不可能取得胜利;同样,没有中国共产党的领导,中国的工业化也不可能成功。中国共产党成立之前,中国人民"斗争、失败、再斗争、再失败"的历史就是明证;而中国共产党成立之后,中国人民的革命斗争发生了根本改变,"再斗争、直至胜利"的结果才得以出现。革命斗争如此,发展工业化也是如此,近代以来的洋务运动、实业救国、教育救国等均告失败就是明证。正如毛泽东所说,"没有中国共产党的努力,没有中国共产党人做中国人民的中流砥柱,中国的独立和解放是不可能的,中国的工业化和农业近代化也是不可能的"[1]。在中国共产党的领导下,中国人民一定能够消灭封建制度,发展农业生产,"给发展工业生产,变农业国为工业国的任务奠定了基础"[2]。虽然现实的中国经济是落后的,"但是中国人民是勇敢而勤劳的,中国人民革命的胜利和人民共和国的建立,中国共产党的领导,加上世界各国工人阶级的援助……中国经济建设的速度将不是很慢而可能是相当地快的,中国的兴盛是可以计日程功的。对于中国经济复兴的悲观论点,没有任何的根据"[3]。

实现农业国向工业国转变必须坚持社会主义和共产主义的发展方向。从成立之日起,中国共产党就高举共产主义旗帜,为实现共产主义理想而不懈奋斗,党所进行的一切努力都是朝着这个远大目标前进的过程,实现农业国向工业国转变是这个历史进程的重要组成部分。生产力的发展是实现社会主义和共产主义的根本基础,党领导中国革命归根结底就是要解放生产力,实现从农业国向工业国转变、实现国家的工业化也是要解放和发展中国的生产力。"没有农业社会化,就没有全部的巩固的社会主义。农业社会化的步骤,必须和以国有企业为主体的强大的工业的发展相适应。人民民主专政的国家,必须有步骤地解决国家工业化的问题。"[4] 实现工业化是基础、是前提,实现社会主义和共产主义是目标、是方向。中国共产党领导中

---

[1] 毛泽东. 毛泽东选集:第3卷[M]. 北京:人民出版社,1991:1098.
[2] 毛泽东. 毛泽东选集:第4卷[M]. 北京:人民出版社,1991:1316.
[3] 毛泽东. 毛泽东选集:第4卷[M]. 北京:人民出版社,1991:1433 – 1434.
[4] 毛泽东. 毛泽东选集:第4卷[M]. 北京:人民出版社,1991:1477.

国人民取得革命胜利,"造成由农业国变为工业国的先决条件,造成由人剥削人的社会向着社会主义社会发展的可能性"①。在革命胜利以后,党就要领导人民迅速地恢复和发展生产,对付国外的帝国主义的制裁和封锁,"使中国稳步地由农业国转变为工业国,把中国建设成一个伟大的社会主义国家"②。

毛泽东的这些重要论述,明确了中国工业化和现代化的鲜明领导优势、社会制度属性和远大发展目标。新中国成立后,中国人民就是在中国共产党的正确领导下,开展了以"一化三改"为核心内容的社会主义革命和改造,建立了社会主义基本制度,推动国家工业化快速发展,建立起独立的相对完整的工业体系和国民经济体系,完成了从农业国向工业国转变的任务。几十年来,中国式现代化的探索、开创、发展、推进和拓展,始终是在中国共产党的领导下、沿着社会主义道路开拓前进的。

党的二十大突出强调,中国式现代化"是中国共产党领导的社会主义现代化",言简意赅地阐明了中国式现代化的领导优势、制度属性和发展方向。中国式现代化的这些本质性的规定,与毛泽东关于农业国向工业国转变必须坚持党的领导、必须坚持社会主义方向的思想是一脉相承、内在一致的。党的二十大报告在谈到中国式现代化的本质要求时,把坚持中国共产党领导和坚持中国特色社会主义作为最重要的内容列在首要位置。我们在新时代新征程上发展中国式现代化事业,一定要传承好历史经验,把握新的历史特点,坚持和加强党的全面领导,坚决维护党中央权威和集中统一领导,把党的领导落实到各领域各方面各环节,使党始终成为全体人民最可靠的主心骨,形成团结奋斗的强大政治凝聚力和发展自信心;必须毫不动摇地坚持中国特色社会主义道路,确保我国社会主义现代化建设始终沿着正确方向健康快速发展。

四、实现农业国向工业国转变必须坚持独立自主

独立自主是毛泽东思想的活的灵魂,是中国共产党百年奋斗的重要经验。在领导中国革命的过程中,毛泽东始终突出强调必须坚持独立自主、走自己的路、以中国具体国情为根本立足点。在革命问题上是如此,在农业国向工业国转变问题上也是如此。

立足中国具体国情、坚持独立自主走自己的路,是中国共产党领导中国人民取

---

① 毛泽东. 毛泽东选集:第4卷[M]. 北京:人民出版社,1991:1375.
② 毛泽东. 毛泽东选集:第4卷[M]. 北京:人民出版社,1991:1437.

得中国革命胜利的重要前提。毛泽东在1930年的《反对本本主义》中就指出，"中国革命斗争的胜利要靠中国同志了解中国情况"，中国共产党的正确斗争策略要在中国人民的斗争过程中产生，要在中国共产党人的实际经验中产生，一定要坚持"从斗争中创造新局面的思想路线"，而不能仅仅依靠书本上的道理，更不能照搬照抄外来的经验①，突出强调了中国共产党在中国革命斗争中的独立自主性。抗日战争时期，他再次指出，"认清中国的国情，乃是认清一切革命问题的基本的根据"②，突出强调了必须从中国具体国情出发，制定符合中国具体实际的正确决策，只有这样才能取得中国革命胜利。

实现农业国向工业国转变，必须立足中国具体实际。因为长期处于半殖民地半封建社会状态，中国的工业化程度非常低，是一个典型的落后的农业国，"中国的工业和农业在国民经济中的比重，就全国范围来说，在抗日战争以前，大约是现代性的工业占百分之十左右，农业和手工业占百分之九十左右。这是帝国主义制度和封建制度压迫中国的结果，这是旧中国半殖民地和半封建社会性质在经济上的表现，这也是在中国革命的时期内和在革命胜利以后一个相当长的时期内一切问题的基本出发点"。③这样的国情实际决定了党领导人民取得胜利后必须尽快实现从农业国向工业国的转变。在党的七届二中全会上，毛泽东根据中国革命即将取得全国性胜利的具体实际指出，经过几十年奋斗，党的工作重心即将发生重大转变，从以乡村为中心转向以城市为中心，把发展工业生产作为重中之重，"从现在起，开始了由城市到乡村并由城市领导乡村的时期。党的工作重心由乡村移到了城市……必须使城市工作和乡村工作，使工人和农民，使工业和农业，紧密地联系起来"④。

实现农业国向工业国转变，必须坚持独立自主、自力更生。中华民族具有独立自主的光荣传统，"我们中华民族有同自己的敌人血战到底的气概，有在自力更生的基础上光复旧物的决心，有自立于世界民族之林的能力"⑤。中国共产党继承和弘扬了中华优秀传统文化中的独立自主、自力更生的传统，强调任何时候都要把一切工作放在自己力量的基点上，使自己立于不败之地。毛泽东指出："我们的方针要放在什么基点上？放在自己力量的基点上，叫作自力更生。我们并不孤立，全世界一切反对帝国主义的国家和人民都是我们的朋友。但是我们强调自力更生，我们能

---

① 毛泽东. 毛泽东选集：第1卷[M]. 北京：人民出版社，1991：115－116.
② 毛泽东. 毛泽东选集：第2卷[M]. 北京：人民出版社，1991：633.
③ 毛泽东. 毛泽东选集：第4卷[M]. 北京：人民出版社，1991：1430.
④ 毛泽东. 毛泽东选集：第4卷[M]. 北京：人民出版社，1991：1427.
⑤ 毛泽东. 毛泽东选集：第1卷[M]. 北京：人民出版社，1991：161.

够依靠自己组织的力量，打败一切中外反动派。"① 在新中国即将成立之际，他再次强调，"中国必须独立，中国必须解放，中国的事情必须由中国人民自己作主张，自己来处理，不容许任何帝国主义国家再有一丝一毫的干涉"②；中国革命胜利是伟大的，但是"还没有解决建立独立的完整的工业体系问题"，接下来党就是要领导人民尽快实现国民经济的恢复和发展，推动由落后的农业国变成先进的工业国，推动中国经济获得更快更大进步。③

毛泽东的这个观点，从源头上规定了中国工业化道路、中国式现代化道路的独立自主性要求。新中国成立后，毛泽东在领导党和人民进行工业化建设的过程中，反复强调必须要打破和埋葬各种各样的教条主义，坚持独立自主、自力更生，实现马克思主义基本原理同社会主义建设时期中国具体实际的"第二次结合"，探索符合中国国情、具有中国特点的工业化发展道路和社会主义建设道路。正是在他的领导下，中国人民经过了长期努力，到20世纪70年代末建立了独立的相对完整的工业化和国民经济体系，为中国式现代化奠定了坚实基础。正如《中国共产党历史》所概括的："在全面转入大规模的社会主义建设后，党又带领全国人民对适合中国国情的建设社会主义道路进行艰辛探索，不仅建立起独立的比较完整的工业体系和国民经济体系，而且积累了进行社会主义建设的重要经验……这些成就从根本上改变了中国人民的前途命运，为当代中国发展进步奠定了坚实基础。"④

改革开放以来，我们党继承和弘扬了毛泽东关于独立自主、自力更生的思想，在社会主义现代化道路上不断开拓前进，成功开辟和不断发展中国式现代化，推动中国特色社会主义事业不断取得新的胜利，中华民族伟大复兴呈现出前所未有的光明前景。在新时代新征程上，我们一定要毫不动摇地坚持独立自主、自力更生，坚持自立自觉、自信自强，坚持中国的问题必须从中国基本国情出发，由中国人自己来解答，把国家和民族发展放在自己力量的基点上，把中国发展进步的命运牢牢掌握在自己手中，坚定道路自信、理论自信、制度自信、文化自信，以更加积极的历史担当和创造精神，为全面建设社会主义现代化国家、全面实现中华民族伟大复兴而不懈奋斗。

---

① 毛泽东.毛泽东选集：第4卷[M].北京：人民出版社,1991:1132.
② 毛泽东.毛泽东选集：第4卷[M].北京：人民出版社,1991:1465.
③ 毛泽东.毛泽东选集：第4卷[M].北京：人民出版社,1991:1433.
④ 中共中央党史研究室.中国共产党历史：第2卷[M].北京：中共党史出版社,2011:1062.

作者简介

侯为民,中国社会科学院马克思主义研究院研究员,中国社会科学院大学教授、博士生导师;中国社会科学院马克思主义经济社会发展研究中心主任,国家马克思主义理论研究和建设工程专家,国家哲学社会科学基金项目评审专家;中国政治经济学学会会长,中华外国经济学说研究会常务理事。主要研究方向:马克思主义政治经济学、社会主义经济理论与实践。

侯为民：百年视野下中国式现代化的溯源与思考

现代化路径的选择从来不是唯一的。中国百年来的社会主义革命和建设，彻底改变了中国在世界经济格局中的角色和地位，中国的崛起在社会主义发展史上超越了任何一次历史变革给当代世界带来的影响。以中国式现代化为核心的社会主义建设是一个综合性的历史现象，是政治、经济、技术、社会和文化等领域深刻变革与发展的统一体。总结中国式现代化的历史意义，要从人类和中华民族的宏大视野出发，以马克思主义唯物史观为立足点正确认识党的百年奋斗的经济成就及其现实意义。党的十九届六中全会审议通过的《中共中央关于党的百年奋斗重大成就和历史经验的决议》（以下简称《决议》）指出，"要坚持唯物史观和正确党史观，从党的百年奋斗中看清楚过去我们为什么能够成功、弄明白未来我们怎样才能继续成功，从而更加坚定、更加自觉地践行初心使命，在新时代更好坚持和发展中国特色社会主义"。中国式现代化的理论依据、历史由来与发展前景，集中体现了马克思主义关于人类社会发展客观规律认识的科学性，充分彰显了中国社会主义道路的客观必然性与实践真理性，其意义将随着历史发展越来越清晰地得到全新的展示。

一、历史能量积累与中国式现代化起点的同源

历史条件的形成和发展因素的积累，是一个国家开启现代化进程的内在前提。《决议》指出，"在历史进程中积累的强大能量充分爆发出来，焕发出前所未有的历史主动精神、历史创造精神，正在信心百倍书写着新时代中国发展的伟大历史"。这个积累起来的强大能量，包含着两个层面的内容：一是要实现社会主义革命，在政治上使人民取得主人翁地位，从根本上激发中国社会现代化发展的动力。二是要

在经济制度上进行最广泛的变革，通过社会主义改造确立公有制经济的主体性作用，从整体上为中国的现代化建设创造适宜的社会环境，从而积累基本的物质基础。

唯物史观认为，现代化过程不仅是技术发展的过程，更是一个阶级的兴起过程。掌握和运用先进生产力的阶级的兴起，是现代化的必备要素之一。党的百年奋斗史以工农阶级的解放为起点，因而它始终与中国人民的前途命运联系在一起，这一特点使得中国式现代化从一开始就具有最广泛的群众基础和阶级基础。然而，在一个落后的国家建设社会主义和实现民族振兴，还需要从具体的国情出发。马克思指出，"人们自己创造自己的历史，但是他们并不是随心所欲地创造，并不是在他们自己选定的条件下创造，而是在直接碰到的、既定的、从过去承继下来的条件下创造"。现代化进程是与各国的具体历史条件紧密联系在一起的，中国同样不能避免这一规律的约束。进入帝国主义时代后，中国作为一个落后的农业大国，试图再按照历史的自然进程启动自身的现代化进程是不可能的。不仅是国内情况不允许，西方资本主义国家也不会让中国走上这条道路，发达资本主义国家主导世界必然要打断落后国家的现代化进程。与俄国社会主义革命不同，中国社会主义革命是在国内商品经济发展程度极端低下、资本主义还没有得到发展的情况下进行的。落后的生产力和腐朽的社会制度，以及来自帝国主义的侵略和压迫，使旧中国积贫积弱、民不聊生。正如毛泽东同志所指出的，"中国人民的贫困和不自由的程度，是世界所少见的"。在这样一种情况下，只有通过先进的政党使人民组织起来，进行最坚决的无产阶级革命，才能从根本上改变中国人民的前途命运，才能使中国被打断的现代化自然进程重新掌握在中国人民自己手里。

中国的社会主义现代化发展道路，是落后国家中规模最为宏大、背景极其复杂、影响至为深远的艰苦探索。从唯物史观来看，中国国内不仅存在着尖锐的阶级矛盾，而且还存在着和国际资产阶级的矛盾。恩格斯指出，"现代社会主义力图实现的变革，简言之就是无产阶级战胜资产阶级，以及通过消灭任何阶级差别来建立新的社会组织"。中国社会主义所力图实现的变革，不仅要以无产阶级反对封建主义的胜利为条件，而且要以反对帝国主义为前提，这是中国的社会主义事业得以进行的历史前提。历史发展动力从根本上来自人民群众，没有人民群众的广泛参与，社会主义革命和建设就不可能取得成功。而要广泛发动群众，就需要破除和变革旧的阻碍社会生产力发展的桎梏，变革旧的生产关系，使先进生产关系服务于全体人民的需要。

从上述意义上说，中国式现代化的起点是与中国共产党的百年奋斗史同时起步的。在现代化进程中,中国所积累的强大能量主要体现在以下几个方面:其一,中国革命的成功,实现了重要生产资料的全国性集中和共同占有。特别是金融部门的国家占有和土地制度的集中化使用,使中国经济增长所形成的大量生产剩余被国家和广大劳动者所占有,从而保证了社会积累真正被用于中国经济社会发展的整体和长远需要。其二,中国探索了一条不同于其他国家的、立足自身的工业化积累道路。中国的工业化积累摆脱和超越了西方资本主义原始积累的非正当性路径,通过公有制下国家、集体和个人利益的有机结合,初步奠定了中国式现代化特别是工业化部门发展的、初步的物质基础。其三,中国通过社会主义建设,建立了较完备的现代性工业部门,形成了完整的国民经济体系,使经济现代化能够在不依附发达资本主义国家的条件下进行,避免了来自外部的因素对现代化进程的干扰。其四,培养和塑造与现代化要求相适应的庞大劳动人口,全面实现人的现代化,使中国快速增强了经济的内生发展动力。中国教育体系等制度为劳动人口的素质提升奠定了基础,促进了从低生产率部门向高生产率部门的转移,并在此基础上推动了劳动者从传统生产部门向现代性生产部门的转移。20 世纪 80 年代鱿岛敬治在《中国的新政》中就提出:"所谓中国的现代化,可以说就是在本世纪末,使这个国家站在世界的前列。衡量的标尺归根结底是生产力。如果是这样的话,中国大概也必须走上发展中的经济社会向工业化起步的路标。这首先是一方面教育、组织训练一般群众,一方面充实资本和装备,提高劳动生产率,通过扩大工业部门,发展服务部门,把农业人口转移到其他领域去。"无论是熟练劳动者的训练和现代生产部门的建立,还是就业人口的转移,其核心内容都是社会劳动生产率的提升,这种长历史周期中的内在能量积累,无一不是依托于中国社会主义经济制度的公有制主体优势和国家治理层面下集中力量办大事的体制优势。

二、中国式现代化进程与中华民族复兴不可逆转趋势的趋同

现代化进程是和国家民族的发展史相互联系在一起的。《决议》指出,党的百年奋斗开辟了实现中华民族伟大复兴的正确道路。"仅用几十年时间就走完发达国家几百年走过的工业化历程,创造了经济快速发展和社会长期稳定两大奇迹。今天,中华民族向世界展现的是一派欣欣向荣的气象,巍然屹立于世界东方。"中国共产党百年奋斗的一个重大历史贡献,就是使中华文明伴随着中国式现代化再次崛起,重新成为民族复兴的心理支撑,这种民族自信突出展现了中华民族复兴的不可逆转

性。这可以从如下四个方面来认识。

（一）中国式现代化是和平崛起的历史过程

中国式现代化所实现的经济快速发展，是通过和平发展达到的。中国式现代化打破了西方中心论语境下的所谓现代化标准模式，颠覆了延续200多年的固有认知，即"在现代欧洲发展起来的现代性文化方案和那里出现的基本制度格局，最终将为所有正在现代化的社会及现代社会照单全收"。回顾历史可以看出，西方发达资本主义国家的现代化进程往往伴随着战争、掠夺和扩张，使大量外围国家沦落为其殖民地，单纯地成为其原材料供应地、商品倾销地和经济体系的依附者。与西方现代化模式下的发展路径不同，中国的经济增长奇迹和和平崛起主要是依靠自身的发展实现的。正是由于中国现代化是在和平的道路上取得的，因此它不会轻易因外来的压力而停滞，更不会被偶然性或意外性因素打断。从长远看，中国式现代化的进程不仅会推动不发达国家逐步融入平等合作的新型全球化，而且还将带动世界经济更加健康快速发展。

（二）中国式现代化是长期稳定下的持续快速发展过程

中国式现代化进程中保持了社会的长期稳定。在经济快速增长过程中保持社会的长期稳定，是中国式现代化的一个鲜明特征。中国式现代化进程打破了所谓的"亨廷顿悖论"，使西方现代化理论的谬误彰显天下。在亨廷顿看来，"现代性孕育着稳定，而现代化过程却滋生着动乱。产生秩序混乱的原因，不在于缺乏现代性，而在于为实现现代性所进行的努力"。一部西方资本主义国家的发展史，常常伴随着内部争斗史和激烈的阶级斗争史，内部政局的极度不稳定是其发展进程的常态，带来不断的社会动荡。同时，后发国家的崛起不仅意味着打破原有的国际经济均衡，还因利益争端导致国家间的尖锐冲突甚至战争。特别是，西方发达资本主义国家常常利用后发国家现代化过程的断裂，挑起其内部争斗，以期渔翁得利之效。相反，中国式现代化进程中的经济快速增长，是在保持社会大局长期稳定、推进国际经济合作的前提下取得的。中国经济的崛起避免了内部经济大起大落，也没有走西方对外扩张的老路，堪称世界经济发展史的奇迹。

（三）中国式现代化是主动开放的现代化过程

中华民族复兴的不可逆转性与中国经济深度融入世界生产体系紧密相关，也与中国发展理念国际影响力的提升有密切关系。民族复兴在某种意义上是民族形象的重塑，这要通过一个民族在世界的经济、政治和文化地位体现出来，作为一个文明古国和社会主义大国，中华民族的复兴最终要体现在其对世界的贡献上。不同于资本主义体系外围国家的开放过程，中国的对外开放是主动性的开放，是在坚持自身核心利益基础上的开放。更重要的是，中国作为社会主义国家，在对外开放过程中并没有步东欧和拉美国家后尘，始终坚持了社会主义基本经济制度和政治制度，贯彻了马克思主义世界市场思想和中华民族的对外平等合作理念。经过百年奋斗，中国不仅快速改变了面貌，综合国力大大增强，人民生活水平大幅提高，史无前例地使全体人民摆脱了绝对贫困，基本建成全面小康社会，而且对世界的贡献日益显现。

中国式现代化过程中的崛起是推动世界各国现代化转型的重要力量。当前中国不仅因快速发展之需，让众多的国外企业涌进中国，使得大量的国外产品抢占了中国市场，而且在"世界工厂"基础上不断强化"中国制造"和"中国智造"，向全世界提供了高性价比的产品，为稳定和提高各国人民的生活水平创造了条件，保持了世界经济在低通胀环境下运行，显现出中国的全新定位和独特角色。中国已经成为世界第二大经济体、第一大工业国、第一大货物贸易国、第一大外汇储备国，形成了世界上人口最多的中等收入群体，为中国继续扩大对外开放、让世界各国搭乘中国发展的"快车""便车"提供了坚实基础。按照世界银行的标准，目前高收入经济体人口仅占世界人口的16%，而中国几乎占据了世界人口的19%，中国大量人口迈进中高收入阶层，将彻底颠覆传统的世界贫富分布格局。这一变化对其他国家和地区的吸引力，将被中国自主对外开放的战略放大，完整和全面地展示出其对世界的积极影响。

（四）中国式现代化是重塑中国国际地位的历史过程

中国社会主义革命和建设的一个重要历史经验，就是在国家独立和民族解放的基础上坚持了独立自主的现代化发展道路。尽管中国积极推动对外开放，但始终以自力更生作为发展的立足点和推动经济现代化的重点，这决定了中国现代化发展的内生性模式。历史实践证明，只有从中国现实国情出发并适应自身发展规律的内生性现代化模式才是最有活力、最可持久的。由于这一内生现代化模式，中国融入世界的过程在一定意义上已经重塑了经济全球化，使"全球化"得以重新定义。由于摆脱了"西方中心论"的窠臼，西方国家在经济全球化历史上第一次失去了主动权和话语霸权，"二十年甚至十五年前，经济全球化的主要推手是美国等西方国家，今天反而是我们被认为是世界上推动贸易自由化和投资便利化的最大旗手"。当前，中国已经超越了传统的维护产业链供应链稳定的阶段，提出要逐步形成以国内大循环为主体、国内国际双循环相互促进的新发展格局。随着双循环新发展格局的形成和完善，中国参与国际合作的空间将更大，在培育国家竞争新优势上将取得更加主动的地位。

三、中国式现代化探索与马克思主义实践观的统一

中国式现代化的奇迹，是马克思主义在中国具体实践的结果，是马克思主义科学性和真理性得到充分检验的历史展示。《决议》指出，"党的百年奋斗展示了马克思主义的强大生命力"，"马克思主义中国化时代化不断取得成功，使马克思主义以崭新形象展现在世界上，使世界范围内社会主义和资本主义两种意识形态、两种社会制度的历史演进及其较量发生了有利于社会主义的重大转变"。没有马克思主义科学理论指导下全党全国人民的艰苦奋斗，中国就不可能在几十年时间内走完西方200多年才走完的工业化和现代化过程，就不可能使社会主义制度的优越性完全得到彰显。

马克思主义以新世界观为基础，以历史唯物主义和辩证唯物主义作为基本的方法论。马克思主义的科学性在于它不仅无情批判了资本主义及其意识形态，而且还远远超越了西方近代思想，为人类社会前进方向指明了道路。在马克思主义看来，资本主义所谓"普适性"的现代化模式是以资本对劳动的支配权和金融资本的国际霸权为特征的，不仅在其国内还在国际上带来了巨大的贫富鸿沟。历史的发展一再证明，资本主义现代化模式的不可持续性，最终会以经济危机的频频发生为结局，并不断地给社会财富造成巨大的破坏。2008年国际经济危机以来，特别是2020年新冠疫情暴发以来，发达资本主义国家在经济、政治、社会管理和生态应对等方面陷入空前困境。现在就连法国总统马克龙也不得不承认，经济开放、全球贸易和资本主义伴生的是社会不平等，价值创造和利润之间的脱节，虚构事务的全球化，资本主义国家的气候问题外包现象等，已经引发了社会不平等危机、民主危机、民主制度的可持续性危机、气候危机。同开放市场经济连在一起的现代资本主义模式已经无法在这种情况下运转了。

中国式现代化的成就彰显了马克思主义的真理性和实践性。回顾中国近代社会的发展可以发现，在没有马克思主义科学理论指导之前，中国革命的先行者尽管以

极大的勇气对所有可能的现代化路径进行了探索和各种尝试，但最终都失败了。在世界进入资本主义和社会主义两种社会制度最终对决的历史大变局下，中国几乎所有的社会变革方案和现代化进路都被西方列强所打断，中华民族只能在完全融入西方所谓现代性体系的情况下，在成为其外围或附庸时，中国社会的现代化才有可能。这也就意味着西方资本主义国家将占有中国现代化的大部分成果，而中国仅仅只能局部地享有现代化的部分成果。马克思主义为中国解决自身问题提供了科学的理论指导。马克思主义从人类社会发展的客观事实出发，发现了唯物史观和剩余价值规律，指出了生产资料所有制本质差别这一区分社会主义与资本主义的根本分水岭。马尔库塞提出："历史唯物主义最初在资本主义社会是作为一个普遍存在的唯物主义的宣言而出现。在这一点上，这个唯物主义的原则，是揭露使人受物质生产盲目结构奴役的社会批判工具。"就现代化的模式而言，中国是世界上规模最大的起步者。就现代化的性质而言，中国的现代化是世界上最成功的社会主义经济发展模式。中国之所以能够超越西方现代化模式，关键在于坚持了以公有制为主体的社会主义原则。在这样的社会中，劳动者才第一次真正成为社会的主人，从而化为现代化进程的动力源泉。

社会主义中国的现代化方案，是以马克思主义的社会共同占有制思想、共同富裕思想和"人的自由全面发展"思想为基本遵循的。中国共产党领导下的中国式现代化，坚持了"全心全意为人民服务"的宗旨，将提高人民生活水平作为最根本的落脚点。唯物史观认为，人民是物质生产和先进科学技术的具体承担者和实践者，只有激发人民群众的主动性和创造性，经济增长和社会进步才有可靠的保证。我国坚持了这一基本立场，在经济发展中始终将劳动人民当家作主作为立足点，提出了从"以人为本"到"以人民为中心"的核心理念，彰显了人民在历史发展中的主体地位。中国的现代化方案立足马克思主义自然观，强调"保护生态就是保护生产力，改善生态环境就是发展生产力"，提出了社会主义生态文明思想，实现了人类文明发展形态的新飞跃。

马克思主义是实践的科学，中国经济取得史无前例的巨大成就，证明了马克思主义在当代社会的生命力。没有马克思主义的指导，中国不可能在很短的时间内打破西方新老自由主义关于经济增长的神话。依据马克思主义的实践观，中国立足生产力发展的实际提出了社会主义初级阶段理论，及时开启了改革开放的征程，通过社会主义市场经济体制激发了经济活力。实践证明，以社会主义革命为前提、以社会主义经济制度的确立为基础、以中国特色社会主义理论体系为指导的中国现代化模式，以前所未有的力量推动了中国走向国家富强和民族复兴的步伐，快速拉近了中西方经济发展水平的差距。从综合国力的比较看，1952 年社会主义改造前我国国民生产总值（GDP）仅仅还处于 304 亿美元的低水平，而美国则高达 3677 亿美元，中国还不到美国的 1/10。2020 年美国国民生产总值总量尽管在新经济推动下已攀升至 21.4 万亿美元，但中国国民生产总值第一次突破 100 万亿元大关，按汇率计算达到 14.8 万亿美元。经过 60 多年的快速追赶，中国国民生产总值已经相当于美国的 74%，打破了后发国家综合国力止步于美国 GDP 70% 界限的魔咒。如果按照购买力平价计算，中国综合国力实际上已经超越美国。特别是在当前全球新冠疫情持续、美国西欧等主要经济体经济严重下滑的情况下，中国经济逆风而行，成为全球唯一实现经济正增长的主要经济体。在习近平新时代中国特色社会主义经济思想的指导下，中国正在向第二个百年目标迈进，在可见的未来将很快成长为世界第一大经济体，使中华民族复兴的伟大梦想化为现实。

中国式现代化的进程，使世界历史进程发生了有利于社会主义的转变。社会主义初级阶段理论的提出、社会主义市场经济体制的确立和完善，解决了如何发展社会生产力和实现快速经济增长的难题，对"社会主义为什么行"进行了科学的回答，使两种社会制度竞争中社会主义市场经济体制的优势脱颖而出。亚投行建设、"一带一路"倡议的践行和"人类命运共同体"的理念，使社会主义中国的国际影响不断显现，社会主义思想开始在两种意识形态斗争中占据历史主动权。这种有利于社会主义的重大转变，是当代世界历史发展中最重大的历史事件，必将影响深远。从世界历史进程来看，有利于社会主义的重大转变事件迄今共有三次：一是苏俄"十月革命"的胜利，它使马克思主义的科学设想化为现实，打破了资本主义发展的历史循环。二是 1949 年中国无产阶级革命取得最终胜利，它使中国从半封建半殖民地社会脱离出来并挣脱了资本主义势力范围的束缚，大大推动了各民族的独立和解放运动，压缩了西方资本主义国家的势力范围。三是当前中国式现代化的成功，其是世界社会主义运动的标志性事件，中国的现代化建设是世界上涉及人口规模最大的经济转型，但这种转型绝不是转向资本主义，而是马克思主义与现代中国国情相结合的宏伟实践。它充分展示了马克思主义在 21 世纪的生命力和活力，也标志着西方经济金融霸权和话语霸权衰落的开始。如果说中国革命的成功与国际帮助有关的话，那么改革开放以后我国社会主义改革与建设取得的成就，则是完全独立自主进行探索取得的成果，是中国对于自身国情进行科学分析和科学应对的结果。中国经济的崛起和中国社会主义市场经济模式的成功，将再次促使西方资本主义势力范围从全球其他地区退出，在新的历史条件下帮助各国人民自主选择替代资本主义的方案。

四、中国式现代化路径与人类文明新形态演进趋势的契合

党的百年奋斗深刻影响了世界历史进程，推动了人类进步事业。在中国式现代化推进过程中，拓展了人类文明形态的发展高度并丰富了其内涵。《决议》指出，一百年来，"党领导人民成功走出中国式现代化道路，创造了人类文明新形态，拓展了发展中国家走向现代化的途径，给世界上那些既希望加快发展又希望保持自身独立性的国家和民族提供了全新选择"。

对于文明概念的垄断是资本主义制度确立和发展以后才发生的历史事件。唯物史观从来都是将劳动作为社会物质财富的主要源泉，将与劳动联系在一起的文化现象作为文明的核心要素。回顾历史可以看出，中华民族作为勤劳的民族曾经为世界历史发展做出了突出的贡献，创造了灿烂的古代文明。习近平总书记指出，"16世纪以前世界上最重要的300项发明和发现中，我国占173项，远远超过同时代的欧洲。我国发展历史上长期处于世界领先地位，我国思想文化、社会制度、经济发展、科学技术以及其他许多方面对周边发挥了重要辐射和引领作用"。尽管中国在近代社会中落伍了，但这种落后并不是中华文明固有的局限所造成的，更不是中华民族的民族特征导致的。实际上，一旦马克思主义和中华优秀文化相互结合，社会主义中国就必然会在资本主义文明的包围中率先实现突围，为世界社会主义开辟全新的境界。

中国式现代化打破了西方中心主义者关于现代文明西方论的神话。在马克斯·韦伯看来，资本主义作为整体性文明只能为西方国家所固有，与地处东亚的中国无缘。"现代资本主义精神乃至一般而言的现代文明的诸构成部分中的一个成分是在天职观念的基础上对生活进行理性组织，这诞生于基督教禁欲主义的精神"。这种错误的认知，现在无疑已经被中华民族复兴的进程所证伪，中华民族伟大复兴进程的加快，将以马克思主义的理论主张重新定义现代文明及其思想体系。诚然，中国式现代化在起步时仍然具有外部输入的特征，但它更具有内部演化的特点。单纯从西方现代化的角度对中国社会发展进行阐释是行不通的："那些把源于欧洲经验的马克思主义理论模式直接运用于中国历史的人，要么使得马克思主义的社会经济概念简化为一些不能与中国历史实质产生有机关联的有名无实的范畴，要么虽强调普

遍性，却掩盖了中国社会发展中最显著的一些细节。"

中国式现代化使古老的中华文明与马克思主义相结合，创造出一种全新的、与西方文明相竞争的文明形态。这种新文明形态就其属性来说，是具有高度社会主义属性的中华文明。中国特色社会主义新文明形态的形成，彰显了中国对世界无产阶级运动的国际担当和国际义务，无疑会加深世人对资主义腐朽性的认识，进一步加快资本主义文明的衰落。正如艾杰兹·阿赫麦德在《文化、民族主义和知识分子的作用》中指出的："那些正在从事反帝斗争的人们是不能放弃其民族主义的。他们必须高举民族主义大旗，有目的地使他们的民族国家发生变革，最终站到帝国主义的对立面。"当社会主义中国处于帝国主义的包围和围堵之时，这种主张多元和谐与公平正义、带有强烈的中华民族基因和社会主义基因的文明形态，必然会给世界走向人类命运共同体的实践增加积极力量。

中国式现代化所开拓出的人类文明新形态，在物质文明、精神文明、政治文明、社会文明和生态文明上均与西方资本主义文明相区别。在物质文明上，它以巩固公有制经济主体地位、实现生产力快速发展和人民共同富裕为特点；在精神文明上，它以集体主义、社会主义核心价值观和人的全面解放为价值诉求；在政治文明上，它以保障人民当家作主权利和实现全过程的民主为基础；在社会文明上，它以公平正义、满足人民对更美好生活的需要为目标；在生态文明上，它以习近平生态文明思想为主要内容，强调人和自然的和谐统一。此外，在国际交往文明上，它主张构建"人类命运共同体"，致力于建设持久和平、普遍安全、共同繁荣、开放包容和清洁美丽的世界。可以说，中国特色社会主义所开创的文明新形态，为其他发展中国家树立了一个具有历史意义的样本，鼓舞和促进了各国人民独立探索本国发展道路的努力。中华民族的伟大复兴，不仅是对现代文明的再定义，在某种意义上也是对西方发达资本主义国家的一场历史性的审判。习近平总书记明确指出："当代中国的伟大变革不是国外现代化的翻版。"中国式现代化是社会主义发展道路的实践路线图，成为推动人类进步的重要途径。它所提供的资本主义制度的替代式方案，为落后国家走向现代化发展道路提供了重要参照坐标。

五、中国式现代化进路与坚持党的领导的结合

中国式现代化的前进，与中国共产党的领导是分不开的。作为无产阶级新型政党，中国共产党是领导中国人民进行社会主义现代化建设的核心力量。同时，中国

式现代化也证明了党的领导的正确性和历史合法性。《决议》指出,"党的百年奋斗锻造了走在时代前列的中国共产党"。中国共产党已经成为具有重大全球影响力的世界第一大执政党,为中国式现代化不偏离轨道奠定了政治基础。

社会主义事业必须坚持由共产党来领导,有其历史的客观必然性。与以往一切社会形态的产生和发展不同,社会主义是先有科学理论后有具体实践的。而以往一切社会形态的建立,都是自然的过程和历史自发演进的结果,在某种意义上具有理论上的盲目性。因而,与过去那些社会形态相应的理论,一般都是在社会制度基本确立后才得以形成。只有在马克思主义产生以后,工人阶级运动摆脱了自发性并催生了无产阶级政党,才在历史上第一次产生了理论上的自觉,使自觉地进行社会主义建设成为现实的生动实践。社会主义的这种特征,决定了其发展过程中要始终坚持社会主义道路和方向,始终依靠党的领导来捍卫社会主义制度。可见,一切社会主义事业都是有领导、有组织、有规划的自觉行动。脱离马克思主义政党的领导,没有党用科学的理论教育、掌握和发动群众,社会主义事业不可能取得胜利。

将政治因素和思想因素摒弃于历史进程之外,并不是马克思主义的传统。"事实上,在承认政治和思想具有某种相对于经济决定作用而言的自主性上,在承认两者都在历史变迁中发挥了积极的因果作用上,马克思和恩格斯并不存在任何异议"。从社会主义发展史的观点看,政治因素对于社会主义制度的确立、巩固和完善,具有决定性的作用。无产阶级政党之所以能够成为社会主义建设的领导力量,根本的原因在于它没有自己独立的利益,它的利益本身就是人民群众的利益,因而它也从来不会提出区别于工人阶级的独立利益。中国共产党是无产阶级的先锋队,是代表中国人民根本利益、整体利益和长远利益的,是一个全心全意为人民服务的政党。这是中国共产党取得革命胜利的保证,也是其能够领导中国式现代化建设并创造中国奇迹的最深层原因。习近平总书记指出:"中国特色社会主义最本质的特征是中国共产党的领导,中国特色社会主义制度的最大优势是中国共产党的领导。"从政治和经济的关系看,中国共产党领导下的国家政权其政治功能是服务于社会主义经济基础的,因而必然要服务于最大多数的人民,与广大民众共命运。

中国式现代化以坚持党的领导为重要标志,这是由党的性质决定的。市场经济在中国之所以能够焕发出前所未有的活力和生命力,一个重要原因在于它有中国共产党领导,是在社会主义制度前提下运行的。正如习近平总书记指出的:"我们是在中国共产党领导和社会主义制度的大前提下发展市场经济,什么时候都不能忘了'社会主义'这个定语。"许多发展中国家实行市场经济制度,其现代化进程艰难而缓慢，甚至会陷入所谓"中等收入陷阱"而中断；印度比中国独立更早，经济建设没有受到西方资本主义国家的围堵，后者反而会提供经常性帮助，但印度现代化步伐远远落后于中国。原因就在于它缺乏一个以无产阶级解放为使命的政党领导。

"中国人民和中华民族之所以能够扭转近代以后的历史、取得今天的伟大成就，最根本的是有中国共产党的坚强领导"。在党的领导下，社会主义政治优势会转换为经济优势，为经济现代化提供坚实的支撑。中国式现代化离不开党的领导，其根本原因在于三个方面：首先，"在世界上所有的政治制度中，大部分政治是经济性的，而大部分经济亦是政治性的"。在当代社会中，政治和经济的界限并不是绝对的，从社会主义工业化积累过程中就可以明显看出这一特点。进一步说，社会主义国家集中力量办大事的体制更适应现代生产社会化的要求，进而会创造出更高的劳动生产率，推动经济更快增长。其次，党的领导是坚持和巩固以公有制为主体的社会主义经济制度的保证。只有坚持公有制主体地位，贯彻社会主义按劳分配原则才有可能实现，资本无序和野蛮生长的趋势才能得到遏制，才能从根本上使社会生产的扩大建立在劳动投入增加和技术进步的基础上，使人民生活水平提高和经济增长同步，避免两极分化的产生从而影响经济社会可持续发展。最后，唯物史观告诉我们，上层建筑既服务于经济基础，也在一定意义上参与经济基础的构建。由于民族国家仍然存在，"国家和其他的公共机构仍然是唯一能够从人的角度进行社会产品分配和满足市场满足不同的人类需要的机构。于是，政治过去和现在都仍然是争取社会改善的斗争的一个必要维度"。这里的改善不仅包括国内针对劳动力提供者和劳动力供给者之间关系的调整，更包括国际范围内利益关系的调整。在党的领导下，国家政权可以通过更加公平合理的再分配方式，改善劳动者生活条件，促进共同富裕，同时作为一个国家整体应对和防范国际垄断资本的过度挤压和掠夺。

可见，中国式现代化是中国政治制度优势和经济制度优势相结合的产物。由于有了中国共产党的领导，特别是由于党在理论层面的不断创新，社会主义市场经济体制才得以确立并发挥作用。中国现代化过程中政府和市场的力量是相互促进的，既重视市场在资源配置中的决定性作用，也重视更好地发挥政府作用。其中，更好地发挥政府作用的政治制度基础就在于坚持党的领导。由于公有制经济主体地位的确立以及党对经济工作的全面领导，中国经济生活中政府和市场之间的关系已经超越了西方经济学传统理解中相互对立和难以取舍的范畴，从而彻底打破社会主义和市场经济不相容的西方经济学教条，避免了西方现代化模式下经济成果为少数私人大资本集团所攫取的发展陷阱。中国的民主制度是经济民主、实质民主、真实民主和全过程民主。

  坚持党的领导与中国人民利益的根本保障息息相关。从人的现代化角度看，中国共产党始终将经济现代化与人民群众的生存权、发展权相结合，在维护社会公平和正义的基础上，不断促进人的全面发展。国务院新闻办公室2021年4月6日发布的《人类减贫的中国实践》白皮书显示，按照现行贫困标准计算，中国式现代化使中国改革开放以来的农村贫困人口累计减少7.7亿，显著缩小了世界贫困人口版图，减贫人口占同期全球减贫人口70％以上。中国还建成了包括养老、医疗、低保、住房在内的世界最大的社会保障体系，并成为世界上最有安全感的国家之一。随着中国绝对贫困现象的全面消除和社会主义新征程的开启，中国必将在共同富裕目标上取得更加明显的实质性进展，最终全面完成中国式现代化的历史超越。

作者简介

杨云霞，西北工业大学马克思主义学院院长、教授、博导，国家哲学社会科学领军人才，全国文化名家暨"四个一批"人才，陕西省教学名师，陕西省"六个一批"人才，西安市决策咨询委员会委员，英国诺丁汉大学访问学者。长期从事马克思主义理论研究。主持国家社科基金、最高人民法院司法研究重大课题，陕西省社科基金重大项目等40余项；出版专著4部，在《马克思主义研究》《马克思主义与现实》等CSSCI发表论文70余篇；荣获陕西省哲学社会科学优秀成果一等奖2项，主持省教改项目2项，荣获陕西省教学成果奖3项。担任国家社科基金中华学术外译项目评审专家、中国高等教育学会马克思主义分会副理事长。

杨云霞：中国式现代化进程中的劳动关系理论建构

一、传统劳动关系理论不足以指导和支撑我国劳动关系

（一）传统劳动关系理论的局限性

关于劳动关系的传统理论，已有研究从不同立场和对劳动现象的认识出发，形成了五个具有代表性的学派：新保守派、管理主义学派、正统多元论学派、自由改革主义学派和激进派。究其理论溯源，主要来源于以马克思为代表的资本主义理论、以埃米尔·迪尔凯姆为代表的工业主义理论和以马科斯·韦伯为代表的工业资本主义理论[①]。此外，基于马克思主义的视角，国外还出现了劳动过程理论、政治经济理论、调节学派劳动关系理论以及资本主义阶级结构理论[②]等。其中，马克思的劳动关系理论在资本主义国家为指导工人阶级的斗争、建立社会主义制度等提供了行动指南，但是针对社会主义制度建立之后的劳动关系，尚无可预见性的理论设计。其他学派和理论各有差异，但都是基于对维护资本主义劳动关系的稳定性进行研究而开展的理论设计，一些微观制度设计对于新时代中国特色社会主义劳动关系的实践和理论具有一定的借鉴价值，但无法适应和囊括中国的劳动关系，无法展现我国劳动关系的特殊性。

现有的劳动关系理论所面临的诸多理论和现实难题具体表现为：一是在根本制度层面，现有的劳动关系理论皆是基于资本主义劳动关系的根本属性，归纳形成阶级斗争型劳动关系、利益冲突型劳动关系、社会伙伴关系等劳动关系类型，无法体

---

① 程延园. 劳动关系[M]. 北京：中国人民大学出版社, 2002: 22 – 39.
② 张嘉昕, 王芳菲. 国外马克思主义的劳动关系理论[J]. 理论视野, 2018(5): 20 – 26.

现社会主义劳动关系的根本属性，尤其是以人民为中心的发展思想在劳动关系中的贯彻，以及由此而衍生的劳动关系的性质、特征等问题，这是现有理论无法涵盖的新问题。二是在价值观层面，以社会主义核心价值观融入劳动法治建设，实现劳动关系的硬法与软法协调适用，这是不同于西方国家基于自由主义的理念而进行的劳动关系价值观设计，因而也是亟待研究的新问题。三是在文化层面，劳动关系的理论与实践具有深厚的文化基础，我国劳动关系是在马克思主义与中华优秀传统文化相结合中形成并发展起来的，以和为贵为代表的中华优秀传统文化深深融入了劳动关系的理论与实践，基于此，传统集体劳动权利中的结社权、罢工权和集体谈判权，适应中国特色社会主义劳动关系的特色和需求，进行了相应优化和调整，提出了建立全过程人民民主、利益共享等内容，而这恰恰是传统劳动关系理论无法企及的领域。四是在权利体系层面，我国劳动权利体系的设计既吸纳了世界各国劳动权利体系的制度精华，同时又显现了中国特色社会主义的制度特色。如劳动就业在我国经济社会发展中具有特殊地位，不仅仅是劳动权利体系中的一个权利，更上升为就业优先战略，这是传统经济学理论和劳动关系理论所无法包含的。五是在面对新业态层面，当前，以平台经济为主体的新业态下劳动关系的走向是各国劳动关系面临的新问题，也是传统劳动关系理论并未涉及的问题。如何既适应马克思人的全面发展理论的需求，又满足社会经济发展的要求，是社会主义劳动关系理论特有的解决思路，需要以新的理论体系形式呈现。

（二）中国式现代化进程需要劳动关系理论的支撑

当今世界范围内，劳动关系治理表现出诸多新问题，全球劳动关系该何去何从？中国特色社会主义劳动关系如何展现其优势特征？在中国式现代化的进程中，如何以和谐劳动关系助力现代化？这些都需要进行中国特色社会主义劳动关系理论建构的研究，为创新和发展21世纪马克思主义劳动关系理论提供理论素材，并指导新时代中国劳动关系的实践，为解决全世界劳动关系面临的共同问题提供中国理论、中国方案和中国智慧。

21世纪是特别需要理论而且一定能够产生理论的世纪，很多新问题迫切需要理论解释，也是一个需要理论创新而且一定能够推进理论创新的世纪。中国式现代化作为实现中华民族伟大复兴的重要进程，迫切需要理论创新作为支撑，建构中国特色劳动关系理论将是哲学社会科学工作者的历史使命。《关于加快构建中国特色哲学社会科学的意见》和《国家"十四五"时期哲学社会科学发展规划》等文件中提出了坚持马克思主义在我国哲学社会科学领域的指导地位,"着力构建中国特色哲学社会科学,在指导思想、学科体系、学术体系、话语体系等方面充分体现中国特色、中国风格、中国气派"。加快构建中国特色社会主义劳动关系学科体系、学术体系、话语体系,是赋予劳动关系理论研究者重要的历史使命。习近平总书记指出,"我国经济社会领域理论工作者大有可为",并提出要求:从国情出发,从中国实践中来、到中国实践中去,把论文写在祖国大地上,使理论和政策创新符合中国实际、具有中国特色,不断发展中国特色社会主义政治经济学、社会学[①]。本文正是基于这一历史使命而在劳动关系领域开展理论探索。

二、中国式现代化进程对于劳动关系理论建构提出了新的时代要求

习近平总书记指出:"中国式现代化,摒弃了西方以资本为中心的现代化、两极分化的现代化、物质主义膨胀的现代化、对外扩张掠夺的现代化老路,拓展了发展中国家走向现代化的途径,为人类对更好社会制度的探索提供了中国方案。"[②]党的二十大报告中提出,"中国式现代化,是中国共产党领导的社会主义现代化,既有各国现代化的共同特征,更有基于自己国情的中国特色。中国式现代化是人口规模巨大的现代化、是全体人民共同富裕的现代化、是物质文明和精神文明相协调的现代化、是人与自然和谐共生的现代化、是走和平发展道路的现代化"[③]。中国式现代化的提出,是在新时代社会主要矛盾发生变化的背景下提出来的,面对着劳动关系中主要矛盾的变化,中国式现代化如何基于问题导向回应并解决劳动关系中面临的问题,发现并归纳劳动关系的核心特征,是一个重要的研究课题。

(一)中国式现代化对于劳动关系治理的领导力量提出了政治属性要求

在传统的劳动关系理论中,对于劳动关系治理的领导力量缺乏明确主体。无论是邓洛普的劳动关系系统理论,还是英国利物浦大学教授罗恩·比恩提出的政府在

---

① 习近平. 在经济社会领域专家座谈会上的讲话[EB/OL]. (2020-08-24). http://www.gov.cn/gongbao/content/2020/content_5541470.htm?ivk_sa=1024320u.
② 习近平. 以史为鉴、开创未来,埋头苦干、勇毅前行[J]. 求是,2022(1):4-15.
③ 习近平. 高举中国特色社会主义伟大旗帜 为全面建设社会主义现代化国家而团结奋斗——在中国共产党第二十次全国代表大会上的报告[Z]. 新华社,2022-10-25(001).

劳动关系中的 5P 角色，都缺乏对劳动关系治理领导主体的界定，导致劳动关系双方主体各有其站位和立场，在几百年的劳动关系演进历程中，冲突和斗争始终是劳动关系的总基调。尽管美国等国在劳动罢工中设定了总统和国会的干预协调机制，但是，这仅仅是化解尖锐斗争的一个临时性事中举措，政府如何事前消解劳动关系的根本性冲突仍需要探索；在德国的劳动关系中确立了信任合作原则，但也是基于冲突的试图合作，重点是通过确立微观层面的合作机制化解冲突，而对于宏观层面的冲突如何预防和消解，仍有待探索。

中国共产党领导了中国百年的劳动立法，并指导了中国工人运动和新中国的劳动关系实践。在中国式现代化进程中如何更好地领导劳动关系，同样需要在对百年的理论探索和历史实践传承的基础上，适应中国式现代化的进程创新和发展理论。坚持中国共产党领导是对中国式现代化领导力量的本质要求。党的领导是中国特色社会主义最本质的特征，其必然也是社会主义劳动关系的根本政治属性，这也正是中国式现代化与西方现代化的最大区别。在实现劳动关系现代化的进程中，劳动关系的治理也同样是在中国共产党的领导下的治理体系和治理能力现代化，其包含了宏观层面党的全面领导和微观层面企业党委的领导。这一领导主体的定位为劳动关系的和谐性属性提供了根本保障。因为，"中国共产党是中国工人阶级的先锋队，同时是中国人民和中华民族的先锋队，是中国特色社会主义事业的领导核心，代表中国先进生产力的发展要求，代表中国先进文化的前进方向，代表中国最广大人民的根本利益"。[①] 中国共产党的政党属性决定了其没有任何私利，就是全心全意为人民服务，这一属性反映在劳动关系领域，为实现劳动关系的和谐性奠定了领导基础。通过确立中国共产党的领导，解决了西方劳动关系中各方主体各行其是、相互对抗、劳动冲突乃至社会冲突频发的问题。

当然，党对劳动关系的领导，并不是党组织包揽一切，而是在突出党组织领导作用的前提下加强系统治理，《中共中央 国务院关于构建和谐劳动关系的意见》中就要求，"各级党委和政府要建立健全构建和谐劳动关系的领导协调机制，形成全社会协同参与的工作合力。各级党委要统揽全局，把握方向，及时研究和解决劳动关系中的重大问题，把党政力量、群团力量、企业力量、社会力量统一起来，发挥人大监督、政协民主监督作用"[②]。可以看出，劳动关系治理是基于系统思维的多主

---

① 本书编写组. 中国共产党章程[M]. 北京：人民出版社，2022：1.
② 中共中央 国务院关于构建和谐劳动关系的意见[EB/OL]. (2015 - 04 - 08). 中央政府门户网站，www.gov.cn.

体参与,即加强党委领导,发挥政府主导作用,鼓励和支持社会各方参与。通过加强调整劳动关系的法律、体制、制度、机制和能力建设,逐步形成党委领导、政府负责、社会协同、企业和职工参与①、法治保障、科技支撑的自治与法治和德治相结合的劳动关系治理体系。

(二) 中国式现代化对于劳动关系所属的社会制度属性提出了要求

坚持中国特色社会主义,是中国式现代化对社会制度的本质要求。现阶段我国劳动关系作为中国特色社会主义制度下最基本的社会关系,其必然具备中国特色社会主义的制度属性。这也是我国劳动关系区别于西方国家传统的劳动关系或西方式现代化进程中的劳动关系的重要制度属性。现有的劳动关系理论,无论是资本主义理论、工业主义理论还是工业资本主义理论,无一不是根植于资本主义生产关系,并从中溯源而得以产生,都是对资本主义生产关系下劳动关系的模式归纳。即使是马克思所创立的劳动关系理论,也是在对资本主义异化劳动进行批判的基础上,建构了剩余价值理论等理论体系,深刻阐释了资本主义的基本矛盾是生产社会化与资本主义生产资料私有制之间的矛盾。在阶级关系上的表现形式是资产阶级与无产阶级的矛盾,劳动关系领域是阶级矛盾的集中爆发点,其决定了资本主义劳动关系注定是以资本为中心的劳动关系,劳动关系领域的斗争是工人运动的重要方式。

而中国特色社会主义的制度属性,决定了我国是工人阶级领导的、以工农联盟为基础的人民民主专政的社会主义国家,国家一切权力属于人民②。社会主义制度为劳动关系的社会主义属性提供了制度支撑,其包含了政治、经济、文化等各个领域的基本制度、根本制度和重要制度。这一制度属性对于我国劳动关系而言,决定了是以人民为中心的劳动关系,是消除了阶级冲突的利益一致型的劳动关系,是以实现共同富裕为目标的劳动关系,是以全过程人民民主为特征的劳动关系,是以社会主义核心价值观为价值引领的劳动关系。

(三) 中国式现代化对于劳动者提出了人的现代化的要求

习近平总书记指出,"我们要坚守人民至上理念,突出现代化方向的人民性"③,

---

① 中共中央 国务院关于构建和谐劳动关系的意见[EB/OL]. (2015 – 04 – 08) [2022 – 12 – 12]. 中央政府门户网站,www. gov. cn.
② 中华人民共和国宪法[EB/OL]. (2018 – 03 – 22) [2022 – 12 – 12]. http://www. gov. cn/guoqing.
③ 习近平在中国共产党与世界政党高层对话会上的主旨讲话(全文)[Z]. 新华社,2023 – 03 – 15.

"现代化的最终目标是实现人自由而全面的发展"。① 可以看出，中国式现代化的目标是人的现代化，其实现的重要途径也依赖于人的现代化。中国式现代化是人口规模巨大的现代化，其包含了14亿人口的现代化。劳动关系的主体——劳动者——是其重要人口构成部分，实现以劳动者为主体的人的现代化，是现代化的本质，也将贯穿中国式现代化的全过程。何谓劳动者的现代化？借鉴已有的人的现代化的研究，本文将其归纳为以下几个特征：人的自由全面发展是劳动者现代化的最终目标，劳动者素质的现代化是劳动者现代化的根本表现，劳动者参与性的提升是劳动者现代化的重要过程，劳动者获得感的提升是劳动者现代化的重要标志。

如何理解劳动者现代化的终极目标？马克思和恩格斯在《共产党宣言》中早就指出，实现"每个人的自由发展"，进而实现"一切人的自由发展"。对于劳动者而言，其实现自由发展的目标就是在共产主义条件下，"劳动已经不仅仅是谋生的手段，而且本身成了生活的第一需要"②。劳动者的自由全面发展，既包括劳动者物质文明，也包括劳动者精神文明，是包含着物质丰富与精神丰富的全面发展。

如何理解劳动者素质的现代化？习近平总书记指出，当今世界，综合国力的竞争结根结底是人才的竞争、劳动者素质的竞争，要努力建设高素质劳动大军，造就一支有理想守信念、懂技术会创新、敢担当讲奉献的宏大产业工人队伍③。可以看出，劳动者的素质既包括劳动者的价值追求、精神状态，也包括体力能力和智力水平。实现劳动者素质的现代化，需要不断提高劳动者的体力水平，包括与健壮体魄有关的全过程；提高劳动者的智力水平，即不断总结劳动者的直接生产经验，进行间接的科学技术的学习；提高劳动者的思想品德，包括进行思想政治教育、精神鼓励和物质鼓励等。

如何理解劳动者参与性的提升？参与是形成共识的前提，也是谋求社会福祉最大化改善的路径④。劳动者参与是劳动过程中必不可少的环节，但不仅仅限于劳动者参与生产，还包括参与劳动关系的各个环节，包括缔结劳动合同、调处劳动争议、劳动管理、劳动决策、劳动利益分配等。劳动者参与性的提升是实现社会主义制度下劳动者全面发展的必然要求，其实现需要依赖于科技的进步、劳动环境的改善、劳动文化的提升、法律制度的进步、劳动者素质的提高等外在和内在条件支撑。

---

① 习近平．现代化的最终目标是实现人自由而全面的发展[Z]．央视新闻,2023-03-16.
② [德]马克思,恩格斯．马克思恩格斯选集:第3卷[M]．北京:人民出版社,2012:359.
③ 中共中央,国务院．新时期产业工人队伍建设改革方案[EB/OL]．(2017-06-19)[2022-12-12]．http://www.gov.cn/zhengce/.
④ 邱泽奇．劳动与尊严——数字时代"不躺平"的逻辑前提[J]．探索与争鸣,2021(12):74-79,178.

如何理解劳动者获得感的提升？如果说劳动者参与性是过程性要求，那么获得感就是结果性体现。劳动关系中劳动者的获得感，通过劳动者的稳定就业、薪酬待遇、休息休假、安全生产、培训教育、人文关怀、尊严公平等得以体现。劳动者获得感的提升，同样依赖于就业机会的充裕以及选择多元化、劳动生产率的提升、劳动条件的改善、法律制度的保障等得以实现。

当然，实现劳动者现代化的进程中，有两个问题需要注意：一是劳动者现代化具有渐进性的特征。在社会主义初级阶段，宪法确立其当家作主的政治地位，进而通过各种措施不断提升其经济地位，最终实现现代化的要求。二是新时代劳动者的现代化表现出新的现象。例如，如何看待人口红利问题就是一个新问题。尽管我国劳动力人口表现出年龄增长及数量下降等问题，但是人口红利既要看总量，更要看质量；既要看人口，更要看人才①。这就要求逐步消除对劳动密集型劳动的过度依赖，逐步提升劳动者素质，实现劳动者主体的高质量发展，这将是劳动关系治理的重要引擎，加强劳动者受教育权、培训权、休息休假权、劳动安全权等，成为实现劳动者主体高质量发展的重要权利保障。与此同时，随着人口老龄化的到来，必须加快延迟退休、劳动与社会保障等制度的完善，使其适应劳动关系主体的需求。

（四）物质文明和精神文明相协调的中国式现代化特征对于劳动关系的权利和义务体系建构提出了新的要求

人民对美好生活的向往是我们的奋斗目标，满足人民所期盼的更稳定的工作、更满意的收入、更可靠的社会保障等，构建中国特色和谐劳动关系，同样离不开物质文明和精神文明的协调发展。其既包括劳动者物质层面的需求，也包含精神层面的需求。其中，对于保障劳动者物质层面的需求，现有的劳动权利体系已经相对完备，包括平等就业和选择职业权、劳动报酬权、休息休假权、劳动安全卫生权、职业培训权、社会保险和福利权、劳动争议处理权、集体协商权等。对于保障劳动者精神层面的需求，权利体系也相对完善，包括组建工会权、民主管理权等积极权利以及劳动就业中不被歧视、不被骚扰、不被欺诈、不被侮辱从而得到安全和尊重的消极权利。数字时代的零工劳动对于劳动关系提出了新的要求，在工厂化之外让劳动重归个体性自主、自在、自由②，让劳动者能够追求个人自由和尊严的体面劳动，

---

① 李强总理出席记者会并回答中外记者提问［EB/OL］.（2023 – 03 – 13）［2023 – 05 – 10］. http://www. gov. cn/zongli/2023 – 03/13/content_5746555. htm#1.
② 邱泽奇. 劳动与尊严——数字时代"不躺平"的逻辑前提［J］. 探索与争鸣，2021(12):74 – 79,178.

越来越成为劳动关系的不可改变的底线。此外，社会主义精神文明建设还要求劳动者树立和培养正确的三观、职业理想及职业道德，劳动者爱岗敬业、诚信、守法等，劳动者对企业的责任感、认同感和归属感等，以及由此而衍生的企业对劳动者的人文关怀。这些都需要通过系统化的权利和义务体系建构，保障劳动者实现自由而全面的发展。

（五）中国式现代化对于劳动关系提出了治理现代化的要求

习近平总书记指出，系统观念是具有基础性的思想和工作方法。劳动关系治理是一个具有系统性、全面性、复杂性的问题，牵涉政治、经济、社会等方方面面，其自身包含了劳动权利义务体系的建构、劳动关系协调机制的完善、企业民主管理制度的建设、劳动关系矛盾协调机制的健全等。在中国式现代化的进程中，劳动关系治理的现代化也同样需要遵循系统观念的要求，必须运用系统观念分析解决劳动关系治理中的现象与本质、全局和局部、当前和长远、宏观和微观、主要矛盾和次要矛盾、特殊和一般的关系①，通过系统治理、综合治理、依法治理和源头治理等方式，沿着"重点突破—全面发展—系统谋划"的发展逻辑进行劳动关系的治理，并对劳动关系的治理进行前瞻性思考、全局性谋划、整体性推进。

三、中国式现代化进程中的劳动关系理论体系

（一）习近平新时代中国特色社会主义思想是劳动关系理论的指导思想

习近平总书记立足党和国家工作全局，明确提出"构建中国特色和谐劳动关系"这一重大命题，深刻阐述了构建和谐劳动关系的指导思想、工作原则、政策措施等一系列重大问题，针对劳动关系主体、客体、内容、精神支撑等进行了深入阐释，形成了构建和谐劳动关系的重要遵循。

关于劳动关系的主体。习近平总书记指出要"始终重视发挥工人阶级和广大劳动群众的主力军作用"，在政治层面高度认可了劳动关系主体——劳动者——的政治地位，习近平总书记多次强调劳动者的主人翁地位，充分体现了以人民为中心的

---

① 习近平. 高举中国特色社会主义伟大旗帜 为全面建设社会主义现代化国家而团结奋斗——在中国共产党第二十次全国代表大会上的报告[Z]. 新华社，2022-10-25.

发展思想和全心全意依靠工人阶级的方针;提出劳动者肩负的历史使命,要求"我国工人阶级要增强历史使命感和责任感……始终以国家主人翁姿态为坚持和发展中国特色社会主义做出贡献"①。基于这一历史重任,对于劳动者的自身能力建设提出了要求,"劳动者素质对一个国家、一个民族发展至关重要","当代工人不仅要有力量,还要有智慧、有技术,能发明、会创新",即"建设知识型、技能型、创新型劳动者大军"。同时,对于诸多行业的劳动者,习近平总书记给予了高度的评价和深切关注,称赞"快递小哥"像辛勤的小蜜蜂,是最辛勤的劳动者,应关注一线职工、农民工、困难职工等群体",提倡"全社会要关心农民工、关爱农民工"。

关于劳动关系的客体——劳动。习近平总书记充分阐释了劳动的巨大作用和价值,多次礼赞劳动创造,指出:"劳动创造了中华民族,造就了中华民族的辉煌历史,也必将创造出中华民族的光明未来。"提出"劳动最光荣、劳动最崇高、劳动最伟大、劳动最美丽"。对全社会尊重劳动、崇尚劳动、热爱劳动提出明确要求。习近平总书记关于劳动的重要论述对于全社会进一步树立劳动意识、培养劳动观念、通过劳动创造更加美好的生活具有重要指导意义。这些重要论述正是对马克思所批判的资本主义劳动异化的社会主义回归,回归到劳动的应有本色:劳动创造价值以及按劳分配为主体的分配制度。

关于劳动关系的内容。习近平总书记提出就业是最基本的民生,坚持把就业摆在经济社会发展的优先位置,在党代会报告中多次强调实施就业优先战略。强调,"强化就业优先政策,健全就业促进机制,促进高质量充分就业","加强困难群体就业兜底帮扶,消除影响平等就业的不合理限制和就业歧视,使人人都有通过勤奋劳动实现自身发展的机会"②。习近平总书记对尊重劳动、保障劳动者权利提出明确要求,在"维护和发展劳动者的利益,保障劳动者的权利""坚持社会公平正义"的基础上,强调"完善制度,排除阻碍劳动者参与发展、分享发展成果的障碍,努力让劳动者实现体面劳动、全面发展"。③ 以习近平同志为核心的党中央高度重视教育工作,把劳动教育同德智体美一起纳入学校教育,并提出大中小学开展劳动教育的总体要求。针对就业后劳动者教育和培训,习近平总书记强调"要始终高度重视

---

① 习近平. 在同全国劳动模范代表座谈时的讲话(全文)[EB/OL].(2013-04-28)[2023-12-12]. 中央政府门户网站,www.gov.cn.
② 习近平. 高举中国特色社会主义伟大旗帜 为全面建设社会主义现代化国家而团结奋斗——在中国共产党第二十次全国代表大会上的报告[Z]. 新华社,2022-10-25.
③ 习近平. 在同全国劳动模范代表座谈时的讲话[EB/OL].(2013-04-28)[2023-12-12]. 中央政府门户网站,www.gov.cn.

提高劳动者素质，培养宏大的高素质劳动者大军"，"要大力发展职业教育和培训，有效提升劳动者技能和收入水平"。

关于劳动关系的精神支撑。精神是劳动关系的重要支撑，是激发奋斗的力量之源。习近平总书记多次强调，劳动者"要大力弘扬劳模精神、劳动精神、工匠精神"，并对这些精神进行了全面的归纳总结。他勉励广大劳动者勤于创造、勇于奋斗，"营造劳动光荣的社会风尚和精益求精的敬业风气"，最终实现劳动者的自身全面发展，"在宽广舞台上展示自己的人生价值"。对于企业家，习近平总书记强调要弘扬企业家精神，希望企业家"增强爱国情怀""勇于创新""诚信守法""承担社会责任""拓展国际视野"。这些重要论述丰富和拓展了劳动关系中精神支撑的时代内涵，为新形势下弘扬劳动精神和企业家精神提供了思想和行动指南。

（二）和谐是中国式现代化进程中劳动关系的底色

和谐作为中国特色劳动关系现实状态的概括性规定，不仅仅是一种静态的价值结果，更重要的在于，其是包含了劳动关系治理中公平与企业效率、劳动者自由与平等、企业致富与劳动者共富、劳动者私益与企业公益、物质层面与精神层面价值平衡、劳动伦理与企业责任等范畴的一个动态过程。如何将这一系列看似互斥的范畴演化为互为条件、相互支撑的共融关系，正是和谐劳动关系的重要任务。

之所以将和谐确立为中国特色劳动关系的目标，是基于中国特色社会主义制度不仅推动劳动关系朝着社会福祉最大化的方向发展，还能够实现对劳动的最大化赋能。中国特色和谐劳动关系，超越了西方资本主义国家劳动关系治理的对抗型核心特征，有效解决了人类生产力进步中的阶级冲突的桎梏和障碍。尤其是以人民为中心的发展思想在劳动关系中的确立，为实现和谐劳动关系奠定了思想基础。

对于如何实现和谐，《中共中央 国务院关于构建和谐劳动关系的意见》中从依法保障职工基本权益、健全劳动关系协调机制、加强企业民主管理制度建设、健全劳动关系矛盾调处机制、营造构建和谐劳动关系的良好环境、加强组织领导和统筹协调①等劳动关系系统的内外部因素与环境建设给出了具体的实施举措。需要强调的是，中国特色和谐劳动关系的实现，不同于传统劳动关系中的斗争与冲突思维及零和博弈，主要是通过发展生产力，优化产业结构，实现科技的进步和管理创新以

---

① 中共中央 国务院关于构建和谐劳动关系的意见[EB/OL].(2015-04-08).中央政府门户网站，www.gov.cn.

及职工素质的全面提升，进而不断提升企业的竞争力，通过把蛋糕做大从而实现劳动关系主体的双赢，最终实现对劳动者的解放。可以看出，包括技术进步等在内的各类要素是劳动关系和谐的重要助推器。正如习近平总书记在全国科技创新大会上所指出的，"一些重大颠覆性技术创新正在创造新产业、新业态，新型技术广泛渗透到几乎所有领域"。①

（三）以人民为中心的发展思想是中国特色社会主义劳动关系的灵魂

马克思主义政党的根本立场在于人民性，在中国特色社会主义劳动关系中，以人民为中心的发展思想是其灵魂。

1. 对资本逻辑主导下的西方式现代化的扬弃和超越

西方资本逻辑主导下的现代化，由于是为资本增殖和资本扩张服务，它使"物的世界的增值同人的世界的贬值成正比"②，人的价值被忽略，取而代之的是资本增殖。因此，西方现代化"不仅给工人制造出贫困、剥削、压迫，而且给'人的世界'带来严重的摧残和贬值，因而是人的生命和文化价值的双重毁灭过程"③，使人与人之间的关系变成赤裸裸的金钱关系，扭曲了人类价值观，人类生存和发展失去了应有的价值和意义。

习近平总书记指出，中国式现代化摒弃了西方以资本为中心的现代化。以资本为中心的资本是什么？这里的资本，不仅仅包含资本这一生产资料本身，而且包含了资本背后所体现的社会关系。正如马克思所讲的，资本不是单纯的"物"，而是一种社会关系。以资本为中心具体表现为：对资本占有剩余价值的认可和支持；使资本不受限制地扩张，垄断资本占主导地位；资本在国家与市场关系中的角色，超越了国家，违背了市场规则；资本操纵政治，政客成为资本的代言人；以资本为中心所引发的经济危机、两极分化、不可持续、不协调发展等。摒弃以资本为中心的现代化，是摒弃了以资本为中心而不是摒弃资本，是摒弃资本主义制度，摒弃资本主义生产关系所带来的各种经济社会发展后果。

2. 中国式现代化摒弃以资本为中心，并非确立劳动与资本的对立关系

摒弃以资本为中心的现代化，并非确立资本与劳动的对立关系，而是充分发挥

---

① 习近平. 习近平谈治国理政：第2卷[M]. 北京：外文出版社，2017：268.
② [德]马克思，恩格斯. 马克思恩格斯文集：第2卷[M]. 北京：人民出版社，2009：34.
③ 黄建军. 唯物史观视野下中国式现代化的历史坐标与世界意义[J]. 马克思主义研究，2022(6)：32-43.

资本的积极作用。党的二十大报告再次重申"依法规范和引导资本健康发展"。一方面，中国式现代化重置了人与资本之间的关系，抑制资本的积累规律，坚持人民至上，把人作为现代化的主体，并最终作为现代化的目的和归宿，真正实现人的价值和全体人民共同富裕的现代化，规避了资本增殖对人的价值的取代。另一方面，中国式现代化道路并没有彻底抛弃和否定资本，而是坚持在中国共产党的领导下，依法规范和引导我国资本健康发展，把握资本的特性和行为规律，合理引导资本自身扬弃，充分发挥资本的积极作用，"发挥其促进科技进步、繁荣市场经济、便利人民生活、参与国际竞争的积极作用，使之始终服从和服务于人民和国家利益"①。

3. 以人民为中心的发展思想在劳动关系中的贯彻实施

习近平总书记指出："以人民为中心的发展思想，不是一个抽象的、玄奥的概念，不能只停留在口头上、止步于思想环节，而要体现在经济社会发展各个环节。"②《中共中央关于全面推进依法治国若干重大问题的决定》将"坚持人民主体地位"作为法治建设的基本原则纳入其中。劳动者作为人民的重要组成部分，这一原则同样适用于劳动关系，也就是在和谐劳动关系的构建中同样可以将"人民利益"作为制度设计的依据③。我国劳动法律制度始终遵循以人民为中心的发展思想：在劳动法的目标宗旨中确立了以人民为中心的价值观；劳动法尊重和鼓励劳动的系列制度，形成了以人民为中心的动力观；在国家鼓励和支持充分就业及劳动参与中，形成了以人民为中心的主体观；劳动法所确立的劳动成果共享机制，践行了以人民为中心的目标观；劳动法通过倾斜保护原则所形成的扶弱平权机制，确立了以人民为中心的平等观。值得注意的是，以人民为中心的发展思想要求劳动法不能以单一保护劳动者为其唯一的目标，构建和谐稳定的劳动关系同样也是劳动法的目标任务，所以在劳动法的立法宗旨中，同时将调整劳动关系也纳入其中。

在未来劳动法的不断修订完善中，还需要继续遵循以人民为中心的发展思想：以人民性为价值初心，确立劳动法完善的基本思路；以人民性为动力，实现劳动关系治理现代化；以人民性为目标，实现劳动法从软法向硬法的转变；以人民性为载体，将全过程人民民主融入劳动法律制度；以人民性为引领，将社会主义核心价

---

① 习近平. 依法规范和引导我国资本健康发展,发挥资本作为重要生产要素的积极作用[EB/OL]. 央视网,2022－04－30.

② 习近平在省部级主要领导干部学习贯彻党的十八届五中全会精神专题研讨班上的讲话[N]. 人民日报,2016－05－10(001).

③ 陈家刚. 协商民主:制度设计及实践探索[J]. 国家行政学院学报,2017(1):60－65,127.

观融入劳动法治建设①。

(四) 全过程人民民主是中国特色社会主义劳动关系的核心特征

发展全过程人民民主,是对中国式现代化政治建设的本质要求。劳动关系作为最基本的社会关系,在劳动关系中确立全过程人民民主,既是对社会主义劳动关系的最基本的要求,也是社会主义劳动关系的核心特征。在社会主义制度条件下,政治已经不再是围绕权力进行的阶级斗争,而是不断满足人民群众的美好生活需要、为人民群众创造美好生活②,劳动关系中的产业民主等形式就是满足劳动者美好生活需要的重要形式,也是重要目标。

劳动关系中的民主作为全过程人民民主的最基层民主的重要形式,其包含了劳动者参与民主选举、开展各种形式的民主协商、参与用人单位的民主决策和民主管理、开展民主监督等过程和环节。在社会主义制度下,劳动关系中的民主得到了极大彰显,全过程人民民主在我国不同的历史时期各有特色,不仅确立了完整的制度程序,而且付诸相应的生产实践。如20世纪60年代的"两参一改三结合",是社会主义产业民主的高度凝练。发展到今天,全过程人民民主得到了体系化法律制度的保障。如在宪法层面,社会主义制度使得劳动者民主参与成为必然,并通过具体的制度设计保障劳动者民主参与;人民代表大会制度保障了劳动者的决策和监督权。除根本性保障之外,还做了具体的制度性规定,如《中华人民共和国宪法》第四十二条规定,国有企业和城乡集体经济组织的劳动者都应当以国家主人翁的态度对待自己的劳动;《中华人民共和国宪法》第十六条规定,国有企业依照法律规定,通过职工代表大会和其他形式,实行民主管理③。在我国的劳动法律制度和公司企业法律制度中,以职工代表大会为基本形式的企业民主管理制度、厂务公开制度、职工董事和职工监事制度、三方机制、集体合同、工资集体协商等制度的确立和实施,使得全过程人民民主实现了过程民主和成果民主、程序民主和实质民主、直接民主和间接民主、人民民主和国家意志的统一④。党的十九大报告指出:"完善政府、工会、企业共同参与的协商协调机制,构建和谐劳动

---

① 杨云霞,贾红叶. 以人民为中心发展思想的劳动法关照及其展望[J]. 海派经济学,2022(3):199-210.
② 汪仕凯. 全过程人民民主的知识脉络与历史经纬[J]. 天津社会科学,2023(1):11-18.
③ 杨云霞,庄季乔. 马克思共享发展思想在中国劳动关系中的实践[J]. 西安财经学院学报,2019(2):95-99.
④ 梅荣政. 坚持和发展全过程人民民主[N]. 中国社会科学报,2023-03-21(001).

关系。"① 党的二十大报告中进一步指出："全心全意依靠工人阶级，健全以职工代表大会为基本形式的企事业单位民主管理制度，维护职工合法权益。"② 在未来的劳动关系中，仍需加强全过程人民民主的制度化建设，并通过畅通职工民主参与渠道，全面实现劳动者的知情权、参与权、表达权、监督权。

（五）共同富裕是中国特色社会主义劳动关系的终极目标

1. 共同富裕是劳动关系的现实目标和核心要义

马克思在《1857—1858 年经济学手稿》中指出，未来社会的"生产将以所有的人富裕为目的"。恩格斯指出，只有实现"所有人共同享受大家创造出来的福利"，方可使"社会全体成员的才能得到全面发展"。邓小平指出，体现社会主义本质和社会主义优越性的东西就是共同富裕③。新时代，实现全体人民的共同富裕，是中国共产党治国理政的出发点和落脚点。习近平总书记指出，共同富裕是社会主义的本质要求，是中国式现代化的重要特征。我们说的共同富裕是全体人民共同富裕，是人民群众物质生活和精神生活都富裕，不是少数人的富裕，也不是整齐划一的平均主义④。实现企业与劳动者的共同富裕，是中国特色社会主义制度的经济基石，也是其现实目标和核心要义。一方面，劳动者作为人民的重要组成部分，实现共同富裕是实现劳动解放的物质基础，正如马克思所强调的，经济解放是劳动解放的基础。"工人阶级的经济解放是伟大的目标，一切政治运动都应该作为手段服从于这一目标"。⑤ 另一方面，劳动者富裕的实现，离不开企业的共同富裕，作为利益共同体，只有在做大"蛋糕"中才能实现双赢。

2. 共同富裕包含了满足劳动者物质需求与精神需求的双富裕

在新时代，共同富裕的内涵超出了单纯的物质丰富的范畴，是包括政治权利以及经济、文化、社会和生态福利的全结构福祉。中国特色社会主义劳动关系中的共

---

① 习近平. 决胜全面建成小康社会 夺取新时代中国特色社会主义伟大胜利——在中国共产党第十九次全国代表大会上的报告[EB/OL]. (2017 - 10 - 27)[2023 - 12 - 12]. http://www. gov. cn/zhuanti/2017 - 10/27/content_5234876. htm.
② 习近平. 高举中国特色社会主义伟大旗帜 为全面建设社会主义现代化国家而团结奋斗——在中国共产党第二十次全国代表大会上的报告[Z]. 新华社,2022 - 10 - 25.
③ 邓小平. 邓小平文选:第 3 卷[M]. 北京:人民出版社,1993:364.
④ 习近平主持召开中央财经委员会第十次会议[EB/OL]. (2021 - 08 - 17)[2023 - 12 - 12]. http://www. gov. cn/xinwen/2021 - 08/17/content_5631780. htm.
⑤ [德]马克思,恩格斯. 马克思恩格斯文集:第 3 卷[M]. 北京:人民出版社,2009:226.

同富裕同样如此,既包括满足劳动者的物质需求,也蕴含着满足其精神需求。

在新时代,劳动者"日益增长的美好生活需要",不仅包括对物质文化生活提出了更高要求,而且在民主、法治、公平、正义、安全、环境等方面的要求日益增长。例如,劳动者平等意识、权利意识和公平要求不断增强,劳动关系逐步转型,人民对构建规范有序、公正合理、互利共赢、和谐稳定的社会主义新型劳动关系的需求越来越强烈[①]。在劳动关系的身份层面,劳动者从被管理者、被控制者向要求参与劳动过程的参与者身份转变,实现个人价值的诉求越来越显现;在权益诉求层面,表现为从对生存权的需求逐步升级为对发展权的需求,从物质领域的需求向精神领域的需求延伸,从单一的获得报酬权向安全权、健康权、尊严权、获得人文关怀和体面劳动的要求转变[②]。尤其是从传统工业化劳动关系向灵活就业劳动关系的转型,更是劳动者对实现人的价值、实现人的全面发展的追求。因此,在劳动关系治理中,既要解民忧、谋民利、护民权、惠民生、保民安,在物质层面提升劳动者的幸福感、获得感;更要关注精神层面,考虑如何弘扬中华优秀传统文化,用好红色文化,发展社会主义先进文化,丰富劳动者的精神文化生活,这也是社会主义企业文化建设要重点关注的内容。

3. 利益共享是劳动关系中实现共同富裕的制度安排

正如习近平总书记所强调的,"我们必须坚持发展为了人民、发展依靠人民、发展成果由人民共享,做出更有效的制度安排"[③]。为实现共同富裕,要求在劳动关系中坚持共建共享,这既是构建和谐劳动关系的工作原则,同时也是劳动关系中实现共同富裕的根本制度保障。近些年,在以《中华人民共和国劳动法》为核心的法律制度体系基础上,党和国家不断探索劳动关系中实现利益共享的新机制。如在企业和微观层面通过"探索实行混合所有制企业员工持股"等,实现劳动者收益增长。在社会层面通过国务院划转部分国有资本充实社保基金,以实现产业利益、劳动者利益、社会保障利益、公共产品利益的均衡。在国家宏观层面,通过工资增长与劳动生产率增长的同步化制度,实现劳动者对改革收益的共享。

---

① 杨云霞,庄季乔. 推动中国特色和谐劳动关系健康发展[J].《资本论》研究,2018(14):6-10.
② 杨云霞,庄季乔. 推动中国特色和谐劳动关系健康发展[J].《资本论》研究,2018(14):6-10.
③ 中国共产党第十八届中央委员会第五次全体会议公报[EB/OL]. (2015-10-30). 国务院新闻办公室网站,www.scio.gov.cn.

（六）社会主义核心价值观和全人类共同价值是中国特色社会主义劳动关系的价值追求

习近平总书记指出："我国现代化坚持社会主义核心价值观，加强理想信念教育，弘扬中华优秀传统文化，增强人民精神力量，促进物质的全面丰富和人的全面发展。"① 社会主义核心价值观是主流的意识形态，是指导全社会的价值追求，在我国劳动关系中也应该充分弘扬和践行。劳动关系中践行社会主义核心价值观，既需要借助于用人单位履行企业社会责任，也需要劳动者践行爱岗、敬业、诚信等核心价值观。

1. 履行企业社会责任是用人单位践行社会主义核心价值观的重要路径

习近平总书记指出："企业既有经济责任、法律责任，也有社会责任、道德责任。"企业社会责任价值理念的演进与社会主流价值观具有同向同行性。企业社会责任的发展过程，是以不断适应社会发展、适应社会核心价值观和主流意识形态需求为主导线索。今天，履行企业社会责任作为一种共识，服从和服务于社会主义核心价值观的需求，向适应中国特色社会主义现代化需求的主流价值观的现代化演进，已经成为企业的基本义务和道德责任。社会主义核心价值观作为全社会的主流价值观，对于企事业单位、社会团体、自然人等各个社会主体都提出了要求。其中，在企业层面，表现为寓社会主义核心价值观于企业主流价值观之中。由企业等社会力量通过民间捐赠、慈善事业、志愿服务等形式进行的第三次分配，内嵌着社会主义核心价值观，是弘扬核心价值观的实践载体，对于促进社会和谐、形成良好的社会风尚和提升社会文明程度具有重要作用。在劳动关系中，开展劳动保护等是社会主义企业社会责任固有的价值理念；实现共同富裕，是新时代赋予企业社会责任的全新内涵和价值目标。

2. 践行社会主义核心价值观是劳动者的价值追求

弘扬和践行敬业、诚信等社会主义核心价值观，是劳动者重要的职业遵循。反映到劳动关系中，既包括劳动者应弘扬劳动精神、工匠精神、劳模精神等精神层面的价值追求，也包括劳动者遵守忠诚、勤勉等义务性规范。近些年，在司法实践中，通过运用诚实信用、忠诚勤勉、公序良俗、社会公德等核心价值观标准处理了劳动

---

① 习近平. 新发展阶段贯彻新发展理念必然要求构建新发展格局[J]. 求是，2022(17)：4-17.

关系中涉及职场性骚扰、隐瞒个人信息、职场违法犯罪等案件，形成了系列具有价值导向的指导性案件，对于指导劳动关系的和谐提供了重要的制度基础。

3. 将社会主义核心价值观融入劳动法治建设

运用法律法规和公共政策向社会传导正确价值取向，是大力培育和践行社会主义核心价值观的重要途径。中共中央办公厅、国务院办公厅印发的《关于进一步把社会主义核心价值观融入法治建设的指导意见》中，强调"推动社会主义核心价值观入法入规""加强保障和改善民生、推进社会治理体系创新方面的立法，完善劳动就业、收入分配、社会保障等方面的法律法规"。在今后的劳动法律制度完善中，如何让核心价值观融入法治建设促进和谐劳动关系还有很大的制度空间，还需要进一步注重培育适应中国国情的社会主义和谐劳动关系的文化观和价值观，为劳动关系的健康发展提供强大而深厚的精神驱动力量，并将其转化为符合社会主义核心价值观的制度支撑。通过将社会主义核心价值观融入劳动法治建设，把企业发展同国家繁荣、民族兴盛、劳动者幸福紧密结合在一起。

4. 弘扬全人类共同价值是劳动关系发展的价值归宿

在弘扬社会主义核心价值观的同时，全人类共同价值在劳动关系中也具有重要的价值指引。从当前劳动关系治理来看，弘扬全人类共同价值有益于各国对劳动关系现代化道路的探索做出新贡献，可为发展中国家破解劳动关系治理的难题、顺利迈向劳动关系现代化提供更多更鲜活的经验。从人类社会发展规律的视角看，弘扬全人类共同价值，也是劳动者的历史使命。以劳动者为主体的无产阶级的历史使命是解放全人类，"弘扬和平、发展、公平、正义、民主、自由的全人类共同价值"[①]，将是实现全人类解放的重要路径。

---

① 中国共产党章程[M].北京:人民出版社,2022:17.

作者简介

孙绍勇,法学博士,陕西(高校)哲学社会科学重点研究基地"马克思主义创新发展研究中心"主任,西北工业大学马克思主义学院教授、博士生导师,国家社科基金重大项目首席专家,陕西省三秦英才特支计划青年拔尖人才、陕西高校青年杰出人才,陕西高校青年创新团队带头人。兼任陕西省委讲师团特聘专家,《世界马克思主义研究》编辑部主任。近年来在《马克思主义研究》《世界哲学》《思想理论教育导刊》《毛泽东邓小平理论研究》《经济学家》等发表CSSCI论文50篇。主持国家社科基金重大项目、青年项目、重大项目子课题,以及教育部后期资助重大项目,天津市哲社"揭榜挂帅"重点项目等省部级重大、重点项目等20项。研究成果曾获得世界政治经济学学会"21世纪世界政治经济学杰出成果奖"、陕西省哲学社会科学优秀成果二等奖等,研究报告被中央宣传部理论局、中国人民代表大会制度理论研究会、陕西省委宣传部等采用10余项。入选参加中共中央纪念毛泽东同志诞辰130周年座谈会和全国学术研讨会。

孙绍勇：推进拓展中国式现代化的逻辑主线及理路构建

推动实现现代化历来是世界各国人民孜孜以求的共同夙愿和目标。肇始于西方资本主义国家的现代化深刻改变了世界发展格局，推动了人类社会的发展变革。但现代化并不等同于西方化、资本主义化。党的二十大报告深刻指出："中国式现代化，是中国共产党领导的社会主义现代化，既有各国现代化的共同特征，更有基于自己国情的中国特色。"① 中国式现代化是切合中国实际、符合中国国情的现代化，是政治、经济、文化、社会、生态协调推进的现代化，是坚持和发展中国特色社会主义、实现中华民族伟大复兴的现代化。中国式现代化的成功开辟，为后发国家实现现代化提供了新的出路和选择。深刻认识中国式现代化的逻辑主线，把握其推进拓展的价值理念遵循，探索、深化实践路径，才能走好中国式现代化的新道路，推进全面建成社会主义现代化强国。

一、推进拓展中国式现代化的逻辑主线把握

党的二十大报告明确指出："从现在起，中国共产党的中心任务就是团结带领全国各族人民全面建成社会主义现代化强国、实现第二个百年奋斗目标，以中国式现代化全面推进中华民族伟大复兴。"② 中国式现代化是中国共产党带领广大人民群众在长期的实践探索中所形成的独具特色的社会主义现代化，也是满足人民美好生活新期待、全面建成社会主义现代化强国的必由之路。只有深刻把握推进实现中华

---

① 习近平.高举中国特色社会主义伟大旗帜　为全面建设社会主义现代化国家而团结奋斗——在中国共产党第二十次全国代表大会上的报告[M].北京:人民出版社,2022:22.
② 习近平.高举中国特色社会主义伟大旗帜　为全面建设社会主义现代化国家而团结奋斗——在中国共产党第二十次全国代表大会上的报告[M].北京:人民出版社,2022:21.

民族伟大复兴这一逻辑主线,才能找准推进拓展中国式现代化的坐标,明晰中国式现代化的脉络。

(一) 推进拓展中国式现代化逻辑主线的理论意涵

中国式现代化是党带领广大人民历经百年探索所开创的全面、协调、可持续的社会主义现代化发展道路,是实现国富民强、民族振兴、人民幸福的必然选择。从内在逻辑来看,中华民族伟大复兴与中国式现代化具有深刻的统一性和同构性。在价值目标上,推进中国式现代化与实现中华民族伟大复兴是相辅相成、有机统一的整体。中国式现代化的目标与中华民族伟大复兴同频共振,高度契合。在逻辑进程上,中华民族伟大复兴和中国式现代化具有相一致的步骤阶段和路线方向。中华民族伟大复兴是中国式现代化前进的方向指引,而中国式现代化的形成发展有效地推进了中华民族伟大复兴的历史进程。自新中国成立以来,每一个五年规划的制定、实施都是对中国式现代化的有力推进,同时也使中华民族伟大复兴迎来了光明前景。

习近平总书记强调,"加快推进社会主义现代化、实现中华民族伟大复兴,必须始终高举中国特色社会主义伟大旗帜"[①]。就本质言之,在实践进路上,中华民族伟大复兴和中国式现代化都是以社会主义、中国特色社会主义为本质规定的。着眼长远和未来,推进拓展中国式现代化,推动实现中华民族伟大复兴,都必须建立在坚持和发展中国特色社会主义的基础之上。而坚持以中国式现代化推进中华民族伟大复兴的根本指导思想是马克思主义和马克思主义中国化的理论创新成果。在其指导思想上,理解推进拓展中国式现代化逻辑主线,要把思想认识统一到"归根到底是马克思主义行,是中国化时代化的马克思主义行"[②] 上来。只有这样,才能在学理上证明正是中国共产党把马克思主义的基本原理同中国的具体实际相结合,才探索并走出了中国式现代化之路,有了马克思主义及其中国化的科学理论的指导,中国式现代化才能沿着正确的道路方向驰而不息地前进,承载起中华民族伟大复兴的历史重任。

(二) 推进拓展中国式现代化逻辑主线的历史演进

实现现代化和民族复兴一直是近代以来中华儿女的共同理想。自鸦片战争之后,

---

① 中共中央文献研究室.十八大以来重要文献选编(上)[M].北京:中央文献出版社,2014:74.
② 习近平.高举中国特色社会主义伟大旗帜 为全面建设社会主义现代化国家而团结奋斗——在中国共产党第二十次全国代表大会上的报告[M].北京:人民出版社,2022:16.

中国在西方列强的侵略蚕食下，内忧外患加剧，主权丧失、山河破碎、民生凋敝。无数仁人志士前赴后继，各种救国方案均以失败告终，未能实现民族独立、国强民富的目标。中国共产党成立以来，团结带领广大人民推翻"三座大山"，成立中华人民共和国。面对积贫积弱、百废待兴的经济社会发展现状，中国共产党结合实际情况，进行社会主义改造，逐渐确立社会主义制度。面对如何进行社会主义建设的新任务，1954年召开的第一届全国人民代表大会首次明确提出要实现工业、农业、交通运输业和国防现代化。1964年12月至1965年1月，周恩来在第三届全国人民代表大会第一次会议上进一步提出："把我国建设成为一个具有现代农业、现代工业、现代国防和现代科学技术的社会主义强国。"① 正是有了社会主义建设时期对现代化的探索和发展，才为中国式现代化的形成发展奠定了基础。

改革开放和社会主义现代化建设新时期，以邓小平同志为主要代表的中国共产党人着眼于中国具体实际，创造性地提出"中国式的四个现代化"②，与时俱进地开辟出一条以建设小康社会为阶段性目标的中国特色社会主义现代化建设道路，并且成为"三步走"战略的关键一步。基于中国生产力水平低、基础弱、底子薄的国情，中国共产党从计划经济的发展模式转换到以发展生产力为首要任务的中国式现代化建设模式。一是重新审视社会主义制度与非社会主义因素之间的矛盾关系，在对立与统一的辩证把握中，创新性地确立和发展社会主义市场经济体制。通过改革与发展，改善了与生产力不相适应的生产关系部分，确立了社会主义初级阶段的基本经济制度，极大地夯实了现代化的经济基础。二是正确认识对外开放与中国发展的辩证关系，在经验总结和学习借鉴中探索出一条中国式现代化新道路。

党的十八大以来，中国特色社会主义进入了新时代，围绕政治、经济、社会、文化、生态建设等各个领域出现的一些问题和矛盾，以习近平同志为核心的党中央"采取一系列战略性举措，推进一系列变革性实践，实现一系列突破性进展，取得一系列标志性成果"，"党和国家事业取得历史性成就、发生历史性变革，推动我国迈上全面建设社会主义现代化国家新征程。"③ 尤其是脱贫攻坚战的胜利，消除了绝对贫困，使我国如期全面建成了小康社会。抗击新冠疫情的胜利，更是让广大人民坚定"四个自信"，凝聚了全社会推进拓展中国式现代化的共识和力量，全党全国

---

① 周恩来. 周恩来选集：下卷[M]. 北京：人民出版社，1984：439.
② 邓小平. 邓小平文选：第2卷[M]. 北京：人民出版社，1994：237.
③ 习近平. 高举中国特色社会主义伟大旗帜　为全面建设社会主义现代化国家而团结奋斗——在中国共产党第二十次全国代表大会上的报告[M]. 北京：人民出版社，2022：6.

人民展现出更加激昂的斗志、更为主动的精神，进一步增强了全体人民推动实现中华民族伟大复兴的信心和决心。

（三）推进拓展中国式现代化逻辑主线的现实方位

党的二十大报告指出："实现中华民族伟大复兴进入了不可逆转的历史进程。"① 当前，我国现代化建设快速推进，经济效益和质量明显提升。社会生产力增长较快，工业生产迅猛发展，主要工业产品产量位居世界前列。经济结构持续优化，产业加速转型升级。经济总量持续增大，增长速度名列前茅。新型城镇化建设持续推进，城镇化水平不断提高。生活质量不断改善，中等收入群体持续扩大，基础设施建设不断加强。国家经济实力实现历史性跃升，国内生产总值、商品消费位居世界第二，制造业规模、外资流入、货物贸易、外汇储备位居世界第一。据统计，2021 年，我国国内生产总值 1143670 亿元、人均生产总值 80976 元，外汇储备 32502 亿美元；粮食产量 68285 万吨、货物运输总量 530 亿吨、社会消费品零售总额 440823 亿元、货物进出口总额 391009 亿元；居民人均可支配收入 35128 元、人均消费支出 24100 元②。中国特色社会主义不断取得重大成就，由此进入了"强起来"的新发展阶段，为中国式现代化的持续推进拓展奠定了坚实基础。

以中国式现代化推动中华民族伟大复兴是一个接续奋斗、砥砺前行的过程。当前阶段，我国综合国力和国际影响力与日俱增，经济社会发展持续向上利好，正如习近平总书记所言："我们比历史上任何时期都更接近、更有信心和能力实现中华民族伟大复兴。"③ 同时，也要看到，当前世界形势复杂多变、全球经济下行压力增大。单边主义、民粹主义、贸易保护主义等逆全球化有所抬头，以美国为首的西方发达国家极力推行霸权主义，不断制造双边对抗和地区冲突。此外，新冠疫情全球大流行，世界经济形势低迷，全球产业链、供应链遭受严重冲击。世界发展的不确定性、不稳定性因素明显增多，国际政治、经济格局深刻调整，使推进拓展中国式现代化、实现民族伟大复兴面临较大的外部风险和挑战。

揆诸现实，我国经济社会发展的不平衡、不充分问题依旧突出，各领域发展的质量和效益不够高，科技创新能力不够强，关键领域"卡脖子"问题尚未破除。城

---

① 习近平. 高举中国特色社会主义伟大旗帜　为全面建设社会主义现代化国家而团结奋斗——在中国共产党第二十次全国代表大会上的报告[M]. 北京：人民出版社，2022：16.
② 国家统计局. 中华人民共和国 2021 年国民经济和社会发展统计公报[N]. 人民日报，2022－03－01(010).
③ 习近平. 习近平谈治国理政：第 3 卷[M]. 北京：外文出版社，2020：531.

乡之间、区域之间发展的差距还较大，农业农村的现代化水平亟待提升。总的来看，实体经济发展水平有待提高，发展方式粗放片面等现象仍然存在，经济增长的内生动力尚待增强、含金量尚待提高。在国家治理方面，有法不依、执法不严、徇私枉法等问题时有发生，反腐败斗争仍然面临较大的压力。在思想文化方面，新自由主义、历史虚无主义等错误思潮竞相激荡，网络舆论乱象丛生，意识形态领域形势复杂严峻。这些问题和现象在一定程度上影响着推进拓展中国式现代化、实现中华民族伟大复兴的历史进程。

二、推进拓展中国式现代化的价值理念遵循

中国式现代化兼具现代化和社会主义的两重逻辑，既遵循世界现代化发展的普遍规律，又彰显社会主义现代化的本质特征。正如习近平总书记指出："中国式现代化既切合中国实际，体现了社会主义建设规律，也体现了人类社会发展规律。"[①]具体而言，中国式现代化在价值理念上与西方现代化有着本质区别，是始终遵循人民至上、独立自主、和平发展等价值理念的中国共产党领导的社会主义现代化。

（一）坚持人民至上，推进以人为中心的全面现代化

资本主义现代化有着资本主义自身无法克服的个人主义和功利主义的价值追求。而中国式现代化则坚持人民至上，是既维护集体的利益又兼顾个人的利益的现代化。习近平总书记曾指出，为人民谋幸福"是我们党领导现代化建设的出发点和落脚点"[②]。中国式现代化始终围绕人民和人的自由全面发展而展开，摆脱了西方以资本为中心，"见物不见人"的片面现代化。从发展目标来看，中国式现代化是满足人民美好生活需要、实现人自由全面发展的现代化。习近平总书记指出，"现代化的本质是人的现代化"[③]，人民是历史的创造者、推动者，推进拓展中国式现代化不仅要维护好、发展好、实现好人民的利益，更要为个体的人的发展赋能。尤其是随着经济社会的发展进步和社会主要矛盾的转化，人民对美好生活的需要更加丰富多样。

---

① 中共中央党史和文献研究院.十九大以来重要文献选编（中）[M].北京:中央文献出版社,2021:825.
② 习近平.深入学习坚决贯彻党的十九届五中全会精神 确保全面建设社会主义现代化国家开好局[N].人民日报,2021-01-12(001).
③ 中共中央文献研究室,编.习近平关于社会主义经济建设论述摘编[M].北京:中央文献出版社,2017:164.

在马克思看来，共产主义是"以每个人的全面而自由的发展为基本原则的社会形式"①。因此，推进拓展中国式现代化，始终要以现实的人作为发展主体，以满足人民的美好生活需求为价值旨归，将"以人民为中心"的发展思想贯彻落实到全面建设社会主义现代化强国之中。

从基本特征来看，中国式现代化蕴含着全体人民共建、共享、共富的价值意涵。党的二十大报告明确指出："中国式现代化是全体人民共同富裕的现代化。"② 在新征程上，推进拓展中国式现代化要着重化解穷者愈穷、富者愈富的马太效应，消除两极分化，真正使全体人民都富裕起来，共同享受社会主义现代化建设的成果。从主体来看，中国式现代化不是像西方现代化那样被少数精英或利益集团所主导的现代化，而是依靠人民、为了人民、服务人民的现代化。不仅要尊重广大人民的主体地位，更要激发广大人民参与现代化建设的主动性和创造力。党的二十大报告指出："江山就是人民，人民就是江山。"③ 推进拓展中国式现代化需要将党的顶层设计与人民群众集体智慧统一起来。在坚持和加强党的全面领导下，将人民群众的现代化实践转换成推动中国式现代化发展的强大合力。一旦脱离了人民群众，中国式现代化就失去了根基和依托。概言之，只有充分尊重人民主体性、维护人民基本权益、加强社会保障体系建设、不断增进民生福祉，才能增强推进拓展中国式现代化的内生动力。

（二）坚持独立自主，彰显中国式现代化的特色优势

不同国家历史条件和具体国情的多样性，决定现代化道路的多样性和丰富性。习近平总书记强调："现代化道路并没有固定模式。"④ 削足适履、照搬照抄的现代化模式往往会因水土不服而适得其反。坚持独立自主、走自己的路是我国探索社会主义现代化建设的基本经验和重要原则。中国式现代化本身凝结着中华民族不畏强权、自力更生、艰苦奋斗的现代化道路探索精神。也就是说，中国式现代化根植于中国的国情和实际情况，不会受西方资本主义现代化的影响和干扰。坚持独立自主推进拓展中国式现代化，不仅要体现和反映社会主义的本质要求，更要充分彰显中

---

① [德]马克思,恩格斯. 马克思恩格斯全集:第23卷[M]. 北京:人民出版社,1972:649.
② 习近平. 高举中国特色社会主义伟大旗帜　为全面建设社会主义现代化国家而团结奋斗——在中国共产党第二十次全国代表大会上的报告[M]. 北京:人民出版社,2022:22.
③ 习近平. 高举中国特色社会主义伟大旗帜　为全面建设社会主义现代化国家而团结奋斗——在中国共产党第二十次全国代表大会上的报告[M]. 北京:人民出版社,2022:46.
④ 习近平. 习近平谈治国理政:第4卷[M]. 北京:外文出版社,2022:427.

国特色社会主义的显著优势。与西方现代化相比较,中国式现代化具有极强的开创性和突破性,不仅是对马克思主义现代化思想的创新发展,更是对西方现代化理念的扬弃和超越。

党的二十大报告指出:"中国共产党为什么能,中国特色社会主义为什么好,归根到底是马克思主义行,是中国化时代化的马克思主义行。"[①] 中国式现代化之所以能够超越西方现代化、创造人类文明新形态,其根源在于始终坚持马克思主义的立场、观点和方法,沿着中国特色社会主义的方向前进。坚持独立自主地探索中国式现代化道路,深刻彰显了马克思主义与中国现代化具体实践相结合的理论品质,展现了马克思主义在现代化进程中的真理力量。中国共产党以马克思主义为科学指南,自主开拓了既符合人类社会发展普遍规律,又独具中国特色的现代化新路,跳出了西方以物和资本为基本取向的现代化逻辑,打破了西方现代化的金科玉律,有效抵制了资本主义的侵蚀渗透,创造了符合自身发展规律、具有鲜明中国特色的现代化。

中国式现代化是经历了长期的历史积淀的现代化发展过程,厚重的历时性赋予中国式现代化行将致远的底气,淬炼出坚持独立自主、改革创新、与时俱进等品格特质。习近平总书记指出:"走自己的路,是党的全部理论和实践立足点,更是党百年奋斗得出的历史结论。"[②] 坚持独立自主、不断完善中国特色社会主义制度,是推进拓展中国式现代化的重要支撑和保障。具体来看,无论是人民代表大会制度,还是基层群众自治制度、民族区域自治制度,都是中国式现代化得以成功推进的根本保证。而构建反映市场供求、促进良性竞争、实现国家宏观调控与市场自主调节协调统一的社会主义市场经济体制,能够为中国式现代化注入生机勃勃的发展活力。总之,中国式现代化是独立自主地在多维度进行拓新的现代化,是通过中国式现代化理论的守正创新、实践的开拓进取,以及中国特色社会主义制度的完善发展,进而促进政治、经济、文化、社会等各方面全面协同推进的现代化。

(三) 坚持和平发展,深化对世界现代化道路的认识

中国式现代化不仅蕴含着中华优秀传统文化中的以和为贵、协和万邦、天下大同等思想底蕴,而且坚持"既通过维护世界和平发展自己,又通过自身发展维护世

---

① 习近平. 高举中国特色社会主义伟大旗帜 为全面建设社会主义现代化国家而团结奋斗——在中国共产党第二十次全国代表大会上的报告[M]. 北京:人民出版社,2022:16.
② 习近平. 习近平谈治国理政:第4卷[M]. 北京:外文出版社,2022:10.

界和平"①的中国特色社会主义和平发展道路。这种和平发展、合作共赢的价值理念,与西方现代化靠殖民扩张、掠夺剥削进行原始资本积累,有着本质上的不同。马克思曾深刻指出:"这种剥夺的历史是用血和火的文字载入人类编年史的。"②据统计,15世纪末到19世纪,西方殖民者"仅从中南美洲就抢走了250万公斤黄金、1亿公斤白银"。③这深刻体现了资本主义的现代化是野蛮式、掠夺式的现代化。与之相反,中国式现代化是建立在为人类谋发展、为世界谋大同的基础之上的。习近平总书记强调:"中华民族的血液中没有侵略他人、称王称霸的基因。"④从对外关系来看,中国式现代化彻底颠覆零和博弈、赢者通吃的思维定式,打破国强必霸的强盗逻辑和弱肉强食的丛林法则,推动建构新型国际关系,凸显了美美与共、和合共生的世界现代化主张。长期以来,我国坚持相互尊重、平等协商,对话而不对抗、结伴而不结盟,在积极推进自身的现代化建设过程中丰富世界现代化。

推进拓展中国式现代化是既发展中国,同时又造福世界的兼善天下、互利共赢之举。习近平总书记指出:"推进中国式现代化,为人类对现代化道路的探索做出新贡献。"⑤中国式现代化秉持"和平、发展、公平、正义、民主、自由"的全人类共同价值,以及创新、协调、绿色、开放、共享的新发展理念,不断破解人类社会现代化普遍面临的难题,为世界各国的现代化建设贡献中国智慧。中国式现代化道路的开辟,打破了西方现代化"普世"的神话,摒弃了物质主义膨胀、对外掠夺的现代化老路,改写了世界现代化发展的格局,促进了现代化思想理论、实践路径等方面的创新发展,深化了人们对世界现代化道路的认识。这种道路不仅为广大发展中国家走向现代化提供了新的选择,防止后发国家陷入亦步亦趋追随西方现代化的旋涡,而且有力证明了通往现代化的道路并不是唯一的,在推进人类文明发展进步中为推动构建人类命运共同体提供了有力支持。

三、推进拓展中国式现代化的实践路径解析

推进拓展中国式现代化是工业化、城镇化、信息化、农业现代化等多维度各方

---

① 习近平. 习近平谈治国理政:第1卷[M]. 北京:外文出版社,2018:265.
② [德]马克思,恩格斯. 马克思恩格斯文集:第5卷[M]. 北京:人民出版社,2009:822.
③ 中共中央宣传部. 习近平新时代中国特色社会主义思想学习问答[M]. 北京:学习出版社,人民出版社,2021:128.
④ 习近平. 习近平谈治国理政:第4卷[M]. 北京:外文出版社,2022:11.
⑤ 习近平. 习近平谈治国理政:第4卷[M]. 北京:外文出版社,2022:427.

面并行并联的现代化。党的二十大报告指出："全面建设社会主义现代化国家,是一项伟大而艰巨的事业,前途光明,任重道远。"① 推进拓展中国式现代化不仅需要深化理念和认识,更要在实践上主动作为、积极探索。

(一) 强化习近平新时代中国特色社会主义思想对中国式现代化的指引

推进拓展中国式现代化是一个理论与实践良性互动的过程,只有加强思想理论上的建设和指引,才能不断推进拓展中国式现代化。习近平新时代中国特色社会主义思想作为马克思主义中国化的最新成果,凝结着党和人民的实践经验和集体智慧,是全党全国人民继续推进拓展中国式现代化,为实现中华民族伟大复兴而奋斗的行动指南。深入学习贯彻习近平新时代中国特色社会主义思想,是坚定不移走好中国式现代化新道路的重要前提。

首先,运用习近平新时代中国特色社会主义思想的观点方法指导推进中国式现代化。习近平新时代中国特色社会主义思想内容丰富,蕴含着科学的思维方法,对推进拓展中国式现代化起着导航、定向的指导作用。不仅要深刻学习领会习近平总书记关于中国式现代化的重要论述,把相关要求落实到推进现代化建设的过程之中,而且要把握全面建成社会主义现代化强国的总体战略安排,从学理上理清弄懂中国式现代化的内涵特征、本质要义。在实践上坚持系统谋划、整体推进、分步实施、狠抓落实等原则,协调推进"五位一体"总体布局和"四个全面"战略布局,统筹规划现代化建设各项工作。不冒进、不急躁,分阶段、分步骤地稳步推进全面建设社会主义现代化强国。重点实施创新驱动发展战略、区域协调发展战略、乡村振兴战略、科教兴国战略、人才强国战略,更好地推进中国式现代化向纵深发展。

其次,把习近平新时代中国特色社会主义思想深入贯彻到国家治理体系和治理能力现代化之中。一方面,要清醒认识坚持和贯彻习近平新时代中国特色社会主义思想是推进国家治理体系和治理能力现代化的思想基础。另一方面,要深刻把握促进国家治理体系和治理能力现代化是推进拓展中国式现代化的内在要求。因此,在推进拓展中国式现代化的发展过程中,要学、思、用贯通,真正把习近平新时代中国特色社会主义思想贯彻到改革、发展的实践之中,筑牢中国式现代化阔步前行的

---

① 习近平. 高举中国特色社会主义伟大旗帜 为全面建设社会主义现代化国家而团结奋斗——在中国共产党第二十次全国代表大会上的报告[M]. 北京:人民出版社,2022:26.

治理基础。具体来说，要完善行政决策、执行、监督体制，推进国家机构职能优化。深化行政执法体制改革，健全各部门协调配合机制。整合行政执法队伍，实行跨部门、跨领域综合执法。创新全国行政服务、管理方式，推进一体政务服务平台建设。推进简政放权、放管结合，深化行政审批制度改革。推动数字政府建设，建立互联网、大数据行政管理规则。优化政府组织结构，促进机构、职能法定化。完善社会治理体系和矛盾纠纷化解机制，畅通和规范群众利益协调、诉求表达通道。完善社会治安防控体系，建设问题联治、平安联创工作机制。健全城乡基层治理体系，完善社区管理和服务机制。健全风险研判、防控协同、防范化解机制，以治理体系和治理能力的现代化为中国式现代化的推进拓展筑基护航。

（二）把坚持和加强党的全面领导落实到中国式现代化的全局全过程

坚持和加强党的全面领导是推进拓展中国式现代化的命脉所在。党的二十大报告强调："全面建设社会主义现代化国家、全面推进中华民族伟大复兴，关键在党。"[①] 中国共产党克服西方国家"政治内耗造成效率低下，难以集中力量办大事"[②] 的弊病，具有全国一盘棋、上下一条心，集中力量办大事的高超领导能力，可以为推进拓展中国式现代化掌好舵、领好航。

一方面，要进一步完善党全面领导推进现代化建设的制度体系，提高党员干部推进拓展中国式现代化的能力和水平。坚决维护党中央权威和集中统一领导，把党的领导落实到现代化建设的各方面，建设党全面领导、统筹、推进中国式现代化的长效机制。全面贯彻党的推进新时代现代化建设的思想、方略，系统总结中国共产党领导推进中国式现代化的经验。健全各级党委实施全面建设社会主义现代化强国战略，深入推进中国式现代化的领导机制。加强各级领导干部现代化建设过程中各项决策、方案制定的调查研究、科学论证机制，保证党的领导决策的科学性。同时，着眼推进现代化建设中的各种挑战和考验，要努力提升各级领导干部的科学谋划本领、改革创新本领和风险防范本领，"不断提高政治判断力、政治领悟力、政治执行力"[③]。强化党员干部的忧患意识、大局意识。落实全面从严治党责任制度，压实政治责任，不断增强党的凝聚力、向心力和感召力，确保党始终成为推进拓展中国

---

① 习近平. 高举中国特色社会主义伟大旗帜　为全面建设社会主义现代化国家而团结奋斗——在中国共产党第二十次全国代表大会上的报告[M]. 北京：人民出版社，2022：63.
② 张占斌,王海燕,毕照卿. 中国式现代化的战略阶段、文明形态和时代意义[J]. 当代世界与社会主义，2022(4)：42-51.
③ 习近平. 习近平谈治国理政：第4卷[M]. 北京：外文出版社，2022：256.

式现代化的坚强堡垒。

另一方面，不断改善和深入落实党的全面领导，建强各级党组织，使党的领导更加适应时代的变革、实践的发展和人民的要求。具体而言，围绕现代化建设的各项目标任务，要增强各级党组织推进新时代现代化建设的组织力，各级领导干部要身先士卒、做好表率，带领广大人民群众广泛、积极参与到推进拓展中国式现代化的各项工作之中，形成全党全社会全国各族人民齐心协力、团结奋斗的新时代现代化建设生动局面。党的二十大报告指出："把党的领导落实到党和国家事业各领域各方面各环节，使党始终成为风雨来袭时全体人民最可靠的主心骨，确保我国社会主义现代化建设正确方向。"① 中国共产党能够带领人民不断取得胜利的重要原因之一就在于通过自我革命把党建设得更加坚强有力。保持党的先进性和纯洁性，具有强大的政治领导力、思想引领力、群众组织力、社会号召力，使之成为推进拓展中国式现代化，进行伟大斗争、成就伟大事业的坚强领导核心。因此，只有不断改进作风，敢于正视自身问题，勇于刀刃向内，才能使党保持生机活力，为继续深化拓展中国式现代化提供政治保证。

（三）推动经济社会的高质量发展为中国式现代化行稳致远强基赋能

中国式现代化具有丰富的内涵，是政治、经济、文化、社会等多方面的现代化。推进拓展中国式现代化首先离不开经济社会的高质量发展。党的二十大报告指出："高质量发展是全面建设社会主义现代化国家的首要任务。"② 当前，随着我国人口红利的消退，资源环境约束的增强，靠科技创新、人才创造推动各行各业高质量发展已成为经济社会发展变革的迫切需求，也是加快推进我国现代化建设的必然要求。

一是以创新驱动激发创造动能，提升高质量发展的效能。党的二十大报告指出："坚持创新在我国现代化建设全局中的核心地位。"③ 科技创新和科技现代化是推进拓展中国式现代化的引擎。基于世界科技前沿和国家重大需求，要加快推进实现科技自立自强，尤其是重点推进关键核心技术创新，增强创新链的整体效能，构建高端科技创新的平台，促进产学研深度融合。着力引导中小微型企业创新发展，加强

---

① 习近平. 高举中国特色社会主义伟大旗帜　为全面建设社会主义现代化国家而团结奋斗——在中国共产党第二十次全国代表大会上的报告[M]. 北京:人民出版社,2022:26.
② 习近平. 高举中国特色社会主义伟大旗帜　为全面建设社会主义现代化国家而团结奋斗——在中国共产党第二十次全国代表大会上的报告[M]. 北京:人民出版社,2022:28.
③ 习近平. 高举中国特色社会主义伟大旗帜　为全面建设社会主义现代化国家而团结奋斗——在中国共产党第二十次全国代表大会上的报告[M]. 北京:人民出版社,2022:35.

技术平台建设，促进产业链上中下游融通创新。同时，要完善创新人才发展机制，健全创新激励和保障机制，建立健全创新要素收益分配体制。强化科技成果转化，推动我国现代化建设和发展的质量、速度、效益有机统一。

二是加快构筑现代产业体系，优化高质量发展的产业升级。具体而言，要推动制造强国、数字强国建设，促进产业链优化升级。优化区域产业链布局，推动传统产业智能化、数字化。发展信息技术、新能源等产业，实现产业链供应链多样化。改造产业发展环境，打造附加值高、创新力强的产业链。发展先进制造业，加快新产品、新业态培育，促进人工智能等与产业发展高度融合。加快现代服务业发展，促进服务业向高端价值链延伸。加快生活性服务业全面升级，推进康养、文旅等服务业品牌化、标准化。建设数据共享平台，实现信息服务全覆盖。加快推进数字产业化、产业数字化，构建竞争力强的产业集群，打造强有力的经济现代化、产业现代化的新引擎。

三是全面深化经济体制机制改革，释放高质量发展的活力。具体而言，要坚持和完善社会主义基本经济制度，充分发挥市场资源配置效能，激发市场主体活力。完善现代企业制度，深化国企监管及投资运营体制改革，推动非公有制经济蓬勃发展。完善宏观经济政策制定执行机制，优化经济结构。深化税收征管体制改革，健全地方税、直接税税收体系。完善现代金融监管体系，实行股票发行注册制，推进金融双向开放。加快建设高标准市场体系，建立公平竞争、高效规范的市场。加强反垄断和不正当竞争监管力度，规范和引导资本健康发展。推动要素市场化改革，健全要素市场运行机制。构建推动经济高质量发展的体制机制，增强经济发展的后劲和韧性，夯实中国式现代化推进拓展的经济基础。

（四）积极抓住世界百年未有之大变局下中国式现代化前进的战略机遇

当今世界正经历百年未有之大变局，世界多极化加速变革，全球化大势不可逆转。尤其是中国和其他新兴经济体国家的崛起，国际力量日趋多元化，世界政治经济发展格局和秩序也正在调整重构。中国在世界发展中的地位、贡献、影响也在不断增强，中国特色社会主义的制度优势不断彰显。推进拓展中国式现代化还要着眼世界大势，把握战略机遇，顺势而为，科学应变、趋利避害，任凭风高浪急，保持战略定力，使中国式现代化道路越走越宽广。

其一，推进国内国际双循环，加快构建新发展格局。习近平总书记强调"世界正处于大发展大变革大调整时期"①,只有积极构建新发展格局,才能赢得主动、占得先机,在百年未有之大变局中开新局。具体而言,要进一步完善扩大内需的政策体系,实现扩大内需与供给侧结构性改革的有机结合。打通国内经济大循环,促进生产、流通、消费优化升级。促进虚拟经济与实体经济均衡发展,实现第一、第二、第三产业有机协调、融合发展。畅通商品流通和要素高效配置,降低社会交易成本。同时,要加强国内市场与贸易强国建设。实施贸易投资融合工程,构建现代物流体系,实现贸易方式、市场布局、商品结构优化升级。推动消费调整升级,改造提升传统消费。完善现代流通体系,减轻企业流通成本。放宽服务消费领域市场准入,开拓城乡消费市场,实现线下线上消费融合。加快企业技术改造和设备更新,加快战略性新兴产业投资。统筹利用好国内国际两个市场、两种资源,塑造国际合作和竞争的新优势,形成推进拓展中国式现代化的良性循环体系。

其二,扩大对外开放,推动构建人类命运共同体。以开放促发展,才能育新机、应变局。改革开放以来,中国经济发展取得的成就举世瞩目。而受 2008 年国际金融危机的影响,以及近年来新冠疫情的冲击,世界经济发展疲软低迷。据世界银行统计,2013—2021 年,我国对世界经济增长的平均贡献率达到 38.6%,超过 G7 国家贡献率的总和,是推动世界经济增长的第一动力。② 扩大对外开放,展现了中国共产党胸怀天下以及中国负责任大国的担当,有利于推动世界经济复苏,更好地应对世界风险挑战,构建人类命运共同体。具体而言,要不断提高对外开放水平,发展高水平的开放型经济,推动投资与贸易便利化、自由化。健全境外投资法律、服务政策体系。推动自由贸易发展,加强双向投资和双向贸易。完善多元化投资、融资体系,以互利共赢、平等协商促进国际合作。维护全球多边贸易体系,建立多双边区域贸易合作投资机制。推动共商、共建、共享的开放型世界经济体系的形成,打造世界各国优势互补、互通有无的经济共同体。塑造和谐稳定、开放包容的国际秩序,推进"一带一路"建设,为推进拓展中国式现代化创设良好的外部环境。

其三,保持战略定力,推进国际传播能力建设。着眼世界百年未有之大变局,要构建具有鲜明中国特色的战略传播体系,讲好中国故事,传播好中国声音,阐释好中国特色。积极回应国际社会对推进拓展中国式现代化的现实关切,加强中国式现代化的对外话语体系建设。向全世界讲深、讲透中国式现代化的世界意义,讲清

---

① 中共中央党史和文献研究院.十九大以来重要文献选编(上)[M].北京:中央文献出版社,2019:41.
② 观察中国经济不能只看一时[N].经济日报,2022-10-25(001).

楚、讲明白中国式现代化为世界创造的机遇。集中宣传阐释党的十八大以来，中国在制度创新、理论创新、实践创新、文明建构等方面对于其他后发型国家现代化发展提供的方法论价值。通过建立全球性、跨区域、跨文明的沟通、交流、对话机制，及时回应国际社会对中国式现代化的误读与质疑，在平等交流中讲好中国式现代化故事。更加鲜明地展现推进拓展中国式现代化的思想、主张，着力提高中国形象的亲和力、中国话语的说服力和国际舆论的引导力。

作者简介

鲁保林，福建师范大学经济学院教授，博士生导师，"闽江学者"特聘教授，福建师范大学全国中国特色社会主义政治经济学研究中心副主任。主要从事马克思主义经济理论研究及当代资本主义研究。兼任国家社科基金同行评议专家、教育部学位中心博士/硕士学位论文评审专家、全国马克思主义经济学青年论坛执行委员会执委、中国政治经济学学会常务理事、全国马克思列宁主义经济学说史学会理事、中信改革基金发展研究会青年会员。近年来，主持国家级项目1项，主持省部级项目4项，荣获福建省第十四届社会科学优秀成果奖三等奖、中国马克思主义研究基金会"第六届马克思主义研究优秀成果奖"三等奖、第四届贵州省高校人文社会科学研究优秀成果奖二等奖。在国家级出版社出版专著3部，在《当代经济研究》《经济学家》《中国社会科学报》《福建日报》等核心期刊及其他报刊杂志发表学术论文30余篇，其中，1篇被《新华文摘》（数字版）全文转载，6篇被人大报刊复印资料全文转载。

鲁保林：坚定"四个自信"，深入推进中国式现代化

党的十九届六中全会审议通过的《中共中央关于党的百年奋斗重大成就和历史经验的决议》指出，"党领导人民成功走出中国式现代化道路，创造了人类文明新形态，拓展了发展中国家走向现代化的途径，给世界上那些既希望加快发展又希望保持自身独立性的国家和民族提供了全新选择"。100年来，中国共产党忠实践行初心使命，团结带领全国各族人民"创造了中国式现代化新道路"，绘就了人类发展史上最为波澜壮阔的绚丽画卷。中国式现代化伟大实践开辟的崭新道路、承载的历史使命、形成的文明成果，充分彰显了中国特色社会主义道路、理论、制度和文化的优势。新的征程上，我们要更加坚定"四个自信"，深入推进中国式现代化，奋力实现第二个百年奋斗目标。

一、坚定道路自信，为深入推进中国式现代化提供实现路径

中国的现代化进程漫长而崎岖，鸦片战争后中国开始被纳入现代世界发展大潮，但是直到新中国成立，现代化才真正上升为大变革的主流。中国现代化建设面临的历史条件和国际发展环境完全不同于西方先发国家。独特的历史命运、独特的基本国情，注定我们必然要走适合自己特点的现代化发展道路。习近平总书记指出，"我们的任务是全面建设社会主义现代化国家，当然我们建设的现代化必须是具有中国特色、符合中国实际的"。

中国共产党坚持一切从实际出发，带领中国人民探索出中国特色社会主义道路。这条道路是在改革开放40多年的伟大实践中走出来的，是在新中国成立70多年的持续探索中走出来的，是在对近代以来180多年中华民族由衰到盛的深刻总结中走出来的，是在对中华民族5000多年悠久文明的传承中走出来的。中国式现代化道路

就是坚持和发展中国特色社会主义的现代化道路。中国式现代化的典型特征是党的领导、独立自主、自力更生、赶超发展、和平崛起,其目标步骤和方式方法彰显着社会主义的特质和优越性。中国式现代化道路是一条比资本主义现代化道路更加可行、更加优越的道路。我们在不到100年的时间里走完了西方国家几百年的发展路程,创造了经济快速发展和社会长期稳定"两大奇迹",迎来了从"站起来""富起来"到"强起来"的历史性飞跃,实现中华民族伟大复兴进入不可逆转的历史进程。中国式现代化既有一定的具体性和特殊性,同时又反映了全球化时代现代化发展的一般性和普遍性。中国式现代化新道路的成功开辟,丰富和拓展了发展中国家走向现代化的途径。

中国式现代化伟业取得历史性成就雄辩证明,中国特色社会主义是符合中国实际、植根中国国情、反映人民意愿、适应时代发展要求的现代化新道路。这条路子走得对、走得通,是实现社会主义现代化和中华民族伟大复兴的必由之路。深入推进中国式现代化,我们要更加坚持道路自信,向着全面建成社会主义现代化强国、实现中华民族伟大复兴的目标迈进。

二、坚定理论自信,为深入推进中国式现代化提供思想武器

中国式现代化的制度探索和成功实践,不仅顺应了人类现代化的发展规律,而且提供了一种全新的现代化模式。中国式现代化的准确称谓是走社会主义道路的现代化,走自己的路是根本立足点,社会主义是真正底色。邓小平指出,"我们搞的四个现代化,是社会主义的四个现代化""中国搞现代化,只能靠社会主义,不能靠资本主义"。

中国式现代化的伟大历程,是科学社会主义理论逻辑和中国现代化发展历史逻辑的辩证统一。我们党胸怀共产主义崇高理想,坚持和运用马克思主义理论认识中国和改造中国,推进现代化建设的实践创新、制度创新和理论创新。坚持以人民为中心、推动物质文明与精神文明协调发展、促进人与自然和谐共生、走和平发展道路,这些特征和要求充分彰显了社会主义的优越性。中国式现代化新道路创造了人类历史上前所未有的发展奇迹,丰富和发展了马克思主义现代化建设理论。

中国式现代化新道路,承载着实现中华民族由农业文明向现代文明转变以及坚持和发展中国特色社会主义的双重使命。深入推进中国式现代化,必须高举马克思主义和中国特色社会主义伟大旗帜,必须坚持习近平新时代中国特色社会主义思想

的科学指引。习近平新时代中国特色社会主义思想是当代中国马克思主义，是 21 世纪马克思主义，为我国全面建设社会主义现代化国家指明了前进的方向。

三、坚定制度自信，为深入推进中国式现代化提供根本保障

制度是现代化发展的重要保障和有力支撑。历史和现实都表明，10 多亿人口的社会主义现代化，是极其复杂的、群众性的探索和创新的事业，充满各种风险和挑战。我国的现代化建设之所以能够稳健前行，是因为中国特色社会主义制度和国家治理体系具有显著优势。

党的集中统一领导和中国特色社会主义制度，是确保现代化建设始终沿着社会主义轨道前行的根本保证。20 世纪 60 年代，我们党提出了实现"四个现代化"的"两步走"设想。党的十三大正式确立"分三步走，实现现代化"的总体战略部署，党的十五大和十九大再次对其进行细化和充实，先后形成"新三步走"和"两步走"战略安排。尽管不同历史阶段的战略侧重不同，但是都指向实现社会主义现代化的宏伟目标。规划长远、方向一致、战略连续、与时俱进，充分显示了党的领导在现代化进程中的关键作用和独特优势。中国共产党是按照民主集中制原则组织起来的马克思主义政党，拥有坚强有力的领导核心、一大批高素质干部队伍和上下贯通的严密组织体系，具备高超的统筹协调和决策执行能力，能够把各方面的智慧和力量有效地组织和集聚起来，集中力量形成推进现代化建设的合力。中国特色社会主义经济制度在解放和发展社会生产力、解放和增强社会活力方面比资本主义制度更有效率，更能激发全体人民的积极性、主动性和创造性。从解决温饱到决战决胜脱贫攻坚，从全面建成小康社会到阔步踏上现代化国家新征程，我国的现代化建设始终动力充沛，整个社会始终充满生机活力。以公有制为主体，多种所有制经济形式相互竞争、共同发展，按劳分配为主体、多种分配方式并存，社会主义与市场经济体制有机结合，突破了公有和私有、按劳分配与按要素分配、社会主义与市场经济、政府与市场非此即彼的二元对立思维。

中国式现代化取得的伟大成就举世瞩目，充分彰显了党的领导和中国特色社会主义制度的优越性。进入新发展阶段，国内外环境正在发生广泛而深刻的变化。贯彻新发展理念、构建新发展格局，必须更加坚定制度自信，夯实建设社会主义物质文明、政治文明、精神文明、社会文明和生态文明的制度之基。

四、坚定文化自信，为深入推进中国式现代化提供磅礴的精神力量

坚定"四个自信"，说到底是要坚持文化自信。文化自信是更基础、更广泛、更深厚的自信。在5000多年文明发展中孕育的中华优秀传统文化、在党和人民伟大斗争中孕育的革命文化、社会主义先进文化，构成文化自信的不竭源泉。

中华文化强调"敬德保民""民惟邦本""天下兴亡，匹夫有责""老吾老，以及人之老，幼吾幼，以及人之幼""不患寡而患不均""为天地立心，为生民立命，为往圣继绝学，为万世开太平"，这些思想和理念是中国式现代化新道路的文化根脉。百年来，中国共产党人与人民同呼吸、共命运、心连心，坚持真理、坚守理想，不怕牺牲、英勇斗争，构建起中国共产党人的精神谱系。从"井冈山精神""长征精神""延安精神""西柏坡精神"到"大庆精神""'两弹一星'精神"，从"特区精神""抗洪精神""抗震救灾精神"到"脱贫攻坚精神""抗疫精神"，彰显了一代又一代中国共产党人"为有牺牲多壮志，敢教日月换新天"的理想信念，这是推动中国式现代化迈向新征程的强大精神动力。

今天的世界，南北发展差距依然巨大，贫困和饥饿依然严重，新的数字鸿沟正在形成。马克思主义以实现"自由人联合体"为理论宗旨，中华民族历来讲求"穷则独善其身，达则兼济天下"，主张民胞物与、协和万邦、天下大同，憧憬"大道之行，天下为公"。对和平、和睦、和谐的追求，深深植根于中华民族的精神世界之中。构建人类命运共同体主张彰显的共商、共建、共享理念，顺应了人类历史发展的大势。中国式现代化开辟的文明发展新道路，谱写了21世纪人类文明进步的新篇章。

文化认同和文化自信是一个国家、一个民族实现现代化的强大精神力量。文明复兴是实现中华民族伟大复兴的应有内涵。为人民谋幸福、为民族谋复兴、为世界谋大同，这是文化自信的深层反映与本质体现。深入推进中国式现代化，建设社会主义现代化强国，我们要更加坚定文化自信，坚持共同理想信念、价值理念，弘扬中华优秀传统文化、革命文化、社会主义先进文化，以开放心态积极学习借鉴人类文明的一切有益成果，凝聚实现中华民族伟大复兴的磅礴力量。

作者简介

曹泳鑫,复旦大学法学博士,上海社会科学院中国马克思主义研究所研究员、马克思主义学院教授、博士生导师;复旦大学兼职教授;长期担任《毛泽东邓小平理论研究》主持工作常务副主编;任全国毛泽东哲学思想研究会副会长。入选中组部国家"万人计划"社科领军人才、中宣部文化名家即"四个一批"人才。主要研究领域为马克思主义理论(包括马克思主义国际关系理论)、中国外交思想等,长期从事党的理论的研究、宣传工作,对党和国家的路线方针政策较为熟悉。主要专著包括《走向复兴:现在与未来》(2021)、《中华民族伟大复兴基本规律与思想资源》(2019)、《马克思主义中国化:基本认识和实践》(2015)、《中国共产党人文化使命研究》(2011)、《马克思主义国际关系理论研究》(2009)、《先进文化与现代化——中国共产党的文化历程》(2005)、《和平与主义——中国和平崛起的思想资源和理论准备》(2005)等;主编《当代中国马克思主义与基本国情研究》《核心价值体系构建与价值观研究》《马克思主义研究报告》系列丛书。在《政治学研究》《马克思主义研究》《现代国际关系》《世界经济与政治》《欧洲》《世界民族》《毛泽东邓小平理论研究》《开放时代》《现代哲学》《当代世界与社会主义》《经济日报》《光明日报》《红旗文稿》等重要核心报刊发表论文近百篇。主持国家级课题、省部级课题十多项。多次荣获省部级学术成果奖。

曹泳鑫：现代化普遍缺失精神文化的无解之困

党的二十大向世界传递出中国新时代发展创新宏伟目标的几个关键词：中国特色社会主义、中国式现代化、社会主义现代化、中华民族伟大复兴。这些概念都包含普遍性和特殊性的双重内涵，将普遍性寓于特殊性之中，即将社会主义寓于中国特色之中，将现代化寓于中国式和社会主义之中，将民族复兴寓于中华民族发展之中。实现中华民族伟大复兴这一历史性目标，靠的是社会主义现代化的成功实践。相对于世界历史上已有的资本主义现代化而言，社会主义现代化道路是从新民主主义革命以来中国共产党就一直领导中国人民着力追求和开辟的。社会主义现代化与资本主义现代化的根本不同之处，要从世界历史的普遍性和中国历史的特殊性出发加以辨识。

一、世界历史进程中现代化的同质化与分野之困

自从人类交往扩大特别是资本主义对外扩张导致不同国家和地区产生相互依存关系，即各民族自身历史被纳入世界历史以来，现代化就成为各民族强国、复兴之梦的实现路径。现代化和世界历史的开启，首先打上了资本主义的历史印记，以生产技术和生产方式两方面突进式变革为主要标识。前者即工业化开启技术革命，后者即以私有制和社会化大生产开启商品经济形态和资本主义现代性文明范式。这些标识性因素存在普遍性的必然因素与特殊性的偶然因素之分。

马克思在《1857—1858年经济学手稿》中总结了人类社会形态的发展演变："人的依赖关系（起初完全是自然发生的），是最初的社会形式，在这种形式下，人的生产能力只是在狭小的范围内和孤立的地点上发展着。以物的依赖性为基础的人的独立性，是第二大形式，在这种形式下，才形成普遍的社会物质变换、全面的关

系、多方面的需要以及全面的能力的体系。建立在个人全面发展和他们共同的、社会的生产能力成为从属于他们的社会财富这一基础上的自由个性，是第三个阶段。第二个阶段为第三个阶段创造条件。"这就是揭示出人类社会演进普遍规律的"三形态理论"。事物发展的普遍性寓于特殊性之中，没有脱离特殊性的普遍性。当各民族独自发展的历史演变为世界历史，人类社会发展也进入第二个阶段，只是它首先发生在欧洲尤其是西欧主要国家，并且以资本主义工业化快速扩张的商品经济形式呈现，由此"西方""资本主义""工业化""经济增长""扩张"等关键词成了现代化的主要范式，以特殊性的偶然因素遮蔽了普遍性的必然因素。其结果使"西化"成为世界上大多数现代主权国家纷纷效仿和普遍追求的现代化道路，造成现代化的同质化。地域不同、历史不同、国情不同等特殊性的偶然因素决定的现代化多样化趋势，与这种同质化趋势之间必然存在矛盾，在强势的"西化"之下，"多样化"暂时被压制，以至于早期一些国家社会主义道路生不逢时、纷纷夭折，形成了现代化道路或模式发展进程中的分野之困。这也体现出资本主义现代化的同质化趋势带来的负面影响。

相关影响不仅体现在历史、物质层面，从精神文化上看，资本主义不断追求的仅是物质财富增值，将过去多样性的精神文化转变为主要以"盈利"为核心的文化商品，这使文化充斥着资本增殖的内容，本质上成为资本的"宾语"而失去主体地位，这不是文化的发展繁荣，而是文化的衰退乃至自我瓦解。资本主义以资本为核心、以牟取剩余价值为目的、以金钱万能为信条、以自私自利为人生观，一切神圣的东西包括人的灵魂和良心在内，全都可以被亵渎和出卖。正如《共产党宣言》所描述，"资产阶级在它已经取得了统治的地方把一切封建的、宗法的和田园诗般的关系都破坏了""它使人和人之间除了赤裸裸的利害关系，除了冷酷无情的'现金交易'，就再也没有任何别的联系了""它把人的尊严变成了交换价值""资产阶级抹去了一切向来受人尊崇和令人敬畏的职业的神圣光环""资产阶级撕下了罩在家庭关系上的温情脉脉的面纱，把这种关系变成了纯粹的金钱关系""一切神圣的东西都被亵渎了"。

资本主义国家和资本主义社会也有文化产业，但其中的文化已经逐渐沦为牟取财富的商品，如果说整个社会存在一种统治性和同质性的文化，那就是"拜物教"。在资本主义社会，道德理想、集体主义等利他性伦理往往被边缘化或遭批判，缺失了人类社会本应有的精神文化。此外，资本主义现代化虽然可以使现代主权国家实现物质层面的飞速发展，但必然造成财富两极分化、无视广大劳动者的生命意义；

造成包括民族矛盾在内人人对立、人人孤独无助的畸形社会。资本主义社会有识之士也有相关反思和批判，尤其在文化层面，但这些批判和反思附着于资产主义生产资料私有制的经济基础及其上层建筑，显得隔靴搔痒、苍白无力，也无济于事。

二、现代化在中国必然展现中国元素和道路分野

历史上的中国，大多时间是幅员辽阔、万国来朝的泱泱大国，经历过多次王朝兴衰，最后一个封建王朝清王朝的内部衰败与外部列强不断侵略在时间上重叠，造成旧王朝历史终结和现代主权国家建构的开启，进而有识之士认识并选择以现代化实现中华民族复兴的探索之路。可以说，近现代中国开启现代化始于遭受西方现代化之害，在半殖民地半封建社会条件下又遭遇"自我现代化之困"——资本主义道路走不通，无论是通过清王朝末期的和平改良还是资产阶级旧民主主义革命，均摆脱不了帝国主义、封建主义和官僚资本主义"三座大山"对现代化进程的阻碍。因此，中国历史发展的特殊性，加之近现代史必然蕴育现代化道路或模式的分野，导致历史和中国人民选择了新的民主革命道路，新民主主义革命和社会主义革命的胜利最终确立了社会主义的中国式现代化新道路。

新中国是从旧中国一穷二白基础上开始建设的，虽然出现跃进式的"大干快上"，一时也难以摆脱物质匮乏，但新中国在经济基础、政治制度和精神文化层面实现根本性变革后，中国人民有了主人翁意识，整个社会精神面貌焕然一新。中国人民充满理想信念，全社会形成了不怕困难、战天斗地、自力更生、艰苦奋斗、勤俭节约、团结互助、乐于奉献、干群同心、攻坚克难、爱国敬业、不怕牺牲等新风尚。在世界冷战格局和外部封锁的严重不利环境中，新中国不但赢得抗美援朝保家卫国的伟大胜利，成功造出"两弹一星"等，实现高科技突破，而且很快建立起相对完整的工业体系和国民经济体系，迅速建立起社会主义大中小学体系、教材体系等完备的文化教育体制，培养造就了新一代社会主义现代化的建设者和接班人。这在中国历史乃至世界历史上都树立了人类文明特别是精神文化的新标杆。

与西方发达资本主义国家发展几百年的经济实力相比，新中国短短20来年的经济建设尽管取得了伟大成就，但尚未摆脱经济落后的"帽子"。随着世界冷战缓和、国际关系环境改善，新中国有了与外界交往的良好条件，中国人对本国经济实力与发达国家的差距有了更多感性认识，更加被激起脱贫致富的渴望，党和政府也不失时机抓住和平发展的战略机遇，果断制定和实施改革开放的基本国策，迅速使中国

经济实现40余年快速增长，生产能力和经济实力跃居世界前列。但在迅速补齐经济短板的过程中，我们的精神文明却出现明显滑坡，甚至有的领域存在的问题变得非常严重，人们对此有目共睹。邓小平当年就明确指出这一新的"短板"，并且承认工作中出现了"一手硬、一手软"的问题，要求必须对物质文明建设和精神文明建设"两手抓，两手都要硬"。应当说，党和政府一直重视解决这一问题，特别是党的十八大以来党中央和各级管理部门整治力度很大，效果十分明显，有效遏制了腐败现象和社会不良风气，社会正能量明显增强。党的二十大明确提出，马克思主义与中华优秀传统文化相结合，实现社会主义现代化、中国式现代化，构建人类文明新形态等一系列战略策略，强调以中国式现代化全面推进中华民族伟大复兴。这些针对性很强的举措，赢得了社会一致认同和赞誉。只是精神文化领域的问题一旦出现，并非轻而易举能彻底解决的，其中有现代化旧模式、旧观念的惯性影响，考验着我国社会主义现代化或中国式现代化能否最终跳出资本主义现代化窠臼。社会主义先进文化、革命文化、中华优秀传统文化共同构成新时代中国特色社会主义的文化支柱，共筑新时代中国人的民族精神和时代精神，精神文化建设任重道远。

三、精神文化是人类进步和社会主义现代化的本色

虽然以生产工具为标识的生产力和以财富实力为标识的物质文明是人类社会发展进步的基础条件，但并不是有了一定物质条件就能建成美好社会，使人们过上幸福生活。精神世界更是人类与动物的重大区别，精神文化具有相对独立性和主观能动性，是文明传承的主要标识。我们认同的中华五千年文明靠的是文化承续，中华民族生生不息的精气神有着深层文化蕴育。纵观世界历史，人类精神文化繁荣并非与生产力发展和经济财富积累成正比，反而不时呈现出这样的景象：一边是物质生产能力大幅扩张，另一边是精神文化迅速颓废。资本主义使多数人沦为生产工具、劳动力沦为商品。在沦为资本的"奴隶"后，底层劳动力为了生存，一生都在拼命挣钱、拼命挣扎，获得挣钱之外的"精神富裕"简直就是奢望。社会上层富人也并没有真正的精神文化可言，因为腐化堕落的"潘多拉魔盒"已经打开，全社会都将受到影响，资本主义不仅吞噬了资产阶级当初虚张声势的人文精神，而且消解了人的本质和社会性。从某种意义上说，在世界现代化进程中，享受精神文化已经成为某种"苛求"。

中国式现代化强调以人民为中心，既重视人的主体性而不是把人当作工具，又

旨在推动大多数人共同发展而不是为少数人谋利益造成两极分化，从经济基础和利益分配上打好根基，因为价值观本质上就是"为了谁的利益、站在什么人一方"的立场问题。新时代我国社会主要矛盾的变化，表明我们既要继续大力发展生产力促进物质文明建设，又旨在维护社会公平正义、注重协调发展、促进社会全面进步，把社会主义制度文明建设和精神文化的高度发展纳入中国式现代化建设和人类文明新形态构建的任务当中。

习近平总书记指出："文化是一个国家、一个民族的灵魂，文化兴国运兴，文化强民族强，没有高度的文化自信，没有文化的繁荣兴盛，就没有中华民族伟大复兴。"精神文化的深层是社会的核心价值观，在我国社会主义市场经济大环境中，精神文化产品必须承载社会主义核心价值观，为此，党中央明确强调"把社会主义核心价值观渗透到精神文化产品创作生产传播各环节，潜移默化地增进人们对社会主义核心价值观的认同和践行"。其实，社会主义法律、制度、政策、习俗、公民道德、社会伦理等都应贯彻社会主义核心价值观，正如习近平总书记所说，"要使社会主义核心价值观的影响像空气一样无所不在、无时不有"。

建设什么样的社会、实现什么样的目标，生产力水平是客观条件，人是主导因素。培育和践行社会主义核心价值观，重点在于要着力培养担当民族复兴大任的时代新人，说到底是人的思想建设、灵魂建设，聚焦的是造就具有正确世界观、人生观、价值观的建设者和接班人，把"培养什么样的人"同"培养什么样的价值观"更加紧密地结合起来。为此，我们要构建中国特色社会主义哲学社会科学学科体系，加强社会主义舆论阵地传播力、引导力、影响力、公信力建设，大力打造弘扬中国精神、传播中国价值的知识体系、话语体系和平台体系，为中华民族伟大复兴供给相匹配的国家文化软实力。

四、精神文化发展之困

毋庸置疑，当今精神文化领域存在一些不利于整个社会奋发向上、团结凝聚的突出问题，主要表现在以下四个方面：

第一，当今人们对精神文化的渴求迅速上升，而社会精神文化空间却没能完全与之匹配。应该说，相关局面和现象不是一时形成的。随着市场经济体制改革进程的推进，原来单位"大而全"一包到底的功能消失、"铁饭碗"消失，社会各界工作定位发生变化，人们由追求事业到谋取挣钱职业，集体归属感相应淡化，个体在自由度增加的同时要经受个体性增强带来的孤独感，因为可能要独自面对陌生而冷清的工作环境和冷漠的人际关系，面对市场竞争中的职场"内卷"和随时可能失业带来的烦躁情绪等，这些都对生活在社会底层的芸芸众生造成了巨大的精神压力。缺少来自单位、组织等共同体的归属感和精神疏导，又缺少社会精神文化的填充，人们很容易陷入精神空虚，出现大量心理方面的问题。

信任是维持人类社会关系的基本要求。商品经济和市场环境的积极影响是促进资源配置效益、提高生产效率、充分调动个体的潜能和竞争意识，消极影响是劳动力成为"资源"后，需要在激烈的市场竞争中优胜劣汰，人与人之间似乎形成了对立关系，个体获得自由选择的同时因自身生存和发展的巨大压力而在精神上产生焦虑。当社会普遍把挣钱当作目标追求，金钱财富成为人生成功和身份地位标识之后，弱势群体的获得感明显降低，而随着市场竞争加剧导致的财富分化，弱势群体会越来越多，不安全感导致全社会乃至同事之间、朋友之间、家庭成员之间的不信任感不断增强。在缺乏信任之后形成的个体化、原子化社会状况下，包括家庭、公司、单位乃至国家机关等本应起到聚拢人心作用的空间，都容易出现人心涣散的现象。这与社会主义应具有的"集中力量办大事"的内在要求相违背。

第二，如今我们大力提倡弘扬中华优秀传统文化，但中华优秀传统文化也存在消解的危险。当今社会人与人之间的关系已深受金钱至上、享乐主义、消费主义、自由主义、见利忘义等不良精神文化影响，包括尊老爱幼、传宗接代、勤俭持家等基本美德在内的中华民族优良传统也在消解。网络流传这样一种说法：在过去，"说实话、讲良心、做好人"是为人的最低标准，现在却成了大家期盼的最高标准。不得不承认，我们曾经提倡的社会主义"五讲""四美"乃至几千年沿承的传统美德，都面临消解的危险。为此，党中央号召实现中华优秀传统文化的创造性转化和创新性发展，中共中央办公厅、国务院办公厅印发《关于实施中华优秀传统文化传承发展工程的意见》，为商品经济社会精神文化建设、实现马克思主义与中华五千年文明的优秀文化相结合指明发展方向。但其中困难在于，文化一旦进入市场，牟利就容易被放在首位，讲究的是物以稀为贵，猎奇是资本取舍文化的重要标准，并非优秀文化都被看好，能被看好并推出的不一定是优秀传统文化，也可能是旧封建糟粕，即使是中华优秀传统文化也可能因转化为商品而变味，因为牟利才是资源配置背后资本力量的真正抓手。这就造成了弘扬中华优秀传统文化的不利境遇，如何正确定位事关民族文化和民族精神的事业性而不是营利性，催生了社会主义精神文化建设。中华优秀传统文化的创新发展是以市场需要来界定，还是以精神文明进步为目的，这一问题不宜含糊不清。

第三，人们一旦陷入理想缺失的状态，就容易短视，没有远大理想的民族一定会面临生存难题。在现代许多人看来，理想是虚的，不如物欲享受来得现实，不追求理想，只求每时每刻的幸福享乐即可。当然，一些还在为生计拼命挣扎的经济困难群体也没有条件谈理想。虽然党中央提倡全社会要树立中国特色社会主义共同理想与共产主义远大理想，但在现实生存竞争压力下，对于许多人来说，拥有崇高的理想信念成了奢望。在利益最大化的驱使下，社会上十分现实的"经济人"越来越多，这与作为社会主义国家主人翁要求的"政治人"之间形成对立，以至于当今社会屡屡出现"两面人"现象。理想和精神境界的崇高性在内心深处被清空后，人作为与一般动物本性不同的精神动物，必然存在心灵空虚等问题亟待解决，于是不少人群借宗教迷信来填补内心空白。因此，这些迷信甚至邪教活动也很快被资本敏锐的嗅觉触到，成为比任何实体企业都容易牟利的行当。这反过来又助推和加剧了社会萎靡之风。其实，理想的重要性不只是在精神层面，更重要的是规定和引导一个民族、国家的奋斗方向和发展目的，它是现实制度设计的价值起源和行动指南。没有远虑必有近忧，没有远大理想的民族是没有未来和希望的。

第四，最后也是最重要的是知识群体或称社会精英群体的价值观相左和立场分化。在世界各国现代主权国家的建构和现代化进程中，占据主导的三种思想分别是民族主义、自由主义和社会主义，代表着不同价值取向和道路抉择，也可以说代表着国家主权实际拥有者的意识形态取向。大约百年前半殖民地半封建旧中国的社会精英群体就曾经发生过关于主义和道路问题的激烈争论。最后信仰马克思主义、科学社会主义的中国共产党人带领广大人民开辟了新民主主义革命和社会主义革命的胜利道路，中国的知识分子群体团结聚集在党的领导下，成为新中国的建设者和工人阶级的一部分。改革开放以来，经历经济多元化和社会价值观多元化之后，从事精神文化工作和生产的知识分子群体难免存在价值观分化和对立，从事各行各业管理和技术知识专业工作的社会精英也存在"三观"不合的现实状况，其中精致利己主义出现普遍化趋势。他们容易脱离基层一线广大劳动群众，做出更有利于自己阶层利益的价值取向和各种政策导引，甚至有极少数人认为资本主义比社会主义更有利于自己所处阶层的利益。这些知识群体不仅是育人者、文化传播者、政策制定和政策实施者，而且是整个社会风尚和道德标准正与不正的裁判和示范导引者，是"掌管"社会经济政治文化的精英分子。尽管宪法规定社会主义国家是全体人民当家作主，但不得不重视的事实是，在当今中国，越来越庞大的知识群体是改革创新的主力军，他们中的主流价值观无疑会影响社会主义初级阶段的走向。

习近平总书记在党的二十大报告中指出："中国式现代化是物质文明和精神文明相协调的现代化，物质富足、精神富有是社会主义现代化的根本要求。物质贫困不是社会主义，精神贫乏也不是社会主义。"据此，我们必须使抓精神文明建设这一"手"切实硬起来，在全社会培育良好的精神文化氛围，这项任务比创造物质财富更加艰巨。展望未来，即使现代化技术创新可能使机器替代乃至超越人力智能，但人类区别于机器或机器难以真正超越的，就在于人是有自身境界的精神类动物。精神文化的自觉建构和精神世界的美好生活追求，应是中国式现代化和社会主义新文明的核心标识。

作者简介

郑志国,中共广东省委党校(广东行政学院)中国特色社会主义研究所二级教授、中国政治经济学学会副会长。长期从事哲学社会科学研究和教学,在哲学研究中探索了人类社会发展规律,包括人类需要与社会生产矛盾规律、生产力与生产关系矛盾规律等问题、经济基础与上层建筑矛盾规律、竞争与合作矛盾规律、实践与认识矛盾规律;在理论经济学研究中探索了价值增殖新概念、利润率非平均化、基于劳动价值论的国民经济核算、社会生产三大部类结构演化规律等问题;在应用经济学研究中探索了共同富裕的制度设计与安排、利用外资的内收平衡等问题。出版《人类社会发展规律研究》等学术著作和主编教材10多部,发表论文380多篇,16项科研成果和政策建议获得省部级奖励。2007年受到国务院表彰。

郑志国：中国式现代化的人口发展战略选择

习近平总书记在党的二十大报告中指出："中国式现代化是人口规模巨大的现代化。我国十四亿多人口整体迈进现代化社会，规模超过现有发达国家人口的总和，艰巨性和复杂性前所未有，发展途径和推进方式也必然具有自己的特点。""优化人口发展战略，建立生育支持政策体系。"① 根据这些精神，本文拟探讨中国式现代化的人口发展战略选择问题。

一、从国际比较看中国人口规模和发展态势

有些专家对中国人口发展战略做了不少研究，分别提出了人口负增长、零增长、低增长的主张和建议，各有一定的理由，尚未形成统一意见。② 各种媒体特别是自媒体发表了大量关于人口问题的议论，呼吁全面放开生育并实行鼓励生育政策。这些媒体言论大都没有把人口规模变化同中国式现代化目标任务、资源环境结合起来进行分析，总体上不属于学术研究，但是通过网络和手机广泛传播，社会影响不可小觑。为探讨中国式现代化的人口发展战略选择问题，有必要对中国人口规模进行国际比较，分析未来可能的走势。

（一）中国人口规模的国际比较

2022年世界人口突破了80亿人，对地球资源环境的压力日益增大。各国人口规模不同，从一些大国的情况看可以分为三类：一是俄罗斯有1.4亿多人，加拿大

---

① 习近平. 高举中国特色社会主义伟大旗帜　为全面建设社会主义现代化国家而团结奋斗——在中国共产党第二十次全国代表大会上的报告[M]. 北京：人民出版社，2022：49.
② 郭志军，王军. 中国人口发展战略研究中的分歧与演进[J]. 国际经济评论，2020(4).

和澳大利亚分别只有 3000 多万人和 2000 多万人，相对于各自的国土面积来说偏少，但是远远不足以和一些国家人口过多形成对冲；二是美国和巴西分别有 3.3 亿多人和 2.1 亿多人，比较适度；三是中国、印度均有 14 亿多人，人口规模过大。① 目前有 20 多个国家出现人口负增长，远远不足以抵消多数国家人口正增长。亚洲、非洲、拉丁美洲不少国家存在人口过多、资源不足、环境污染、贫困等问题。

如表 1 所示，中国人口是 20 个发达国家人口总和的 1.6 倍，国土面积只有这些国家面积总和的 30.1%，国内生产总值按汇率折算只有其总和的 32.9%，人均国内生产总值只有其平均水平的 19.5%。这些数据大体反映了中国和发达国家的人口、资源、财富数量关系。

表 1　中国和发达国家人口等指标比较（2020 年）

	人口/万人	国土面积/万平方千米	GDP/亿美元	人均 GDP/美元
中国	141212	960	147227	10500
发达国家总和	88536	3109	448074	53882

注：发达国家包括美国、英国、法国、德国、加拿大、意大利、日本、澳大利亚、奥地利、比利时、丹麦、芬兰、挪威、瑞典、瑞士、荷兰、卢森堡、冰岛、以色列、新西兰。
资料来源：国家统计局. 中国统计年鉴 2022 [M]. 北京：中国统计出版社，2022：31；国家统计局. 国际统计年鉴 2021 [M]. 北京：中国统计出版社，2022：7，17 - 24.

中国人口规模巨大形成丰富的人力资源，这是以往经济发展的一种优势，在未来中国式现代化进程中仍将发挥重要作用。但是人力资源必须同各种物质资源结合起来，才能形成现实生产力。目前存在人力资源（简单劳动力）过剩和多种物质资源不足的矛盾。

（二）未来中国人口规模三种可能的走势

1949—2022 年，中国人口从 5.4 亿多人增长到 14.1 亿多人，73 年内净增 8.7 亿多人。2022 年人口出现负增长，比上年减少 85 万人，②《国家人口发展规划（2016—2030 年）》预测，中国人口将在 2030 年前后达到峰值，此后持续下降。③近几年，新冠疫情复杂多变，一些青年人推迟了婚期和生育，出生率明显下降；死

---

① 国家统计局. 国际统计年鉴 2021[M]. 北京：中国统计出版社，2022：89 - 92.
② 国家统计局. 中国统计年鉴 2022[M]. 北京：中国统计出版社，2022：31；《中华人民共和国 2022 年国民经济和社会发展统计公报》。
③《国家人口发展规划（2016—2030 年）》（国发〔2016〕87 号）[EB/OL]. 中华人民共和国中央人民政府门户网站，http：//www. gov. cn.

亡率同前几年相比有所上升。这可能使人口达峰和负增长提前到来,但是总体变化态势在国家预测范围之内。

未来中国人口规模变化受多种因素影响,有三种可能的走势:一是适度缩减,经过一个时期的负增长,通过合理有效的调节,最终回归并保持在适度规模;二是动态稳定,在14亿人口规模上出现升降起伏,长期保持动态零增长;三是继续增长,达到15亿、16亿乃至更多人口,最终将被迫在更大规模上设法稳定或缩减人口规模。今后几年人口规模出现增减波动的可能性较大,更长时期在这三种可能的走势中只有一种会变为现实。

二、力争人口规模适度缩减

所谓人口规模适度缩减,就是按照以中国式现代化全面推进中华民族伟大复兴的目标要求,通过长期实行科学的人口发展战略和合理有效的生育政策,保持适度生育水平,使全国人口总数在一定历史时期内逐步减少,最终回归并稳定在适度规模——资源环境所能容纳的有利于可持续发展的理想人口数量。从中国式现代化目标任务和资源环境看,争取人口规模适度缩减是上策,保持现有人口规模是中策,人口规模继续扩张是下策。

(一) 中国式现代化目标任务要求人口规模适度缩减

党的二十大对中国式现代化的目标定位非常高,任务十分艰巨。诸如全体人民共同富裕、物质文明和精神文明相协调、人与自然和谐共生、走和平发展道路,这些目标任务都与人口规模息息相关。许多人谈论国家发展目标和现实问题时,将科技水平对标美国、德国,将收入水平对标瑞士、挪威,将环境质量对标加拿大、新西兰……几乎所有方面都要求做到世界最优。这种美好愿望是可以理解的,但是只有人口规模适度缩减,才能通过一代代人接续奋斗,最终实现美好愿望。

按照中国既定规划,2035年人均国内生产总值要达到中等发达国家水平,此后还要进一步增长,赶上乃至超过发达国家。根据中国人口适度缩减、保持稳定、继续增长三种可能的走势预测,人均国内生产总值在2050年可能分别达到那时高收入国家的78.12%、71.56%、61.13%。如果在21世纪下半叶继续实行人口缩减战略,在2070年可以使人均国内生产总值超过高收入国家的平均水平;人口保持现有规模或持续增长，那时人均国内生产总值仍然会低于高收入国家。① 显然，人均国内生产总值增长最快的人口规模变化是适度缩减，其次是保持稳定，最后是持续增长。

从现在到21世纪中叶还剩不到30年，不可能使人口规模在20多年内完全回归适度总量。但是要尽可能争取人口规模有所缩减，起码要稳定在现有人口规模，为21世纪下半叶乃至22世纪实现人口规模适度缩减创造必要条件。

（二）充分就业和提高劳动生产率要求人口规模适度缩减

中国就业人员数量超过所有发达国家就业人员的总和。如表2所示，2020年中国就业人员的人均国内生产总值即全员劳动生产率只相当于美国的13.86%、法国的20.13%、德国的21.27%、日本的26.32%。假如目前中国的国内生产总值以美国的劳动生产率来生产，只需要大约1.5亿就业人员，另外6亿就业人员将成为过剩劳动力。中国既要尽可能实现充分就业，又要不断提高劳动生产率，这在巨大的人口规模基础上显得困难重重。

表2 中国与部分发达国家劳动生产率比较（2020年）

国别	国内生产总值/亿美元	就业人员/万人	劳动生产率（美元/人）	中国与别国劳动生产率之比
中国	147227	75064	19613.53	—
美国	209366	14799	141473.07	0.1386
法国	26303	2700	97418.52	0.2013
德国	38464	4172	92195.59	0.2127
日本	49754	6676	74526.66	0.2632

资料来源：国家统计局．国际统计年鉴2021［M］．北京：中国统计出版社，2022：17-20，106；国家统计局．中国统计年鉴2022［M］．北京：中国统计出版社，2022：112．

国家长期实施积极扩大就业政策，想方设法增加就业，但是依然难以满足由人口增长推动的就业需求，显性和隐性失业人员数以亿计。许多国有企业和集体企业为了裁减富余人员而让40多岁的员工退休，或者以极低的价格买断工龄后辞退。全国累计有数亿农村青壮年劳动力到城镇就业，但是农村劳动生产率依然较低，农民收入增长相对缓慢。一些户籍在农村而工作地点在城镇的就业人员被称为农民工，就业不稳定，工资水平总体上明显低于有城镇户口的就业人员。在供给侧结构性改革中，一些地方和行业去产能遇到的最大困难不是淘汰老旧生产设备，而是重新安

---

① 郑志国．走向高收入国家：前景与条件［J］．华南师范大学学报（社会科学版），2020（2）．

置失业人员。许多地方一方面为提高劳动生产率而采用先进技术设备，出现新机器排挤员工的现象；另一方面为稳定就业而继续发展低效率的劳动密集型产业，延缓技术设备更新换代，客观上限制了劳动生产率的提高。

十多年前，各类大中专学校普遍实行扩招，延缓了新生劳动力的就业压力。这样做本来为社会和企业争得了数年时间通过扩大生产来增加就业机会，但是因为社会需要安置的富余人员太多，使得大中专扩招大大降低了毕业生的初次就业率，全国每年有上百万本科生、硕士生、博士生在毕业时找不到合意的工作。各地每年通过公开招考录取公务员，经常出现数百人乃至上千人竞争一个工作岗位的情况。许多本科生、研究生在毕业那一年到处找工作，参加多个省市的公务员招考，四处奔波，忐忑不安。其中存在学用专业不吻合、就业信息不对称等问题，人口过多使得劳动力总体上供过于求显然是重要原因。

在可以预见的未来不会出现劳动力总体供给不足，至于高端人才不足和劳动力结构性缺口问题，只能分别通过加强教育培训和调整就业结构来解决。如果人口规模继续扩张，将无法使人均收入和全员劳动生产率赶上发达国家，很难彻底摆脱充分就业和提高劳动生产率的两难困境。

（三）资源条件要求人口规模适度缩减

中国耕地面积、森林面积、淡水资源的人均拥有量分别只有世界人均水平的48.6%、29.8%、34.7%。[1] 这意味着中国主要生态产品供给偏紧或不足，国土资源处于满载乃至超载状态。中国石油、木材和主要金属资源的对外依存度都很高，国内已探明煤炭、石油和一些金属矿产储量正以不同速度趋于耗竭。例如，2021年年底中国煤炭和石油储量分别为2078.85亿吨和36.89亿吨，当年这两种产品产量分别为41.26亿吨和1.99亿吨。[2] 考虑到开采损耗，这两种资源的现有储量按近年的消耗速度分别不到50年和18年就要用完。未来还会发现和探明一些新储量，但是同需要相比依然不足。

中国式现代化走和平发展道路，面临国内资源明显不足、国外资源相当有限的形势。一方面要尽可能节约资源，提高资源利用效率；另一方面应当争取人口规模适度缩减，至少不能继续扩张，这样才能降低资源需求强度，缓解乃至根本克服资源紧约束。

---

[1] 国家统计局. 国际统计年鉴2020[M]. 北京：中国统计出版社，2022：8-9.
[2] 国家统计局. 中国统计年鉴2022[M]. 北京：中国统计出版社，2022：231,438.

(四) 环境保护要求人口规模适度缩减

长期以来，国家为治理污染和保护环境做出了很大努力，先后组织了蓝天碧水净土保卫战和环保攻坚战，取得了明显成效。然而，14亿多人口从生产和消费两端产生巨量排放，造成在末端不易清除的污染，全国环境总体质量同发达国家相比还有很大差距。过去为了增产粮食曾到处毁林开荒，围湖造田；后来为了修复和保护生态环境，一些地方退耕还林、退田还湖，这样又引起耕地面积减少，加之工程建设占用农田后实行异地补偿，为了坚守18亿亩耕地红线，保证粮食生产，一些地方只好重新退林还田。这种矛盾表明生态空间绷得太紧。在这种背景下追求人与自然和谐共生，必须力求山水林田湖草沙一体化保护和系统治理；人口规模最好能适度缩减，实在不能持续扩张。

如前所述，世界人口形势不容乐观。人口多的国家并不能自由向人口少的国家移民，发达国家对外来移民的限制尤为严格。中国人口不可能大量移居别国，更无法迁往外星，争取人口规模适度缩减或起码保持现有规模是实现可持续发展的必由之路。

三、依法做好新时代计划生育工作

多年来，社会上流传着一些质疑和否定计划生育的言论。有的匿名自媒体节目晒出当年一些地方推行计划生育的标语，挑选一些早已过时、在今天听起来比较刺耳的口号进行语音播报。这样做的意图很明显，就是批评乃至婉转否定计划生育。怎样认识和评价以往的计划生育？怎样做好新时代计划生育工作？这些问题是值得探讨的。

(一) 全面认识人口形势和计划生育条件变化

新中国成立后，1953—1957年成功实行了第一个五年计划，国民经济迅速恢复和发展。与此同时，全国人口大幅度增长，粮食不足和就业困难凸显出来。1960年和1961年由于自然灾害等原因而发生严重饥荒，连续两年出现人口负增长。1962年情况开始好转，国家一方面千方百计发展生产，增加供给；另一方面提倡计划生育，希望降低人口自然增长率。由于当时干部群众认识没到位，计划生育政策不完善，避孕技术手段落后，后来受到"文革"的影响，提倡计划生育的效果不明显。

全国人口在1969年超过8亿，1974年超过9亿，五年增加1亿人。消费品供应不足和就业问题日益严重，粮食和副食品都是凭票定量供应，许多家庭的人口经常处于半饥半饱状态，穿着补丁加补丁的衣服。在这种形势下，国家加大了计划生育工作力度，从20世纪70年代末开始，在城镇和工矿企业推行独生子女政策，在农村也实行了比较严格的限制多胎生育措施。这样做是被人口增长和粮食短缺逼出来的，目的在于解决人口的温饱和生存问题。

虽然20世纪80年代在城乡实行了比较严格的限制生育政策，但是人口出生率不降反升，从1978年的18.25‰上升到1989年的21.5‰，其中1987年达到23.33‰。这说明生育政策并非立竿见影，从出台到见效需要经历较长的时间。90年代以来，数以亿计的农村青壮年人口向城市转移，工作和生活条件发生急剧变化，改变了他们的生育条件和观念。在这种条件下，计划生育政策得到有效实施，从而引起出生率明显下降。1990—2022年，出生率从21.06‰下降到6.77‰，下降14.29个千分点。1978—2022年，死亡率从6.25‰上升到7.37‰。出生率的大幅度降低和死亡率的小幅度上升，引起人口自然增长率大幅度下降。尽管如此，全国人口仍然从1978年的96259万人增长到2022年末的141175万人，净增44916万人。①表3列出了2018—2022年人口变化情况，其中近三年的人口自然增长率很可能受到新冠疫情影响。

表3 2018—2022年中国人口部分指标变化

年份	年末人口/万人	出生率/‰	死亡率/‰	自然增长率/‰	老龄人口比例/%
2018	140541	10.86	7.08	3.78	11.9
2019	141008	10.41	7.09	3.32	12.6
2020	141212	8.52	7.07	1.45	13.5
2021	141260	7.52	7.18	0.34	14.2
2022	141175	6.77	7.37	-0.60	—

资料来源：国家统计局. 中国统计年鉴2022 [M]. 北京：中国统计出版社，2022：31-33；《中华人民共和国2022年国民经济和社会发展统计公报》。

党的十八大以来，以习近平同志为核心的党中央根据人口发展中出现的新情况新问题，调整了计划生育政策，先后推出两孩和三孩政策。这些政策得到了一些育龄夫妇的积极响应，他们已经生育了两孩，部分家庭生育了三孩。大量育龄夫妇没

---

① 国家统计局. 中国统计年鉴2022[M]. 北京：中国统计出版社，2022：31；《中华人民共和国2022年国民经济和社会发展统计公报》。

有生育两孩或三孩，主要原因是从农村转移到城镇的育龄青年面临就业难、收入低、住房差等困难，他们选择少生或晚生，甚至不敢结婚生育。

2022年年末，全国农民工总量为29562万人，其中外出农民工17190万人。① 他们总体上属于中低收入阶层，其中育龄夫妇和未婚青年大多在私营加工厂和服务业工作，许多人属于非正规就业，极不稳定，未能享受带薪产假，结婚怀孕就得放弃或失去工作。随着人民生活水平普遍提高，养育子女的成本也相应上升，不仅需要大量费用，而且直接消耗父母大量时间和精力。面对这种情况，农民工中的育龄夫妇和青年男女感觉"压力山大"，只能选择少生或缓生。现在看来，过去实行的限制性计划生育政策阻止了出生率的上升，但是引起中国出生率下降的主要原因是农村育龄人口向城镇转移所发生的生育条件和观念的改变，而不是计划生育政策。实际上，从20世纪90年代到21世纪前20多年，计划生育政策对生育率下降的影响逐步减弱。在这种条件下，最近10多年放宽生育政策未能引起生育率上升也就不奇怪了。

（二）明确新时代计划生育的指导思想和法律依据

2016年5月18日，中国计划生育协会第八次全国代表大会召开，习近平总书记做出重要指示：在未来相当长时期内，我国人口众多的基本国情不会根本改变，人口对经济社会发展的压力不会根本改变，人口与资源环境的紧张关系不会根本改变，计划生育的基本国策必须长期坚持。2021年，党中央、国务院做出实行三孩政策的决定，明确指出"实施三孩生育政策及配套支持措施，有利于未来保持适度人口总量和劳动力规模"。② 这是在党和国家文件中首次讲"未来保持适度人口总量"。如前所述，习近平总书记在党的二十大报告中阐明了中国式现代化与人口规模的关系。这些讲话和文件精神为新时代开展计划生育工作指明了方向。

《中华人民共和国宪法》第二十五条规定："国家推行计划生育，使人口的增长同经济和社会发展计划相适应。"这一条在1982年修订的宪法中首次提出，此后多次修订宪法一直原文保留，2018年3月，经第十三届全国人大第一次会议修订通过的宪法条文依然保留这一条。2021年8月，第十三届全国人大常委会第三十次会议对《中华人民共和国人口与计划生育法》的具体条款做了大量修改，但是保留了第

---

① 资料来源：《中华人民共和国2022年国民经济和社会发展统计公报》，https://www.stats.gov.cn。
② 中共中央 国务院关于优化生育政策促进人口长期均衡发展的决定[EB/OL].（2021-06-26）[2023-12-12］. 中华人民共和国中央人民政府网站，www.gov.cn。

二条规定:"我国是人口众多的国家,实行计划生育是国家的基本国策。"第十八条规定"国家提倡适龄婚育、优生优育。一对夫妻可以生育三个子女。"这些规定为新时代坚持实行计划生育提供了法律依据。

过去在城镇实行 1 孩政策和在农村实行 1.5 孩政策,主要目的和作用是降低人口自然增长率,控制人口规模,使之与社会生产和资源环境条件相适应;现在实行三孩政策,旨在实现人口均衡发展,同时起到预防人口达峰后过快减少的作用。它们都是计划生育的具体措施,在不同历史时期和人口形势下分别发挥各自的作用。总结以往计划生育工作中的经验教训和探讨现行政策中的问题当然是必要的,但是没有理由用现行政策去否定和责怪以往政策,更不能公开或隐晦反对宪法和法律对计划生育的规定。

(三) 莫把人口老龄化归咎于计划生育并加以责怪

有一种非常流行的观点把人口老龄化归咎于计划生育并加以责怪,这是没有道理的。

一般认为,老龄化是指一个国家 65 岁及以上人口占总人口的比例超过 7% 并逐步上升的过程。随着中国社会经济不断发展,人民生活日益改善,人均寿命逐步延长,老龄人口数量相应增加。1981—2020 年,中国人均预期寿命从 67.77 岁延长到 77.93 岁,延长了 10.16 岁。由此引起老龄人口数量大幅增加,占总人口的比例明显上升。1982—2021 年,全国 65 岁及以上人口从 4491 万人增长到 20056 万人,净增 15065 万人,增长了 301.84%,大大高于同期全国人口增长 38.96% 的幅度,占总人口的比例从 4.9% 上升到 14.2%。

法国、瑞典、挪威等国家没有实行计划生育,但是在 19 世纪中后期就出现了人口老龄化。中国人口老龄化进程比欧洲国家晚 100 多年,主要原因是从 1840 年鸦片战争到新中国成立之前一直处于战乱之中,人民生活极端贫困。这 100 多年的人口用现行标准来衡量不存在老龄化,但是总体健康状况极差,实际上普遍存在早衰。从新中国成立到 20 世纪 70 年代初,出生率一直很高,死亡率大幅度下降,人口规模急剧扩张,稀释了老龄人口,延缓了老龄化。后来一个时期加大了计划生育的工作力度,90 年代以来,出生率和死亡率分别在波动中明显降低和缓慢上升,人均寿命大幅度延长。最近一个时期,在 20 世纪 50 年代大量出生的人口陆续满 65 岁,老龄化凸显出来。

一个国家的老龄人口(指 65 岁及以上人口)数量增加和它占总人口的比例上

升的原因既有联系，也有区别，不能混为一谈。中国老龄人口增加的原因是社会经济发展和人民生活改善所引起的人均寿命延长。2022 年年底以前满 65 岁的人口是在 1957 年年底以前出生的，当时还没有实行计划生育，因此现在老龄人口多不能归咎于计划生育。过去几十年实行计划生育，累计大约少生育 4 亿多人。① 这样减少了全国人口数量，缩小了计算老龄人口比例的分母，由此引起该比例数字增大，不等于事实上加剧了老龄化。假设没有实行计划生育，现在的总人口大概率会增长到 18 亿人，按 2021 年实际老龄人口数量计算，占 18 亿假设人口的比例为 11.1%。实行计划生育的结果是 14.1 亿多人口和 14.2% 的老龄人口比例，虚拟不实行计划生育的结果是 18 亿人口和 11.1% 的老龄人口比例。虽然虚拟老龄人口比例比实际情况下降 3.1 个百分点，但是人口数量增加会降低人均收入。2021 年的人均国内生产总值按实际人口计算是 80962 元；按虚拟 18 亿人口计算只有 63537 元，比按实际人口计算结果少 17425 元，减幅达 21.5%。② 这意味着虚拟结果中的人民生活水平明显下降，可能导致人均寿命缩短。人们追求美好生活和延年益寿，不能设想通过缩短人均寿命来降低老龄人口比例。

如果说计划生育引起了当前老龄人口比例上升，使现有规模的人口老龄化提前到来，那么它避免了未来出现更大规模的老龄化。试想，不实行计划生育所增加的 4 亿人口到 21 世纪中叶陆续满 65 岁，将会出现大大超过现有规模的人口老龄化。如果从过去到 21 世纪中叶之前一直不实行计划生育，那么到 21 世纪中叶就将有 20 多亿人口。这样就无法实现中国式现代化，也不能避免更大规模的老龄化。事实上，中国实行了计划生育，虽然付出了很大代价，特别是独生子女家庭做出了某些牺牲，但是为实现"两个一百年"目标创造了必要条件，符合中华民族伟大复兴的根本利益，因而是无可非议的正确选择。

（四）按照中国式现代化要求开展计划生育，统筹婚内生育和婚外生育管理

在推进中国式现代化过程中，有必要修订国家人口发展规划，或者重新制定更加长远的人口发展规划，提出中国人口长远发展战略，最好能够明确规定人口规模适度缩减方向和步骤。要加强人口和计划生育工作机构建设，适当增加工作人员。

---

① 中共中央 国务院关于全面加强人口和计划生育工作统筹解决人口问题的决定（2006 年 12 月 17 日）[EB/OL]. 中华人民共和国中央人民政府网站,http://www.gov.cn.
② 国家统计局. 中国统计年鉴 2022[M]. 北京:中国统计出版社,2022:31-33,56.

建立健全人口信息和计划生育服务网络。认真执行新修订的《中华人民共和国人口与计划生育法》，加强该法执法检查。要更加注重改善中低收入阶层育龄夫妇的生育条件和服务，帮助他们解决就业、住房、子女上学等方面的困难。当然，这些困难在生育环节是难以彻底解决的，必须统筹考虑经济社会发展和生育政策，在人口规模适度缩减条件下从根本上解决就业难、工资低等问题。

现实中存在一些婚外或非婚生育现象，《中华人民共和国婚姻法》《中华人民共和国人口与计划生育法》对非婚生育如何处理尚无明确规定。至少有两种情况亟待做出相应法律规定：一是已婚夫妇（多为男性）与他人（多为未婚女性）同居生育的；二是未婚女性与他人非婚同居或通过他人捐精和人工授精生育的。此外，有的人多次离婚和再婚累计生育超过三孩如何处理，也需要做出规定。这些情况都应当纳入计划生育管理。对育龄人口来说，无论是男方还是女方，三孩都应当是婚内生育和婚外生育之和。除有特殊情况按国家规定可以安排再生育之外，一般育龄夫妇最多只能生育三孩，可以少生，但是不能生育四孩或更多，否则就属于违法，应当受到相应处罚。这些问题都需要加强调查研究，在适当的时候通过修改《中华人民共和国婚姻法》《中华人民共和国人口与计划生育法》做出明确规定。

（五）防止在社会成员贫富悬殊基础上出现生育中的两极分化

《中华人民共和国人口和计划生育法》规定一对夫妇可以生育三个子女，这对于所有育龄夫妇是平等的。然而，目前社会不同阶层中育龄夫妇的生育条件并不平等：低收入阶层的生育条件较差，特别是农民工中的一些青年人面临多重困难，不敢结婚生育；高收入阶层的生育条件较好，特别是一些经营成功的私营企业主和个体工商户具有多生条件。在这种条件下如果全面放开生育，前一类人依然不敢多生，有的不敢结婚生育；后一类人却可能繁衍大家族。这样会加大不同阶层人口生育条件和结果不公平，甚至出现生育中的两极分化。

现在全国私营企业主和个体工商户约有1.5亿人，其中经营成功的人不少，积累了巨额财富，希望多生来培养财产继承人。有的人通过婚内显性生育和婚外隐性生育已有多孩，过去非婚生育不合法，现在一些地方出台可能使非婚生育合法化的政策。任由这样下去，他们不用几代人繁衍，就能养育出几十个甚至更多子孙。当然，目前这部分人口中的育龄夫妇人数占全国育龄夫妇总数的比例较小，他们多生对全国人口自然增长率的影响不大。从长远看，应当进一步完善和严格执行三孩政策，如果说目前还不能为所有育龄夫妇创造公平的生育条件，那么应当尽可能做到生育权利和结果公平,防止在不同社会成员贫富悬殊基础上出现生育中的两极分化。

四、积极合理有效应对人口老龄化

积极应对人口老龄化是中国式现代化的一项战略任务。无论是养老保险体系的建立,还是面向老年人的生产和服务发展,都取得了显著成效。在中国式现代化进程中应对人口老龄化,"积极"二字似乎还不够,思路和方法要讲求"合理",更加注重"有效"。作为人口发展战略的重要内容,讲"积极合理有效应对人口老龄化"更为全面。

(一)建立健全本代积累养老体制

在社会经济正常发展中,任何一代人中的全体劳动者在工作期间所创造的财富总量大于他们的终生消费额,剩余部分是他们对社会财富积累的贡献。在资本主义制度下,劳动者创造的新价值要在不同利益集团之间分割,为劳动者提取养老金对资本所有者来说是一种负担。社会主义社会坚持人民至上,发展经济的目的是满足人们追求美好生活的需要。每个劳动者都有养老的时候,从在职期间创造的财富中拿出足够份额用于养老实属天经地义。只要建立健全社会养老保障制度,每一代人都可以依靠本代在就业期间所创造的一部分财富来养老,不会成为社会经济负担。

改革开放初期及其以前,中国企业普遍实行高积累、低工资政策,职工创造的财富一部分用于维持本人生活和赡养家属,另外部分用于扩大再生产和社会其他需要(部分被浪费),没有提取和积存养老金。这在当时的历史条件下有利于加速积累,尽快发展。那个年代的职工退休后由国家或原单位支付退休金,只能从在职人员所创造的收入中开支。这样也许给人一种错觉,仿佛退休人员是由在职人员供养。实际上,这些退休人员在过去的工作中所创造的财富很大部分用于社会积累和扩大生产,退休金可以视为社会返还他们当年创造的一部分用于积累并增值的财富。20世纪90年代以后,中国逐步建立城乡社会养老保险制度,其中城镇新就业人员从参加工作之日就开始为未来提取和存储养老金。早年退休的职工原来没有缴纳养老金或缴纳金额不足,按国家政策视为已经缴纳,转轨后需要从在职人员缴纳的养老基金中支付部分或全部养老金,也应视为对退休人员在职期间创造财富的一种返还。这在客观上会减少社会现期积累,如果一定要说是一种负担,那也是过去应留未留养老金所造成的。随着时间的推移,这部分退休人员逐步减少直至归零,估计到21

世纪中叶将能实现劳动者本代积累养老。

按城镇职工 60 岁退休和人均预期寿命为 78 岁计算,他们退休后平均还能生活 18 年。以后人均预期寿命会进一步延长,为了完全实现本代积累养老,防止出现全国性收支缺口,将来可能需要适当提高缴纳金额或由财政拨款予以补充,在确保安全的前提下通过更好地理财使之增值。由于全国劳动年龄人口多,全面延迟退休年龄不利于新生劳动力就业。实行渐进式延迟法定退休年龄,应当与在职人员能力、业绩和健康状况挂钩,让那些能力强、业绩佳、身体好的人有更长的在职工作时间,在为社会多创造财富的同时也为个人多积存养老金。①

随着劳动力素质和全员劳动生产率不断提高,就业人员的创收能力相应增强。1982—2021 年,中国老年抚养比从 8% 上升到 20.8%,全员劳动生产率从 1186.3 元/人提高到 153200 元/人,按 1978 年不变价格计算增长了 20 多倍,大大超过老年抚养比的升幅。只要不断提高劳动生产率,在每一代劳动者就业期间留足养老金,就不会发生由劳动年龄人口去负担老龄人口养老金的问题。不过,由于不同区域和城乡经济发展不平衡,有的省份存在养老基金收支缺口,农村养老保险水平较低。统筹全国城乡养老保险还需要长期努力才能实现。

(二) 实行企业缴纳养老金与经济效益挂钩浮动

近几年,许多企业受新冠疫情影响而经营困难,国家减免了部分社会保险金。随着疫情结束和经济形势好转,养老基金收支状况应当改善。现在看来,企业给员工缴纳的社会养老保险费比例应当同利润率或其他经济效益指标挂钩浮动,以法律规定的应缴比例为基准,在利润率高的年份可以实行较高比例,反之则实行较低比例。如果在遇到困难的年份减免法定保险费用,在经济效益好的年份不多交,这样就可能造成社会养老金收不抵支的局面。有些企业长期经济效益较好,可以在按较高比例缴足一定年份后退还超出法定比例的部分;如果企业经济效益长期不好,在市场机制作用下应当被淘汰,长期依靠减免各种法定税费来维持生存不利于提高经济发展质量。

一些私营企业主认为,他们为员工提供了就业岗位,发了工资,再为员工缴纳养老保险费,负担不起;养老保险属于公益事业,企业已经缴纳了税收,应当由政

---

① 国务院发展研究中心课题组. 认识人口基本演变规律　促进我国人口长期均衡发展[J]. 管理世界, 2022(1).

府出钱去办养老保险事业。这种看法是不正确的。劳动者参加社会养老保险是一种重要权益；企业依法给员工缴纳社会养老保险是一种重要责任，这部分费用是企业在正常经营条件下必须支付的社会成本，归根结底来自劳动者创造的一部分财富。养老金是工人应当得到并由社会强制征收管理、在员工退休之后用于养老的收入，以缴纳社会养老保险费增加成本为由拒绝或拖延缴纳既违法也不合理。从企业和员工收入中按一定比例扣缴社会养老基金是国际通行方式。如果完全由财政拨款支付，势必要开征社会养老保险税，这不仅会增加企业纳税负担，而且更不容易公平分配给劳动者个人。

（三）鼓励和引导代际帮扶行为，建立健全老年人互助制度

单纯根据独生子女的几代前辈人数推算，好像一个子女要赡养6个乃至更多老人。实际上，更常见的情况是多个老人帮助子女抚养孙代，给后代不少资助，"啃老"现象非常普遍。虽然独生子女会在多个老人先后去世时为他们送终，但是这毕竟属于短暂活动，多数独生子女家庭不存在前代留给后代的长期经济包袱和劳务负担。要通过家庭道德教育和社会舆论宣传，鼓励和引导家庭内部前代和后代之间的帮扶行为，特别是要教育后代履行对前辈年老时的赡养义务，给予老人更多帮扶。

有些高龄老人生活不能自理，可以通过家庭和养老院相结合来提供养老护理直至送终。必要时可以由社会组织建立高龄护理机构，配备专业护理人员，招募或聘请部分65~69岁有工作能力的人，照顾那些生活不能自理或困难较大的高龄老人，给予前者适当报酬，并把从事这种护理工作当作前者到高龄后优先获得照顾的条件。这样就可以构建同代老龄人互助服务体系。

（四）摒弃通过人口规模扩张来应对老龄化的思路和主张

对于俄罗斯、加拿大、澳大利亚等国家来说，通过人口规模扩张来应对老龄化也许是可行的；而中国通过人口增长来降低老龄人口比例的潜力在以往历史中已经耗竭，未来不能通过人口规模扩张来应对人口老龄化。根据2020年全国人口普查数据估算，2030年老龄人口可能超过3亿人，如果未来通过人口加速增长来使老龄人口比例维持在现有水平不变，2030年的总人口就得达到21亿人以上。这根本无法做到，也是中国式现代化和资源环境条件不能允许的。

过去几十年实行计划生育依然净增了数亿人口，他们在未来一个时期陆续满65岁后会形成老龄人口，绝不能归咎于计划生育。如果现在全面放开生育和加大鼓励

力度，引起人口规模扩张的风险很大，这样增加人口会减少现期人均收入，削弱应对老龄化能力；他们到一定时期后也会转化为老龄人口，结果扩大未来老龄化规模。由于中国人口规模太大，人均寿命延长所推动的老龄人口比例增速大大超过总人口增速，通过人口规模扩张难以有效降低老龄人口比例；总人口增加将直接拉低人均收入增速，限制社会养老能力的增强，不利于应对人口老龄化。

中国老龄人口多是人口规模巨大的"水涨船高"效应，通过人口规模扩张不可能解决人口规模过大所引起的老龄化问题，所以应当摒弃这种思路和主张。

五、大力提高人口质量，促进人的全面发展

目前中国人均受教育年限同发达国家相比还有明显差距，人口健康水平也有待提高。未来要在继续控制人口数量的同时更加注重提高人口质量。

（一）通过公平教育促进人的全面发展

人的全面发展有两层含义：一是对于单个人来说，德智体美劳等各方面得到平衡发展，没有明显的基本能力缺陷；二是社会范围内所有的人都得到发展，不同人的知识和能力可以各有专长和特点，但是综合能力差异充分缩小。现代和未来社会知识、技能都具有无限多样性，任何个人都不可能全部掌握，只要德智体美劳各方面受到良好教育，掌握一定的基本技能，能够适应社会发展变化，就是全面发展。

目前存在两个比较突出的问题：一是农村教育相对落后，低学历人口占多数，还有少量文盲；二是城市流动人口包括农民工的一些子女上学难。除了继续办好农村小学之外，可以创造条件安排农村少年儿童就近到城镇上学。老龄文盲人口主要靠自然淘汰，要防止出现新文盲和半文盲。过去城市是按户籍人口来建设中小学，现在实际在城市工作和生活的人口包括户籍人口和非户籍常住人口，后一类人口中有部分学龄儿童是在户籍地上学，还有部分跟随双亲或单亲，需要在父母工作地上学。当地学位往往不足，这些学龄儿童要么在当地上不了学，要么需要缴纳更多费用才能上学。将流动人口户口迁到他们的工作地点看起来是一种办法，但是如果当地教育规模没有扩大，学位不能增加，流动人口都把户口迁过来可能会出现新问题。解决这个问题的根本办法是发展教育事业，也就是按常住人口来规划和建设中小学，力求中小学教育规模和质量同城市常住人口的教育需求相适应。

（二）提高全民健康水平

在近几年全球范围发生的新冠疫情中，中国的抗疫工作做得非常出色，但是因为人口规模巨大、大中城市人口过于密集，仍然遭到很大损失。前两年不惜代价动态清零，有效保护了人民生命安全；在病毒变异毒性降低后于2022年12月放开管控，估计全国多数人口都有感染。痛定思痛，不能不说中国人口规模巨大和在城市人口过于集中面临遭受传染病危害的巨大风险。

当今世界并不太平。现在中国许多城市的人口过百万，其中20多个城市的人口过千万，一旦爆发战争和新的传染病，将受到极大威胁。中国式现代化不能和发达国家攀比城市人口比例，不能过度追求该比例上升。要通过乡村振兴，尽可能稳住农村人口，让农村人口通过发展当地经济增收致富。这样既有利于农村人口全面发展，也有利于保障国家整体安全和全民健康。

为提高全民健康水平，必须大幅度增加对医疗卫生事业的投入。在各地选择一些有条件的医院扩建，同时合理布点建设一些新的医疗卫生机构，改善医疗卫生设施。为了更好地发挥三级甲等医院和中心医院的作用，可以按省、市、县分级建立医疗卫生专家巡诊制度，省市两级专家应当分别在省市一定范围内进行巡诊并提高相应报酬。充分利用现代医疗和信息网络技术，建立远程诊疗体系，更广泛实行大病重病远程诊疗。建设好、利用好社区医院、党政机关和企事业单位医务所，发挥这些医疗机构在基层群众防病治病中的作用。广泛开展群众性体育活动，改善和增强人口体质。

要更加重视优生优育，减少先天疾病，加强对各种疾病的防控和治疗。现在中小学生近视率越来越高，如果不设法有效保护中小学生视力，一代代下降可能使未来中国人都成为近视眼。这是比人口老龄化等问题更加令人担忧的事情。要切实减轻中小学生的学习负担，加强视力保护，以更大力度禁止各种旨在捞钱的非法课外辅导班，防止各种电子读物和影视图像对少年儿童视力的侵害。

（三）把劳动数量优势转化为质量优势

过去中国在生产力落后条件下实行低工资和低消费政策，劳动力成本较低，这实际上是经济社会不发达的表现。随着中国全面建成小康社会，人民生活水平显著提高，劳动力成本也逐步上升。应当指出，劳动力低成本主要是对于简单劳动力而言，在中国式现代化进程中必须通过大力发展教育培训来提高劳动力素质，这会推动劳动力成本上升。过去劳动力低成本以人口规模过大为前提，以巨量经济活动人口存在显性和隐性失业为代价，致使劳动生产率和人均收入长期停留于世界中等水平以下。如果说中国过去在特定历史阶段上具有劳动力数量优势，那么在未来发展中应当努力增创劳动力质量优势。只有全面提高人口质量和劳动力质量、培养各类高素质人才，才能适应中国式现代化建设的需要。

有的企业只招中青年员工，甚至限定只招年龄为18~35岁的员工，工资待遇偏低，因而出现所谓招工难和用工荒，并不意味着劳动力供给不足。现在60~65岁的退休人员大多身体健康，并没有丧失工作能力，有不少人通过特聘和另谋职业而继续工作。如果将来某些行业按60岁退休出现劳动力不足，完全可以通过有条件适当延迟退休年龄加以补充。现在的突出问题是大批青壮年就业难，全面延迟退休年龄不利于青年人就业。

在分析全社会人力资源总量及其变化时，必须综合考虑高劳动力质量和数量的关系。同简单劳动力与落后生产资料相结合时的情况相比，复杂劳动力与先进生产资料相结合所需人员更少、资源效率更高，产出财富更多。有些落后产能过度依赖劳动力低成本，理应尽快淘汰，切莫让落后产能和低素质劳动力长期共存来束缚中国式现代化步伐。

作者简介

袁晓玲，女，陕西西安人，中共党员，经济学博士，西安交通大学经济与金融学院教授、博士生导师，西安交通大学"一带一路"沿线国家研究院院长，陕西省经济高质量发展软科学研究基地主任（CTTI 检索），西安市科技创新智库首席专家，中国环境质量综合评价中心主任。中国经济数学与管理数学学会理事长，陕西省经济学会副会长，陕西省政府决策咨询委员会专家，西安市政府决策咨询委员会专家，第十四、十五届西安市政协委员。2010 年入选教育部"新世纪优秀人才"支持计划，2017 年国务院政府特殊津贴获得者，2021 年入选陕西省"特支计划"哲学社会科学和文化艺术领域领军人才。教育部哲学社会科学重大课题攻关项目"促进城市高质量建设发展的长效机制""新常态下中国经济运行机制的变革与中国宏观调控模式重构研究"两项首席专家。先后获得西安交通大学人文社会科学优秀科研工作者、"王宽诚"育才奖、教学名师和研究生教育优秀导师等荣誉称号。主持国家及省部级课题 60 余项，出版专著 30 余部，发表论文 200 多篇。

袁晓玲等：
"人民城市"理念下城市的高质量发展

一、引言

中国共产党自成立之日起就团结带领全国各族人民艰苦奋斗，不断解放和发展生产力，走出了中国式现代化的新道路，这是党和人民百年奋斗所取得的根本成就，是引领中华民族伟大复兴的康庄大道。党的十八大以来，中国特色社会主义进入新时代，以习近平同志为核心的党中央立足时代发展大势，做出了"我国经济已由高速增长阶段转向高质量发展阶段"的重大论断，提出"准确把握新发展阶段、全面贯彻新发展理念、加快构建新发展格局"的新要求。新发展阶段下，我国的发展主题是实现高质量发展，发展中的矛盾和问题集中体现在发展质量上，这就要求必须要把高质量发展摆在更加突出的位置，继续推进和拓展中国式现代化道路。城市作为承载人口的重要空间、创新活动的主要策源地、经济发展的主要引擎，居住着我国 9 亿多人口，且在未来还将继续增加，城市的高质量发展直接关系到 9 亿多人的美好生活。因此，推动城市高质量发展是高质量发展工作的客观要求与重中之重，亟须探索出一条具有中国特色的城市高质量发展之路，从而深化和拓展中国式现代化道路。

在党的十九大报告中，习近平总书记指出，"我国社会的主要矛盾已经转化为人民日益增长的美好生活需要和不平衡、不充分的发展之间的矛盾"，中国式现代化道路决定了我国城市高质量发展必须要以满足人民"美好生活"的需要为出发点和归宿，城市高质量发展要更能体现出"人民性"。2015 年 12 月在中央城市工作会议上，习近平总书记提出"做好城市工作，要顺应城市工作新形势、改革发展新要求、人民群众新期待,坚持以人民为中心的发展思想,坚持人民城市为人民","人民城市"理念在党和国家的工作部署中被首次提出;2019年8月,习近平总书记在兰州考察期间再次强调,"城市是人民的,城市建设要贯彻以人民为中心的发展思想,让人民群众生活更幸福";2019年11月,习近平总书记在上海考察期间凝练出了"人民城市"理念的核心内涵,即"城市是人民的城市,人民城市人民建,人民城市为人民";基于此,2020年11月,习近平总书记在上海浦东开发开放30周年庆祝大会上的重要讲话进一步明确提出,要"提高城市治理现代化水平、开创人民城市建设新局面",这是习近平总书记从中国城市发展的宏大实践出发,立足中华民族伟大复兴和全球百年未有之大变局,深刻把握城市发展实质与规律基础上所提出的重要理念。[1]"人民城市"理念揭示了"城市属于人民,城市发展为了人民,城市建设和治理依靠人民,城市建设成果由人民共享"的"人民性",回答了"建设什么样的城市,怎样建设城市"的重大命题,阐明了中国特色社会主义城市工作的发展定位、价值诉求、治理主体、目标导向和方法路径[2][3],为推动新时代中国特色城市高质量发展提供了根本遵循和实践方向。因此,"人民城市"理念是对中国特色城市高质量发展模式的完美诠释,只有坚持"人民城市人民建、人民城市为人民",不断满足人民"美好生活"的需要,才能真正实现城市高质量发展。

新时代下推动中国特色城市高质量发展的重要前提就在于,立足时代发展特征厘清城市高质量发展的理论内涵[4],特别是其中的价值遵循、逻辑意蕴与实践取向。因此,本文立足"人民城市"理念以及习近平总书记关于城市建设与发展领域的重要论述,基于"把握新发展阶段、贯彻新发展理念、构建新发展格局"的要求,深刻阐释"人民城市"理念下城市高质量发展的价值遵循、逻辑意蕴与实践取向。这一问题的研究,既是对习近平新时代中国特色社会主义思想的实践应用,又有利于用习近平新时代中国特色社会主义思想讲述城市高质量发展的中国故事,从而为深化和拓展中国式现代化道路奠定理论之石。

---

[1] 刘士林. 人民城市:理论渊源和当代发展[J]. 南京社会科学,2020(8):66-72.
[2] 李琪. 人民城市人民建,人民城市为人民[EB/OL]. (2021-06-30)[2022-06-23]. Https://wenhui.whb.cn/third/baidu/202106/30/411898.
[3] 陈荣武. 习近平在上海提出的这个重要理念,意义深远[EB/OL]. (2021-05-06)[2022-06-23]. Https://export.shobserver.com/baijiahao/html/363588.
[4] 袁晓玲,郗继宏,李朝鹏,杨历. 为城市发展定标:科学内涵、基本框架与核心问题[J]. 城市发展研究,2021(6):17-24.

二、坚持"以人民为中心"的价值遵循

城市高质量发展是一个跨学科热点问题,以往研究中多是指城市经济的高质量发展,更加强调"物本逻辑"下经济增长由量向质转变,将"物"而非"人"放在了整个城市发展的核心地位。区别于"物本逻辑"下城市高质量发展以"物"为中心的价值遵循,"人民城市"理念则更加强调城市发展的"人民性",因而"人民城市"理念下城市高质量发展所追求的价值遵循也就必然更加强调"人本逻辑"。

(一)党的领导要求必须坚持"以人民为中心"的价值遵循

马克思主义经典作家的城市学说认为,城市是社会生产力发展到一定阶段的产物,其本质是人民为生存和发展而创造的空间,基本功能是包括物质、精神、社会人等在内的生产和生活功能,目的是实现个人自由而全面的发展。① 遵循这一观点,"人"是城市发展的核心,城市的存在和发展都是因为"人"才有了意义。区别于"物本逻辑"下城市发展过分强调经济增长与物质文化建设,"人民城市"理念则是在丰富和发展马克思主义经典作家城市学说的基础上,进一步明确了"城市发展为了人民、城市发展依靠人民、城市发展成果由人民共享"的核心内涵,更加突出了城市发展的"人民性"。② 而党的全面领导是城市发展体现"人民性"的最根本保证,"人民城市"理念进一步强化了"党性"和"人民性"的高度统一。

中国共产党自成立之日起就将"人民"放在了最核心的位置。以毛泽东同志为核心的党的第一代中央领导集体确立了"全心全意为人民服务"的根本宗旨和党的群众路线③,在接管城市工作后实施"重工业优先战略"的同时还重视切实解决各类民生问题;以邓小平同志为核心的党的第二代中央领导集体明确将"人民拥护不拥护、赞成不赞成、高兴不高兴、答应不答应"作为制定各项方针政策和做出决断的出发点和归宿,④ 强调城市在国民经济发展中的重要地位和作用,审时度势地提出了以经济建设为中心,大力发展生产力,从而满足人民日益增长的物质文化需要;

---

① 陈荣武. 城市治理现代化的科学指南[N]. 解放日报,2021-05-11(010).
② 宋道雷. 人民城市理念及其治理策略[J]. 南京社会科学,2021(6):78-85,96.
③ 娄勤俭. 始终牢记江山就是人民、人民就是江山(深入学习贯彻党的十九届六中全会精神)[N]. 人民日报,2021-12-17(009).
④ 娄勤俭. 始终牢记江山就是人民、人民就是江山(深入学习贯彻党的十九届六中全会精神)[N]. 人民日报,2021-12-17(009).

以江泽民同志为核心的党的第三代中央领导集体强调,"党要始终代表中国先进生产力的发展要求、代表中国先进文化的前进方向、代表中国最广大人民的根本利益"①,并积极推进城镇化战略从而促进了城乡协调发展;以胡锦涛同志为主要代表的中国共产党人在新的探索实践中形成了"以人为本、全面协调可持续发展的科学发展观"②,并在统筹城乡、区域协调发展中深入推进了城镇化建设;党的十八大以来,以习近平同志为核心的党中央坚持"以人民为中心"的发展思想,提出"人民是历史的创造者,是决定党和国家前途命运的根本力量",着手办好就业、教育、社保、医疗、养老、托幼、住房等民生实事,解决了许多长期没有解决的难题,办成了许多事关长远的大事要事。

"人民性"是中国共产党最鲜明的底色,是百年奋斗的宝贵经验和胜利密码,是建党、立党、兴党之本,中国共产党领导的城市建设必然要求"以人民为中心",也只有党的领导才能保障真正践行"人民城市"理念、造福人民。尽管以往我国城市发展工作出现了一些方向性偏差,曾经在一段时期内过分强调城市发展的"物本逻辑",而相对忽视了人民对"美好生活"的向往,但党的十八大后,我国纠正了过去过分强调"物本逻辑"的倾向,而转向"以人民为中心"的"人本逻辑"。如当前全国范围内开展的城市更新改造工作就是在城市建设方面改变了改革开放初期贪大求全、大拆大建的方式,转而围绕"城中人"的实际需求来对城市客观实体(如建筑物等)进行再开发与有机更新改造。地方层面也摒弃了以往的"唯GDP论"而更加强调人民的客观需要,如成都市在打造"公园城市"时从以往的"以公园点缀城市"理念转变为全民共享的"公园中建设城市",长沙市在持续擦亮"中国最具幸福感城市"的金字招牌中立足"菜食住行购、教科文卫体、老幼站厕园"等"民生小事"上。

(二)坚持"以人民为中心"就是要满足人民"美好生活"需要

"人民城市"理念下城市高质量发展强调"以人民为中心"的价值遵循,新时代社会主要矛盾下的"以人民为中心"就是要以满足人民"美好生活"需要为一切工作的出发点和落脚点。党的十九大报告指出:"人民美好生活需要日益广泛,不

---

① 娄勤俭. 始终牢记江山就是人民、人民就是江山(深入学习贯彻党的十九届六中全会精神)[N]. 人民日报,2021-12-17(009).
② 娄勤俭. 始终牢记江山就是人民、人民就是江山(深入学习贯彻党的十九届六中全会精神)[N]. 人民日报,2021-12-17(009).

仅对物质文化生活提出了更高要求，而且在民主、法治、公平、正义、安全、环境等方面的要求日益增长。"这一科学论断深刻揭示了人民"美好生活"需要的基本内涵，即"物质文化生活"硬需求和"民主、法治、公平、正义、安全、环境"等软需求。

1. 城市客观发展奠定"美好生活"的物质文化基础

"物质文化生活"需要从来都是人的第一层次需要。马克思曾指出："全部人类历史上的第一个前提无疑是有生命的个人的存在。"恩格斯也曾指出："人们首先必须吃、喝、住、穿，然后才能从事政治、科学、艺术、宗教，等等。"① 这表明人民在满足"吃、穿、住、行"等"物质文化生活"需要后才能去考虑其他事情。

改革开放初期，人民群众所面临的首要问题在于"有饭吃、有衣穿、有房住"，在经济发展水平相对较低、人民物质文化生活长期得不到满足的情况下，党的十一届六中全会指出，在社会主义初级阶段，我国社会的主要矛盾是人民日益增长的物质文化需要同落后的社会生产之间的矛盾。这个主要矛盾贯穿于我国社会主义初级阶段的整个过程和社会生活各方面，决定了党的根本任务是以经济建设为中心，集中力量发展社会生产力，从而满足"人民日益增长的物质文化需要"。经过改革开放 40 多年的发展，我国社会生产力水平明显提高，全面建成了小康社会，历史性地解决了绝对贫困与区域性、整体性贫困问题，确保了人人有饭吃、人人有房住、人人有学上、人人有医疗。然而，尽管中国特色社会主义进入新时代，社会生产力水平得到显著提升，但依然并未超越社会主义初级阶段。虽然人民群众的物质文化需要一定程度上得到了满足，但也不再满足于"有饭吃、有衣穿、有房住"等初级需要，而是期盼物质文化生活能从"有没有"变为"好不好"。这既是社会生产力水平提升带来的必然结果，又是对社会生产力发展提出的更高要求，需要继续提高社会生产力水平，满足人民更高层次的"物质文化生活"需要。

恩格斯曾指出，"通过有计划地经营全部生产，使社会生产力及其成果不断增长，足以保证每个人的一切合理的需要在越来越大的程度上得到满足"②。解放和发展生产力是社会主义的本质要求，进一步满足人民更高层次"物质文化生活"需要的根本前提就在于生产力发展。改革开放以来，正是由于我国确立了社会主义初级阶段基本路线，坚持以经济建设为中心、大力发展生产力，才加快了我国社会主义

---

① [德]马克思,恩格斯. 马克思恩格斯文集:第3卷[M]. 北京:人民出版社,2009:60.
② [德]马克思,恩格斯. 马克思恩格斯文集:第3卷[M]. 北京:人民出版社,2009:460.

现代化进程，促使人民在满足"有没有"的需要后向"好不好"的需要升级。这就要求我国各地区城市要继续提高社会生产力水平，并着力从以往单纯追求经济高速增长向高质量增长转变。当然，人民"美好生活"需要并非不再强调原有的"硬需求"，而是更加强调高质量的"硬需求"供给，如更加健康安全的食物、更有获得感的收入水平和更方便快捷的基础设施等。因此，"人民城市"理念下城市高质量发展的重要内容就在于继续解放和发展生产力，促进城市在"物质文化生活"方面继续客观发展，从而为满足人民"美好生活"需要奠定充裕的物质条件和雄厚的经济基础。

2. 人民主观感受满足丰富"美好生活"的精神文化需要

尽管生产力提升带来的充裕物质条件和雄厚经济基础满足了人民"美好生活"中的物质文化生活需要，但物质文化生活需要从来都不是人民"美好生活"需要的全部。"人民城市"理念下城市高质量发展并非不讲物质文化生活需要，而是不仅仅只讲物质文化生活需要。没有物质文化生活需要作为基础的人民"美好生活"只是"镜中花、水中月"，而没有人民"美好生活"作为目的的物质文化建设也就失去了发展的本真目的。社会生产力水平提升促进城市客观发展只是为人民"美好生活"奠定了重要的物质基础，而人民"美好生活"需要却并不只是城市中冰冷的钢筋混凝土大厦和 GDP 统计数据，它还包括了人民群众一张张鲜活、生动的笑脸，能够让人民群众有"获得感、幸福感、安全感"的生活才是真正的"美好生活"。

党的十九大报告中习近平总书记就曾强调："要使人民获得感、幸福感、安全感更加充实、更有保障、更可持续。""获得感、幸福感、安全感"的提出既是中国特色社会主义进入新时代的必然要求，也是党中央在新的历史起点对满足人民"美好生活"需要所做出的时代回应。生产力水平不高时，人民"美好生活"需要就是"吃得饱、有衣穿、有地住"，但人民"美好生活"需要绝不会只停留在这样低的水准。在解决了温饱问题、全面建成小康社会的背景下，人民"美好生活"需要也将发生结构性转变，会进一步要求"民主、法治、公平、正义、安全、环境"等方面的主观精神感受满足。近年来，我国不断加强社会主义民主、法治建设，大力惩治贪污腐败，开展扫黑除恶专项行动，建立覆盖全民的医疗保障体系，实行蓝天保卫战行动计划，新冠疫情期间不惜一切代价保障全体人民的健康安全等一系列行动，就是在不断满足人民群众的主观精神感受需求，让人民群众真切感受到城市发展所带来的"获得感、幸福感、安全感"。因此，"获得感、幸福感、安全感"就是对人民"美好生活"需要在主观精神感受层面更为具体生动的表达，"仓廪实而知礼节，衣食足而知荣辱",这建立在人民物质文化生活需要得到满足的基础上,对人民"美好生活"需要在主观精神感受层面的真切回应,是满足"美好生活"需要目标的进一步升华。

因此,没有"获得感、幸福感、安全感"等主观精神感受层面的满足,人民"美好生活"需要也只是低等级的满足。"人民城市"理念下城市高质量发展就是要满足人民群众在"民主、法治、公平、正义、安全、环境"等方面的主观精神感受需求,从而不断提高人民群众的"获得感、幸福感、安全感"。

(三)促进"城市客观发展与人民主观感受"相统一

人民"美好生活"需要既包括"日益增长的物质文化生活需要"等城市客观发展"硬需求",又包括"获得感、幸福感、安全感"等人民主观感受"软需求"。然而,拥有充裕物质条件和雄厚经济基础的城市却未必是能满足人民群众"获得感、幸福感、安全感"的城市。人民生活最幸福的城市并不一定是收入水平最高、最繁华的大都市,而往往是那些令人感到轻松、健康、愉悦的城市。① 我国已连续进行15年的最具幸福感城市调查结果中,成都、西安和长沙等在物质文化建设方面取得了一定成绩却并非顶尖,但作为人民群众归属感和满足感相对较高的城市曾连续多年上榜,而北京、上海和深圳等经济发达、物质丰裕但人民群众归属感、满足感相对较低的城市却很少上榜。这就表明,"人民城市"理念下城市高质量发展不仅要让城市发展更加现代化,还需要更加注重人民群众对城市客观发展的主观感受,不断提高人民群众的"获得感、幸福感、安全感"。因此,"人民城市"理念下城市高质量发展坚持"以人民为中心"的价值遵循,就是要促进"城市客观发展与人民主观感受"相统一,从而才能真正实现满足人民"美好生活"需要。

三、把握"抓主要矛盾和矛盾主要方面"的逻辑意蕴

改革开放以来,我国社会经济发展整体水平有了巨大提升,但与欧美等发达国家相比还存在一定差距,东中西部区域间社会经济发展水平也极不均衡。其中,东部地区城市发展水平已接近发达国家城市,而中西部地区大部分城市却还正处于工业化与城市化快速提升阶段。因此,"人民城市"理念下,我国不同地区城市高质

---

① 付晓东. 论城市发展的根本问题[J]. 中州学刊,2013(9):24-26.

量发展既存在共性层面的价值遵循,又存在个性层面的独特问题,因此在促进城市高质量发展时就需要既把握整体工作的一般性,又兼顾不同地区工作的特殊性。

(一)唯物辩证法下的城市高质量发展

矛盾观点是唯物辩证法的根本观点。矛盾普遍存在,而社会主要矛盾则是各种社会矛盾的根源与集中反映,在社会矛盾运动中居于主导地位,在不同社会形态、相同社会形态的不同历史阶段往往有着不同表现。[①] 建党百年来,我们党坚持辩证唯物主义和历史唯物主义,抓住不同时期我国社会主要矛盾和中心任务,通过主要矛盾的解决带动了其他矛盾化解,在解决矛盾的过程中不断推动中国特色社会主义事业发展。[②] 这就意味着,"人民城市"理念下的城市高质量发展也必然要紧扣主要矛盾和中心任务,以主要矛盾的化解来带动城市高质量发展工作的全面展开。

党的十八大以来,中国特色社会主义进入新时代,人均收入水平突破1万美元且已高于中等偏上收入国家水平,社会生产力、综合国力和人民生活水平飞速提升。由此,在党的十九大报告中,习近平总书记明确指出,我国社会主要矛盾已经转变为"人民日益增长的美好生活需要和不平衡不充分发展之间的矛盾",这是我们党深刻把握改革开放以来经济社会发展的新阶段、新形势、新特点所做出的重大科学论断,指明了解决新时代中国发展问题的根本着力点。"人民城市"理念下城市高质量发展需要坚持"以人民为中心"的价值遵循,新时代社会主要矛盾又在于"人民日益增长的美好生活需要与不平衡不充分发展之间的矛盾"。因此,"人民城市"理念下城市高质量发展的关键也就必然在于以破解"人民日益增长的美好生活需要与不平衡不充分发展之间的矛盾"为抓手,把握好"抓主要矛盾和抓矛盾主要方面"的逻辑意蕴,基于"不平衡不充分发展"的重大现实来满足"人民日益增长的美好生活需要"的客观需求,从而在城市高质量发展的推进工作中实现社会主要矛盾的重点突破,以重点突破来带动城市高质量发展。

(二)社会主义初级阶段下满足人民"美好生活"需要的长期性

习近平总书记曾指出:"面对复杂形势、复杂矛盾、繁重任务,没有主次,不加区别,眉毛胡子一把抓,是做不好工作的。"[③] 城市高质量发展必须要认识、尊

[①] 付晓东. 论城市发展的根本问题[J]. 中州学刊, 2013(9): 24-26.
[②] 李忠杰. 抓住主要矛盾和中心任务带动全局工作[N]. 人民日报, 2022-07-05(009).
[③] 习近平. 更好把握和运用党的百年奋斗历史经验[J]. 求是, 2022(13): 4-19.

重、顺应城市发展客观规律,而认识、尊重、顺应城市发展客观规律的根本要求就在于把握城市高质量发展的主要矛盾和中心任务。新时代社会主要矛盾与"以人民为中心"的价值遵循决定了城市高质量发展需要完成的中心任务必然在于"满足人民日益增长的美好生活需要"。近年来,我国部分城市在城市更新、建设过程中根据自身条件,紧紧围绕人民"美好生活"需要进行城市规划和建设,如成都的"公园城市"建设、西安的"书香城市"建设和杭州的"数字之都"建设等。当然,把满足"人民日益增长的美好生活需要"作为城市高质量发展的中心任务并非不要或者忽视其他任务,而是在完成其他任务时要服从于满足"人民日益增长的美好生活需要"这一中心任务,以中心任务的完成带动其他问题的解决。

然而,尽管中国特色社会主义事业已进入新的发展阶段,但当前我国最大的客观实际就在于仍处于且将长期处于社会主义初级阶段。在社会主义初级阶段的社会主要矛盾及变化中,无论是人民日益增长的"物质文化生活"需要还是"美好生活"需要,其本质都是人民对于自身生存和发展利益诉求的扩展和提升;无论是"落后的社会生产"还是"不平衡不充分发展",其本质也都是社会生产力从低到高的提升要求,而并未有质的改变。这就意味着,在社会主义初级阶段条件下,我国仍需要持续围绕人民群众的切身利益诉求来解放和发展生产力,从而破解社会主要矛盾并实现社会主义初级阶段跨越。从城市高质量发展工作来看,世界百年未有之大变局叠加世纪疫情,我国绝大部分城市还处于工业化与城市化的增长阶段且可能仍有近 9 亿人月收入不足 2000 元,社会主义政治、文化、社会和生态文明建设等各方面还处于不断完善阶段,因而满足"人民日益增长的美好生活需要"绝非一朝一夕就能完成的,它必然伴随着社会主义初级阶段以物质文化、美好生活乃至其他不同表现形式贯穿于城市发展的方方面面。

因此,未来相当长一段时期内,"人民城市"理念下城市高质量发展都不能脱离社会主义初级阶段这个最大的客观实际,需要持续围绕"人民群众最关心的切身利益诉求"这一长期性中心任务,紧紧牵住"满足人民日益增长的美好生活需要"这一"牛鼻子",一方面继续解放和发展生产力来促进城市客观发展,突破卡脖子技术、促进产业结构转型升级并进一步提升人民收入水平;另一方面则要继续加强社会主义法治、生态文明和文化等方面的建设,从而满足人民群众的主观精神感受,在城市高质量发展整体工作推进中实现重点突破,以重点问题突破带动其他次要任务完成,从而促进城市的长效高质量发展。

（三）不平衡不充分发展下人民"美好生活"需要的动态性

在完成中心任务时，还需要把握"不平衡不充分发展"的客观现实。"不平衡不充分发展"是我党把握当前发展阶段所做出的重要科学论断，其本质仍是关于"发展"的问题，包括区域、城乡发展不平衡与促进社会生产力水平提高的有利因素未能充分释放等问题，而且这主要是相对于"人民日益增长的美好生活需要"而言。① 因此，在今后相当长一个时期内，满足"人民日益增长的美好生活需要"除需要进一步解放和发展生产力外，还需要重点把握发展的不平衡与不充分性。

城市作为一个有机生命体，有其固有的客观发展规律，并非一蹴而就的，包括了起步、增长、成熟、转型和衰败等五个阶段。② 改革开放以来，尽管我国社会生产力已有大幅提高，但由于"不平衡不充分发展"的客观现实，东、中、西部还存在较大的发展差距，即便是同一区域、同一省份内的不同城市也可能存在较大发展差距，因而"不平衡不充分发展"的客观现实下不同区域内的城市也就可能处于不同发展阶段。如北京、上海和深圳等城市均已处于发展成熟阶段，成都、武汉和西安等大部分城市处于增长阶段，而鄂尔多斯、长春和沈阳等城市则处于转型阶段。同时，"不平衡不充分发展"的客观现实下，"人民日益增长的美好生活需要"在不同时间、不同区域有着不同表现，因而城市发展不同阶段下满足"人民日益增长的美好生活需要"的着力点也就有所不同。如成都、武汉和西安等处于增长阶段的城市其高质量发展的着力点在于尽快完成城市化与工业化，在提升人民收入水平的同时加强法治、生态和文化等方面的建设；北京、上海和深圳等处于成熟阶段的城市其高质量发展的着力点就在于通过加强生态文明建设和法治建设以及缩小收入差距，提升人民群众的"获得感、幸福感、安全感"。因此，不同发展阶段的城市既要围绕"满足人民日益增长的美好生活需要"这一中心任务，又要紧扣自身所处阶段的核心特征与重点任务来推动城市高质量发展。若在增长阶段过分强调人民福利的提升，则会影响经济增长的内驱力，而在成熟阶段仍过分强调经济增速而非人民福利，则必然会引起人民的不满。经济增长和人民福利都是满足"人民日益增长的美好生活需要"必不可少的组成部分，但在城市发展的不同阶段其相对侧重程度却会有所不同。

---

① 卫兴华. 准确理解"不平衡不充分的发展"[N]. 人民日报, 2018-01-12(009).
② 袁晓玲, 李思蕊, 李朝鹏. 为城市发展定标：城市高质量发展评价体系构建研究[J]. 西安交通大学学报（社会科学版）, 2021(3): 18-24.

当然,一切矛盾都处于不断运动变化中,特定条件下矛盾主次方面还会发生转变。城市发展阶段既不是一个静态的阶段,也不是一个能自然而然跨越的阶段,而是一个量变引起质变的阶梯式递进过程。一方面,尽管城市发展阶段将不断向前推进,但城市高质量发展围绕满足"人民日益增长的美好生活需要"这一中心任务不会改变;另一方面,城市高质量发展是一项长期性工作,城市发展不同阶段中心任务会呈现出不同特征和变化。因此,"人民城市"理念下城市高质量发展不仅需要围绕"人民日益增长的美好生活需要"这一中心任务,还需要紧扣城市发展不同阶段下中心任务的动态性变化。

(四)促进城市发展的"长期性与动态性"相统一

考虑到社会主义初级阶段的基本国情和区域发展的不协调,"人民城市"理念下城市高质量发展既需要关注人民"美好生活"需要的长期性,又需要兼顾不平衡不充分发展下"美好生活"需要的动态性变化。本质上,人民"美好生活"需要的长期性与动态性,是城市高质量发展工作的一体两面,长期性强调未来相当长一段时间内城市高质量发展需要重点围绕"促进城市客观发展与满足人民主观感受"的一般性要求,而动态性则强调要在把握全局一般性要求下紧扣城市发展阶段的特殊性来开展工作,做到"具体问题具体分析"。当然,"促进城市客观发展与满足人民主观感受"的长期性一般要求也并非一成不变,而是会随着中国特色社会主义发展而产生动态变化,并在未来呈现出更加丰富的内涵。因此,"人民城市"理念下城市高质量发展"抓主要矛盾和抓矛盾主要方面"的逻辑意蕴,就是要促进城市发展的"长期性与动态性"相统一,这对于我国这样一个整体高速发展而区域内部发展又极不平衡的国家来说尤为重要。

四、树立"全周期管理"的实践取向

城市高质量发展工作千头万绪,涉及经济发展、民生福祉和生态保护等方方面面,且往往牵一发而动全身。以往我国在开展城市发展工作时往往只关注城市发展的某一局部问题,而将城市发展不同方面的工作相互割裂开来,如将经济发展与生态环境保护相互割裂从而导致经济发展的同时"雾霾围城",将城市化与乡村发展相互割裂从而导致城乡发展差距越发扩大,将城市空间规划与交通布局相互割裂从而加剧交通拥堵、职居分离等一系列问题,且在解决了某一方面问题后往往"按下葫芦又起瓢"。因此,"人民城市"理念下需要在具体操作层面全局、系统地推进城市高质量发展工作。

(一) 以"全周期管理"意识系统推进城市发展

马克思曾指出:"城市本身的单纯存在与仅仅是众多的独立家庭不同。在这里,整体并不是由它各个部分组成,它是一种独立的有机体。"① 城市"独立有机体"的复杂巨型系统属性决定了一定要系统、谨慎、科学对待"建设、发展和治理城市"这一重大问题。城市不是钢筋水泥的简单堆砌,更不是社会资源的机械组合,而是一个有机而复杂的"生命系统"。在《中共中央关于制定国民经济和社会发展第十四个五年规划和二〇三五年远景目标的建议》的说明中,习近平总书记曾深刻指出:"系统观念是具有基础性的思想和工作方法。"因此,"人民城市"理念下城市高质量发展的实践取向也就一定要树立系统性思维。

2020年3月,习近平总书记在湖北省考察新冠肺炎疫情防控工作时就曾强调:"城市是生命体、有机体,要敬畏城市、善待城市,树立'全周期管理'意识,努力探索超大城市现代化治理新路子。"同年11月,习近平总书记在浦东开发开放30周年庆祝大会上再次强调:"要把全生命周期管理理念贯穿城市规划、建设、管理全过程各环节。""全周期管理"是习近平总书记有关城市发展理念的创新发展,是"人民城市"理念在实践取向层面具体推进的方法论,其本质内涵是"以人民为中心",将城市发展视为一项系统工程,遵循城市发展规律,把握城市发展的系统性与全局性②。因此,"人民城市"理念下城市高质量发展的实践取向就是要树立"全周期管理"意识,系统、全局地把握城市高质量发展的每一部分和每一阶段工作,采取与全局相一致而在各部分、各阶段又具有针对性的发展措施,真正做到"城市管理像绣花一样精细"。

(二) 统筹城市发展"前端、中端和后端"关键环节

城市作为有机生命体,其复杂巨型系统属性就决定了要将"全周期管理"意识贯穿到城市高质量发展全过程的各个环节。"全周期管理"意识下,如果将城市看作"投入—产出"的巨型系统,那么发展条件就是城市高质量发展的重要基础,发

---

① [德]马克思,恩格斯. 马克思恩格斯全集:第46卷(上)[M]. 北京:人民出版社,1979:480.
② 郑长忠."全周期管理"释放城市治理新信号[J]. 人民论坛,2020(18):72-73.

展过程是其决定要素,发展结果是其核心体现。城市"全周期管理"就是要从抓住"前端基础条件打造、中端发展过程系统推进、后端发展成果分享"等三个关键环节入手,统筹城市发展的全周期和重点环节来系统推进城市高质量发展。

在打造城市高质量发展前端基础条件时,要坚持"有为政府、有效市场、有序社会"相统一,综合考虑功能定位、区位特征、资源禀赋和文化特色等多种条件来系统、科学打造城市高质量发展的"软硬条件"。聚焦人民群众迫切需要,紧扣"衣食住行、生老病死、安居乐业"12个字做文章,合理安排"生产、生活、生态"三大空间,努力创造"宜业、宜居、宜乐、宜游"的城市发展环境,通过"软硬条件"的打造来实现"人民城市为人民"的目标。近年来,成都在围绕"公园城市"建设时,就紧扣人民群众迫切需要和城市客观条件,从城市生态、生活、生产和治理等四个维度分别打造了"绿水青山就是金山银山""人民宜居""人民宜业"和"治理现代化"的城市发展前端基础条件,为城市高质量发展奠定了坚实基础。

在系统推进中端城市建设与发展过程中,我国一方面把满足人民"美好生活"需要作为系统推进城市发展工作的出发点与落脚点,立足新发展阶段,贯彻新发展理念,把握处于不同发展阶段城市中心任务的着力点,有针对性地促进我国东中西部不同发展阶段城市的工业化、城市化与生态文明建设等软硬条件的打造,从而构建城市高质量发展的新格局;另一方面引导和激励人民群众参与到城市高质量发展全过程,通过社区文化建设、美丽街区建设和生态环境保护等多种措施来真正实现"人民城市人民建"理念,从而打造城市高质量发展的利益共同体。近年来,杭州根据自身的发展阶段,在围绕"数字之都"推进城市建设和发展时就更加突出了创新驱动和数字赋能,并激励社会公众积极参与城市的数字化智慧化建设进程,进而通过互联网、大数据和人工智能等多种创新技术和模式推动城市高质量建设发展。

在后端城市发展成果分享方面,判断城市这个巨型系统好坏与否的最终标准就在于"人民能否满意,人民是否幸福",回应"人民城市"理念下城市高质量发展价值遵循也就必然要在实践取向层面让人民生活得更加美好。一方面,衡量城市高质量发展成果时要深刻把握其逻辑意蕴,不能"一把尺子量到底",如武汉、西安和成都等处于增长阶段城市要主要衡量其经济增长和发展短板弥补等城市客观发展情况,而北京、上海和深圳等处于成熟阶段城市则衡量其对人民主观精神感受的满足。另一方面,"人民城市"理念下城市高质量发展的成果由全体人民共享,但"共享"并非要全体人民"同时、同步、同等"享用,而是结合城市所处发展阶段来动态满足人民"共同但有区别"的"美好生活"。这就要求不同发展阶段的城市不能盲目跨越自身发展阶段来满足人民的"美好生活"需要，更不能降低标准来满足，而是要循序渐进，在满足人民从"有没有"到"好不好"的物质文化生活需要基础上，进而提高人民的"满足感、幸福感、安全感"，从而打造让全体人民共享"美好生活"的高质量发展城市。作为"人民城市"理念的发源地，上海"人人都有人生出彩机会、人人都能有序参与治理、人人都能享有品质生活、人人都能切实感受温度、人人都能拥有归属感"的"五个人人"的发展实践就是在把握自身发展阶段的基础上，提出与全体人民共享城市发展成果。

（三）促进城市发展的"条件、过程与结果"相统一

"全周期管理"的实践取向下，城市高质量发展是一个全局、系统的有机整体，"前端基础条件塑造""中端发展过程系统推进"与"后端发展成果共享"等三个关键环节并非相互割裂的，而是有机关联的。其中，后端发展结果决定了高质量发展的基本水平，而中端过程效率则会通过新发展理念对最终结果的"质量"起到"乘数效应"。前端基础条件虽然不能直接决定发展结果的质量，但却直接决定了高质量发展的起点与过程效率，并将导致高质量发展水平围绕发展结果而上下波动。[①]因此，"人民城市"理念下城市高质量发展坚持"全周期管理"的实践取向，就是要促进城市发展的"条件、过程与结果"相统一，从而将城市高质量发展各个关键环节的工作有机联系起来，系统推进城市的高质量发展。

五、"人民城市"理念下城市高质量发展的路径选择

"人民城市"理念是对马克思主义关于城市建设理论的继承和发展，同时也是习近平新时代中国特色社会主义思想在城市建设领域的重要发展和最新成果。面向全面建成社会主义现代化强国与第二个百年奋斗目标，"人民城市"理念下城市高质量发展工作应从以下四个方面来进一步推进：

首先，切实加强党对城市工作的集中统一领导。加强党对城市工作的集中统一领导是发挥中国特色社会主义制度优势的必然要求，也是推动城市高质量发展的现实需要。具体实践中，一是要始终在思想上、政治上和行动上同党中央保持高度一

---

① 袁晓玲,李思蕊,李朝鹏. 为城市发展定标:城市高质量发展评价体系构建研究[J]. 西安交通大学学报（社会科学版）,2021(3):18-24.

致，将党中央重大决策部署贯穿到城市工作的全过程，确保党中央对城市工作的各项要求落地见效；二是要坚持党对城市工作的全局系统性谋划，全国同下"一盘棋"，充分发挥基层党组织在城市发展中的战斗堡垒作用，立足城市发展阶段，精准施策，统筹推动城市高质量发展；三是要建设高素质专业化干部队伍，不断提高党领导城市工作的能力和水平。各级领导干部要深入学习领会习近平城市发展思想及相关重要论述的核心要义、丰富内涵和实践要求，系统掌握和运用其中蕴含的立场、观点和方法，从而真正成为新时代城市建设与发展领域的专家。

其次，打牢坚实的城市物质技术基础，着力满足人民群众主观精神需要。新时代城市高质量发展坚持"以人民为中心"：一方面就是要加强城市客观发展，没有坚实的物质技术基础就不可能建设高质量发展的现代化城市。这就要求在城市发展中加快建设现代化经济体系，大力发展实体经济，推进新型工业化，着力提高全要素生产率，从而推动城市经济实现质的提升与量的增长。另一方面就是要满足人民主观精神感受，增强人民群众的"获得感、幸福感、安全感"。这就要求在城市发展过程中要紧紧抓住人民最关心、最直接、最现实的利益问题，采取更多惠民生、暖民心的措施，增进民生福祉，提高人民生活品质。通过加强城市客观发展与满足人民主观精神感受，促进城市客观发展与人民主观感受相统一，从而在城市高质量发展工作中真正坚持"以人民为中心"的价值遵循。

再次，立足城市发展阶段，"尽力而为，量力而行"地满足人民对"美好生活"的需要。"人民城市"理念下城市高质量发展的中心任务在于满足人民对"美好生活"的需要，但不平衡不充分发展现实下"美好生活"需要在不同发展阶段的城市有着不同表现。当前，"北上广深"等东部处于成熟阶段城市满足人民"美好生活"需要的关键就在于，围绕"共同富裕""物质文明与精神文明相协调""人与自然和谐共生"等目标，为处于其他发展阶段的城市打造样板；武汉、西安和成都等中西部处于快速发展阶段城市的关键着力点就在于，加快新型工业化与城镇化建设，围绕实体经济、数字经济和新能源产业来推动城市经济高质量发展，同时，聚焦解决人民群众各方面急难愁盼的问题，打造人才集聚的"向心力"；洛阳、渭南和宜宾等处于初始增长阶段城市的关键着力点就在于，吸引各类生产要素集聚并大力发展实体经济从而提高人民收入水平，同时加快城市基础设施建设从而提高公共服务水平；而沈阳、长春和哈尔滨等处于转型阶段城市的关键着力点就在于，加快城市更新改造、大力发展新兴产业和增强城市创新活力。

最后，以人民"共建、共治、共享"为目标，统筹协同城市发展的关键环节。

坚持"全周期管理"的实践取向，一是要树立"一盘棋"思维，避免城市规划与管理的各个部门相互割裂、各自为政，统筹协调城市发展的"前端基础条件""中端发展过程"和"后端发展结果"三个关键环节，保证城市发展思路的连贯性与一致性，并为城市未来的有机成长留足发展空间。二是要推动城市发展"条件、过程与结果"三个关键环节的有机衔接，在基础条件打造中通过搭建开放平台、完善公众参与等多种方式邀请人民参与规划，从而真正做到"人民城市人民建"。在推进发展过程中，把新发展理念贯穿城市发展全过程，拓展人民参与和监督城市发展的渠道和制度空间，强化人民对发展过程的参与、监督、管理和问责。在成果分享中，使全体人民共享城市发展所带来的红利，并着重推动发展成果的重心下移与红利普惠，从而真正实现"人民城市为人民"。三是要推动人工智能、大数据等现代科技创新手段在城市全周期管理中的深度融合，强化智能科技手段在城市规划、管理与治理过程中的功能发挥，从而构建"智慧化"的城市全周期管理体系。

作者简介

张跃胜，天津城建大学经济与管理学院教授、研究生导师，《管理学刊》执行主编，同时担任中国政治经济学学会副会长、全国经济数学与管理数学研究会常务理事、中国人文社会科学期刊评价专家委员会委员，兼任中国社科院大学特约研究员、河北省公共政策评估中心研究员、陕西省经济高质量发展软科学研究基地研究员、西安交通大学中国环境质量综合评价中心研究员、天津市城市规划学会智库专家等学术职务。出版著作 10 余部，发表论文 80 余篇，主持参与完成国家、省部级项目 20 余项，获得省部级以上成果奖励 8 项，向各级政府提供咨政建议若干，曾获国家领导人批示。

张跃胜：准确把握历史主动精神的主线、特征和践行路径

2022年10月16日，习近平总书记在中国共产党第二十次全国代表大会开幕会上指出："全党同志务必不忘初心、牢记使命，务必谦虚谨慎、艰苦奋斗，务必敢于斗争、善于斗争，坚定历史自信，增强历史主动，谱写新时代中国特色社会主义更加绚丽的华章。"[①] 大会再次强调"增强历史主动"，就是表明全党同志必须始终以钉钉子的精神，践行党的初心使命，以更加自觉的历史主动性为实现新时代党的历史使命不懈奋斗。大会科学总结了过去5年和新时代以来10年的伟大变革历程，高度总结了新时代彪炳史册的三件大事，精辟总结了新时代的历史性成就，并将新时代的五个必由之路重要经验作为规律性认识写入报告，这是党汲取历史智慧、弘扬历史主动精神的重要体现。历史主动精神是经百年实践证明的、能引领中国人民取得胜利的重要法宝。明晰历史主动精神的精神主线、辩证特征和践行路径，是新时代掌握历史主动的理论前提和现实需要。当前，有关历史主动精神的研究十分有限，大多聚焦于内涵解构、时代价值、现实展望等方面，且各研究相似度较强，鲜有学者对历史主动精神的精神主线和辩证特征进行系统阐述。基于此，本文以党的二十大精神为指引，立足历史主动精神这一党的百年奋斗征程中的精神主线，把握历史主动精神的辩证特征，着眼党的强国复兴大业，探讨新时代我党弘扬历史主动精神的践行路径，为深刻理解历史主动精神这一政治话语提供理论支撑和现实价值。

---

① 何国忠."三个务必"彰显百年大党新时代赶考的清醒和坚定[N]. 学习时报, 2022-10-19(001).

一、历史主动精神是党在百年奋斗征程中的精神主线

党的百年奋斗历史经验,深刻揭示了我党始终掌握历史主动的根本原因。历史主动精神是党在把握历史大势、遵循客观规律、汲取历史经验的基础上,自觉、能动地解决不同历史时期主要社会问题的宝贵品格。在百年征程中,我党积极弘扬历史主动精神,带领中国人民化解了一桩桩棘地荆天的困境,描绘出一幅幅气壮山河的画卷,最终实现了民族独立、人民幸福和国家富强的伟大梦想。

(一) 新民主主义革命时期党的历史主动精神主线:以革命为主旋律,以救国为根本目的,不断推动新民主主义革命走向胜利

新民主主义革命时期的历史主动精神,表现在中国共产党人引领人民为实现民族独立和民族复兴创造良好社会条件的艰苦卓绝革命浪潮中。这一时期,我党在"救国"途中不断将历史主动精神与中国革命实际相融合,在把准民主革命阶段社会经济条件的基础之上,不断深化对人民构成的认识,使之与中国革命实际相符,并在此基础上引领民众弘扬历史主动精神,以钢铁般的精神和意志发展革命队伍,开展革命工作,推动历史变革,探索符合人民和国家利益的救国形式,为社会主义时期发展人民民主积累了宝贵经验。被动只能挨打,主动才能图强。回首中国近代的沧桑岁月,面对西方的坚船利炮,国家蒙羞,人民蒙难,我国逐步沦为半殖民地半封建社会。在内忧外患之际,一系列救国运动接踵而来,各种救国方案轮番提出,但都相继以失败告终。辛亥革命在中国社会矛盾激化和中国人民顽强斗争的交织中爆发,它推翻了统治中国几千年的君主专制制度,极大地推动了中华民族思想解放,但其革命成果终因革命领导阶级的被动妥协而被军阀窃取。事实证明,精神被动环境下的变革改良无法从根本上改变中华民族的艰难命运。从中国共产党登上中国政治舞台的那一刻起,中国人民就开始从精神上由被动转为主动,中华民族开始艰难地但不可逆转地走向伟大复兴。建党之初,中国共产党准确研判国内形势,将工人阶级作为党坚实可靠的阶级基础,主动发动工人力量,高举反帝反封建伟大旗帜,将国民革命浪潮推向高峰。土地革命战争时期,面对国民党的"弃义行径",我党时刻保持清醒,意识到"枪杆子里面出政权"是赢得革命主动的唯一正确道路,代表人民群众打响了武装反抗国民党反动派的第一枪,确立了"农村包围城市、武装夺取政权"的革命道路,形成了独立武装斗争的军事思想,揭开了创建"红色革命

军队"的序幕。在"左倾"错误引发革命危机的生死关头,我党敢于主动面对错误、主动分析错误、主动改正错误,书写了二万五千里长征的英雄史诗。随着抗日战争和解放战争的胜利,我国"内忧外患"的被动局面有所缓解,催生了新中国的诞生。从那以后,中国半殖民地半封建的旧社会一去不复返,人民真正掌握了自身命运的主动权,国家真正实现了从封建专制向人民民主的伟大飞跃。这一系列革命救国征程上的伟大胜利都是对我党弘扬历史主动精神的生动诠释。新民主主义革命时期的历史主动精神,以革命为主旋律,以救国为根本目的,推动新民主主义革命走到了胜利的终点。

(二)社会主义革命和建设时期党的历史主动精神主线:以巩固新生人民政权为主旋律,以推进社会主义现代化建设为根本目的,加速推动社会主义基本制度确立

社会主义革命和建设时期的历史主动精神,交织于临危受命的中国共产党人引领人民为实现民族复兴奠定根本政治前提和制度基础的艰苦探索中。这一时期,我党始终将历史主动精神作为凝聚力量的重要武器,团结引领人民建设社会主义新中国,为中国的独立自强确立了兴国道路,历史主动精神的传承紧紧围绕"为人民建江山,为人民守江山"的独特境遇而展开。历史主动精神的弘扬,并未因新民主主义革命的胜利而终止,而是继续在建国兴国之路上发扬光大。在国内建设上,从《共同纲领》到第一部《中华人民共和国宪法》,从社会主义"三大改造"的圆满完成到奠定国民工业经济体系基础的"五年计划",从科学把握社会主义建设"十大关系"到正确处理人民内部矛盾问题,我国的四梁八柱不断修正完善,集中彰显了我党"不但善于破坏一个旧世界,也善于建设一个新世界"的伟大历史主动精神①。在国际问题上,我党矢志不渝地奉行独立自主的外交原则,坚持在和平共处五项原则的基础上同各国发展友好合作关系,面对美帝国主义的挑衅,我党、我军、我国人民不畏艰险,保家卫国,极大地彰显了军威和国威,在云谲波诡的国际环境中站稳了脚跟。然而,前进的道路是曲折的,我党在社会主义建设的探索中也经历了挫折。列宁指出:"设想世界历史会一帆风顺、按部就班地向前发展,不会有时出现大幅度的跃退,那是不辩证的,不科学的,在理论上是不正确的。"② 但是,面

---

① 中共中央党史和文献研究院. 毛泽东选集:第4卷[M]. 北京:人民出版社,1991:1439.
② 中共中央马克思恩格斯列宁斯大林著作编译局. 列宁选集:第2卷[M]. 北京:人民出版社,2012:694.

对前行路上的艰难险阻，我党始终坚持历史主动精神，敢于主动承认错误，主动吸取经验教训，主动探索新的发展道路，开展拨乱反正工作，集全党智慧起草并通过了《关于建国以来党的若干历史问题的决议》，进一步指明了中国社会主义事业继续前进的方向，汇聚起开启改革开放新篇章的主动意志。社会主义革命和建设时期的历史主动精神，以巩固新生的人民政权为主旋律，以推进社会主义现代化建设为根本目的，加速推动了社会主义基本制度的确立及物质文明和精神文明的建设，实现了中华民族有史以来最为广泛而深刻的社会变革。

（三）改革开放和社会主义现代化建设新时期党的历史主动精神主线：以改革开放为主旋律，以提高人民物质文化生活水平为根本目的，创造性开辟中国特色社会主义发展道路

改革开放和社会主义现代化建设新时期的历史主动精神，照耀了敢为人先的中国共产党人团结引领人民开辟中国特色社会主义道路、解放思想、发展社会生产力和提高人民生活水平的光辉历程。党的十一届三中全会后，以邓小平同志为核心的党的第二代中央领导集体，果断破除"两个凡是"的约束，在国内掀起解放思想、实事求是的热潮，以主动的精神风貌进行改革开放，揭开了社会主义现代化建设新时期的历史序幕。"黑猫白猫论""三个有利于"和"摸着石头过河"等著名论述充分彰显了我党善于把握历史主动和历史机遇的精神品格。南国春早，风起珠江。改革开放以来，我国人民在经济发展、科学技术和思想文化领域焕发出前所未有的活力，呈现出"敢教日月换新天"的开拓进取精神。物质文明的富足顺应了中国人民追求幸福生活的历史要求，并为精神文明的发展创造条件，世界文化交流为经济发展提供了契机、注入了动力。此外，人民开始适应时代发展要求，积极打破传统思维模式的束缚，结合国内、国际形势把握生存机遇，将个人命运与国家利益紧密相连。历史主动精神使中国共产党在经济发展的钢铁洪流中初心不改、头脑清醒、敢于冒险、崇尚创新，从国内经济社会发展的现实成就和国际地位日趋提升这一事实之中，逐步确立中国特色社会主义制度，集中体现出了中国特色社会主义的优势。党的十三届四中全会后，党推进改革开放，主动回答了"建设什么样的党""怎样建设党"的历史问题，成功把中国特色社会主义推向21世纪。党的十六大以后，党加快改革开放，主动回答了新形势下"实现什么样的发展""怎样发展"的历史问题，成功地在新形势下坚持和发展中国特色社会主义。中国共产党坚持改革开放和社会主义现代化建设新时期的历史主动精神，以改革开放为主旋律，以提高人民

物质文化生活水平为根本目的,主动回应时代课题,创造性地开辟出中国特色社会主义发展道路,实现了中华民族从站起来到富起来的伟大飞跃。

(四) 中国特色社会主义新时代党的历史主动精神主线:以坚持发展、深化改革为主旋律,以全面建成社会主义现代化强国、实现第二个百年奋斗目标为目标,以实现中国式现代化全面推进中华民族伟大复兴为中心任务

中国特色社会主义新时代的历史主动精神,贯穿于与时俱进的中国共产党人引领人民坚持和发展中国特色社会主义,为建设社会主义现代化强国、实现民族复兴而不懈奋斗的伟大实践中。实现民族复兴不是喊喊口号就能实现的,仍需要历史主动精神来激励和推动。一代又一代中国共产党人不畏艰难险阻、直面风险挑战,顽强拼搏、不懈奋斗,展现出伟大的历史主动精神,构筑起中国共产党人的精神谱系,形成了党的光荣传统[1]。纵观百年党史,从马克思列宁主义的引进到毛泽东、邓小平同志的引领,不同时代的划分尺度是高度融合、有机统一的,它们共同诠释着马克思主义在不同历史时期的普遍真理。进入新时代,党被赋予新的历史使命,以习近平同志为核心的党中央深刻汲取党的百年奋斗经验,赓续红色基因、传承历史主动精神,以永远在路上的清醒和始终如一不松懈的坚定,心存忧患之思,坚持自我革命,敢闯敢试,在立足新发展要求、贯彻新发展理念、构建新发展格局中,采取一系列战略性举措,推进一系列变革性实践,实现一系列突破性进展,使党和国家事业焕发出新的生机活力,为民族复兴之路提供了更为完善的制度保证、更为坚实的物质基础、更为主动的精神力量,迎来了由富到强的历史性飞跃。这一系列变化都是党弘扬历史主动精神的集中体现。在"两个一百年"奋斗目标交汇、"两个大局"交织的重要历史时刻,党起草并通过了《中共中央关于党的百年奋斗重大成就和历史经验的决议》,从历史经验里洞悉社会发展规律,在历史经验中掌握社会发展主动权,以此推动党和国家事业向前发展。《中共中央关于党的百年奋斗重大成就和历史经验的决议》全面反映了百年来我党掌握历史主动精神的生动实践,生动诠释了党不忘初心、牢记使命的坚毅承诺,充分彰显了党以史为鉴、引领未来的主动担当,是历史主动精神在新时代铸就的精神结晶,为我们在新征程上正确判断形势、科学预见未来、掌握历史主动提供了科学指引。中国特色社会主义新时代

---

[1] 卜昭滔.理解历史主动精神的三重逻辑[N].光明日报,2022-07-28(006).

的历史主动精神是,以坚持发展、深化改革为主旋律,以全面建成社会主义现代化强国、实现第二个百年奋斗目标为目标,以实现中国式现代化全面推进中华民族伟大复兴为中心任务。它为坚持和发展新时代中国特色社会主义提供了强大的正能量。

二、历史主动精神的辩证特征

历史主动精神是党团结引领人民在长期革命、建设和开拓创新中淬炼而成的宝贵品格,它生动诠释了中国共产党为什么能、马克思主义为什么行、中国特色社会主义为什么好的重要原因,具有问题导向与使命追寻相统一、守正与创新相统一、规律性与自觉性相统一、党的领导与人民首创精神相统一的辩证特征,集中体现了党对唯物辩证法的娴熟运用。人在历史客观规律面前不是完全消极被动的。如前所述,历史主动精神融会于党的百年奋斗征程中,生动诠释着大智慧和大历史观。"历史是最好的教科书,也是最好的营养剂"。① 我们只有把握历史发展大势,抓住历史变革时机,理解历史主动精神的辩证特征,积极作为、高效有为、守正创新,才能掌握党和人民事业发展的主动权。

(一) 问题导向与使命追寻相统一

历史主动精神的现实向度要求我们在解决实际问题时,谋求长远发展,摒弃模板思维,坚持问题导向与使命引领的辩证统一,以解决当下问题为短期目标,在变局中寻找长期目标,在该过程中发挥宏观谋划和顶层设计的作用。习近平总书记在党的二十大报告中指出:"问题是时代的声音,回答并指导解决问题是理论的根本任务。"② 行动以导向为指引。坚持问题导向,就是以解决现实问题为目标,集聚有效力量攻坚克难、迎难而上,奋力化解实践过程中的主要矛盾和问题。从历史主动精神的历史向度来看,党既是问题导向型政党,也是使命型政党③。崇高的价值追寻引领着我党不被当前利益、现象所左右,而是基于更广阔、更长远、更宏观的视野,来看待和解决实际问题、谋划和应对未来的变局,从而真正做到"致广大"和"尽精微"的辩证统一。马克思指出:"问题就是时代的口号,是它表现自己精神状

---

① 黄江南. 读《历史是最好的教科书》有感[N]. 人民法院报,2021 – 05 – 07(006).
② 刘少华,邱海峰,叶子. 坚定信仰信念 把握历史主动[N]. 人民日报(海外版),2022 – 10 – 23(007).
③ 唐皇凤. 使命型政党建设的理论基础与中国经验[J]. 武汉大学学报(哲学社会科学版),2020(2):126 – 133.

态的最实际的呼声。"① 问题其实就是矛盾,而矛盾无时不在、无处不在。哪时有矛盾、哪里有矛盾,哪里就有问题,发现了问题就等于抓住了事物的矛盾。如果仅强调问题导向,便容易忽略矛盾的特殊性,可能走向形而上学的孤立道路,被短期问题阻扰前行的步伐,缺乏从全局观念出发提出长期计划的能力。同样,若一味地沉溺于对未来的幻想,而没有把重心融入实际行动当中,可能会造成对现实问题的淡视,违背马克思主义实事求是的精神品格和理论意蕴。综上所述,问题导向与使命追寻的辩证统一是历史主动精神的基本特征。

(二) 守正与创新相统一

守正创新是中国共产党第二十次全国代表大会的主题词之一②,也是理解历史主动精神内涵的重要向度。历史主动性不是盲目性,更不是蓄意而为,它建立在守正创新的实践引导之上。习近平总书记在党的二十大报告中指出:"我们从事的是前无古人的伟大事业,守正才能不迷失方向、不犯颠覆性错误,创新才能把握时代、引领时代。"③"守正"是根基,即恪守正道,坚持按照事物的本质要求和发展规律办事。党不负人民重托和历史选择,无论前方道路如何曲折,仍初心不改,坚守的历史使命就是为了掌握实现民族复兴的主动权,坚守的是党和人民伟大事业的根基。"创新"是源泉,即自觉、能动地进行创造性活动,有目的地创造出新生事物。从毛泽东思想到邓小平理论、"三个代表"重要思想、科学发展观,再到习近平新时代中国特色社会主义思想,我们党始终在马克思主义中国化的道路上积极探索、不断创新,通过理论创新、实践创新,实现党的指导思想与时俱进。而守正创新即遵循事物发展的客观规律和本质要求,有目的、有意识地进行创造性实践,从而产生出合目的性与合规律性的新型成果,是对历史主动精神"历史性"和"能动性"的全面诠释。习近平新时代中国特色社会主义思想将"守正"与"创新"相统一,聚焦突出矛盾,破解现实难题,为在新时代坚持和发展中国特色社会主义提供了思想武器和行动指南。马克思恩格斯指出:"在资产阶级社会里是过去支配现在,在共产

---

① 中共中央马克思恩格斯列宁斯大林著作编译局. 马克思恩格斯全集:第40卷[M]. 北京:人民出版社,1982:289-290.
② 共产党员网. 二十大报告关键词 | 大会的主题[EB/OL]. (2022-10-17)[2022-10-21]. https://www.12371.cn/2022/10/17/ARTI1665990586274496.shtml.
③ 西南政法大学校新闻中心. 学起来!新时代开辟马克思主义中国化时代化新境界[EB/OL]. (2022-10-20)[2022-10-21]. https://news.swupl.edu.cn/zhxw/0e2f170b438d482492e9375c67ff0681.htm.

主义社会里是现在支配过去。"① 也即，资本主义之前的历史，是积累的生产力总和支配着人们的现实生活；而在共产主义社会中，为避免人们不再被人之外的物的偶然性所支配，必须转变那种自然必然性规律，以自由人联合体支配生产力总和。但共产主义运动必须尊重生产力发展的自然必然性规律，它内在地要求通过各种创新实践形式大力发展生产力，从而提高劳动效率，节约劳动时间，实现"必然王国"向"自由王国"的飞跃。从现实维度看，历史主动精神的生成，源自党从革命、建设和改革历程中获得的历史自觉和历史经验，呈现出党赓续、传承和进取的历史担当与历史自信，具有一脉相通又与时俱进的开拓性特质。从哲学维度看，历史主动精神体现着党遵循"实践、认识、再实践、再认识"的认识论规律，在"学与用""知与行"的交融中依循历史必然性，以实现认识的深化、发展的接续、经验的丰富、理论的完善、成就的彰显。因此，可以说守正与创新的辩证统一是历史主动精神的基本特征。

（三）规律性与自觉性相统一

历史归根结底是人的活动的发展过程，但历史并不是基于主观意识的随意创造，而是在既定的历史条件下创造的。100多年来，党把遵循历史客观规律和调动自觉能动性有机结合起来，形成作用于社会发展的"历史合力"，在创造历史中形成了对历史发展的辩证认知。历史主动精神强调以总结历史经验为基础，在客观环境中积极调动自觉能动性，即内在地要求遵循历史客观规律和调动自觉能动性的辩证统一。遵循历史客观规律要求人们调动自觉能动性来厘清历史与现实的联系。马克思、恩格斯在《德意志意识形态》中，以"现实的个人"为了生活而创造生活构成人与自然界、人与人的社会关系为历史开篇，指出了"这个历史前提：人们为了能够'创造历史'，必须能够生活"②。这一强调，旨在说明人们为了生活而创造历史，但历史不是人创造自己生活的例外所得，而是创造个人生活与创造社会及其历史构成辩证统一关系。人的创造活动具有意识性和目的性，但事物规律的创造并不取决于创造者，"而是取决于被创造者自身的本性及其相互关系。这是人为什么创造了制度又会成为自己创造的制度的被奴役者的秘密所在"③。为此，必须在遵循客观规律

---

① 中共中央马克思恩格斯列宁斯大林著作编译局. 马克思恩格斯文集：第2卷[M]. 北京：人民出版社，2009：46.
② 池忠军，王志刚. 共产党人历史主动精神的唯物史观逻辑[J]. 思想理论战线，2022(3)：29-34，140.
③ 陈先达. 历史唯物主义的史学功能——论历史事实·历史现象·历史规律[J]. 中国社会科学，2011(2)：42-52，220-221.

的前提下，充分调动人的自觉能动性，以此实现自由个性得以展现的个人历史。同样，历史规律的获取从来不能独立于认识的主体之外，必须积极调动认识主体的自觉能动性，二者是相辅相成、辩证统一的。从现实维度看，大到政党和社会，小到个体，它们在实际行动中都需在尊重客观规律的前提下主动实践，只有这样才有可能取得卓越成效，从而实现进阶发展。一言以蔽之，规律性与自觉性的辩证统一是历史主动精神的基本特征。

（四）党的领导与人民首创精神相统一

党弘扬的历史主动精神面向党和人民的事业。为此，历史主动精神内蕴着党和人民这一双重主体范畴，要求将坚持和完善党的领导与重视和激励人民群众的首创精神辩证统一。近代以来，中华民族之所以能扭转被动局势取得系列伟大成就，其根源在于坚持党的领导。群众观点是马克思主义政党的根本观点，人民群众是决定党和国家未来的根本力量。100多年来，党一以贯之地将党的领导融汇于各项工作中，团结依靠人民群众书写了辉煌史诗。党是中国特色社会主义事业的领导核心，坚持和完善党的领导集中体现了中国特色社会主义的本质特征和制度优势。根据唯物史观，人民群众是历史的创造者，是推动历史变革的决定力量，内蕴着深厚的理论真谛和牢固的实践根基[①]，但这并不意味着其天然就具有创造历史的主体意识和自觉的历史主动精神。当涉及历史与"目的"之间的联系时，就必将陷入"历史目的性"的"人"和"人"的"目的性的历史"之辩。这直接关乎人民群众是否体现为真实的历史主体，或马克思对其价值进行预设的质疑。为此，需对人民群众的主体意识进行引导，从而激发人民群众自觉的历史主动精神。100多年来，党领导人民浴血奋战、百折不挠，中华民族迎来了从站起来、富起来到强起来的伟大飞跃。基于这一历史事实，引导人民群众的力量只能是中国共产党。党的领导要求重视和激励人民群众的首创精神，站在民众前列。只有充分尊重人民群众的首创精神，调动广大人民群众的创造性、主动性、积极性，才能团结人民力量、汇聚人民智慧，使党真正得到人民群众的充分支持和信赖，使党的工作得以顺利开展，才能在全面建成社会主义现代化强国的道路上充分发挥党的领导核心作用。综上所述，党的领导与人民首创精神的辩证统一是历史主动精神的基本特征。

---

① 杨谦,张婷婷. 对"人民群众是历史的创造者"原理的再理解[J]. 思想理论教育导刊,2020(1):26-32.

三、新时代弘扬历史主动精神的践行路径

认识过去,展望未来。立足历史主动精神的精神主线,把握历史主动精神的辩证特征,以获得启迪当下的智慧,汲取主动的精神力量,迈向第二个百年奋斗目标新征程。为此,应充分意识到弘扬历史主动精神的践行路径是坚持以马克思主义为指导的中国特色社会主义道路,矢志中华民族伟大复兴的使命担当,团结和依靠人民群众,激发创新创造精神,从而以更加主动的姿态引领未来。

(一) 将坚持以马克思主义为指导的中国特色社会主义道路作为弘扬历史主动精神的根本方向

方向决定道路,道路决定命运,这是中国共产党团结带领人民百年奋战的历史经验。历史主动精神的弘扬亦是如此。坚持中国特色社会主义道路是新时代弘扬历史主动精神的根本方向,在该方向的价值引领下,推进社会向前发展,筑牢中华民族复兴伟业的根基和动力。若历史主动精神的弘扬方向出现偏差,在实践活动中就会表现为"失之毫厘,谬以千里",这不仅会阻碍事物向前发展的进程,还可能会腐蚀党和人民社会主义光荣事业的信念。

习近平总书记在党的二十大报告中指出:"实践告诉我们,中国共产党为什么能、中国特色社会主义为什么好,归根到底是马克思主义行,是中国化时代化的马克思主义行。"[①] 坚持以马克思主义为指导的中国特色社会主义道路是党坚定信仰信念、把握历史主动的根本所在。沿着正确的中国道路前进,就是沿着中国特色社会主义道路前进。实践证明,中国特色社会主义道路是中国共产党和中国人民在长期实践中逐步开辟出来的唯一正确道路,是民族复兴、国家富强和人民幸福的阳光大道。100多年来,党将社会主义伟大梦想谱写于祖国大地之上,取得了辉煌成就。党对社会主义建设的道路进行了艰苦探索,为中国特色社会主义理论体系的形成奠定了组织、思想和物质基础;改革开放以来,坚持和完善中国特色社会主义道路一直作为全党的思想共识,正是沿着这条道路,党团结带领人民切实改变了国家风貌,极大提升了我国的国际地位,成功破解了民族富强密码。再者,中国特色社会主

---

① 共产党员网. 真理之光照亮复兴之路——从党的二十大看实现马克思主义中国化时代化新的飞跃[EB/OL]. (2022-10-19)[2022-10-21]. https://www.12371.cn/2022/10/19/ARTI1666142327430935.shtml.

是党和人民历经千辛万苦、付出巨大代价取得的根本成就①。为此，党在新时代历史主动精神的弘扬必须坚持中国特色社会主义这一道路前提。具体而言：坚持党的领导是中国特色社会主义的本质特征②，弘扬历史主动精神必须服从党的领导、听从党的指挥，确保祖国建设事业的总指挥棒置于党中央之手，发挥党总揽全局、协调各方的作用，将党的领导融汇于弘扬历史主动精神的伟大谱系之中。共同富裕是中国特色社会主义的本质要求③，这要求弘扬历史主动精神必须坚持把实现人民对美好生活的向往作为现代化建设的出发点和落脚点，着力维护和促进社会公平公正，着力促进全体人民共同富裕，坚决防止两极分化。统筹推进"四个全面"、贯彻落实"五大发展理念"是中国特色社会主义的时代要求④，这要求弘扬历史主动精神要以此为抓手，主动、准确对标中国特色社会主义的时代要求。简而言之，新时代弘扬历史主动精神不能背离中国特色社会主义道路这一根本方向。

（二）将矢志中华民族伟大复兴的使命担当作为弘扬历史主动精神的目标指向

"为全面建设社会主义现代化国家、全面推进中华民族伟大复兴而团结奋斗"是中国共产党第二十次全国代表大会的主题之一⑤。中华民族伟大复兴作为党弘扬历史主动精神的目标方向，呈现出鲜明的使命担当。这一特性体现在三个方面：第一，"两个确立"明确指出了党肩负使命担当的前进方向。须知"两个确立"是助推党新时代社会主义事业进阶发展的必然结论，作为马克思主义基本原理同中国实际相结合的新晋成果，习近平新时代中国特色社会主义思想基于新的历史起点开辟了治国理政新方位，开辟了中国特色社会主义新方位，是党团结引领人民实现中华民族伟大复兴的坐标向导。必须坚持和完善"两个确立"的战略支撑，如前所述，必须在使命引领和问题导向的辩证统一中坚持党的统一领导，把民主集中制的制度优势转化为党的组织效能和治理效能，集中凸显党的历史主动精神风貌。第二，"两步走"明确提出了党肩负使命担当的战略铺陈。习近平总书记强调："战略上判

---

① 张一琪. 方向决定道路 道路决定命运[N]. 人民日报(海外版),2022-03-18(001).
② 吴跃东. 党的领导是中国特色社会主义最本质特征的内在逻辑[J]. 毛泽东邓小平理论研究,2018(6):13-20,107.
③ 陈潜. 中国特色社会主义共同富裕的科学蕴涵、三重逻辑与实现路径[J]. 福建论坛(人文社会科学版),2022(8):5-12.
④ 何锡辉. 大历史观视域下历史主动精神的理解逻辑及实践展望[J]. 学习与实践,2022(4):5-13.
⑤ 共产党员网. 二十大报告关键词|大会的主题[EB/OL]. (2022-10-17)[2022-10-21]. https://www.12371.cn/2022/10/17/ARTI1665990586274496.shtml.

断得准确,战略上谋划得科学,战略上赢得主动,党和人民事业就大有希望。"① 需通盘筹划"十四五"规划短期目标和 2035 年远景目标。须知"十四五"规划短期目标是 2035 年基本实现现代化这一远景目标的基础,同时,2035 年远景目标的实现为全面建成社会主义现代化强国创造了必要条件,这是党勇立时代潮头,在深入理解现代化发展规律前提下以主动自觉的风貌筹谋我国现代化建设的集中彰显。第三,党自我革命的内在特性明确提供了党肩负使命担当的基本保障。"治人者必先自治,责人者必先自责。"作为执政党,生存问题是其首要问题,生存问题不能解决,其执政地位便无法保障,历史主动精神也将失去灵魂。生存问题如何解决?毛泽东同志在窑洞里给出了第一个答案——让人民来监督政府②。党的二十大又总结出新的实践经验,党给出了第二个答案——自我革命。第一和第二个答案分别从外部和内部回答了党永葆生机的秘诀,二者共同组成弘扬历史主动精神的内外机制。100 多年来,党将自我革命这一思想密钥一以贯之地融入社会主义建设伟大实践中,强调在改造主观世界中提升改造客观世界的能力,以此化解时代危机,消除自身病疾,永葆青春活力,避免政怠宦成、人亡政息,使党始终以积极主动的精神风貌引领人民续写社会主义事业新篇章,在切实履行人民宗旨这一价值追寻中最大限度地释放人民群众的历史主动精神力量。综上所述,弘扬历史主动精神必须矢志中华民族伟大复兴的使命担当。

党的百年奋斗史是党不忘初心、勇于担当,以强烈的历史责任感和使命感推动中国特色社会主义事业向前发展的光荣史。如前所述,矢志中华民族伟大复兴的使命担当是新时代发扬历史主动精神的必然要求。具体而言:一是增强使命感,要求弘扬历史主动精神必须坚定社会主义理想信念,全党同志时刻铭记中华民族伟大复兴这一光荣使命,将共产主义远大理想和中国特色社会主义共同理想融入身心血液。无论道路如何曲折,都决不轻易放弃实现共产主义伟大愿景的决心,时刻警悟党是为人民谋福祉、为民族谋复兴的使命型政党。无论问题如何复杂,要始终把"为人民服务,实现民族复兴"的庄重承诺置于心中,铭记自身肩负的历史重任,以坚忍不拔的斗志应对民族复兴道路上的一切崎岖险阻,决不被暂时的现实困境束缚手脚,在挑战中积极创造机遇、发现机遇,坚持实事求是、求真务实的精神,真正做到对人民群众负责、对国家未来负责、对民族事业负责。二是勇于担当责任,这要求弘

---

① 习近平. 在纪念邓小平同志诞辰 110 周年座谈会上的讲话[M]. 北京:人民出版社,2014:19.
② 王传利. "延安窑洞对"论析[J]. 马克思主义研究,2016(1):38-46.

扬历史主动精神必须足履实地、警钟长鸣、持之以恒，既要有担当责任、负重前行的勇气，又要有直面矛盾、化解急难的魄力，用知重负重、激流勇进的实际行动彰显党的责任与担当。正如习近平总书记所说："有多大担当才能干多大事业，尽多大责任才会有多大成就。"① 无论是干事创业还是攻坚克难，不仅需要政治过硬，也需要本领高强，在是非曲直面前敢于发起挑战，与一切损害人民利益、侵犯国家主权、诋毁中国社会主义制度和阻碍民族复兴进程的任何国家、组织和个人作斗争；要以锐意进取的心态迎接风险挑战，在矛盾险境面前敢于迎难而上，不断筑牢底线意识、强化危机意识，以敢闯敢拼的活劲化解一切考验；在工作失误面前敢于担责，以实事求是的心态试错、纠错，出现问题不退缩、不推诿，坚决抵制"上推下卸"的思想和行为，善于从自身发现问题，从失误中吸取教训，努力把好事办实，把实事办好，从而走向成功。

（三）将团结和依靠人民群众作为弘扬历史主动精神的历史动力

习近平总书记在党的二十大报告中指出："人民性是马克思主义的本质属性，党的理论是来自人民、为了人民、造福人民的理论，一切脱离人民的理论都是苍白无力的。"② 群众路线和人民宗旨是党攻坚克难、战无不胜的重要法宝，是党弘扬历史主动精神的根本追寻。纵观百年党史，人民群众始终是中国革命事业的坚定拥护者和伟大践行者，成为中国共产党最为忠实的预备力量。在我国革命和建设过程中，人民群众始终站在正义的一方，充分发挥历史主动性，敢想敢做，尤其在重大历史节点，人民群众始终保持头脑清醒，将个人发展与国家命运紧密相连，为我国的革命事业添砖加瓦。再者，唯物史观明确肯定了人民群众在历史发展中的主体地位，人民是社会变革的决定力量。同时，中国共产党始终坚持以马克思主义唯物史观为指导，充分认识到人民群众在社会经济发展中的重要作用。为此，党弘扬历史主动精神，需团结并依靠人民群众，在释放人民群众历史主动精神力量的同时，汲取奋进力量。

习近平总书记在党的二十大报告中指出："江山就是人民，人民就是江山。中国共产党带领人民打江山、守江山，守的是人民的心。"③ 党成立至今，历经百年奋

---

① 中共中央文献研究室. 习近平关于全面从严治党论述摘编[M]. 北京:中央文献出版社,2016:137.
② 刘彤,谢颖,崔吕萍. 凝心聚力 奋进新时代——中国共产党第二十次全国代表大会开幕侧记[N]. 人民政协报,2022 – 10 – 17(005).
③ 共产党员网. 二十大报告关键词 | 增进民生福祉[EB/OL]. (2022 – 10 – 17)[2022 – 10 – 21]. https://www.12371.cn/2022/10/17/ARTI1665991485137559.shtml.

战始终强调团结和依靠人民,将党与人民的感情比喻为"鱼水之情",说明党与人民不可分割。历史主动精神的弘扬必须尊重人民的主体地位,同时意识到人民是弘扬历史主动精神的核心力量。新中国成立前,历史主动精神引领人民群众传播新思想,义无反顾地投身于反帝反封建的光荣事业中去;改革开放后,历史主动精神引领人民群众勇立潮头,并积极投身于改革开放的伟大事业中去;进入新时代,历史主动精神引领人民群众积极投身于脱贫攻坚和乡村振兴的社会主义光荣伟业中去。党和人民群众相互融合奋斗的百年之路,生动诠释着党和人民不可分割这一基本思想。为此,党在弘扬历史主动精神过程中需把为人民谋福祉作为价值导向,耐心聆听人民心声,切实保障人民利益,使弘扬历史主动精神的过程交融于增强人民幸福感、获得感的过程中,从而最大限度地激发人民创造力,进而充分释放人民群众的历史主动精神力量。另外,弘扬历史主动精神要求坚持党的群众路线不动摇,团结人民群众,凝聚人民智慧。群众路线是党的根本工作路线①,坚持群众路线,就能保证党与群众的血肉联系,保证党的各项工作的成功。它启示党在执政过程中要实现好、维护好、发展好最广大人民根本利益,紧紧抓住人民最关心、最直接、最现实的利益问题,坚持尽力而为、量力而行,深入群众、深入基层,采取更多惠民生、暖民心举措,着力解决好人民群众急难愁盼问题,为弘扬历史主动精神夯实组织基础和群众基础。一言以蔽之,新时代发扬历史主动精神必须团结和依靠人民群众。

(四) 将创新驱动作为当代弘扬历史主动精神的主旋律

基于理论和实践创新的历史创造是推动人类社会发展进步的重要途径,历史主动精神表达的是中国共产党将特殊的理论品格外化为鲜明的创新创造性以能动地朝向目标前进。历史主动精神内涵中的"主观能动"是对创新创造的内在诠释,换言之,创新创造是弘扬历史主动精神的必然要求。创新是党赢得历史主动、取得社会主义建设伟大成就的重要原因。历史主动精神本质上是党以马克思主义为指导,在变局中开新局、谋新篇,实现马克思主义与时俱进的政治品性。习近平总书记强调:"我们党的历史,就是一部不断推进马克思主义中国化的历史,就是一部不断推进理论创新、进行理论创造的历史。"② 在马克思主义中国化的历史征途中,党充分发挥创新创造精神,不仅丰富了马克思主义既有理论和观点,还结合时代环境,在实

---

① 蔡礼强. 中国共产党群众路线的本质属性与丰富内涵[J]. 甘肃社会科学,2022(1):8-15.
② 习近平. 在党史学习教育动员大会上的讲话[M]. 北京:人民出版社,2021:12.

践探索中融入新的内容，铸造新的思想理论体系，发现新的问题框架，形成符合中国国情的理论模式、理论视域和理论展开的逻辑形式，以此引导党团结带领人民铸成新的实践形式，使党创造了彪炳中华发展史和人类社会发展史的伟大奇迹。习近平总书记在党的二十大报告中指出："要以中国式现代化全面推进中华民族伟大复兴。"① 中国特色社会主义现代化道路是马克思主义中国化的原创成果，它使我国从西方资本主义"现代化包围圈"中突围而出。中国式现代化为人类实现现代化提供了新的选择，中国共产党和中国人民将继续为解决人类面临的共同问题提供更多更好的中国智慧、中国方案、中国力量，为人类和平与发展崇高事业做出新的更大的贡献。《中共中央关于党的百年奋斗重大成就与历史经验的决议》指出："中国式现代化道路，创造了人类文明新形态，拓展了发展中国家走向现代化的途径。"② 党团结带领人民取得的创新性成果，不是对我国历史文化的简单延续，不是对马克思社会主义著论的简单套用，不是对其他社会主义国家实践经验的简单模仿，而是党积极弘扬历史主动精神的原创版。这不仅超出了西方发达国家的政治理解，还向世界宣告了新的政治文明视野，充分彰显了党在推动人类文明进步和历史向前发展的创新创造精神。因此，弘扬历史主动精神必须将创新驱动作为当前我国社会主义事业发展的主旋律。

习近平总书记在党的二十大报告中指出："创新才能把握时代、引领时代。"③ 一切伟大成就源于实践创造，若囿于前人经验不肯创新，我们必然难以进步，不能掌握历史主动。如前所述，创新创造是新时代弘扬历史主动精神的必然要求。具体而言：一是要不断提高能力、增强本领。党员干部只有提升履职尽责的本领，不断加强学习和提高自身修养、增强履职尽责能力，才能更好地为人民办实事办好事，只有能力强了、本领大了，才有敢于创新创造的底气。提高政治悟性，要坚持用习近平新时代中国特色社会主义思想武装头脑，深刻领悟其思想要义并付诸行动，进一步强化我党化解危机、抵御风险的能力和本领。要充分发挥全面从严治党的政治引领和政治保障作用，不断清除一切损害党的先进性和纯洁性的因素，始终确保党是经得起各种诱惑、生气勃勃的先进政党。敢于向任何损害党的形象、分裂国家政权、危害国家和人民利益的言行亮剑，充分保障党和人民事业的顺利推进，切实维

---

① 刘志明，丁怡婷. 以中国式现代化全面推进中华民族伟大复兴[N]. 人民日报，2022-10-18(004).
② 中共中央文献研究室. 中共中央关于党的百年奋斗重大成就和历史经验的决议[M]. 北京：人民出版社，2021：64.
③ 共产党员网. 真理之光照亮复兴之路——从党的二十大看实现马克思主义中国化时代化新的飞跃[EB/OL]. (2022-10-19)[2022-10-21]. https://www.12371.cn/2022/10/19/ARTI1666142327430935.shtml.

护国家权益和人民的生命财产安全。二是瞄准机遇创新突破。党是敢于创新、善于创新的先进政党,党在各个关键历史节点总能以敢闯敢试、开拓进取的创新精神引领人民建功新时代、书写新辉煌。中国特色社会主义进入新时代,我们要学会从危机中育新机,于变局中开新局,善于洞察历史发展大势,主动出击,积极应变,把握时代命脉,找准时机不断实现创新突破,将党和人民事业推向新的历史高度①。

  总的来说,历史主动精神的精神主线、辩证特征和践行路径集中体现了党历史主动精神的历史性、客观性和实践性,蕴含着党区别于其他政党的理论性、能动性、创造性、人民性等先进特征,凸显的是党以强烈的历史自觉、历史自省、历史自信推进中国特色社会主义现代化事业向前发展的政治魄力。习近平总书记在党的二十大报告中指出:"中国人民的前进动力更加强大、奋斗精神更加昂扬、必胜信念更加坚定,焕发出更为强烈的历史自觉和主动精神。"② 风云变幻的时代环境向历史主动精神发起了呼唤。在百年征途中党因为掌握了历史主动而向前发展,未来党和人民只有继续发扬历史主动精神才能实现进阶发展,才能在全面建成社会主义现代化强国、实现第二个百年奋斗目标,以中国式现代化全面推进中华民族伟大复兴的道路上越走越远。

---

① 张跃胜,李妮. 第三个历史决议的理论逻辑、历史逻辑和实践逻辑[J]. 经济纵横,2022(7):13 – 19.
② 国家体育总局. 创造令人刮目相看的人间奇迹——党的二十大代表谈新时代十年的伟大变革[EB/OL]. (2022 – 10 – 18)[2022 – 10 – 20]. https://www. sport. gov. cn/n4/n24694634/n24694806/c24828259/content. html.

第三篇

中国式现代化的世界价值

作者简介

韩喜平,吉林大学党委副书记,马克思主义学院教授,博士生导师,经济学博士。教育部"长江学者"特聘教授,中央马克思主义理论研究和建设工程首席专家,国务院学位委员会第七、第八届学科评议组成员。入选国家"万人计划"哲学社会科学领军人才、全国文化名家暨"四个一批"人才、"国家百千万人才工程"国家级人选、教育部新世纪优秀人才,享受国务院政府特殊津贴。荣获国家有突出贡献中青年专家、全国劳模、全国优秀教师、全国优秀思想政治理论课教师、全国五一劳动奖章、全国先进工作者等荣誉称号。主要从事马克思主义基本原理、马克思主义发展史等研究。主持国家社科基金重大项目等课题20余项;公开出版专著和教材10余部,《中国特色社会主义民生制度建设研究》入选2022年度《国家哲学社会科学成果文库》;发表学术论文300余篇;研究成果获国家级教学成果奖、教育部高等学校科学研究优秀成果奖(人文社会科学)等多项科研奖励。

韩喜平、郝婧智：人类文明形态变革与中国式现代化道路

人类社会的进步过程就是人类文明的演进过程。各个国家在现代化进程中对发展道路的甄选加速了人类文明形态变革的周期与速率，深刻影响着处于人类文明形态之中的社会发展走向与个体存在方式。有着5000多年文明历史的中华民族为人类文明进步做出了不可磨灭的贡献。但近代以来，在帝国主义坚船利炮的打击下，中华民族遭受了前所未有的劫难，文明蒙尘。为实现中华民族伟大复兴，中国人民在中国共产党领导下经历了革命、建设、改革的伟大奋斗，实现了从温饱到小康、从消灭绝对贫困到全面建成小康，伟大的成就必将载入人类文明发展史册。习近平总书记在庆祝中国共产党成立100周年大会讲话中强调指出："我们坚持和发展中国特色社会主义，推动物质文明、政治文明、精神文明、社会文明、生态文明协调发展，创造了中国式现代化新道路，创造了人类文明新形态。"[1] 习近平总书记关于中华民族伟大复兴、中国式现代化、人类文明新形态等重要论述，丰富了我们对于人类文明的认识。中国式现代化是社会主义的现代化，"是人口规模巨大的现代化，是全体人民共同富裕的现代化，是物质文明和精神文明相协调的现代化，是人与自然和谐共生的现代化，是走和平发展道路的现代化"[2]。中国式现代化在世界面临百年未有之大变局的背景下，在推进中华民族伟大复兴的进程中，为那些既想发展又想独立的发展中国家实现现代化提供了新示范。

---

[1] 习近平. 在庆祝中国共产党成立100周年大会上的讲话[N]. 人民日报, 2021-07-02(001).
[2] 习近平. 把握新发展阶段　贯彻新发展理念　构建新发展格局[J]. 求是, 2021(9).

一、人类文明形态的历史回溯与当代变革

恩格斯指出:"一切社会变迁和政治变革的终极原因,不应当到人们的头脑中,到人们对永恒的真理和正义的日益增进的认识中去寻找,而应当到生产方式和交换方式的变更中去寻找。"① 人类文明形态随生产方式所决定的社会形态变化而不同,"发展方式变迁及其所带来的生存方式革命从深层次上决定文明形态变革"②。制度文明作为建立在不同所有制基础上的抽象文明形态,以人的存在形态与社会发展方式作为衡量其是否"先进"的标准,即具体体现为对人与自身、人与人、人与自然、人与社会、人与世界等关系问题的处理方式。基于此,需要通过遵循制度文明演进逻辑追溯人类文明形态的变革历程。以制度文明的维度划分人类文明形态,人类文明形态变革史可以视为从原始文明开始,经由奴隶制文明、封建文明,发展到资本主义文明和社会主义文明,人类文明形态在当代世界的表征形式主要是资本主义文明与社会主义文明。

(一) 资本主义文明的历史贡献与发展危机

在近代文明向现代文明的演进过程中,人类文明发展史以资本主义文明为主要形态,它经由西方现代化进程加速成熟与发展,确立了在当代世界文明形态的影响力。自15世纪萌芽以来,资本主义文明在西方资本主义国家的现代化进程中得以确立、成熟、发展,将人类从传统农业文明带入现代工业文明之中,对人类文明的进步有着不可磨灭的贡献,但也与之存在着不可调和的矛盾。一方面,资本主义文明极大地促进了生产力的发展。在理性主义、自由主义等思潮的驱使下,科学技术充分涌流,推动了工业革命、产业革命的顺利演进,使得"资产阶级在它的不到一百年的阶级统治中所创造的生产力,比过去一切世代创造的全部生产力还要多,还要大"③,这为工业文明逐渐取代农业文明准备了条件。恩格斯曾肯定:"文明时代是社会发展的一个阶段,在这个阶段上,分工,由分工而产生的个人之间的交换,以

---

① 中共中央马克思恩格斯列宁斯大林著作编译局. 马克思恩格斯选集:第3卷(第3版)[M]. 北京:人民出版社,2012:797 - 798.
② 袁祖社. 当代文明形态变革之主题自觉与中国式发展理念的实践—价值逻辑[J]. 学习与探索,2016(11):7 - 14.
③ 中共中央马克思恩格斯列宁斯大林著作编译局. 马克思恩格斯文集:第2卷[M]. 北京:人民出版社,2009:36.

及把这两个过程结合起来的商品生产,得到了充分的发展,完全改变了先前的整个社会。"① 在以先进生产力为基础的资本主义文明中,人从土地的束缚中得以解脱,人的思维方式、交往方式、存在方式随之发生了深刻变革。

另一方面,以私有制为基础、以资本逻辑为主要特征的资本主义文明给人类与世界带来了灾难。"当代资本主义的发展实践以铁一般的事实证明,以资本为中心的发展逻辑必然导致日益严重的社会矛盾和阶级冲突,当代资本主义社会的矛盾不是单一的,而是整个资本主义系统的结构性矛盾"。② 马克思指出:"资本来到世间,从头到脚,每个毛孔都滴着血和肮脏的东西。"③ 首先,人的主体性从属于物的主体性。以资本所有权为基础的文明形态,在物质文明繁荣丰富的同时,精神文明却极端荒芜,人自身的存在陷入异化状态,工具理性的最终价值旨归是资本的积累与增殖,所带来的后果是人的精神世界的荒芜与道德的沦丧、价值信仰的缺失、存在意义的迷茫。赫伯特·马尔库塞(Herbert Marcuse)通过研究工具理性下人为物役的状态,揭示出人在社会发展中的悲惨宿命,即发达工业社会下人非自由的状态"是由人作为一种单纯的工具、人沦为物的状况来决定的"④。其次,人与人之间在社会生产中结成了冷漠化、功利化的社会关系,加剧了贫富不均、两极分化等社会问题。"以物的依赖性为基础的人的独立性"是对资本主义文明中人的存在状态的经典概述,不完全的独立性加剧了人与人之间社会关系的对立程度,马克思在《资本论》中将其描述为"一个笑容满面,雄心勃勃;一个战战兢兢,畏缩不前"⑤。发达国家在现代化道路中所秉持的生产关系,在促进生产效率提高和社会发展方面起到了重要作用,但是其所呈现在资本家与工人之间的奴役、压迫,导致了商品拜物教、货币拜物教的兴盛,进而将剥削印刻在生产、分配、流通、消费的经济循环之中。再次,资本逻辑控制下人与自然关系的尖锐对立制约了人类生存发展潜力。以攫取式开发进行工业化建设的西方现代化,导致人与自然关系持续紧张、恶化,具体表现为:自然资源的极端占有,森林耕地面积急剧减少,淡水枯竭,各类环境污染问题日益严重,全球变暖等气候问题现实而紧迫,生态环境由局部性问题蔓延成全球性

---

① 中共中央马克思思格斯列宁斯大林著作编译局. 马克思恩格斯文集:第4卷[M]. 北京:人民出版社,2009:193.
② 孙乐强. 全球化时代的资本逻辑批判:一种可能的建构方案[J]. 求是学刊,2020(6):33-42.
③ 中共中央马克思思格斯列宁斯大林著作编译局. 马克思恩格斯选集:第2卷(第3版)[M]. 北京:人民出版社,2009:297.
④ [美]赫伯特·马尔库塞. 单向度的人:发达工业社会意识研究[M]. 上海:上海世纪出版集团,2008:28.
⑤ 中共中央马克思思格斯列宁斯大林著作编译局. 马克思恩格斯文集:第5卷[M]. 北京:人民出版社,2009:205.

生态危机。最后，资本主义文明下世界处于不和谐的动荡之中。在资本增殖性质的驱动下，西方资本主义现代化的发展之路，是资本不择手段地在全球范围内寻找廉价劳动力、原材料和开拓市场的侵略之路，是对内剥削、压迫劳动人民，对外殖民、扩张的血腥之路。直到今日，托马斯·皮凯蒂（Thomas Piketty）在《21世纪资本论》中依旧描述了不平等的全球财富分配以及资本主义贫富差距日益加剧的当代事实，西方国家依旧通过转嫁经济危机、干涉别国内政、挑起局部战争来维持全球产业链、利益链的高位。

（二）社会主义文明的发展趋势与形态引领

建立在剥削、压榨、不平等基础上的资本主义文明必然处于对抗性矛盾之中，这种不可调和性表现为文明的前进与不平等之间存在关联性，"随着文明而产生的社会为自己所建立的一切机构，都转变为它们原来的目的的反面"[①]。故此，资本主义文明"不论它较之旧制度如何合理，却决不是绝对合乎理性的"[②]。马克思与恩格斯立足于资本主义社会中异化关系的现实，揭示了资本逻辑下生产力、生产关系的存在范式，认为资本主义文明是"建立在劳动奴役制上的罪恶的文明"[③]，所以，以社会主义文明变革人类文明形态是符合全人类发展的价值诉求。马克思主义在理论与实践的维度上昭示了社会主义文明的发展方向。从理论的角度而言，根据对历史发展总趋势的把握，以及对人类文明形态变革相关思想的阐释，马克思主义指出"阵痛"是更高一级文明形态产生前的必然状态，社会主义国家的现代化道路肩负着整体人类文明形态变革的伟大使命，即在批判继承资本主义文明发展成果的基础上，致力于将人的存在状态由对物的依赖转向自由全面发展的新文明形态。从实践的角度而言，苏联、中国等社会主义国家对社会主义文明的开辟、发展，已使社会主义文明形态在现代社会中逐渐崭露头角，随着中国式现代化道路的成熟，社会主义文明作为人类文明新形态彰显出旺盛的生命力。总体而言，社会主义文明形态在价值选择中超越了资本主义文明形态，突破了"西方与东方""进步与落后""文明与愚昧""城市与乡村""平等与分化"等在现代化建设中的二元价值观。特别是新

---

① 中共中央马克思恩格斯列宁斯大林著作编译局. 马克思恩格斯文集：第9卷[M]. 北京：人民出版社，2009：146.

② 中共中央马克思恩格斯列宁斯大林著作编译局. 马克思恩格斯文集：第3卷[M]. 北京：人民出版社，2009：524.

③ 中共中央马克思恩格斯列宁斯大林著作编译局. 马克思恩格斯文集：第2卷[M]. 北京：人民出版社，2009：690.

冠疫情的全球蔓延使西方现代化模式在复苏世界经济与保障人类生命安全方面的短板暴露无遗,人类的前途、世界的发展都亟待新形态文明的引领。

二、中国式现代化道路对人类文明形态变革的探索

进入21世纪,人类社会面临的环境污染、贫富分化等问题日益严重,发展中国家按照西方理论在追赶发达国家的过程中出现了"中等收入陷阱""塔西佗陷阱",逆全球化、单边主义、恐怖主义等诸多现象暴露出资本主义文明的困境,人类发展、世界进步渴求新的发展模式、新的文明形态。马克思主义理论对人类自由解放与世界未来发展作了科学预设,以社会主义文明引领人类文明新形态是符合全人类共同利益的理论构建。中国共产党在领导革命、建立新中国与社会主义制度的过程中开启现代化历程。中国式现代化道路在继承马克思主义基本原理的同时,辩证地吸收、创造运用了中华文明优秀成果。中华文明具有"讲仁爱、重民本、守诚信、崇正义、尚和合、谋大同"①的优良基因,对确立完善中国式现代化道路提供了积极的文化资源。有着科学理论与准确实践的中国式现代化道路,承载着变革人类文明形态的历史使命与时代担当。

(一)在跨越"卡夫丁峡谷"中生发中国式现代化道路

从宏观历史进程的角度看,中国没有经历完整成熟的资本主义社会,缺乏相应的生产力发展基础。一穷二白、满目疮痍是中国式现代化道路的起点。就起点而言,中国式现代化道路没有可以参考的理论构想与实践样板,注定是更具有挑战,也更待于创新的现代化之路。马克思曾为落后国家跨越"卡夫丁峡谷"步入社会主义的可能性作了理论预设,"不一定非要等到这种矛盾在某一国家发展到极端尖锐的地步,才导致这个国家内发生冲突"②。作为社会主义现代化道路,中国式现代化道路的理论逻辑遵循马克思主义的指导,继承了马克思主义经典作家对资本主义社会异化现实的批判,以及对"现代国家、社会、政治、经济以及人的存在与发展"等问题的论证思想,通过社会主义、共产主义建设,将人类文明新形态旨归于人的全面发展与人类解放。中国式现代化道路的实践逻辑根植于中国共产党领导全民共建共

---

① 钟超. 阐扬中华文明 让世界更好认识中国[N]. 光明日报,2021-05-12(002).
② 中共中央马克思恩格斯列宁斯大林著作编译局. 马克思恩格斯选集:第1卷[M]. 北京:人民出版社,2009:196.

享的拼搏奋斗之中,历经革命和建设时期的探索阶段、改革开放时期的确立阶段、新时代以来的成熟发展阶段,在如期完成各阶段目标的基础上,中国式现代化进程从规模体量上的达标正在向质量效益上的飞跃转变,将变革以资本逻辑为特征的人类文明形态。

(二) 在确立、完善中国式现代化道路中探索人类文明新形态

中国式现代化道路是马克思主义基本原理与中国社会实际相结合的伟大成果。中国式现代化道路承袭了5000多年历史积淀而成的文化禀赋,淬炼于中国共产党的百年奋斗实践之中,因此它是承载中国梦的发展之路,有底气承接中国人民的理想希望与国家的前途命运。面对西方势力别有用心的同化,中国式现代化道路在批判继承人类文明成果的同时也坚守着内在特质。"中国共产党和中国人民将在自己选择的道路上昂首阔步走下去,把中国发展进步的命运牢牢掌握在自己手中"①。

中国式现代化道路起步于近代,确立在现代。中国在帝国主义的殖民扩张中惨遭坚船利炮的侵略,被迫打开国门。在亡国灭种的危机下,各方势力试图通过套用、照搬西方现代化模式,以资产阶级改良或革命的形式救亡图存,但在实践的检验中均以失败告终。以马克思主义为指导思想的中国共产党,领导中国人民推翻"三座大山",成功开启了一条谋求民族独立与人民解放的成功之路,革命的胜利、国家的独立为中国现代化进程提供了稳定的环境与经验。新中国成立以来,中国共产党领导人就意识到现代化道路是中华民族"站起来"的必然途径。1954年,毛泽东在第一届全国人民代表大会第一次会议上首次正式提出"四个现代化"的建设目标,即"现代化的工业、农业、交通运输业和国防"②。随着中国共产党领导人民完成三大改造,成功建立起社会主义制度,社会主义现代化模式在中国得以正式开启。1964年,周恩来在第三届全国人民代表大会第一次会议上强调:"要在不太长的历史时期内,把我国建设成为一个具有现代农业、现代工业、现代国防和现代科学技术的社会主义强国,赶上和超过世界先进水平。"③ 在现代化的实践中,虽然路径方法的偏颇也给后续中国式现代化道路的形成带来了教训,但是现代化建设一直是党和国家持之以恒追求的目标。

改革开放新时期,邓小平在党的理论工作务虚会上就中国式现代化道路的内涵

---

① 习近平. 在庆祝中国共产党成立100周年大会上的讲话[N]. 人民日报,2021-07-02(001).
② 本书编写组. 中华人民共和国第一届全国人民代表大会第一次会议文件[M]. 北京:人民出版社,1955:53.
③ 周恩来. 周恩来选集:下卷[M]. 北京:人民出版社,1984:439.

定位做出指示:"现在搞建设,也要适合中国情况,走出一条中国式的现代化道路。"① 自此,中国式现代化道路彻底从西方现代化与苏联现代化的固化模式中剥离出来,突破了"工业化"的范围,成为囊括政治、文化等多个领域的现代化道路。在厘清理论内涵的基础上,紧锣密鼓地全力实践是中国式现代化道路得以顺利发展的另一重要原因。"我们从八十年代的第一年开始,就必须一天也不耽误,专心致志地、聚精会神地搞四个现代化建设"②。党的十三大提出"三步走"战略,党的十五大提出"建国一百年时,基本实现现代化,建成富强民主文明的社会主义国家"③,中国共产党科学筹划、真抓实干,将中国现代化进程拉入正轨。中国式现代化道路在以要素优势融入国际经济大循环中发展经济体量,在科教文卫等各项事业的稳步推进中补齐内在短板,用"富起来"的事实有力回击了国际社会中对"社会主义现代化"的攻评与质疑,特别是社会主义市场经济体制的确立彻底扭转了以往现代化建设中对于"政府与市场关系"的二元对立误区,全面解放了决定人类文明形态变革的生产力因素。中国式现代化道路从探索到开启,再到形成,向世界昭示了"贫穷不是社会主义",社会主义的根本任务是"解放和发展生产力"等关于社会主义本质命题的科学性与实践性,为科学社会主义能够变革人类文明形态提供了有力佐证。

中国式现代化是规模上的现代化,更是质量上的现代化,人口规模与历史因素并不能阻止中国式现代化道路对高质量的追求。党的十八大以来,担负着中华民族伟大复兴和人民美好生活实现需要的中国式现代化道路进入完善阶段。首先,坚守制度本色是中国式现代化道路的立身之本。在中国式现代化道路的完善阶段,既要求在工业现代化、科技现代化等方面争创一流,也要求在国家治理体系和治理能力方面实现现代化要求,在全面深化改革中,提升中国式现代化道路防范风险、应对挑战的能力,以成熟稳定的中国特色社会主义制度为现代化道路保驾护航。其次,注重在发展目标、发展理念、发展方式上的整体性变革,由侧重"量的积累"向"质的飞跃"转变,由对规模与速度的追求向依靠创新驱动经济、社会、生态等领域的发展转变。高质量发展主题要求中国式现代化道路完整认知、准确全面地贯彻"创新、协调、绿色、开放、共享"的新发展理念,以平衡充分的发展满足人民对美好生活的需要。在战略机遇期,构建以国内大循环为主体、国内国际双循环相互促进的新发展格局,要求在把握"两个大局"中主动求变,将中国经济发展方向由

---

① 中共中央文献研究室,编. 邓小平年谱(1975—1997):上[M]. 北京:中央文献出版社,2004:229.
② 邓小平. 邓小平文选:第2卷[M]. 北京:人民出版社,1994:194.
③ 中共中央文献研究室. 十五大以来重要文献选编:上[M]. 北京:人民出版社,2000:4.

外向型向内生型转型,为社会主义现代化建设提供稳定的内在支持。中国式现代化道路在理论与实践的交融中取得了瞩目成就。截至2020年年底,国家经济总量突破百万亿元,人均国内生产总值超过1万美元①,步入中等偏上收入国家行列,全国居民人均可支配收入由171元增加到3.2万元②;绝对贫困得以消除,为人类减贫事业做出了历史性贡献;九年义务教育巩固率为95.2%③,劳动年龄人口受教育年限由1950年的1.21年④提高至10.75年⑤;有近10亿人参保全国基本养老保险,基本医疗保险覆盖超过13亿人,参保率超过95%⑥,涵盖养老、就业、医疗、生育等多个方面的社会保障体系愈加完善,成为世界上名副其实的最有存在感与幸福感的国家之一。在建党百年之际,习近平总书记庄严宣告全面小康社会的建成为2035年基本实现社会主义现代化夯实了基础。党的十九大提出新"两步走"战略,通过"2035年基本实现现代化"和"本世纪中叶建成社会主义现代化强国"来实现第二个百年奋斗目标。正确把握全面建成社会主义现代化强国目标是走好中国式现代化道路的前提。首先,"全面"表达的是在统筹推进"五位一体"总体布局、协调推进"四个全面"战略布局中推进社会主义物质文明、政治文明、精神文明、社会文明、生态文明的全面建设;其次,"强"是在目标意义上对"富强民主文明和谐美丽"的总体定位,经由"全面"之法,才能走出"强国"之路,中国式现代化道路在路径安排与目标定位上,突破了西方现代化模式的单一限定,为人类文明新形态提供了系统完整的变革范本。

新时代下的中国式现代化道路是在规模基础上追求质量效益的成功之路,是兼顾自身与世界共同发展的担当之路,对于人类文明形态的引领更添几分底气与实力,而这些是与党的领导、人民至上等内生优势紧密相关的。首先,党的领导是中国式现代化道路的根本保证。"没有中国共产党的领导,民族复兴必然是空想"⑦,中国

---

① 宁吉喆."十四五"规划的重要意义及其与2035年远景目标的内在逻辑[J].人民论坛,2020(34):6-10.
② 国家统计局.中华人民共和国2020年国民经济和社会发展统计公报[N].人民日报,2021-03-01(011).
③ 国家统计局.中华人民共和国2020年国民经济和社会发展统计公报[N].人民日报,2021-03-01(011).
④ 高培勇.经济高质量发展理论大纲[M].北京:人民出版社,2020:176.
⑤ 国务院第七次全国人口普查领导小组办公室负责人接受中新社专访[EB/OL].国家统计局网站,http://www.stats.gov.cn/tjsj/zxfb/202105/t20210513_1817432.html.
⑥ 郭同欣.统筹疫情防控和经济社会发展的新答卷[EB/OL].国家统计局网站,http://www.stats.gov.cn/tjsj/sjjd/202105/t20210528_1817940.html.
⑦ 习近平.决胜全面建成小康社会 夺取新时代中国特色社会主义伟大胜利——在中国共产党第十九次全国代表大会上的报告[M].北京:人民出版社,2017:16.

共产党作为时刻保持先进性的政党,其在现代化事业中"主心骨"的地位在历史与实践的反复检验中深入人心。因此,加强党对社会主义现代化事业的全面领导,增强"四个意识"、坚定"四个自信"、自觉做到"两个维护"是中国式现代化道路的政治保证。其次,坚持好、贯彻好人民立场是中国式现代化区别于西方现代化的根本维度。人民是国家的主人,是中国式现代化道路的实践者与享受者,在目的方向、范围维度、路径方式、评价标准等方面,中国式现代化道路始终秉持"人民至上"的价值追求。这是破解资本逻辑下人与社会发展困境的最优解。

三、创造人类文明新形态的中国式现代化道路

在资本主义文明的桎梏与压抑中,马克思主义提出"管理上的民主,社会中的博爱,权利的平等,教育的普及"① 的人类文明理想形态,为发展中国家的建设与劳苦大众的奋斗指明了方向。21世纪的世界正在经历着"文明重心转移","东方尤其是亚洲与太平洋地区便成为文明中心移动的目标"②,中国式现代化道路有实力承接人类文明形态变革的时代责任,通过深层次变革生产力、生产关系、人自身存在方式等因素,打造人与社会之间良性互动的文明新形态。中国式现代化道路通过百年的探索实践,在现代化的理论构建与实践成就上成功地突破西方国家现代化模式、超越苏东现代化模式,开辟了新型现代化道路。走出一条中华民族实现"站起来""富起来""强起来"的全面、和谐、协调、开放的现代化道路,其成就具有世界性,经验具有开创性,模式具有引领性,"其结果可能为人类的文明提供一个全新的文化起点"③。

其一,从人与自身、人与人之间关系的角度看,中国式现代化道路以共同富裕基础上人与社会的全面发展为发展目的。西方现代化道路建立在资本积累和劳动人民积贫积弱基础上,伴随着生产发展的是贫富分化与阶级固化的不断加深,畸形的生产关系限制了生产力的发展活力。为确证人自身的存在意义,打造适应生产力的生产关系,需要将共同富裕作为现代化发展的价值目的,彻底革新人类文明形态。首先,人的存在方式是评判和确证文明形态是否"文明"的标准之一。"我们越往

---

① 中共中央马克思恩格斯列宁斯大林著作编译局. 马克思恩格斯文集:第4卷[M]. 北京:人民出版社,2009:198.
② 于文杰. 文明重心转移对于中国意味着什么[J]. 人民论坛,2015(29):23-25.
③ [英]阿诺德·汤因比. 历史研究[M]. 上海:上海人民出版社,2000:394.

前追溯历史，个人，从而也是进行生产的个人，就越表现为不独立，从属于一个较大的整体"①，人的主体性伴随文明程度的加深而凸显。"共同"与"富裕"皆是社会主义本质的生动彰显，"共同"指向于中国14亿人口，无关区域、城乡、民族的区分；"富裕"相对于"贫困"而言，是以充分的发展成果将人从对物的依赖性中逐渐解放出来，实现全面发展。其次，人与人在生产中结成的社会关系影响着文明进程，建立在生产资料公有制基础上的中国式现代化道路，决定了社会主义的生产关系超越了资本主义私有制基础上的生产关系，从根本上消除了人自身存在的物化、人与人之间关系的对抗性。共同富裕强调在以社会发展成果惠及全体人民、为全体人民的全面发展提供物质基础的同时，也是号召以全面发展的人共同推进社会的富裕、进步，以共同富裕贯通人与社会发展良性互动。党的十九届五中全会关于"人的全面发展、全体人民共同富裕取得更为明显的实质性进步"等论述，描绘了共同富裕的发展方向。通过缩小地区差距、城乡差距、收入差距，渐进地、持续地推进共同富裕，坚决防止西方现代化中两极分化问题的重演，旨归于以共建共享的方式实现人自身的解放、人与人之间关系的和谐。

其二，从人与社会的角度看，中国式现代化道路秉持物质文明与精神文明协调共进的发展原则。西方国家的现代化道路曾不惜代价地追逐经济增长，资本逻辑下物质文明与精神文明的失衡导致人精神世界的缺陷、道德的滑坡，进而引发的问题值得警醒。马克思主义重视物质生产之于人类历史的重要意义，但是从未将经济因素视为唯一决定性的因素。恩格斯对经济基础与上层建筑的关系有过论证："经济状况是基础，但是对历史斗争的进程发生影响并且在许多情况下主要是决定着这一斗争的形式的，还有上层建筑的各种因素。"② 中国式现代化道路坚持"'两手抓、两手都要硬'，以辩证的、全面的、平衡的观点正确处理物质文明和精神文明的关系"③，在把握物质文明和精神文明内在统一性基础上，辩证运用二者间关系，更好地推进社会主义现代化。首先，物质文明是精神文明的前提和基础，经济实力、科技实力等综合国力是保卫中国式现代化道路成果的前提，是实现国家富强、民族复兴、人民幸福的实力保证。其次，精神文明反作用于物质文明，是为现代化建设凝心聚力的精神力量，先进的精神对物质文明建设具有积极促进作用，正所谓"没有

---

① 中共中央马克思恩格斯列宁斯大林著作编译局. 马克思恩格斯文集：第8卷[M]. 北京：人民出版社，2009：6.

② 中共中央马克思恩格斯列宁斯大林著作编译局. 马克思恩格斯选集：第4卷[M]. 北京：人民出版社，2009：604.

③ 中共中央文献研究室，编. 习近平关于社会主义文化建设论述摘编[M]. 北京：中央文献出版社，2017：126.

社会主义文化繁荣发展,就没有社会主义现代化"①,中国式现代化道路在选择发展手段与评析发展成果的问题上,不追求极端的唯一性与片面性,更倾向于以"全面性"的原则化解矛盾。在要求物质生活水平提高、家家仓廪实衣食足的同时,也要兼顾人民精神文化生活,实现人人知礼节、明荣辱。"十四五"时期更是要"推动形成适应新时代要求的思想观念、精神面貌、文明风尚、行为规范"②,深刻践行社会主义核心价值观,实现物质实力与精神实力并蓄中的国富民强,将国家层面的物质充裕、精神充盈与民众层面的生活富足、精神整全统一把握。

其三,从人与自然关系的角度看,中国式现代化道路践行着人与自然和谐共生的绿色发展理念。文明形态之间的区分标准之一是生产力,即"不在于生产什么,而在于怎样生产,用什么劳动资料生产"③。在向现代工业社会转型的过程中,"先污染,后治理"的西方现代化理念给世界带来至今都无法消解的生态危机,危及人的生存基础,也限制了自然蕴含的生产力的潜质。以此为鉴,习近平总书记强调:"我们要建设的现代化是人与自然和谐共生的现代化。"④ 地球资源的有限性与发展的无限性之间的矛盾,提醒中国式现代化不能复制西方模式,中国式现代化需要走出一条节约资源、保护环境、绿色低碳的新型发展道路,要突破西方现代化道路中占有、索取的单向度生产范式,实现经济建设与生态建设并行展开的双向度生产范式。党的十九届五中全会在对"十四五"期间"人与自然关系问题"的处理上做出充分安排,要求深化可持续发展战略、积极推进经济社会发展的全面绿色转型,让建设生态文明体系成为系统性工程。中国式现代化道路遵循马克思主义生态观,践行绿色发展理念,以人与自然和谐共生的思路为现代化道路的布局与策略提出了新的方式方法,走好辩证把握守护绿水青山与发展金山银山的高质量、持续性现代化之路,同步推进经济建设和生态文明建设,在释放生产能力的同时保护发展潜力,以保护生态的文明发展观念创造有序和谐的现代化之路,这种生态文明是人类文明发展的新形态。

其四,从人与世界的角度看,中国式现代化道路是兼顾"人民幸福"与"人类解放"的和平发展方式。中国式现代化道路的责任使命中有对中国人民美好幸福生

---

① 习近平. 在教育文化卫生体育领域专家代表座谈会上的讲话[M]. 北京:人民出版社,2020:4.
② 本书编写组. 中华人民共和国国民经济和社会发展第十四个五年规划和2035年远景目标纲要[M]. 北京:人民出版社,2021:102.
③ 中共中央马克思恩格斯列宁斯大林著作编译局. 马克思恩格斯文集:第5卷[M]. 北京:人民出版社,2009:210.
④ 习近平. 决胜全面建成小康社会 夺取新时代中国特色社会主义伟大胜利——在中国共产党第十九次全国代表大会上的报告[M]. 北京:人民出版社,2017:50.

活的承载，也有对全人类构建人类命运共同体的担当。资本主义文明下的世界历史发展趋势是"使农村从属于城市，使未开化和半开化的国家从属于文明的国家，使农民的民族从属于资产阶级民族，使东方从属于西方的过程"①，包含着"依附""从属"色彩的发展方式必然构建出剥削压迫的不平等关系。相比给世界和人类带来战争与侵略的西方现代化道路，中国式现代化道路坚持马克思主义对人类整体未来的关怀，遵循和平的文明发展观，秉持和平理念，坚持走和平发展道路。和平发展道路作为中国式现代化道路的方式特征，是对殖民主义、侵略扩张的全面否定。中国式现代化道路打破了"从属"模式，为人类文明的发展开拓了"平等"的发展方式。长久以来，中国以积极负责任的大国形象受到国际社会的认可，在国际交往中始终奉行独立自主的和平外交政策，在国际问题的处理上秉持和平共处五项原则，坚持多边主义，反对霸权主义、单边主义、强权政治，积极推动人类命运共同体的构建，将中国的发展红利、发展成果、发展方案反馈给世界，推动平等共赢关系的构建。"十四五"时期，在推进社会主义现代化强国目标过程中，党和国家秉持和平发展的理念，坚持总体国家安全观，建设平安中国，为中国与世界的发展营造稳定和谐的外部环境。

其五，从中国与发展中国家的角度，中国式现代化道路为广大发展中国家的后续建设提供了有效参考。20世纪70年代，伴随西方新自由主义思潮的兴起，西方现代化方案被普遍认为"是人类走向现代化过程中唯一的选择，终结了其他可能性，具有无条件的、绝对的对外扩散的道义优先性"②。对于广大发展中国家而言，"现代化就是摆脱不发达状态、赶超发达国家的发展过程"③，然而，照搬西方模式所引发的"中等收入陷阱""周期性经济危机""世界性生态危机"等问题却将那些发展中国家带入了发展瓶颈。但是，中国式现代化道路的确立与发展，创造了实现现代化进程的最小代价方式，将正向成果与负面代价的利害冲突降到最低，彻底粉碎了西方现代化模式的"历史终结论"，将人类文明引向新纪元。中国式现代化道路作为行之有效的样本，昭示着"推动一个国家实现现代化，并不只有西方制度模式这一条道"④的道理，为发展中国家现代化建设提出新的参考标准，解决了百年来发达国家现代化建设中的一些问题，动摇了西方现代化"唯一""神圣"的地

---

① 中共中央马克思恩格斯列宁斯大林著作编译局. 马克思恩格斯选集：第1卷[M]. 北京：人民出版社，2009：405.
② 赵英红. 马克思世界历史视阈下的中国现代化道路研究[J]. 理论建设，2020(4)：43-49.
③ 罗荣渠. 现代化新论——中国的现代化之路[M]. 北京：华东师范大学出版社，2013：12-13.
④ 中共中央文献研究室，编. 习近平关于社会主义政治建设论述摘编[M]. 北京：中央文献出版社，2017：7.

位,"给世界上那些既希望加快发展又希望保持自身独立性的国家和民族提供了全新选择"①,以中国智慧和中国方案解决人类问题、发展难题、世界课题。这一切都预示着以中国式现代化道路为支撑的社会主义文明将作为人类文明新形态,为世界各国的发展提供新活力、新动力、新推力。

总之,现代化是整体性、综合性的发展概念,涵盖经济发展、政治原则、社会制度、思想意识、文化历史、民生保障、生态环境等与人类思想意识和实践方式相关的诸多领域,通过影响生产力、生产关系、人的存在方式等,推动人类文明形态的变革。但是,意识形态下的制度差异会使得现代化道路在价值立场、目的方向、评价标准上存在不同的倾向。中国式现代化道路是基于科学社会主义中关于未来社会形态与人类解放思想的预设,贯彻马克思主义基本原理和基本方法的社会主义现代化道路,在博大精深的中华文明与复杂多变的时代背景共同影响下形成的创新型现代化模式。中国式现代化道路坚持社会主义原则,突破了西方资本逻辑架构下现代化的发展局限,形成了异于西方现代化方案的发展目标、发展模式、价值导向,超越了资本主义文明对社会发展的限制和对人类存在的桎梏,为发展中国家的现代化道路提供了值得借鉴的理论基础和实践方案。同时,中国式现代化道路通过"创造性转化、发展中国传统文化,吸收和借鉴人类现代化经验和文明成果,发展了马克思主义社会发展理论"②,在抽象理论与具体实践层面丰富了一般意义上现代化文明的内涵价值。

"历史不过是追求着自己目的的人的活动而已"③,中国现代化道路虽然形成了稳定成熟的理念观点和规律性的实践方法,但并不代表这是永恒固定的万能范本,在中华民族伟大复兴的战略全局与世界百年未有之大变局的影响下,需要以发展的观念把握中国式现代化道路的动态属性与适用情况。中国式现代化道路虽然创造了人类文明新形态,但是如何通过中国式现代化道路巩固人类文明新形态,如何正确地、持续地、深刻地引领人类世界的未来发展,如何时刻在经济全球化与世界多极化的趋势中保持中国式现代化道路的科学性、开放性,都需要在日后的研究中秉持多学科视角和辩证思维,进行深刻持续的学术探索。

---

① 习近平.习近平谈治国理政:第3卷[M].北京:外文出版社,2020:8-9.
② 韩喜平,巩瑞波.中国特色社会主义拓展了发展中国家走向现代化的途径[J].国外理论动态,2018(3):1-8.
③ 中共中央马克思恩格斯列宁斯大林著作编译局.马克思恩格斯文集:第1卷[M].北京:人民出版社,2009:295.

作者简介

何自力,南开大学经济学院教授,经济学博士,博士生导师,南开大学经济学院原副院长,中国经济发展研究会副会长兼秘书长,中国政治经济学研究会原副会长。出版《法人资本所有制与公司治理》《高级政治经济学》《用中国特色社会主义政治经济学讲好中国故事》《中国模式的政治经济学分析》《去工业化、逆全球化与经济停滞常态化》等著作;中央马克思主义理论研究与建设工程重点教材——《马克思主义基本原理概论》《马克思主义政治经济学概论》《马克思主义经济学说史》编写组主要成员;在《求是》《红旗文稿》《马克思主义研究》《政治经济学评论》《政治经济学研究》《人民日报》《光明日报》《经济日报》等期刊、报纸发表论文200余篇。主要研究领域为马克思主义政治经济学基本原理、中国特色社会主义政治经济学、现代资本主义。

何自力：中国式现代化的中国特色与世界贡献

习近平总书记强调："中国式现代化，是中国共产党领导的社会主义现代化，既有各国现代化的共同特征，更有基于自己国情的中国特色。"① 深刻把握中国式现代化的中国特色，对于坚定中国式现代化道路自信、以中国式现代化推动全面建设社会主义现代化强国、实现中华民族伟大复兴中国梦，具有十分重要的理论意义和现实意义。

一、中国式现代化是中国共产党领导的社会主义现代化

现代化是人类社会由传统社会向工业社会转变的过程，是经济基础与上层建筑相互作用的产物。资本主义现代化以资本主义私有制为基础，资本主义的上层建筑与经济基础相互作用，共同推动资本主义现代化的发展。资本主义现代化始终伴随着无产阶级与资产阶级之间的矛盾和对抗，资本主义基本矛盾的不断激化使得财富占有的两极分化不断加深，并导致经济危机反复发生。资产阶级虽然进行干预，但由于其代表少数大资本家的利益，不能从根本上解决矛盾和危机。可见，资本主义现代化是生产力与生产关系之间、上层建筑与经济基础之间矛盾不断深化的过程，资本主义社会政治与经济的矛盾具有不可调和性。

与资本主义现代化不同，中国式现代化是中国共产党领导的社会主义现代化，党的领导是中国式现代化的最大特色，体现了政治与经济的高度统一。人民性是马克思主义最鲜明的品格，始终同人民在一起、为人民利益而奋斗，是马克思主义政

---

① 习近平. 高举中国特色社会主义伟大旗帜　为全面建设社会主义现代化国家而团结奋斗——在中国共产党第二十次全国代表大会上的报告（2022 年 10 月 16 日）[N]. 人民日报,2022 – 10 – 26(002).

党同其他政党的根本区别。中国共产党始终代表最广大人民根本利益，在推动社会主义现代化进程中，一方面，党的领导通过国家治理体系转化为领导体制、工作机制和管理方法，贯彻党的基本理论、基本路线、基本方略，推动立法、司法和行政部门维护社会主义经济制度和正常经济秩序，从上层建筑的角度确保和促进生产力发展；另一方面，党对经济工作的集中统一领导确保党代表全体人民根本利益深入到社会经济生活全过程，始终关注民生、保障民生、改善民生，使人民群众在共建共享中有更多获得感。中国式现代化坚持党的领导，克服了资本主义现代化只为少数人的利益服务的弊端，始终以维护和实现最广大人民根本利益为出发点和落脚点，为政治稳定、经济发展、民族团结、社会稳定提供了根本保证，具有无可比拟的优越性。

二、中国式现代化是人口规模巨大的现代化

当今世界各国各地区发展能力和发展水平差别巨大，真正实现现代化的国家和地区是少数，覆盖的人口规模不到世界总人口的1/8。党的十八大以来，我们坚持精准扶贫、尽锐出战，打赢了人类历史上规模最大的脱贫攻坚战。2021年，我国宣布现行标准下农村贫困人口全部脱贫，历史性地解决了绝对贫困问题，全面建成了小康社会，这不但标志着我国社会主义现代化建设取得伟大历史性成就、中国人民彻底摆脱了贫困的困扰，而且意味着人类减贫事业取得重大进展，为人类进步事业做出巨大贡献。中国14亿多人口整体迈进现代化社会，规模超过现有发达国家人口的总和，改写了现代化的世界版图，为推动人类社会迈向现代化做出巨大贡献。

当前，我国人均国内生产总值已经超过1万美元，拥有全球规模最大中等收入群体，具有超大规模的市场优势，这在当今世界是绝无仅有的。巨大的市场意味着具有强大的供给能力和庞大的需求潜能，为实现经济持续发展提供强大支撑，同时也意味着具有强大的抵御外部风险和危机的能力，一旦外部经济环境发生重大变故，巨大的市场可以确保国民经济稳定、人民生活安全。在更加积极主动的开放战略下，我国经济已深度融入世界经济，中国的发展离不开世界，世界的发展也需要中国。我国巨大的市场对于深受西方国家经济停滞和外溢效应拖累的全球经济走出困境是不可多得的机遇，我国与世界各国合作发展，互利共赢，必将推动世界经济实现更有活力、更加包容、更可持续的发展。

三、中国式现代化是全体人民共同富裕的现代化

现代化在本质上是人的现代化,现代化的性质不同,人的现代化的实现结果也大不相同。资本主义现代化借助现代科技积累了庞大的社会财富,在财富分配上却存在严重的两极分化,日益严重的两极分化使资本主义现代化黯然失色,难以充当世界各国追求和实现现代化的样板。

社会主义现代化与资本主义现代化有本质的不同。共同富裕是科学社会主义的基本原则。我们党在社会主义革命、建设、改革的各个历史时期不断探索和推动社会主义生产方式变革,使全体人民共享改革和发展成果,朝着共同富裕的方向稳步前进。党的十八大以来,以习近平同志为核心的党中央顺应人民群众对美好生活的向往,坚持以人民为中心的发展思想,把逐步实现全体人民共同富裕摆在更加重要的位置。我国现代化自觉主动解决地区差距、城乡差距、收入分配差距,促进社会公平正义,逐步实现全体人民共同富裕,坚决防止两极分化。

经过长期的努力奋斗,我们党领导全国人民完成了全面建成小康社会的伟大任务,朝共同富裕的伟大目标迈出了坚实的步伐。我国建成世界上规模最大的教育体系、社会保障体系和医疗卫生体系,教育普及水平实现历史性跨越,以最低生活保障、特困人员供养、就业救助、临时救助等为内容的社会救助制度得以建立,形成了保障困难群众基本生活的安全网。基本养老保险覆盖10.4亿人,城乡居民住房条件明显改善。统一城乡户口登记制度,保障农业转移人口和其他常住人口在教育、医疗、养老等公共服务上的平等权利。人民生活质量不断改善,消费水平和消费质量不断提高。这些成就的取得使人民群众获得感、幸福感、安全感更加充实,更有保障,更可持续,标志着共同富裕取得了重大进展。

四、中国式现代化是物质文明和精神文明相协调的现代化

历史唯物主义认为,物质资料生产活动是人类社会生存和发展的基础,人类只有首先满足了衣食住行等物质需要,才能进一步从事艺术、文化等精神活动,物质生活与精神生活是辩证统一的。现代化的根本任务就是既要以科技进步为支撑、以提高劳动生产率为手段推动和实现物质财富不断丰富,又要加强政治建设、社会建设、文化建设、法治建设、生态文明建设,切实保证人民群众对民主参与、精神文

化、公平正义、社会和谐、环境友好等方面的需求，使人们能够更加自觉、更为主动、更加自由地从事社会生产和社会交往活动。

现代化的进程总是在特定的生产力发展水平上进行的，与特定的生产关系和上层建筑结合在一起。马克思指出，资本主义条件下的劳动是异化劳动，劳动者的劳动异化为被资本家奴役的对象，工人的劳动产品异化为支配和控制劳动者自身的对立物，工人在劳动中"不是肯定自己，而是否定自己，不是感到幸福，而是感到不幸"。在当代资本主义社会，物质财富占有的两极分化粉碎了资产阶级粉饰资本主义制度的漂亮辞藻。与两极分化相伴随的是资本主义精神和文化没落日益加快、如选举政治沦为金钱操控的游戏、政府决策效率低下、社会价值观分裂加剧等。

与资本主义现代化不同，物质富足、精神富有是社会主义现代化的根本要求。社会主义建立在生产资料公有制基础上，消除了异化劳动赖以存在的经济基础和社会基础。在新时代中国特色社会主义条件下，人民群众的物质生活和精神生活都要富裕，为此，在推动实现共同富裕的过程中，要切实做到全体人民共享国家经济、政治、文化、社会、生态各方面建设成果，全面保障人民群众在各方面的合法权益。中国式现代化将满足人民群众物质生活需要与满足人民群众精神生活需要统一到共同富裕范畴，拓展了人民群众对美好生活向往的丰富内涵，体现了社会存在与社会意识辩证统一的唯物史观。在中国式现代化的推动下，我们不断厚植现代化的物质基础，夯实人民幸福生活的物质条件，同时大力发展社会主义先进文化，加强理想信念教育，传承中华文明，有力地推动了物的全面丰富和人的全面发展。

五、中国式现代化是人与自然和谐共生的现代化

人与自然的关系是人类社会最基本的关系，人与自然和谐共生，人类的生存和发展就充满了机遇和希望，反之，人类的生存和发展就面临挑战和灾难。资本主义现代化的制度体制无法有效平衡个人利益与社会利益的矛盾，难以克服资本在逐利动机驱使下为谋求个人利益最大化而对自然资源和生态环境的掠夺和破坏，这是物质文明与生态文明相脱节、人与自然不和谐的重要制度原因。西方现代化道路的深刻教训是：一个仅仅以个人利益最大化为追求目标的社会，是不可能实现人与自然和谐共生的。

中国式现代化追求人与自然和谐共生。习近平总书记强调指出："人与自然是生命共同体。……保护生态环境就是保护自然价值和增值自然资本，就是保护经济

社会发展潜力和后劲,使绿水青山持续发挥生态效益和经济社会效益。"[1] 我们党对中国式现代化道路的新认识,为推动生态文明建设,实现物质文明与生态文明相统一、人与自然和谐共生指明了前进的方向。过去10年,在以习近平同志为核心的党中央坚强领导下,我们党着力建立健全绿色低碳循环发展的经济体系,推进能源生产和消费革命;着力构建市场导向的绿色技术创新体系,大大提高绿色生态财富价值的创造和积累;着力推进资源全面节约和循环利用,实现生产系统和生活系统循环链接,倡导简约适度、绿色低碳的生活方式,开展创建节约型机关、绿色家庭、绿色学校、绿色社区和绿色出行等行动;着力建立绿色生产和消费的法律制度和政策导向,用制度和政策严格规范绿色生产和绿色消费行为,推动绿色发展方式的形成和建立。经过长期持续的努力奋斗,我国生态文明制度体系更加健全,绿色、循环、低碳发展迈出坚实步伐,生态环境保护发生历史性、转折性、全局性变化,我们的祖国天更蓝、山更绿、水更清。

六、中国式现代化是走和平发展道路的现代化

从各国实现现代化的历史看,率先走上现代化道路的国家大都有战争、殖民、掠夺的不光彩记录。18世纪英国率先发生工业革命,为向外推销工业产品和保证原材料稳定供应,英国用武力在全世界开疆拓土,殖民地遍布亚洲、非洲、拉丁美洲等。美国资本主义的发展史就是一部战争和扩张史,自1776年建国以来美国有91%的年份都处于战争之中。战争伴随着领土扩张,美国的国土面积从最初约80万平方千米增加到现在的约937万平方千米,足足扩张了10倍多。

中国式现代化不走资本主义国家的老路。中国坚持维护世界和平,致力于推动构建人类命运共同体,走出一条中国式和平发展的现代化道路。其主要特点有:坚持对外开放的基本国策,不断以中国新发展为世界提供新机遇,更好惠及各国人民;坚定维护国际公平正义,倡导践行真正的多边主义,坚定维护以联合国为核心的国际体系、以国际法为基础的国际秩序、以联合国宪章宗旨和原则为基础的国际关系基本准则,推动构建新型国际关系;推动构建和平共处、总体稳定、均衡发展的大国关系格局,深化同周边国家友好互信和利益融合,加强同发展中国家团结合作,维护发展中国家共同利益;坚持经济全球化正确方向,推进双边、区域和多边合作,

---

[1] 习近平. 推动我国生态文明建设迈上新台阶[J]. 求是,2019(3):7.

共同营造有利于发展的国际环境,共同培育全球发展新动能;积极参与全球治理体系改革和建设,践行共商共建共享的全球治理观,推动全球治理朝着更加公正合理的方向发展;坚持世界各国弘扬和平、发展、公平、正义、民主、自由的全人类共同价值,以文明交流超越文明隔阂、文明互鉴超越文明冲突、文明共存超越文明优越,共同应对各种全球性挑战。

中国坚持走和平发展现代化道路,旗帜鲜明反对一切霸权主义和强权政治,推动构建新型国际关系,赢得了广泛国际赞誉,我国的国际影响力、感召力、塑造力显著提升。

作者简介

王岩,哲学博士,教育部长江学者特聘教授、国家级教学名师;教育部新世纪优秀人才、国家百千万人才工程人才;享受国务院政府特殊津贴专家。中国历史唯物主义学会"当代中国政治文化与政治发展专业委员会"理事长;教育部高校马克思主义理论类专业、思政课教指委委员;江苏省高校教指委副主任;国家社科基金重大项目、教育部社科基金重大课题攻关项目首席专家。从事马克思主义政治哲学、当代中国社会思潮研究。现为江苏省习近平新时代中国特色社会主义思想研究中心南京航空航天大学基地执行主任,马克思主义学院博士生导师;上海交通大学特聘教授,国际与公共事务学院博士生导师。

王 岩、吴媚霞：中国式现代化新道路与人类文明新形态的内在逻辑

习近平总书记在庆祝中国共产党成立100周年大会上庄严宣告："我们坚持和发展中国特色社会主义，推动物质文明、精神文明、政治文明、社会文明、生态文明协调发展，创造了中国式现代化新道路，创造了人类文明新形态。"[①] 这一科学论断，立足人类文明演进和社会发展，将中国式现代化新道路提升到了"人类文明新形态"的高度，发出了人类文明形态的中国宣言，是对中国特色社会主义伟大成就的最新概括。国家要繁荣、民族要兴盛，就必须合乎历史前进逻辑，顺应时代发展潮流。中国是有着五千年文明史的古老国度，中华文明曾长期处于世界前列，为人类文明发展进步做出了巨大贡献。近代以来，国家蒙辱、人民蒙难、文明蒙尘。自此，实现中华民族伟大复兴，就成了亿万中华儿女共同的梦想。为了追求梦想，我们党团结带领人民上下求索、锐意进取，成功走出了一条中国式现代化新道路，使中国人民、中华民族大踏步赶上时代潮流，迎来了从"站起来""富起来"到"强起来"的伟大飞跃，创造了许多彪炳史册的人间奇迹。对这样一个具有伟大世界意义的现代化发展道路进行审视和考察，具有世界文明自觉自省的意义。从"人类文明新形态"的高度，准确把握中国式现代化新道路的历史合理性和时代进步性，有助于推动中国式现代化新道路自觉走向人类文明发展进步的应然方向。那么，如何从人类文明新形态的高度看待中国式现代化新道路，换言之，作为人类文明新形态的中国式现代化新道路何以可能和以何可能？进言之，中国式现代化新道路开创人类文明新形态何以可能和以何可能？且意旨何在？这一问题的研究和把握，对于我们在全面建设社会主义现代化国家新征程上，坚定道路自信、增强历史主动、提升文明自觉，具有重要意义。

---

① 习近平.在庆祝中国共产党成立100周年大会上的讲话[N].人民日报,2021-07-02(001).

一、中国式现代化新道路创造人类文明新形态何以可能

中国式现代化新道路是党和人民经过长期探索、不懈奋斗所形成的中国特色社会主义现代化发展道路,既具有"现代化"的一般规定性,又具有"中国式"的特殊规定性。中国式现代化新道路和人类文明新形态二者相互贯通、相生相成、同行共进。从中国式现代化的历史发展来看,人类文明新形态是物质文明、精神文明、政治文明、社会文明、生态文明一体的文明形态。这一人类文明新形态是在中国式现代化不断向前推进的实践中生成和发展起来的,是中国式现代化合规律性与合目的性发展的产物。

(一)在开启中国式现代化新篇章中探索人类文明新形态

恩格斯曾说:"文明是实践的事情,是一种社会品质。"[①] 文明是人类实践活动的重要成果。不同的生产方式和交换方式产生不同的生产关系,形成不同的社会制度,进而形成不同的文明形态。二战结束后,一些殖民地国家在获得独立后,为了谋求快速发展,选择照搬资本主义现代文明,建立资本主义制度,结果不仅没有给国家和人民带来稳定与发展,反而陷入无所适从的境地,甚至沦为资本主义文明的附庸。"一个国家实行什么样的主义,关键要看这个主义能否解决这个国家面临的历史性课题"[②]。以毛泽东为代表的中国共产党选择马克思主义、选择社会主义,不是出于偶然,而是基于历史和人民的选择。近代以后,由于西方列强铁蹄的践踏和封建王朝的腐朽,中国人民处于水深火热之中,中华民族陷入内忧外患,中华文明走向衰微。面对民族危机与文明危机的双重困境,一些有识之士选择学习西方工业文明。从洋务运动、戊戌变法到辛亥革命、五四运动,从学习西方的器物到制度再到文化,这些运动无不试图将西方现代文明成果照搬到中国,但都未能改变旧中国的前途命运。十月革命送来了马克思列宁主义,给在黑暗中苦苦探索救国之道的中国先进分子带来了希望和曙光。1921年,中国共产党诞生。中国共产党一经成立,就举起了马克思主义的大旗,树立了社会主义和共产主义的奋斗理想。毛泽东说:"主义譬如一面旗子,旗子立起了,大家才有所指望,才知所趋附。"[③] 以毛泽东为

[①] [德]马克思,恩格斯. 马克思恩格斯文集:第1卷[M]. 北京:人民出版社,2009:97.
[②] 中共中央宣传部. 习近平总书记系列重要讲话读本[M]. 北京:学习出版社,2016:28.
[③] 中共中央文献研究室,编. 毛泽东年谱(1893—1949)修订本:上卷[M]. 北京:中央文献出版社,2013:70.

主要代表的中国共产党人带领人民不屈不挠,进行了28年浴血奋战,取得了新民主主义革命的胜利,成立了中华人民共和国。但是"人类文明进步历程从来没有平坦的大道可走"①。初生的新中国一贫如洗、举步维艰,生产力水平极其低下,基础设施建设十分落后。对此毛泽东感叹道:"现在我们能造什么?能造桌子椅子,能造茶碗茶壶,能种粮食,还能磨成面粉,还能造纸,但是,一辆汽车、一架飞机、一辆坦克、一辆拖拉机都不能造。"② 如何改变中国贫穷落后的面貌,使其成为一个具有现代文明的社会主义国家,是党和人民面临的一个重大现实问题。其实早在民主革命时期,我们党就在思考"中国将向何处去"、革命胜利后将"建立一个什么样的国家"的问题。在党的七大和七届二中全会上,我们党已经提出要使我国由农业国转变为工业国,建设工业化国家的目标。工业化是我们党对现代化的最初理解,也是后来提出的"四个现代化"的基础,体现了党对建设社会主义现代化的早期思考,以及带领人民建设社会主义现代文明的坚定决心。1953年,党领导人民开始进行社会主义工业化建设和对农业、手工业、资本主义工商业的社会主义改造。1954年,周恩来在第一届全国人大政府工作报告中提出"四个现代化",即工业、农业、交通运输业和国防现代化。后来随着国际国内形势的变化,"四个现代化"的内容有一定变化和调整,并最终于1964年确定为农业、工业、国防和科学技术的现代化。1958年,中共八大将"四个现代化"正式写入党章。1964年,三届人大一次会议提出了在20世纪末实现"四个现代化"的"两步走"发展战略。1953—1976年的20多年,经过全党全国人民的努力,我国初步建立起了独立的比较完整的工业体系和国民经济体系,显示了社会主义集中力量办大事的优越性和强大生命力。遗憾的是,后来由于"文革"的原因,"四个现代化"没有继续展开。尽管探索现代化之路坎坷崎岖,但新中国成立后我们党对社会主义现代化的初步探索,为改革开放后现代化的加快推进提供了物质基础、制度保障和宝贵经验,引领我们走上了建设社会主义现代文明的康庄大道。

(二) 在开拓中国式现代化新局面中构建人类文明新形态

人类文明新形态是集物质文明、政治文明、精神文明、社会文明、生态文明于一整体的文明形态。五大文明协调发展、整体推进,极大地拓展了中国式现代化的

---

① 习近平.习近平谈治国理政:第2卷[M].北京:外文出版社,2017:66,76,487.
② 毛泽东.毛泽东文集:第6卷[M].北京:人民出版社,1999:329.

内涵,形成了区别于资本主义现代文明的人类文明新形态。新中国成立后的现代化建设主要侧重经济方面或物质文明,既有其历史局限性,也有其不可避免性。进入改革开放新时期,党中央重新确立解放思想、实事求是的思想路线,开启了建设中国式现代化、构建人类文明新形态的新局面。1979年3月,在党的理论工作务虚会上,邓小平提出了"走中国式的现代化道路"的时代命题。1982年,在党的十二大开幕词中,邓小平在认真总结新中国成立后30年间我国社会主义现代化正反两方面经验的基础上,提出:"我们的现代化建设,必须从中国的实际出发。无论是革命还是建设,都要注意学习和借鉴外国经验。但是,照搬照抄别国经验、别国模式,从来不能得到成功"①,并发出了"走自己的路,建设有中国特色的社会主义"②的伟大号召,标志着我们党找到了一条从中国实际出发、符合中国国情的现代化发展道路。这条新道路不是静止不变的,而是随着实践的发展不断向前推进。文明与道路密切相关。中国式现代化新道路与人类文明新形态是相互贯通、同行共进的。自改革开放以来,我们党从经济、政治、文化、社会、生态等不同角度和侧重点,丰富中国式现代化的内涵,推动建构人类文明新形态。党的十一届三中全会把党的工作重心由阶级斗争转移到以经济建设为中心上来,实现了新时期最根本的拨乱反正。党的十二大从关系社会主义兴衰成败的高度,着力强调了精神文明建设的重要性,提出物质文明和精神文明要"两手抓,两手都要硬"。党的十三大制定了"三步走"发展战略,并提出要把我国建设成富强、民主、文明的社会主义现代化国家。党的十三大虽然没有明确使用"三个文明"表述,但"富强、民主、文明"的现代化建设目标已经初显"三个文明"协调发展的雏形。但实践发展总是在波澜壮阔中曲折前进,中国式现代化的实践也是如此。20世纪末的苏联解体,使世界社会主义运动遭受巨大挫折。一时之间,"历史终结论""中国崩溃论""社会主义失败论"等唱衰社会主义、唱衰中国的舆论四起。严峻的事实引人深思:社会主义的命运将如何?中国又该怎么办?面对国际国内的质疑和挑战,以邓小平为代表的中国共产党人洞若观火,意识到如果不及时稳定国内局势和人心,中国式现代化建设迎来的新局面很可能偏离正确方向,甚至由此断送。1992年邓小平南方谈话,对"什么是社会主义,怎样建设社会主义"作了创造性回答,并提出了许多具有"中国特色"的新观点、新论断,如强调了改革的革命性意义以及发展的重要性、提出了"三个有利

---

① 邓小平.邓小平文选:第3卷[M].北京:人民出版社,1993:2,117.
② 邓小平.邓小平文选:第3卷[M].北京:人民出版社,1993:2,117.

于"标准、回答了计划和市场的关系,等等。这次谈话极大地解放了人们的思想,坚定了人们的社会主义信念,对整个中国式现代化建设都产生了极其重要的影响。为了适应新的世情国情党情,加快改革开放和社会主义现代化建设步伐,我们党不断推进社会主义文明建设。党的十四大提出加强社会主义民主法制建设,党的十五大明确了依法治国基本方略,充分表明我们党对社会主义民主政治认识的不断深化。党的十六大正式提出了社会主义物质文明、政治文明、精神文明协调发展的基本目标。随着社会主义现代化过程中改革的不断深入,改革中的一些深层次问题,尤其是社会民生问题日益凸显。为顺应现代化实践的发展,党的十六届四中全会首次提出"和谐社会"的概念,党的十七大报告进一步阐明了"四个文明"协调发展的总体布局,提出建设富强民主文明和谐的社会主义现代化国家。除社会民生问题外,在推进中国式现代化的过程中,日益突出的生态环境问题同样引起了我们党的高度重视。自党的十七大提出"社会主义生态文明"概念后,之后在多个场合我们党反复强调生态文明在现代化建设过程中的重要性。2012年,党的十八大将"生态文明建设"提升至战略高度,确立了富强民主文明和谐美丽的社会主义现代化发展目标。至此,中国式现代化的内涵被拓展到"五个文明"协调发展的高度,创造了人类文明新形态。中国式现代化新道路是五大文明协调发展之路,人类文明新形态正是中国式现代化新道路不断向前推进的过程中创造和内生出来的,是符合人类文明发展趋势、具有光明前景的文明形态。

(三) 在开创中国式现代化新征程中推进人类文明新形态

"历史是不断向前的,要达到理想的彼岸,就要沿着我们确定的道路不断前进。"① 新中国成立后,特别是改革开放以来,全党和全国人民不断探索、砥砺奋进,我国社会主义现代化建设取得了显著成就,为人类文明进步做出了巨大贡献。但是,中国特色社会主义现代化建设是具有开创性的事业。我国进行现代化建设也不过才几十年,认识和实践还需要不断深入、不断探索。党的十八大以来,以习近平同志为核心的党中央围绕"强国梦""复兴梦",统筹推进"五位一体"总体布局,从经济、政治、文化、社会、生态建设方面做出全方位部署,推动物质文明、政治文明、精神文明、社会文明、生态文明实现更高水平发展,推动中国式现代化建设事业发生历史性变革,取得历史性成就。党的十九大立足新的国际国内发

---

① 习近平. 习近平谈治国理政:第2卷[M]. 北京:外文出版社,2017:66,76,487.

展大势,对实现第二个百年奋斗目标做出新的"两步走"战略安排,明确了全面建设社会主义现代化强国的时间表和路线图。步入新时代新发展阶段,我们党秉持马克思主义政党与时俱进、求真务实的精神品质,对中国式现代化新道路的基本内涵和本质特征做出回答。习近平总书记指出:"我们的任务是全面建设社会主义现代化国家,当然我们建设的现代化必须是具有中国特色、符合中国实际的,我在党的十九届五中全会上特别强调了五点,就是我国现代化是人口规模巨大的现代化,是全体人民共同富裕的现代化,是物质文明和精神文明相协调的现代化,是人与自然和谐共生的现代化,是走和平发展道路的现代化。"① 这一科学论述,着眼于现代化强国和民族复兴目标,科学准确地概括了中国式现代化的内涵与特点。中国式现代化既符合现代化的"空间规定",即合乎中国发展实际;又符合现代化的"原体规定",即合乎现代化发展的一般规律。实践证明,中国式现代化新道路是一条通往民族复兴的康庄大道、人间正道,具有无比强大的先进性和优越性。中国式现代化新道路创新发展了人类文明,创造了人类文明新形态,这是中国的伟大成就,也是中国对世界文明的伟大贡献。实践没有止境,从"四个现代化"到"中国式现代化"到"国家治理现代化",从"一五计划"到"十四五规划",从"两个文明一起抓"到推动"五个文明"协调发展,尽管走过弯路,也遭遇过各种挫折,但是党和人民建设社会主义现代化国家的决心和信心始终没有动摇。随着新时代中国特色社会主义实践的深入推进,中国式现代化新道路将不断拓展,人类文明新形态将更加先进、更加高质量,二者必将改写人类走向现代文明的历史叙事和空间叙事。

二、中国式现代化新道路创造人类文明新形态以何可能

文明代表着一个国家发展进步的程度。在不同历史时期、不同社会类型中,文明会呈现出不同的样式、形态、发展水平,表现不同的内在原则和价值取向。中国式现代化新道路作为一种人类文明新形态,既体现了人类文明发展的一般规律,又蕴含着不同于其他文明形态的内在文明逻辑。

---

① 张洋. 深入学习坚决贯彻党的十九届五中全会精神 确保全面建设社会主义现代化国家开好局[N]. 人民日报,2021-01-12(001).

（一）中国式现代化是以人民为中心而不是以资本为中心的现代化，彰显文明的人道性

在西方现代化国家中，"资本是支配一切的经济权力"①，遵循以资本为本的价值取向和资本至上的原则，而人被资本所奴役，沦为一种生产工具。资本主义现代化过程从真正意义上来说，是人的异化、人的工具化过程。相较于西方国家的资本至上原则，我国始终坚持以人民为中心的发展思想，人民原则高于资本原则，人民权力高于资本权力，人民意志是最高原则。人民立场是我们党的根本政治立场。我国是人民民主专政的社会主义国家，人民是国家的主人。资本逻辑不会也绝不可能作为社会的主导和支配力量而存在，它仅仅是存在于经济领域、促进社会经济发展的一种手段。如果说，资本主义现代化的实践展开过程是人的异化过程，那么中国式现代化的实践展开过程则是人的全面发展过程，是人的现代化过程，生动诠释了以人民为中心的发展思想。首先，中国式现代化的本质是人的现代化。这里的"人"不是抽象的、僵化的人，而是具体的、能动的、发展中的人。人是现代化的实践主体，也是现代化的目的和归宿。历史是人民书写的。中国式现代化在认识和实践上的每一次突破、每一次前进，无不来自人民的实践，无不汲取人民的智慧。总结中国式现代化的成功经验，很重要的一条，就是依靠人民、扎根人民。同时，依靠人民建设现代化国家，目的不是为了无止境地资本增殖，其落脚点是实现人的现代化。治国有常，利民为本。新中国成立特别是改革开放以来，我们党在推动经济社会发展的同时，始终着眼于最广大人民的根本利益，不断化解群众"急愁难盼"问题，加大改革发展力度，加强惠民措施实施力度，不断满足人民对美好生活的向往，稳步推进人的现代化。其次，中国式现代化是全体人民共同富裕的现代化。"共同富裕是社会主义的本质要求，是中国式现代化新道路的重要特征"②。在党的百年征程中，消灭剥削，消除两极分化，实现共同富裕，始终是我们党持之以恒的奋斗目标。从新中国成立后的低水平普惠性减贫，到改革开放后组织大规模扶贫和开发式扶贫，再到党的十八大以来的精准扶贫、精准脱贫，彻底消除绝对贫困，充分体现了中国共产党人牢记初心和使命的自觉担当，深刻证明了中国式现代化以全体人民共同富裕为价值追求。其中，全体人民涵盖我国56个民族、14亿多人口。

---

① ［德］马克思,恩格斯. 马克思恩格斯文集:第8卷[M]. 北京:人民出版社,2009:31-32.
② 在高质量发展中促进共同富裕 统筹做好重大金融风险防范化解工作[N]. 人民日报,2021-08-18(001).

我国是一个有着56个民族、14亿多人口的世界上最大的发展中国家，这既是我国的基本国情，也是中国式现代化新道路的重要特征。习近平总书记指出："全面建成小康社会，一个也不能少；共同富裕路上，一个也不能掉队。"① 如此巨大的人口体量迈向现代化，世界上前所未有，必将对世界现代化格局产生重大影响，为人类文明进步做出巨大贡献。

（二）中国式现代化是开放包容而不是封闭排他的现代化，彰显文明的开放性

开放带来进步，封闭必然落后，这是我国进行现代化建设得出的宝贵经验。在古代，中华文明长期处于世界前列，但由于近代闭关自守，切断了中国与其他文明的联系和交往，导致中国日益落后于世界潮流。新中国成立之后，受制于特殊的国际国内环境，中国仍处于相对封闭的环境。党的十一届三中全会以后，我们党顺应历史大势和时代潮流，做出了实行改革开放的伟大决策。改革，实质上是一场革命，要革除过去社会主义现代化建设中阻碍社会发展、与人类文明发展规律不相适应的东西。开放，则是要将人类文明的积极成果吸收进来，包括学习借鉴资本主义现代化文明成果。邓小平指出："任何一个国家要发展，孤立起来，闭关自守是不可能的，不加强国家交往，不引进发达的国家的先进经验、先进科学技术和资金，是不可能的。"② 自改革开放以来，我们坚定不移地实行对外开放的基本国策，建立经济特区、设立沿海开放城市、设立沿海开放区，实现由封闭半封闭到全方位开放的历史转折。2001年，中国加入世贸组织，给中国现代化建设带来新的发展机遇。历史充分证明，以开放促进改革、推动发展，是中国式现代化不断从胜利走向新的胜利的一个重要法宝。党的十八大以来，以习近平同志为核心的党中央着眼国际国内新的发展航向，以"一带一路"建设为重要平台，推动构建人类命运共同体，使我国对外开放取得新成就。步入新时代的新发展阶段，全面建设社会主义现代化强国需要更多的资金、技术、资源、市场以及优质人才等。只有实行更加积极主动的开放战略，加强与世界各国的交流互通，才能为经济社会发展赢得更多发展机遇、注入更多发展活力。中国的对外开放始终坚持互尊互鉴、包容共生、普惠共赢的原则。无论发展到什么程度，"中国不打地缘博弈小算盘，不搞封闭排他小圈子，不做凌

---

① 习近平. 习近平谈治国理政:第2卷[M]. 北京:外文出版社,2017:66,76,487.
② 邓小平. 邓小平文选:第3卷[M]. 北京:人民出版社,1993:2,117.

驾于人的强买强卖"①。改革开放40多年来，中国式现代化在开放包容的条件下取得了举世瞩目的发展成就，未来我国的发展进步将在范围更大、领域更宽、层次更深的开放条件下进行，这是我国发展的内在要求，也是我国积极与世界各国加强交流合作、分享发展机遇，使中国的发展惠及世界的重要途径。

（三）中国式现代化是全面协调而不是单向度的现代化，彰显文明的系统性

全面协调是马克思主义唯物辩证法的根本要求。马克思主义认为，人类社会是一个各种环节和要素相互联系、相互依存的有机体。社会有机体的各个环节和要素是经常处于变化中的，且每一个环节和要素的变化都影响着社会的整体运行，因此，要运用辩证的思维方法观察和处理问题，善于统筹把握各要素和各环节之间的关系，推动社会有机体良好平稳运行。全面协调发展是社会进步的必然要求，也是中国式现代化的题中应有之义。首先，中国式现代化是全面发展的现代化。新中国成立后，迫于当时国家贫穷落后的客观现实，我们党将发展重心放在了物质文明建设上。自改革开放以来，我们由"两个文明一起抓"到"三个文明"协调发展、"四个文明"协调发展再到十八大形成"五个文明"协调发展的总体布局。进入新时代后，立足新变化，着眼新要求，我们党秉承责任担当与时代担当，统筹推进"五位一体"总体布局，协调推进"四个全面"战略布局，推动以人的现代化为核心的经济现代化、政治现代化、文化现代化、社会现代化、生态现代化、国防军队现代化、国家治理体系和治理能力现代化等全方位发展，在全面建成小康社会基础上，开启了全面建设社会主义现代化国家新征程。其次，中国式现代化是协调发展的现代化。从人与人之间的关系看，中国式现代化坚持全体人民共同富裕。马克思主义以消除"三大差别"的共同富裕社会为追求目标。其中，"共同富裕"不仅指向我国14亿人口，表征区域、城乡、民族之间发展的协调性，而且表征人与人之间和谐的社会关系，超越了资本主义社会中人的物化状态、人与人对抗性社会关系。从人与社会的关系来看，中国式现代化坚持物质文明与精神文明相协调。资本主义现代化以资本为灵魂，以资本增殖为核心，以"GDP崇拜"为表征，造成人的思想贫瘠、精神空虚、道德滑坡。中国式现代化坚持物质文明与精神文明两手抓。正如习近平总书记所指出的："当高楼大厦在我国大地上遍地林立时，中华民族精神的大厦也

---

① 习近平. 习近平谈治国理政:第3卷[M]. 北京:外文出版社,2020:46,196.

应该巍然耸立。"① 从人与自然的关系看,中国式现代化坚持人与自然协调发展。自然是生命之母。我国自古就有"道法自然""天人合一"思想。不同于西方"人类中心主义"的发展理念,中国式现代化秉持"绿水青山就是金山银山"的发展理念,强调人与自然和谐相处,推动绿色发展,建设美丽中国。历史充分证明并将继续证明,中国式现代化是不同于西方资本主义"单向度"的发展模式,它以富强、民主、文明、和谐、美丽为发展目标,是全面协调发展、全方位提升的现代化,充分彰显了文明的系统性。

(四) 中国式现代化是和平发展而不是国强必霸的现代化,彰显文明的和平性

习近平总书记指出:"中国人民要建设社会主义现代化强国,但我们坚持走和平发展道路,不会走扩张主义和殖民主义道路,更不会给世界造成混乱。"② 中国式现代化是中国共产党领导全国各族人民经过不断探索,走出来的一条和平发展之路。它跳出了西方的"国强必霸"逻辑,避开了西方所谓的"修昔底德陷阱",推动建立和平发展、合作共赢的新型国家关系。在西方的现代性框架中,"国强必霸"是铁律,"战争暴力"是主旋律。由于资本逻辑的内在张力,西方大国往往采取军事侵略、殖民掠夺、经济控制、强权政治等手段谋求自身发展和扩张。可以说,西方国家的发家史就是一部大国的剥削史、侵略史和弱国的血泪史、悲惨史。中国式现代化使中国大踏步赶超发达国家,实现了由"跟跑"到"并跑"再到个别领域"领跑"的跨越,取得了经济快速发展和社会长期稳定的两大奇迹,日益走近世界舞台中央。近年来,随着中国的崛起,一些西方国家总是戴着有色眼镜看中国,为遏制、延缓中国发展,大肆诋毁中国,散布"中国威胁论""中国霸权论"等不实言论,强行给我国贴上"国家资本主义""威权主义""中国新帝国主义论"等标签,抹黑中国的国际形象,恶化中国的发展环境。国强必霸并非铁律。中国从积贫积弱到繁荣富强从来靠的不是对外扩张、殖民主义,而是14亿多中国人民的艰苦奋斗和顽强拼搏。我国坚持走独立自主的和平发展道路,不是一时的权宜之计,也不是空洞的外交辞令,是由中国现代化道路内在的和平基因属性所决定的。首先,我国自古就有"和"文化,提倡"保合太和""和而不同",以优秀传统文化滋养的中国式

---

① 中共中央宣传部. 习近平总书记在文艺工作座谈会上的重要讲话学习读本[M]. 北京:学习出版社,2015:7.
② 梅世雄. 习近平会见美国国防部长马蒂斯[N]. 人民日报,2018-06-28(001).

现代化道路对世界秩序的理解是包容共生、多样共存，愿望是世界和平发展。其次，近代中国惨遭西方列强入侵，民不聊生。从苦难中奋斗出来的中国人民深知和平的可贵，十分珍惜来之不易的和平生活。再次，发展需要和平环境。我国进行现代化建设和实现中华民族伟大复兴的目标离不开和平开放的发展环境。最后，和平与发展仍然是当今时代的主题，全球化背景下和平发展、合作共赢已成为不可阻挡的历史潮流。因此，历史、现实、未来共同决定了我国绝不会走霸权主义、强权政治的现代化道路。不管过去、现在还是未来，中国都将奉行独立自主的和平外交政策，加强同世界各国的友好往来，为人类和平发展贡献力量。

三、中国式现代化新道路创造人类文明新形态意旨何在

毛泽东曾说，中国应当对人类有较大的贡献。近代，中华大地山河破碎，根本谈不上为人类做贡献。自新中国成立特别是改革开放以来，我们走出了一条中国式现代化新道路，在经济、政治、文化、社会、生态方面取得了全面进步，创造了人类文明新形态。中国式现代化实践不仅深刻改变了中国，也深刻影响了世界，为人类发展进步做出了重要贡献。

（一）超越"文明冲突论"，为人类文明交往提供中国智慧

各文明间的交往是人类社会发展进步的重要动力。冷战结束后，西方国家坚持"文明冲突论"，认为冷战结束后国家间关系的对抗形式由意识形态对抗转向了不同文明间的对抗。"文明冲突论"的基础是文明之间的差异性。不可否认，不同文明之间确实存在着差异。从历时性维度来看，各种文明的产生、发展是基于人的存在需要。由于人的需要及满足需要的实践活动是具体地、历史地变化发展着的，因此不同类型的文明不可避免的具有历史性、阶级性、民族性等特征。从共时性维度来看，在不同的历史时期，文明呈现不同的样式、形态和发展水平，表现出丰富的多样性。随着全球化过程中人类文明的整体发展，人们越来越意识到，文明之间的差异是人类社会的基本特征。差异既是矛盾也是动力。人类文明正是在各种文明相互交织和相互作用过程中不断由低级阶段向高级阶段演进的，而且正是不同类型文明之间存在差异，才促进了文明之间的相互交流和学习、融合和发展。因此，文明之间的差异并不必然导致文明之间的冲突。西方的"文明冲突论"将文明的差异视为国家之间对抗的主要根源，无疑夸大了文明之间的对立性、排他性，忽视了文明之

间的和平基因。事实上，尽管冷战后不同文明之间的"冲突基因"依然存在，但主流的趋势是文明间的和平合作而非对抗排他。中国共产党在领导中国人民坚持和发展中国特色社会主义的伟大实践中，开创了中国式现代化新道路，创造了人类文明新形态。新中国成立70多年来，我国从"一穷二白"发展成为世界第二大经济体，从落后农业国发展成为世界第一大工业国，用几十年时间走完了发达国家几百年走过的工业化历程，取得了现代化建设的伟大成就，创造了人类发展史上的奇迹。中国式现代化新道路走得对、走得通，走得好、走得稳，其中一个重要原因是，它既紧紧扎根中国土壤，立足中华文明发展逻辑，又牢牢遵循现代文明建构规律，充分吸收人类创造的一切文明成果，包括资本主义现代文明成果，实现了博采众长、完善自己，做到了不忘本来、吸收外来、面向未来的有机统一。中国式现代化道路具有鲜明的开放性、包容性和强大涵化力。作为一种崭新的人类文明形态，它在顺应时代发展潮流的基础上，以辩证方式处理不同文明之间的关系，坚持文明交流互鉴，在交流中找到共识，在互鉴中实现发展，使不同文明形态在开放包容的文明场域中实现由文明自识到文明互识再到创新发展。物之不齐，物之情也。中国式现代化新道路尊重文明的多样性和平等性，坚持"以文明交流超越文明隔阂、文明互鉴超越文明冲突、文明共存超越文明优越"①，为推动人类文明进步和历史发展贡献了中国智慧。

（二）超越"西方中心论"，为广大发展中国家走向现代化提供中国经验

长期以来，"西方中心论"观点甚嚣尘上。在很多西方中心主义者看来，现代化即西方化。他们将西方现代化模式置于先验的普世地位，将其视为各国通往现代化的"唯一通道"。现代化最早出现于西方国家，并在很大程度上推动了西方社会的发展，由此西方现代化被资产阶级赋予无限的合理性和优先性，具有了意识形态功能，成为西方话语体系的重要内容。西方国家不断向他国兜售西方现代化，试图以西方现代化模式为模板，打造一个以"中心—边缘"为特征的同质化世界。它们起初通过殖民掠夺与暴力手段，之后转向经济和政治手段。在这个过程中，后发现代化国家始终面临着"加快发展"与"保持独立"两大难题。其中，一些发展中国家为谋求发展与富强，不顾本国国情和发展实际，直接照搬照抄西方现代化模式，

---

① 习近平. 习近平谈治国理政:第3卷[M]. 北京:外文出版社,2020:46,196.

结果非但没有给本国带来安定与团结,反而陷入了不同程度的经济滑坡、政治混乱、社会动荡。马克思曾说:"人民自己创造自己的历史,但并不是随心所欲地创造,并不是在他们自己选定的条件下创造,而是在直接碰到的、既定的、从过去继承下来的条件下创造。"①。道路选择关乎国家前途命运。在中国共产党的坚强领导下,我国成功走出了一条中国式现代化发展道路。这条道路"不是简单延续我国历史文化的母版,不是简单套用马克思主义经典作家设想的模板,不是其他国家社会主义实践的再版,也不是国外现代化发展的翻版"②,而是立足中国特色基础上的现代化中国方案,标志着一种新的人类文明形态的出场,实现了人类社会发展的伟大变革。中国式现代化实践是人类现代化整体性实践的重要组成部分,在其展开过程中逐渐实现了价值外溢,为其他后发民族国家进行现代化建设提供了重要的中国经验。首先,立足本国国情去探索现代化道路。现代化从来就不是静止不动的,而是不断发展的。它既没有固定的模式,也没有放之四海而皆准的现代化模板。各个国家由于国情的特殊性以及历史文化传统、人口因素、地理环境、生产力水平等方面的差异性,决定了现代化发展道路的多样性。新中国成立特别是改革开放以来,我们党坚持一切从实际出发、实事求是原则,开创了符合中国国情和发展实际的现代化道路,让现代化成为一种文明范式和价值规范。在当前资本逻辑通过地理扩张和空间重组加速向其他文明渗透的背景下,保持清醒头脑和自主精神对广大发展中国家进行现代化建设尤为重要。其次,顺应世界潮流去建设现代化国家。现代化从来不是在自我封闭、自我隔绝中建设起来的。现代化最早从西方开启,其发展历程与资本主义生产方式、交换体系的全球性扩张密切相关。正如马克思所说:"这些工业所加工的,已经不是本地的原料,而是来自极其遥远的地区的原料;它们的产品不仅供本国消费,而且同时供世界各地消费。"③ 作为后发现代化国家,改革开放后我国积极融入世界现代化大潮,以开放的姿态学习他国现代化经验、技术,做到"以我为主,为我所用",充分发挥后发优势,迎头赶上时代。尽管当今世界出现了一些"逆全球化""去全球化"的"回头浪",但奔腾向前的历史潮流是阻挡不了的,各国开放交融的大趋势是改变不了的。广大发展中国家要顺应世界潮流,抓住机遇,应对挑战,在开放的世界经济中实现转型升级、繁荣进步。

---

① [德]马克思,恩格斯. 马克思恩格斯文集:第2卷[M]. 北京:人民出版社,2009:35,470-471.
② 习近平. 习近平谈治国理政:第2卷[M]. 北京:外文出版社,2017:66,76,487.
③ [德]马克思,恩格斯. 马克思恩格斯文集:第2卷[M]. 北京:人民出版社,2009:35,470-471.

(三) 超越"零和博弈论",为破解人类发展难题提供中国方案

自冷战结束后,西方国家凭借其经济、科技、军事实力,在国际上占据统治地位,在外交方面依然奉行"二元对立""零和博弈"的思维方式,在意识形态方面将"普世价值"奉为圭臬,实质上蕴含着西方霸权主义、弱肉强食的"丛林法则"。对此,习近平总书记指出:"跟上时代前进步伐,就不能身体已经进入21世纪,而脑袋还停留在过去,停留在殖民扩张的旧时代里,停留在冷战思维、零和博弈的老框框内。"① 与西方国家不同,中国以和平、发展、公平、正义、民主、自由的全人类共同价值为价值导向,坚持走和平发展道路,推动构建人类命运共同体。"人类命运共同体,顾名思义,就是每个民族、每个国家的前途命运都紧紧联系在一起,应该风雨同舟,荣辱与共,努力把我们生于斯、长于斯的这个星球建成一个和睦的大家庭,把世界各国人民对美好生活的向往变成现实"。构建人类命运共同体是中国式现代化道路的重要内容,体现了中国式现代化道路的世界逻辑。当今世界正处于百年未有之大变局,世界经济持续低迷,保护主义、单边主义势力抬头,逆全球化浪潮愈演愈烈,给世界发展带来深远影响。和平赤字、发展赤字、治理赤字、信任赤字"四大赤字"是人类共同面临的时代难题。面对世界性难题和全球治理困局,没有哪个国家能独自应对,也没有哪个国家能独善其身。人类生活在一个地球村,随着经济全球化进程的加快,各国越来越成为你中有我、我中有你的命运共同体。只有坚持共商共建共享原则,增进互信,加强合作,才能实现共同发展。推动构建人类命运共同体是中国共产党彰显世界胸怀和大国担当的体现。马克思主义以实现人的自由全面发展和全人类解放为己任。中国共产党作为马克思主义政党,立足全球视野,致力于全人类共同利益,为全人类进步事业而奋斗。为推动构建人类命运共同体、促进世界和平发展,我国进行了锲而不舍、驰而不息的努力,比如,主张构建新型国际关系、践行多边主义、倡导新安全观和正确义利观、推动"一带一路"高质量发展、创立亚洲基础设施投资银行、设立丝路基金、积极参与国际治理体系改革等,特别是在抗击新冠疫情的斗争中,我国始终秉持人类命运共同体理念,同世界各国携手合作、共克时艰,以实际行动诠释了国际人道主义精神和大国使命,充分表明中国式现代化道路是既发展自己又造福世界,不断以自身的发展为世界各国的共同发展创造机遇、提供动力的共赢之路。如今,我国已经踏上了全面

---

① 习近平. 习近平谈治国理政:第1卷(第2版)[M]. 北京:外文出版社,2018:354.

建设社会主义现代化强国的新征程，会一以贯之地沿着这条顺应时代潮流、历史大势和人民期待的现代化道路继续走下去，同各国人民一道，推动构建人类命运共同体，开创人类更加美好的未来。

作者简介

宋朝龙,北京大学马克思主义学院副院长、教授、博士生导师,中国高等教育学会马克思主义研究分会副理事长、秘书长。研究方向为:德国古典哲学、《资本论》、金融资本帝国批判与社会主义发展史。出版《世界大变局下中西现代化道路比较》《社会生产方式的二重结构——技术决定论批判》《边缘社会主义的起源》等专著,在《马克思主义研究》《马克思主义与现实》等报刊发表文章80余篇,主持国家社科基金项目"新时代中国特色社会主义制度价值研究"等多项重要科研项目。

宋朝龙：世界大变局下中国式现代化道路的世界历史意义

党的二十大报告，既充满着现实主义的精神，又有深远的历史向度。报告提出的中国式现代化道路这一概念，是对中国共产党百年实践的高度概括和提炼。中国式现代化是中国共产党领导的社会主义现代化，是中华民族复兴的现实道路，是后发国家摆脱金融资本帝国遏制、追求独立发展的现实，在西方金融资本主义大危机的当下，我国以中国式现代化道路推动中华民族伟大复兴的实践，更彰显了其世界历史意义。本文拟从发生逻辑看中国式现代化道路的制度根基，从百年成就看中国式现代化道路的制度功能，从世界变局看中国式现代化道路新时代实践的世界历史意义。

一、从发生逻辑看中国式现代化道路的制度根基

中国式现代化道路不能只从中国自身内部来理解，中国式现代化是在近代世界历史的进程中生成的。

在世界古代史中，欧亚大陆是世界历史的中心，在相当长的一段历史时期内，亚洲的中国和中国的帝国，又是欧亚大陆的重心。古代中华帝国的政治制度成就非常大，尤其是在中央集权的制度之下建立了三省六部制、内阁制、郡县制、科举制、文官制。中国古代帝国已经尽量把血缘关系从公共权力体系中移开，较早实现了国家与社会的分离，实现较为长久的和平，实现了成功的民族融合，支撑了发达的经济和贸易。东方的帝国实际上支撑起了非常发达的内部贸易，也有非常发达的内部产权制度，推动了世界商业的发展。这个世界商业的发展，实际上是推动西方资本主义起源的一个重要动因。元帝国把欧亚大陆统一起来，打通了欧亚大陆的贸易，

催生了西方的资本主义。

虽然东方帝国曾经非常发达,但是在西方落后的边陲,在西欧大陆产生了一个新的主体,即金融资本。关于西方资本主义的起源,像年鉴史学的布罗代尔、世界体系理论的阿里吉,都把西方的资本主义起源定义为金融资本主义的起源。金融资本是我们理解世界经济、理解世界史的一个核心概念。如果没有这个概念,我们对资本主义史、对近代世界历史的理解都会陷入抽象性之中。什么叫金融资本呢?我们先从《资本论》的逻辑规划中理解一下何谓金融资本。《资本论》有这样一个逻辑:从商品开始,商品转化为货币,货币转化为资本,资本又转化为产业资本、商业资本、银行资本,这三种资本发展到一定阶段又会融合起来,进而产生势力庞大的大货币垄断资本,这就是金融资本。金融资本是从产业资本、商业资本、银行资本的垄断融合中产生的总资本。金融资本产生之后,又有能力去融合地产,融合港口、码头、石油、矿山、森林。随着金融资本的进一步发展壮大,它还有能力去支配国债和公共信用,支配公共部门。所谓西方资本主义的起源,就是西方最先形成了金融资本这么一个主体。布罗代尔认为,在印度和中国,片面的资本形式,比如与工场手工业相联系的产业资本、商业资本、从事货币汇兑的银行,这些地方都有。但是产业资本、商业资本和银行资本的融合,即金融资本的产生却最先出现在西方。理解西方现代化道路的时候,一定不能只看技术,只看工业革命,只看分工,只看生产力的提高,这是不行的,真正支配这些内容的是金融资本,我们要理解西方的现代化道路,就必须要追溯到金融资本。

金融资本为什么不是率先产生在东方比较发达的古代帝国中?这是一个具有历史观意义的重大问题。正是因为东方帝国比较发达,它遏制资本垄断融合的能力、遏制片面的资本形式上升为总资本的能力比较强,在这种地方就不容易产生作为支配生产关系的总资本的金融资本。金融资本起源于欧亚大陆中落后的边陲地带,这再一次证明了历史不是线性演化的,而是在远离平衡态的条件下率先发生了历史的质变和突破。这一规律后来在社会主义运动中也再次表现了出来。

在西方率先产生的金融资本,虽然一开始其绝对势力不大,但是它的活动能力很强,机动性很强。这是一个和野蛮民族、军事官僚贵族不一样的主体。金融资本融合了产业、商业、银行、信用、地产、国债、公共部门、暴力机器,金融资本推动了商业革命,推动了产业革命,推动了世界市场革命,也以殖民主义的方式打破了旧的地区共同体,在对立的形式上实现了联合,在旧殖民主义和新殖民主义的基础上实现了联合。金融资本主义积累中心从意大利北部的城市国家到伊比利亚半岛的西班牙、葡萄牙，到尼德兰，到英国，到美国，成长为美日欧联合的金融资本，它的势力越来越大，对生产、流通、信用、世界分工、世界市场的支配能力也越来越强。金融资本在其现实性上，是一个支配全球的金融资本帝国。

西方的金融资本帝国支配落后国家的产业、商业、银行、地产、国债、财政，甚至支配各国的国家机器。在工业革命之前，西方的金融资本主义还没有能力肢解东方的帝国。工业革命之后，在工业革命的加持下，东方几个大帝国都被西方金融资本帝国肢解了。在金融资本帝国的渗透、瓦解之下，东方帝国转化为半殖民地半封建社会，旧帝国中的旧势力也与西方金融资本帝国的新势力结合到一起，成为西方金融资本帝国的代理人。这就是1840年以后尤其是1895年之后中国的事实。

西方的金融资本与后发国家的金融贵族、土地贵族、军事官僚贵族相结合，成为金融资本帝国时代后发国家现代化的制度症结。不仅中国如此，第三世界很多国家都是如此。今天的拉美、印度、中东、非洲仍然是这样。发达国家的金融资本及其在当地的代理势力，当地从旧制度遗留下来的旧土地贵族、军事官僚势力，这是活跃在第三世界国家的、阻碍后发国家现代化的一种结构性势力，工人、农民、知识分子、民族资产阶级是受压迫的阶级。

中国近代的洋务派、立宪派、资产阶级革命派都没能把官僚买办资本、土地贵族、军阀势力革除掉，都没有能力突破军阀官僚、地主、买办资本这三种势力的结合，都没有力量把阻碍现代化的制度症结解决掉，民族资产阶级、小资产阶级、农民工人劳动者的根本处境没有改变。目前世界上还有相当多的国家仍处在三股力量结合形成的制度症结之下。

近代中国的先进分子，终于发现要破除阻碍中国现代化的制度症结，就需要与马克思主义、与科学社会主义相结合。科学社会主义与后发国家相结合的道路是由列宁开辟的。在五四运动之后产生了中国共产党，自从中国共产党产生之后，中国人在精神上就主动了，中国的民主革命、民族解放运动、中国的现代化道路就有了一个主心骨，就有了一个旗帜。孙中山到晚年也意识到需要联俄、联共、扶助农工，提出新三民主义。当时，国共合作、北伐，一片欣欣向荣。北伐过程中，国民党右派屠杀共产党，共产党又开始寻求新的道路，枪杆子里面出政权，走农村包围城市的道路，建设根据地，做更艰苦的组织工作，组织农民、知识分子和民族资产阶级，组织民众的大联合。中国共产党在新民主主义革命中取得了辉煌的成就，推翻了"三座大山"，消除了阻碍中国现代化的制度症结。党的二十大报告强调建党精神，强调不忘初心、牢记使命；中国共产党是在什么背景下成立的，是为了解决什么问题，是在什么道路上来解决这个问题，这些是不能遗忘的。

从发生逻辑上看，中国式现代化道路和西方金融资本主义现代化道路发生在不同的时空条件下。西方金融资本主义现代化发生在近代历史的早期，发生在欧亚大陆的边陲地带，发生于东方大帝国还处于鼎盛时期的中世纪晚期。西方现代化道路是通过金融资本与国家机器的结合、通过对外殖民扩张的方式生成的。中国式现代化道路发生在金融资本帝国时代，发生在金融资本帝国已经支配世界经济体系的时代，发生在金融资本帝国导致的两次世界大战的背景下。中国式现代化道路是在中国已经不可能再像西方那样走上金融资本主导的现代化道路之后转向马克思主义、转向新民主主义和社会主义的结果。

从发生逻辑上看，中国式现代化道路在经济制度上不同于西方金融资本主义的现代化道路。其一，中国的土地制度建立在消除土地所有权私人垄断的基础上，实行土地国有或者集体所有。这与印度、拉美到处都是大地产的地方不同。地租，尤其绝对地租，是一种寄生性的收入。不仅马克思，而且斯密、李嘉图都把矛头指向了土地贵族。隐含在社会现代化制度中的土地贵族，使现代化的制度成本高昂，因为在每一笔生产和贸易中，土地贵族都要征收一笔地租，养活了一个寄生阶层，它阻碍工业化、阻碍现代化。而中国现代化的制度成本很低，我们是土地国有、土地集体所有，使劳动力成本低廉。中国农民工家里有一块土地，父母子女都留在家里，生活成本很低。资本主义时代的土地所有权的私人垄断有两个属性：一是寄生性；二是被动性。寄生性就是它并不创造财富，被动性就是社会越进步，地租反而越增加，土地所有者从生产中拿走的财富越来越多。古典政治经济学认为，土地私有权的地租收入是对财富的截留，这种分配既不利于工人阶级改善生活，又不利于产业资本家改进生产，不利于资本扩大再生产、推动分工、推动生产力发展。推动土地私有化，这是西方现代化给出的方案，其实，如果土地私有化了，现代化的制度成本会非常高。其二，一系列战略产业也是由公有制经济支配的，如国家电网、高铁、航空航天等。其三，大银行的国有制。银行实际上是提供公共服务的，它为居民、产业资本的货币业务提供公共服务。银行经营的是社会信用，是市场经济中的枢纽，地位非常重要。银行是不应私有化的，尤其是大银行。在西方国家，银行是由金融家支配的，金融家把银行这一信用机构作为剥夺社会的工具。我国银行制度的主体是公有制的，是国有的。马克思非常注重银行国有化。《共产党宣言》就提出了银行国有化的纲领。马克思认为巴黎公社的主要教训之一，就是没有把银行国有化。其四，教育、医疗、卫生、新闻媒体等领域具有公共服务和公共保障性质，也应该由公有制经济来主导,而不能由金融资本支配。

从发生逻辑上看,中国式现代化道路在政治制度上不同于西方金融资本主义的现代化道路。要破除阻碍后发国家现代化的制度症结,必须变革国家形态,必须要有一个积极的、能动的、能够把社会联合起来的国家。西方自由主义的国家,那种只执行最小社会公共职能的国家,那种作为金融资本守夜人的国家,那种所谓"大社会、小政府"理念下的消极国家,是根本没有能力、没有意志、没有愿望对抗金融资本的剥夺性积累的。要改变金融资本、金融寡头对生产关系的支配,必须要有一种新形态的、新型民主主义的、人民民主的国家,必须要有强有力的国家制度和国家治理能力。和自由主义的消极国家比起来,中国共产党领导的人民民主专政的国家,是能动性更强、更积极的国家。

从发生逻辑上看,中国式现代化道路在意识形态制度上不同于西方金融资本主义的现代化道路。西方现代化道路的意识形态制度是自由主义的,自由主义撇开生产关系而把所有人作为抽象的理性人来看待,把金融家和失业者都作为抽象的理性人同等保护起来,在这样做的过程中,又把私有权、金融寡头对社会财富的支配权、金融资本剥夺社会的权力作为个人的天赋人权保护起来。在自由主义看来,公平正义指的就是契约精神,只要遵守契约就叫公平正义了,但是,金融资本恰恰在契约关系的基础上确立了剥夺性积累的逻辑。中国式现代化道路的意识形态制度,是马克思主义的意识形态,是科学社会主义的意识形态。这种意识形态联系着生产关系来分析具体的自由,认为只有在公有制的基础之上重建个人所有制,才能使个人获得现实的自由;只有改变金融寡头基于生产关系支配的剥夺性积累,只有公有制为主导的现代化道路,才能推动人类自由发展到一个新的阶段。

从发生逻辑上看,中国式现代化道路具有后发的制度优势。西方现代化制度是在金融资本与旧制度的妥协中建立起来的,存在着大量新旧贵族、寄生阶层对社会制度的支配,而中国的现代化制度建立在彻底的新型民主革命的基础上,消除了金融贵族、土地贵族和军事官僚势力,消除了后发国家现代化的制度症结。中国式现代化道路作为社会主义现代化道路的一种具体形式,更适合金融资本帝国时代后发国家的实际,更适合社会化大生产的发展要求,更公平、更正义,更代表人类历史前进的方向。

二、从百年成就看中国式现代化道路的制度功能

中国的现代化制度是与社会化大生产相适应的先进的制度,推动现代化的能力

更强、成本更低、质量更高、前途更广。具体说来，中国式现代化道路有能力吸收金融资本主义所积聚起来的国际生产力，中国式现代化道路有能力更好发挥市场的作用，有能力推动现代化的持续、快速发展，有能力实现共同富裕，有能力实现生态绿色发展，有能力推动世界和平发展。

中国式现代化道路有能力吸收金融资本主义所积聚起来的国际生产力。我国社会主义市场经济的现代化道路具有吸收和利用国际生产力的能力，比苏联的社会主义模式要大。苏联的社会主义模式是建立在两个平行市场的基础之上，资本主义是一个市场，社会主义是一个市场，两个市场互不发生联系。苏联一开始是不开放，后来一开放又放弃了社会主义制度。我国通过改革开放，培育起一批有能力适应国际竞争、有能力与国际跨国公司竞争的世界一流的国有企业，我们有能力、有信心与跨国公司打交道，也有能力向它们学习。

中国式现代化道路有能力更好地利用多种经济成分，更好发挥市场的作用。西方的市场是金融资本支配的市场，配置资源固然是其功能，但这种对资源的配置是服务于金融资本的剥夺性积累的。自由主义经济学家把市场看作进行资源配置的场所，但是西方的市场同时也是金融资本对中小资本、一般职能资本、工薪阶层进行剥夺的场所。自由主义经济学家把市场中金融资本对社会的剥夺遮盖起来，假设这种剥夺是不存在的。自由主义经济学假设不存在的东西，在西方是存在的，但在中国公有制主导的市场经济中可以不存在。西方自由主义经济学家的理论模型假设垄断、剥夺在市场中不存在，这不符合金融资本主义的事实，倒是在一定程度上符合社会主义公有制主导的市场经济的事实。公有制主导下的市场，实际上反而更接近自由主义经济学家、新古典经济学家描述的模型。因为在社会主义市场经济下，市场才能更好地在国家的规划下、在公有制经济的主导下发挥配置资源的作用。公有制主导的市场经济制度之下，市场确实能更好地发挥资源配置的作用，是引领价值革命、价值生产、价值流通的一种革命，不断地使社会生产和再生产提升。在资本主义的西方，市场越来越表现出其剥夺社会的一面，而在社会主义公有制经济体系下，市场却可以发挥其配置资源的功能，这个辩证法是许多自由主义经济学家所意想不到的。然而，只要我们把金融资本主义的剥夺逻辑和社会主义公有制的生产逻辑加以比较，这种辩证法就是自然而然的。世界体系理论的代表人物之一阿里吉写过一本书《亚当·斯密在北京》，他说斯密的自由竞争模型，在中国比在西方更接近现实①。这是一个比较深刻的认识！

中国式现代化道路有能力推动现代化的持续、快速发展。中国式现代化道路推动了我们这样一个超大经济体持续稳定发展，这种图景在西方金融资本主义市场经济中是看不到的。在采取计划经济体制的时期，中国道路可以把剩余劳动、剩余产品完全转化为生产资料的投资。把经济剩余从寄生阶级及其仆役阶层的非生产性消费中节省出来，运用于生产投资，这是资本主义的现代化道路不能做到的，例如，拉美国家的剩余产品由金融贵族、土地贵族来支配，剩余产品首先要满足寄生阶层及其仆役阶级的消费，然后才能有一部分转化为投资基金。社会化大生产、大工业需要整体布局规划。我们的中长期规划、五年规划、十年规划等一系列战略规划可以适应社会化大生产的需要。新中国成立后，一开始我们什么都不能干，什么东西都不能造，毛泽东说中国能造什么呢？只能造桌椅板凳、火柴等简单的日用品，连一台拖拉机也造不出来，重工业基本为零。后来我国从苏联引进 156 个工业项目，很快就初步建立起了一个独立的国民经济体系和工业体系，尤其是后来独立研制成功原子弹、氢弹，带动了各种材料行业的发展。目前，我国已成为世界第二大经济体、世界第一大贸易国、世界第一大制造业大国。党的二十大报告指出：和十年前相比，我国"国内生产总值从五十四万亿元增长到一百一十四万亿元，我国经济总量占世界经济的比重达百分之十八点五，提高七点二个百分点，稳居世界第二位；人均国内生产总值从三万九千八百元增加到八万一千元。谷物总产量稳居世界首位，十四亿多人的粮食安全、能源安全得到有效保障。城镇化率提高十一点六个百分点，达到百分之六十四点七。制造业规模、外汇储备稳居世界第一。建成世界最大的高速铁路网、高速公路网，机场港口、水利、能源、信息等基础设施建设取得重大成就。……全社会研发经费支出从一万亿元增加到二万八千亿元，居世界第二位，研发人员总量居世界首位。……战略性新兴产业发展壮大，载人航天、探月探火、深海深地探测、超级计算机、卫星导航、量子信息、核电技术、大飞机制造、生物医药等取得重大成果，进入创新型国家行列。"②

中国式现代化道路有能力实现共同富裕。党的二十大报告指出：中国的现代化是全体人民共同富裕的现代化。西方金融资本主义主导的现代化没有能力避免两极分化。金融资本的积累有三个逻辑：一是生产性积累；二是剥夺性积累；三是生产

---

① ［意］乔万尼·阿里吉. 亚当·斯密在北京［M］. 北京：社会科学文献出版社，2009：29.
② 习近平. 高举中国特色社会主义伟大旗帜　为全面建设社会主义现代化国家而团结奋斗［M］. 北京：人民出版社，2022：8.

性积累向剥夺性积累日益偏移的规律，剥夺性积累成为主导性积累的逻辑，这导致制造业的空心化、制造业成本增加、工薪阶层的相对贫困化和绝对贫困化。金融资本主义的市场经济是不可能实现共同富裕的，工薪阶层的相对贫困、相对贫困向绝对贫困的发展，是金融资本主义剥夺性积累的必然结果。今天西方的工薪阶级处境相当困难，这不是因为西方不发达，而是因为它发达的生产力掌握在寡头手里，生产力没有变成社会福利，而是变成了剥夺社会的工具。社会主义现代化道路有能力消灭贫困，实现劳有所得、幼有所育、学有所教、病有所医、老有所养、住有所居、弱有所扶。在党的十八大以来的脱贫攻坚中，"全国832个贫困县全部摘帽，近一亿农村贫困人口实现脱贫，960多万贫困人口实现易地搬迁，历史性地解决了绝对贫困问题，为全球减贫事业做出了重大贡献"①。我国建成了世界上规模最大的教育体系、社会保障体系、医疗卫生体系，基本养老保险覆盖10.4亿人口，基本医疗保险参保率稳定在95%。我国人均预期寿命增长到78.2岁。共同富裕是社会主义现代化的内在要求和特征。工薪阶层、中产阶级的数量和待遇发生实质性变化，这是我国社会主义现代化道路对工薪阶级的承诺。要兑现这个承诺只能在公有制主导的市场经济之下才能做到，而在私有制主导的市场经济之下是绝不可能做到的。共同富裕的制度根基还是公有制主导的市场经济，根基还是一次分配，辅之以二次分配、三次分配。

  中国式现代化道路的制度有能力实现生态绿色发展。党的二十大报告指出，我们要山水林田湖草沙一体化保护，实现绿色、循环、低碳发展，使天更蓝、山更绿、水更清。西方国家是先发展后治理，中国本着边发展边治理的理念。西方国家在遇到金融危机情况下，他们关于生态环保的一些理念和政策承诺今天纷纷都收回了。现在世界上也只有中国在认真走绿色发展保护生态的路径。这也是我们社会主义制度担负的一种时代使命，是对人类的贡献。进入新时代以来，我国秉持"绿水青山就是金山银山"的生态理念，在环境保护上取得了长足进展。2022年9月15日，中共中央宣传部举行"中国这十年"系列主题新闻发布会，概括了中国在生态环保上取得的成就：第一，空气质量发生了历史性的变化。空气质量指标$PM_{2.5}$，也就是细颗粒物全国的平均浓度从2015年的46微克/立方米降到了2020年的33微克/立方米，进一步降到了30微克/立方米，历史性达到了世卫组织第一阶段过渡值。优

---

① 习近平. 高举中国特色社会主义伟大旗帜　为全面建设社会主义现代化国家而团结奋斗[M]. 北京：人民出版社，2022：7-8.

良天数比率2021年达到了87.5%，比2015年增长了6.3个百分点，我们已经成为世界上空气质量改善最快的国家。根据美国彭博新闻社的报道，2013—2020年，中国空气质量改善的幅度相当于美国《清洁空气法案》启动实施以来30多年的改善幅度。第二，水环境质量发生了转折性变化。这10年，我国Ⅰ～Ⅲ类优良水体断面比例提升了23.3个百分点，达到了84.9%，我国已经接近发达国家水平。我国地级及以上城市的黑臭水体基本得到了消除，人民群众的饮用水安全也得到了有效保障。第三，土壤环境质量发生了基础性变化。我国出台了第一部土壤污染防治的基础性法律《中华人民共和国土壤污染防治法》，开展了全国农用地和建设用地的土壤污染详查，实施土壤污染风险管控。应该说，土壤污染加重的趋势得到了有效遏制①。

中国式现代化道路的制度有能力推动世界和平发展。西方国家不断发生周期性的危机，而且不断地要通过对外输出危机、引发国际矛盾、殖民等来度过危机，这是西方现代化道路历史中常见的现象。我们不需要对外征服来解决输出矛盾。社会主义现代化道路具有稳定世界经济、推动全球化在更公正合理的基础上运行的能力。我们的企业在全世界是有竞争力的，我们有完整的产业链，并且物美价廉。党的二十大报告强调：一些国家通过战争、殖民、掠夺等方式实现现代化的老路；我们坚定站在历史正确的一边、站在人类文明进步的一边，在坚定维护世界和平与发展中谋求自身发展，又以自身发展更好地维护世界和平与发展。

三、从世界变局看中国式现代化道路新时代实践的世界历史意义

在世界百年未有之大变局的背景下，新时代中国式现代化道路及其推动社会主义全面现代化建设的实践，将为稳定世界经济、推动新自由主义现代化道路的转向、复兴科学社会主义、推动中国古代制度文明的创造性转化、开辟人类文明新形态注入新的动力。

当前，西方金融资本主义市场主导的市场经济必然会从经济上升期转入下降期，必然会导致日益深化的危机。金融资本积累的第一个逻辑是金融资本的生产性积累的逻辑，即金融资本也能推动生产的革命、流通的革命、信用的革命，推动科学技

---

① 中国财经网. 生态环境部：我国已成为世界上空气质量改善速度最快的国家[EB/OL]. (2022-09-15). https://finance.china.com.cn/news/20220915/5878893.shtml.

术的进步、全球化的发展，尤其是战后金融资本推动第三次科学技术的革命和全球化的深入发展，这是我们要高度关注的。第二个逻辑是金融资本的剥夺性积累的逻辑，通过技术专利权、定价权、金融地产、股票市场的投机、支配国债、支配国家的公共财政、支配货币发行权等直接剥夺社会，叫作剥夺性积累。第三个逻辑是生产性积累向剥夺性积累日益偏移的逻辑。金融资本的生产性积累的能力越强，它的剥夺性能力也就越强。金融资本的趋势是剥夺性积累越来越占主导地位，剥夺能力越来越系统化，各方面剥夺能力的互相配合、互相支撑越来越强。金融资本越发达，其剥夺能力越强，工薪阶层被剥夺的机会和可能性途径越多。剥夺性积累成为金融资本的主导性积累方式。金融资本的剥夺性积累导致制造业的空心化、制造业的成本增加、工薪阶层的贫困化。工薪阶层从相对贫困向绝对贫困发展，这是今天西方的现实。金融资本的剥夺性积累导致新寄生阶级、新仆役阶级越来越大。新仆役阶级是为金融寡头的奢侈性消费提供劳动和服务的阶级，如在赌场、赛马场、高尔夫球场提供服务的劳动者。西方有一些左翼学者把西方金融资本主义主导的金字塔社会叫作新封建社会，也有学者用僵尸资本主义来形容这个社会，即一个日益庞大的剥夺阶级、寄生阶级、新仆役阶级需要不断从工薪阶层吸取财富，才能满足这个庞大集团不断膨胀的欲望。

2008年金融危机以来，西方遇到了危机的自我强化机制。西方的市场经济不是扁平的市场经济，它是由金融寡头主导的市场经济，是金融资本的剥夺性积累支配的市场经济。金融资本的剥夺性积累导致了西方一系列的危机。金融资本的剥夺性的积累导致了有效需求不足的危机、生产过剩的危机、利润率下降的危机、金融市场上的债务通缩危机。面对债务通缩危机，自由主义经济学家开的药方就是量化宽松政策，这又在经济停滞的同时导致了通货膨胀，导致了滞胀危机。滞胀危机在20世纪70年代发生过一次。后来，西方依靠跨国公司，靠全球化，靠第三次科学技术革命，靠瓦解苏东社会主义阵营，靠扩大世界市场范围，暂时度过了危机。但2008年之后滞胀危机再度发生。滞胀危机进一步导致工薪阶层的贫困化，加剧了阶级危机、政治危机。面对底层民众的愤怒，为重建国内的政治共识，西方产生了一个新的政治毒瘤，即右翼民粹主义。右翼民粹主义以种族主义的身份政治来替代自由主义的人权政治。右翼民粹主义获得了一些大金融寡头及一部分民众的支持，推行逆全球化、单边主义，破坏二战后西方金融资本帝国自己建立的全球制度框架。

美国把中国定义为修正主义国家，也即修正美国所制定的规则的国家。美国把中国锁定为头号战略对手，对中国进行战略包围。现在俄乌冲突依然十分激烈，但美国在战略上并没有将俄罗斯和中国同等看待。美国认为真正能够挑战美国秩序的是中国。中国的体量庞大，发展速度快，中国是一个有独立制度基础的现代化模式的国家，没有按照华盛顿共识，没有按照西方新自由主义，没有按照它给苏联休克疗法设计的那一套制度来运行。中国在社会主义现代化过程中，保持了我们的制度基础，这个制度基础是有进一步推动现代化的能力，参与世界治理的能力也更强，这是西方金融资本帝国主义真正恐惧的。

对于当下西方世界的变局及其与新时代我国社会主义全面现代化建设的关系，党的二十大报告作了客观的评估和冷静的应对安排：当前世界百年未有之大变局加速演进，国际力量对比深刻调整，逆全球化思潮抬头，单边主义、保护主义明显上升，局部冲突和动荡频发，世界进入新的动荡变革期；来自外部的打压遏制随时可能升级，我国发展进入战略机遇和风险挑战并存、不确定难预料因素增多的时期，各种"黑天鹅""灰犀牛"事件随时可能发生；我们要准备经受风高浪急甚至惊涛骇浪的重大考验；面对国际局势急剧变化，特别是面对外部讹诈、遏制、封锁、极限施压，我们要保持战略定力，推动高质量发展，同时要发扬斗争精神，展示不畏强权的坚定意志，在斗争中维护国家尊严和核心利益，牢牢掌握我国发展和安全主动权；要统筹发展和安全，全力战胜前进道路上各种困难和挑战，要发扬斗争精神，发扬中国人民的志气、骨气、底气，不信邪、不怕鬼、不怕压，主动识变应变求变；要主动防范化解风险，依靠顽强斗争打开事业发展新天地。

在世界百年未有之大变局的背景下，新时代中国式现代化道路及其实践彰显了更广泛、更普遍的世界历史意义。

新时代中国式现代化道路推动社会主义全面现代化建设的实践，为稳定世界经济注入了新的动力。在新时代，我们要以更积极的姿态来迎接全球化。我们主要是做好自己，但是我们也要积极参与全球治理，我们的国有企业可以参与世界市场上的竞争，也可以实现低廉的制度成本，优质的服务，以价廉物美的产品来参与世界市场的竞争。我们一系列的国家基础设施建设工程，在第三世界是受欢迎的。根据海关总署公布海关进出口数据，2022 年 1—5 月我国汽车共出口 108 万辆，同比增长高达 43%，2022 年 5 月汽车月度出口达 23 万辆，同比增长 35%，我国汽车出口量超越德国跃居世界第二。2022 年 5 月出口量排名第一的国产车企是上汽集团[①]。

---

① 腾讯网. 中国汽车出口量超越德国跃居世界第二！谁在卖？谁在买？[EB/OL]. (2022-06-24). https://new.qq.com/rain/a/20220624A0C8H900.

我国目前已成为140多个国家和地区的主要贸易伙伴，货物贸易总额居世界第一，吸引外资和对外投资居世界前列。未来，我们要更加积极主动地开放，加快推进自由贸易试验区、海南自由贸易港建设，共建"一带一路"形成更大范围、更宽领域、更深层次对外开放格局，打造更有利于世界经济的国际公共产品和国际合作平台。

新时代中国式现代化道路推动社会主义全面现代化建设的实践，为推动新自由主义的现代化道路转向注入了新的动力。自由主义的典型逻辑是每个人都是理性人，理性人是大家的本性，与理性人相适应的就是我们要有确立自由的产权、自由的人格、自由的信仰、自由的交往、自由的契约等。相对于前资本主义的封建制、等级制、身份制这是好的。自由主义在理性的基础上确立人人平等的观念，把每个人都看作是一样的，把财产权当作人权来保护，完全看不到包含的财产关系中的社会矛盾，它把金融寡头对工薪阶层剥夺而来的财产和每个人的工资收入同等保护起来，认为保护金融寡头剥夺性积累的权力就是保护人权。自由主义主要反对契约之外的强制和剥夺，但它完全不能分析包含在契约关系中的强制和剥夺，不反对金融资本运行于契约关系之中的强制和剥夺。马克思主义从根本上批判了自由主义的这种唯心主义的理论缺陷，创立了科学社会主义的制度逻辑，中国对科学社会主义制度逻辑的成功实践，必将进一步推动对新自由主义现代化道路的反思和超越。

新时代中国式现代化道路推动社会主义全面现代化建设的实践，为21世纪复兴科学社会主义注入了新的动力。中国道路是马克思跨越卡夫丁峡谷思想的实践和发展。社会主义所要跨越的资本主义不是一般的资本主义，而是金融资本帝国的世界体系。这个跨越首先是拿到政权，再实现追赶型现代化，越来越接近战略均势，最后遭遇战略围剿。能不能突破这个战略围剿，还有很长的路要走。但世界的希望就在这，还有什么道路能有希望呢？拉美的道路？中东的道路？俄罗斯普京的道路？都不行。只有在科学社会主义基础上开辟出来的社会主义市场经济才能利用金融资本帝国、超越金融资本帝国，而公有制主导的社会主义市场经济道路也为21世纪金融资本帝国大变局时代的复兴提供了方向和路标。

新时代中国式现代化道路推动社会主义全面现代化建设的实践，为推动中国古代制度文明的创造性转化注入了新的动力。我国社会主义现代化道路也吸收了中国古代制度文明，为中国传统优秀制度文明的创造性转化提供了实践主体。中国很早就实行了中央集权下的文官制度、科举制度，用科举制把知识分子吸收到国家治理中来，这在其他国家的古代史中都是没有的，后来西方进入资本主义时期之后才学习中国的文官制度。中国古代制度文明的特点是国家比较强，公权力比较强，公法比较强，中世纪欧洲的国家制度没法与之相比。西方文明的一个主要缺点就是公权力比较弱，因而没有办法遏制金融资本。我国社会主义制度在人民民主专政的国体基础上，吸收了中国古代政体的一些优秀因素，建立并逐步完善具有驾驭金融资本能力的国家政权，这是中国式现代化道路的又一个鲜明特征。

新时代中国式现代化道路推动社会主义全面现代化建设的实践，为开辟新文明形态注入了新的动力。中国道路体现了一种新的文明形态。社会主义本来就是一种新的文明形态，但以前主要的问题是怎么革命拿政权、怎么实现追赶型现代化、怎么获得生存权，社会主义对人类文明的引领的意义没有发挥出来。现在社会主义吸收了市场经济的制度要素、吸收了东方制度文明的优秀成分，引领了人类文明的制度潜能日益发挥出来，而金融资本主义阻碍人类发展的一面也日益暴露出来，在此背景下，思考和阐发社会主义现代化道路引领人类文明的意义，就有了必然性和现实性。

四、小结

从发生逻辑上看，中国式现代化道路的制度根基是在金融资本帝国体系下后发国家向西方学习现代化无果，开始转向马克思主义、转向新型民主革命、转向社会主义的结果；从实践成就看，中国式现代化道路具有利用国际生产力、发挥市场的资源配置和价值革命的功能、推动工业化持续发展、实现共同富裕、实现绿色发展、推动世界和平的制度功能。从世界大变局时代对世界之问、人民之问、时代之问的解答来看，中国式现代化道路及其实践具有稳定世界经济、推动新自由主义现代化道路转向、复兴和发展科学社会主义、推动人类文明形态转型的世界历史意义。

党的二十大报告指出：中国共产党是为中国人民谋幸福、为中华民族谋复兴的党，也是为人类谋进步、为世界谋大同的党；我们要拓展世界眼光，深刻洞察人类发展进步潮流，积极回应各国人民普遍关切，为解决人类面临的共同问题做出贡献。中国共产党要担负起这一崇高的历史使命，就需要团结和带领全国人民，高度自觉地理解和践行中国式现代化道路！

作者简介

汪亭友,男,中国人民大学马克思主义学院、纪检监察学院双跨教授,博士生导师,北京高校思想政治理论课特级教授(第二批),共青团中央"青年马克思主义者培养工程"理论导师,中央马工程重点教材《马克思主义发展史(第2版)》编写组成员,全国高校思想政治理论课教师2017年影响力标兵人物,兼任中国高等教育学会马克思主义研究分会副理事长、中国政治学常务理事、中国延安精神研究会理事、中国社会科学院世界社会主义研究中心特邀研究员等。

长期研究马克思主义基本理论、苏联剧变问题、习近平新时代中国特色社会主义思想等,主持并完成国家、教育部、北京市等多项社科基金项目,多次参加中宣部等单位组织的重要报告起草工作,公开发表学术论文150余篇,出版专著及合著10余部,多次荣获中国社会科学院优秀成果奖,荣获教育部、北京市教学成果奖。

汪亭友：中国式现代化的本质、内涵及世界贡献

2022年7月26日，习近平总书记在省部级主要领导干部"学习习近平总书记重要讲话精神，迎接党的二十大"专题研讨班上发表重要讲话强调："在新中国成立特别是改革开放以来的长期探索和实践基础上，经过党的十八大以来在理论和实践上的创新突破，我们成功推进和拓展了中国式现代化。世界上既不存在定于一尊的现代化模式，也不存在放之四海而皆准的现代化标准。我们推进的现代化，是中国共产党领导的社会主义现代化，必须坚持以中国式现代化推进中华民族伟大复兴，既不走封闭僵化的老路，也不走改旗易帜的邪路，坚持把国家和民族发展放在自己力量的基点上、把中国发展进步的命运牢牢掌握在自己手中。"这些重要论述，郑重宣示中国经过长期努力奋斗探索出自己的现代化道路，深刻阐释了中国式现代化的本质、内涵与要求，打破了"现代化就是西方化"的迷思，为中国发展进步指明了方向。

一、中国式现代化是中国共产党领导的社会主义现代化

现代化是一个常被用来描述人类社会发生整体性变迁的集合概念，它以科技革命为先导，以工业化、城市化、信息化等为核心，涵盖社会的经济、政治、文化、社会心理、生活方式等方面的变革，是人类文明发展进步的重要标志。现代化是一个社会历史范畴，在不同的历史时期和不同的社会环境中，现代化的特征和内涵是不同的。一般认为，人类的现代化经历了两个阶段：一是从传统农业社会向近代工业社会转变的阶段，欧美发达国家在18—19世纪率先走完了这一历程；二是从传统工业社会向现代信息社会转变的阶段，约始于20世纪50年代中期，目前呈现方兴未艾、加速演进态势。信息时代的现代化，一个显著的特征是计算机、互联网、大

数据、人工智能等信息技术广泛应用于人类的生产生活，给人们的生产方式、交往方式、思想观念以及精神状态带来前所未有的变革。这是第三次科技革命浪潮推动的结果，是生产力发展和文明进步的必然趋势，既为发达国家摆脱后工业时代困境注入了新的动力，也为落后国家实现跨越式发展提供了难得的机遇。

从历史来看，中国的现代化起步较晚，可追溯到19世纪60年代。1840年鸦片战争以后，西方列强的坚船利炮唤醒了沉睡已久的"东方雄狮"。从那时起，无数仁人志士孜孜以求救国救民真理，努力探寻中国现代化道路。然而，由于内部的原因和外部条件的制约，无论是洋务运动、戊戌变法还是辛亥革命，无论是器物层面的现代化还是制度和文化层面的现代化，这些努力和尝试都归于失败。正如毛泽东同志指出的："在一个半殖民地的、半封建的、分裂的中国里，要想发展工业，建设国防，福利人民，求得国家的富强，多少年来多少人做过这种梦，但是一概幻灭了。"历史把现代化的重任，托付给了中国共产党，托付给了新生的人民政权。中华人民共和国的成立和社会主义制度的创建，为新中国现代化之路奠定了根本政治前提和制度基础，中华民族有史以来真正自主地为实现国家富强、民族振兴、人民幸福而奋斗，中华大地因此发生了翻天覆地的变化。①

新中国成立后不久，以毛泽东同志为主要代表的中国共产党人，以马克思主义为指导，结合中国国情和实际，提出要把中国建设成为社会主义现代化强国的战略构想，主张靠中国自身的力量和中国人民的艰苦奋斗，用50年左右的时间让中国由一个落后的农业国变成一个先进的工业国，逐步拥有现代化的工业、现代化的农业、现代化的科学文化和现代化的国防。这是中国社会进步、人民彻底解放的物质技术基础。毛泽东同志深刻指出，"中国民族和人民要彻底解放，必须实现国家工业化"，"没有工业，便没有巩固的国防，便没有人民的福利，便没有国家的富强"，"工业化起来，帝国主义就不敢欺侮我们了"。在中国共产党坚强领导下，新中国的工业建设和现代化建设取得伟大成就，到20世纪70年代建立了独立的比较完整的工业体系和国民经济体系，有效维护了国家主权和安全，这是旧中国几百年、几千年没有取得的进步，我国社会主义建设事业迈出了坚实步伐。

党的十一届三中全会后，以邓小平同志为主要代表的中国共产党人，成功开创了中国特色社会主义，果断把党和国家工作重心转移到以经济建设为中心的社会主义现代化建设上来，制定了到21世纪中叶分"三步走"、基本实现社会主义现代化

---

① 毛泽东.毛泽东选集:第3卷[M].北京:人民出版社,1991:1080.

的发展战略，让中国大踏步赶上时代前进步伐。以江泽民同志为主要代表的中国共产党人和以胡锦涛同志为主要代表的中国共产党人，继续推进中国特色社会主义现代化道路，在实现温饱和总体达到小康的基础上，进一步确立全面建设小康社会、到21世纪中叶基本实现社会主义现代化、把我国建设成为富强民主文明和谐美丽的社会主义国家的奋斗目标，提出到建党100年时全面建成惠及十几亿人口的更高水平的小康社会，然后再奋斗30年，到新中国成立100年时，基本实现现代化。社会主义现代化建设任务从物质文明建设和思想文化建设"两位一体"拓展到经济建设、政治建设、文化建设"三位一体"，再拓展到经济建设、政治建设、文化建设、社会建设"四位一体"，社会主义文明建设任务也从物质文明和精神文明"两个文明一体建设"到物质文明、政治文明、精神文明"三个文明协调发展"，再到物质文明、政治文明、精神文明、社会文明"四个文明全面推进"的转变，社会主义现代化建设和社会主义文明进步取得一系列伟大成就，为中国特色社会主义进入新时代奠定了坚实的基础。

党的十八大以来，以习近平同志为核心的党中央，以巨大的政治勇气和强烈的责任担当，围绕社会主义现代化发展战略，提出一系列新理念、新思想，推出一系列重大举措。2012年，党的十八大把生态文明纳入中国特色社会主义事业，形成经济建设、政治建设、文化建设、社会建设和生态建设"五位一体"总体布局，进一步丰富和拓展了中国式现代化内涵。2013年，党的十八届三中全会首次把坚持和完善中国特色社会主义制度、推进国家治理体系和治理能力现代化纳入现代化建设的视野，深化了党对社会主义现代化规律的认识。2014年，党中央提出"四个全面"战略布局，协调推进全面建成小康社会、全面深化改革、全面推进依法治国、全面从严治党。2017年，党的十九大在科学把握我国社会主要矛盾变化、深刻分析国内外复杂局势基础上做出中国特色社会主义进入新时代的重大判断，对我国现代化战略目标重新做出安排和部署，提出到2020年全面建成小康社会、2035年基本实现社会主义现代化、21世纪中叶把我国建设成为富强民主文明和谐美丽的社会主义现代化强国的战略。在习近平新时代中国特色社会主义思想指引下，如期完成全面建成小康社会目标任务，历史性地解决了中国绝对贫困问题，党和国家事业取得历史性成就、发生历史性变革，中华民族迎来了从站起来、富起来到强起来的伟大飞跃。目前，党领导人民奋战在全面建设社会主义现代化国家、向第二个百年奋斗目标进军的新征程上，以奋发有为的精神把新时代中国特色社会主义推向前进。

近代以来的历史特别是新中国成立以来的历史充分表明，"中国搞现代化，只能靠社会主义,不能靠资本主义",社会主义是实现国家现代化、实现中华民族伟大复兴的必由之路。这是长期历史经验的总结,凝聚着几代中国人的奋斗与思考,是历史的选择、人民的选择,也是时代发展的必然要求。在这一壮阔的历史进程中,中国共产党是克服一切艰难险阻、战胜一切风险挑战的中流砥柱,是领导社会主义现代化建设事业的核心力量。没有中国共产党就没有新中国,同样,没有中国共产党领导也就不会有社会主义现代化的中国。中国共产党领导是实现社会主义现代化的根本政治保障,是中国式现代化最本质的特征,也是区别于其他国家现代化最显著的标志。

二、中国式现代化是人类现代化和文明史上的伟大创造

中国式现代化是在数亿人口规模的国度里开启的,是要把十几亿人口的大国变成一个社会主义现代化强国,实现全体人民共同富裕,这在人类历史上是从未有过的伟大壮举。众所周知,最早实现工业化的英国,从18世纪60年代工业革命到19世纪中后期成为世界最强盛的国家,先后经历了一个世纪。而英国人口在工业革命初期只有600万人左右,1851年增加到2780万人,2021年也不过6730万人。美国的工业化始于19世纪初,到19世纪末美国超越英国成为世界霸主,经历了约一个世纪的时间。第二次世界大战后美国加速发展,逐渐拉开了与英国、德国、日本等西方列强的差距,冷战后成为唯一的世界超级强国。美国人口在1776年美国建国时约300万人,1800年增加到530万人,1900年增加到7600万人,1950年达到1.5亿人,2021年达到3.3亿人。其他西方发达国家完成工业化的时间或长或短,人口规模有大有小,但都达不到美国的水平。

与西方列强依仗侵略扩张、殖民掠夺实现国家的现代化不同,中国实现现代化主要靠国家内部积累,靠社会主义制度的优越性。中国式现代化,不是靠压榨劳动者的血汗为工业化提供资金,而是靠全体人民的自觉奋斗和辛勤付出,靠先进的科学技术和强大的国家治理能力的推动,靠马克思主义真理的力量和社会主义先进文化的引领。现代化的目的也不是为了少数人发家致富,而是惠及全体人民。在现代化途径上,遵循现代化建设规律和人类文明发展规律,坚持物质文明与精神文明相协调、经济建设与生态建设相统一,全面推进物质文明、政治文明、精神文明、社会文明、生态文明,实现人与人和谐相处、人与自然和谐共生,促进社会全面进步、人的全面发展。在与世界的联系方面,坚定不移走和平发展之路、合作发展之路,

全方位扩大对外开放，推动构建开放型世界经济和合作共赢的新型国际关系，推动构建人类命运共同体，做世界和平的建设者、全球发展的贡献者、国际秩序的维护者。习近平总书记深刻总结了中国式现代化的科学内涵和鲜明特征："我国现代化是人口规模巨大的现代化，是全体人民共同富裕的现代化，是物质文明和精神文明相协调的现代化，是人与自然和谐共生的现代化，是走和平发展道路的现代化。"正因为中国式现代化，符合人类文明进步要求和历史前进正确方向，体现时代进步潮流和世界发展大势，在中国人民艰苦奋斗下，中国只用几十年时间就走完了发达国家几百年的工业化历程，创造了举世瞩目的发展奇迹，展现出无限广阔的光明前景。①

我们成功走出中国式现代化道路，在于中国共产党坚强有力的领导。实现现代化是一项复杂而艰巨的历史任务，需要强大的先进政治力量的领导。中国的现代化是在西方长期的经济技术封锁中进行的，面对世界百年未有之大变局，要在不太长的时间里赶上并超越先进国家，实现中华民族伟大复兴，没有一个坚强的领导核心是办不到的。中国共产党全面领导和集中统一领导，是社会主义现代化沿着正确方向胜利前进的根本保证，是凝聚全党全国各族人民智慧和力量的根本保证，是科学把握我们面临的战略机遇和风险挑战，为现代化创造有利条件和外部环境的根本保证。②党的十八大以来，以习近平同志为核心的党中央，充分发挥党的领导的政治优势、组织优势、作风优势，不断加强对经济建设、政治建设、文化建设、社会建设、生态文明建设和全面深化改革、国防和军队建设等各方面工作的全面领导，攻克了许多长期没有解决的难题，办成了许多事关长远的大事要事，中国特色社会主义现代化不断迈上新台阶。

我们成功走出中国式现代化道路，在于坚持发展成果为全体人民共享。人是现代化的主体，尊重人民主体地位，调动最广大人民的积极性、主动性和创造性，是现代化成功的根本前提。而现代化只有满足人的需要、实现人的全面发展，才能发挥人的主体作用，将现代化事业引向胜利。习近平总书记深刻指出："只有坚持以人民为中心的发展思想，坚持发展为了人民、发展依靠人民、发展成果由人民共享，才会有正确的发展观、现代化观。"新中国成立70多年来，特别是改革开放以来，中国共产党始终坚持以人民为中心的发展思想，坚持一切为了人民、一切依靠人民，

---

① 习近平．习近平谈治国理政：第4卷[M]．北京：外文出版社，2022：164．
② 习近平．习近平谈治国理政：第4卷[M]．北京：外文出版社，2022：171．

坚持共同富裕和实现人的全面发展目标,主动解决地区差距、城乡差距、收入差距等问题,坚决防止两极分化,推动经济社会全面进步。经过努力,到20世纪80年代基本解决人民的温饱问题,到2001年人民生活总体达到小康水平,到2020年实现从全面建设小康社会到全面建成小康社会的历史性跨越。这些成就的取得,极大地坚定了中国人民从事现代化建设的决心和意志,为中国式现代化不断取得进展提供了不竭的力量之源。

我们成功走出中国式现代化道路,是与科学理论的指导分不开的。现代化是科技革命、产业革命引领的社会变革,推动着知识体系和思想文化的革新,但现代化不是一个无意识的自发的过程。无论是科技革命、产业革命还是社会各个领域的变革,都需要科学思想理论的指引,既包括先进的自然科学,也包括先进的社会科学。马克思主义揭示了自然界、人类社会和思维发展的一般规律,是认识世界、改造世界的强大思想武器,同时也是社会主义国家认识现代化、建设现代化的强大思想武器。新中国成立特别是改革开放以来,中国共产党始终坚持思想理论创新,不断推进马克思主义中国化时代化,立足国情和实际探索自己的现代化道路,既不走封闭僵化的老路,也不走改旗易帜的邪路,为中国式现代化道路提供了科学的思想理论指导。习近平新时代中国特色社会主义思想,从理论和实践结合上系统回答了新时代坚持和发展什么样的中国特色社会主义、怎样坚持和发展中国特色社会主义,建设什么样的社会主义现代化强国、怎样建设社会主义现代化强国,建设什么样的长期执政的马克思主义政党、怎样建设长期执政的马克思主义政党等重大时代课题,是中国共产党领导人民全面建设社会主义现代化国家、实现第二个百年奋斗目标的科学体系和行动指南,必须长期坚持、不断发展。

我们成功走出中国式现代化道路,与坚持和完善中国特色社会主义制度、推进国家治理体系和治理能力现代化有着密切关系。现代化是一个需要一代代人接续奋斗的历史过程,要靠制度把好的经验和做法确立下来、传承下去。新中国成立特别是改革开放以来,中国共产党始终坚持制度建设,努力构建适应现代化建设需要的制度体系。经过长期探索奋斗,中国特色社会主义制度体系中具有"四梁八柱"性质的主体框架已经基本确立,主要领域基础性制度体系基本形成,形成和发展了党的领导和经济、政治、文化、社会、生态文明、军事、外事等各方面制度。2019年召开的党的十九届四中全会,系统总结了我国制度建设和国家治理领域发生的历史性变革,深刻阐释了党领导人民长期探索实践形成的制度性成果,全面概括了我国国家制度和国家治理体系的显著优势,进一步明确了推进国家治理能力现代化的方向和部署,为我国把制度优势转化为治理效能、全面推进国家的社会主义现代化提供了可靠的制度保障。

我们成功走出中国式现代化道路,源于我国坚持走和平发展道路,坚持全面对外开放。现代化的一个重要特征是打破了农业文明时代与世隔绝的封建割据状态,国与国之间的经济联系越来越紧密,经济全球化成为不可逆转的时代潮流,人类不分地域、国别、种族连接成一个命运共同体,需要世界各国携起手来共同应对来自自然界的风险挑战和人类社会发展面临的共同问题。中国共产党始终关注人类前途命运,秉持"天下一家""命运与共"理念,站在时代潮流正确的一边、人类进步的一边,倡导共商共建共享全球治理观,主张政治上相互尊重、平等协商,对话而不对抗、结伴而不结盟;安全上坚持以对话解决争端,以协商化解分歧;经济上同舟共济,推动经济全球化朝着互利共赢方向发展;文化上尊重世界文明多样性,以文明交流超越文明隔阂、文明互鉴超越文明冲突、文明共存超越文明优越;生态上坚持环境友好,合作应对气候变化,保护好人类赖以生存的地球家园,推动建设一个持久和平、普遍安全、共同繁荣、开放包容、清洁美丽的世界。这些理念、主张和行动,得到世界上绝大多数国家人民的支持,为中国现代化建设创造了有利的国际环境。

三、中国式现代化为世界发展和人类进步做出巨大贡献

2021年11月11日,习近平总书记在党的十九届六中全会第二次全体会议上的讲话中深刻指出:"我们党领导人民不仅创造了世所罕见的经济快速发展和社会长期稳定两大奇迹,而且成功走出了中国式现代化道路,创造了人类文明新形态。[①]这些前无古人的创举,破解了人类社会发展的诸多难题,摒弃了西方以资本为中心的现代化、两极分化的现代化、物质主义膨胀的现代化、对外扩张掠夺的现代化老路,拓展了发展中国家走向现代化的途径,为人类对更好社会制度的探索提供了中国方案。"中国的现代化基于本国国情和实际,具有鲜明的中国特色,同时反映了人类现代化的规律,它紧跟时代主题和历史发展潮流,体现了全人类共同利益和价值取向。中国是在一穷二白的落后基础上发展起来的,中国式现代化理念和经验给世界上希望自主发展的民族提供了全新选择,给国情相近、道路相通的国家提供了有益

---

① 习近平. 以史为鉴、开创未来,埋头苦干、勇毅前行[J]. 求是,2022(1):4-15.

借鉴。

第一，中国式现代化为世界和平发展注入强劲动力。中国人口占世界人口近1/5，中国发展本身就是对世界和人类的重大贡献。改革开放40多年来，中国有7.7亿农村贫困人口摆脱贫困，对全球减贫贡献率超过70%，创造了人类减贫史上的奇迹。中国经济成为推动世界经济增长的主要动力，连续多年对世界经济增长的贡献率超过30%。2020年中国是唯一实现正增长的主要经济体，2021年中国经济保持8.1%的高增长，2022年上半年在极高的疫情防控压力下仍保持2.5%的增长，成为疫情肆虐下世界经济的稳定器和动力源。中国发展自身的同时又努力造福世界，欢迎各国搭乘中国发展的便车。"一带一路"倡议为沿线各国联动发展注入强大动能。据世界银行研究报告，共建"一带一路"将使相关国家760万人摆脱极端贫困、3200万人摆脱中度贫困，将促进参与国贸易增长2.8%~9.7%、全球贸易增长1.7%~6.2%、全球收入增加0.7%~2.9%。中国还坚持反恐国际合作、改善全球生态环境合作、构建人类卫生健康共同体合作，向全球提供了许多公共产品。中国在国际场合坚持原则、敢于斗争，既坚定捍卫中国主权、安全、发展利益，又主持公道、匡扶正义，维护国际公平正义，反对霸凌主义和强权政治，坚定维护广大发展中国家的合法权益。

第二，中国式现代化为人类现代化和文明进步开创了新路。以蒸汽动力和电力的广泛运用为主要标志的第一次工业革命和第二次工业革命，以信息技术的广泛运用为主要标志的第三次工业革命，包括随之而来的产业革命、城市化、经济市场化、政治民主化、社会法治化、世界多极化、经济全球化等，虽然都是在欧美等发达国家率先启动并完成的，极大地推动了生产力的发展和社会结构的变迁，极大地改变了人们的生活方式和思维方式，极大地促进了科学技术发展，但资本主义的现代化也给人类社会造成无法计量的伤害，制造了许多难以破解的重大问题。资本主义世界不断爆发的经济危机以及由此引发的市场动荡和社会危机，西方列强在全球范围的侵略扩张以及它们之间的战争，西方文化对非西方文化的霸凌与侵蚀，诸如此类的罪恶行径给受压迫的人民、受压迫的民族和国家带来深重灾难。进入21世纪特别是2008年国际金融危机以来，单边主义、保护主义势力抬头，"逆全球化""去全球化"思潮涌动，零和思维、冷战思维大行其道，经济全球化遭遇逆流，世界发展不平衡不充分问题凸显，传统安全和非传统安全威胁交织，全球治理体系严重失衡失灵。种种事实表明，资本主义制度与现代化之间存在不可克服的矛盾，只有适应现代化发展正确方向和人类文明进步要求，用社会主义现代化取代资本主义现代化，才能消除资本主义现代化的弊端和给人类造成的灾难。

第三，中国式现代化的经验和成就表明，现代化并非只有西方这一条道路。现代化是人类发展进步的必然趋势，但通向现代化的道路是多样的，需要各国人民从本国实际出发自主探索。长期以来，资本主义现代化成为世界发展潮流，成为落后国家纷纷效仿的样板。事实说明，除了少数国家实现向现代化转型外，绝大多数国家的现代化之路并不成功。中国用自己的实践表明，搞现代化并非就要西方化，并非就要走欧美的老路。现代化道路并没有固定模式，适合自己的才是最好的。从本国国情和实际出发，独立自主探索出自己的现代化道路是可行的、必须的。每个国家自主探索符合本国国情的现代化道路的努力都应该受到尊重。

第四，中国式现代化的经验和成就表明，创造一个不同于资本主义的文明新形态是完全可能和必须的。资本主义现代化为世界创造了工业文明、科技文明、城市文明，将人类社会从落后状态带入发达状态，为世界文明发展进步做出了巨大贡献。但资本主义文明有它的局限和弊端，是以世界和人类吞下种种恶果苦果为代价的，越来越远离世界绝大多数人民所憧憬的美好社会。资本主义社会的种种问题表明，人类应该探索一个既充分吸收资本主义优秀文明成果，又能克服其弊端的人类文明新形态。中国坚持新发展理念，尊重自然规律与尊重社会规律相统一，不断强化前瞻性思考、全局性谋划、战略性布局，推动物质文明、政治文明、精神文明、社会文明、生态文明协调发展，反对掠夺式开发、竭泽而渔式发展，促进生态环境持续改善，创造了生产发展、生活富裕、生态良好、清新美丽的文明新形态。中国用事实表明，人类文明并非只有资本主义文明这一种形态。文明有古老和现代之分，有地域和民族之别，但不能把一种文明凌驾于别种文明之上，更不能以自以为先进的文明取代其他一切所谓落后的文明。各国人民都可以为人类文明百花园贡献自己的智慧和力量。

第五，中国式现代化的经验和成就，为发展中国家走向现代化提供了有益借鉴。中国式现代化的理念、经验和做法，为发展中国家走向现代化提供了有益启示。比如，始终坚持把人民利益放在最高位置，强调现代化是为了满足人民群众日益增长的物质文化需要和美好生活需要，是为了让国家富强起来、民族振兴起来、人民幸福起来，回答了一个国家的现代化为了谁、依靠谁等重大问题。比如，认为世界上不存在定于一尊的现代化模式、放之四海而皆准的现代化标准，主张从本国实际出发，不照搬照抄别国经验，回答了在全球化时代如何开辟本国现代化道路问题。

第六，中国式现代化的经验和成就表明，社会主义事业及其前途是光明的。苏联解体、东欧剧变以后，世界社会主义陷入低谷，"历史终结论""中国崩溃论"等论调在西方一度盛行。然而,中国的社会主义现代化建设不断取得新成就,不仅经受住了西方敌对势力妄图搞垮中国的严峻考验,而且开创了中国特色社会主义事业发展新局面,使世界范围社会主义和资本主义的较量斗争发生了有利于社会主义的重大转变,坚定了人们对中国特色社会主义的信心、对世界社会主义前途的信心。中国用事实说明,马克思主义仍然是颠扑不破的真理,社会主义是人类通向现代化的光明大道;历史不会终结于资本主义,该终结的是这个谬论本身。面对世界百年未有之大变局和中华民族伟大复兴战略全局,中国共产党和中国人民将一如既往踔厉奋发,推动新时代中国特色社会主义这艘巨轮朝着光明目标劈波斩浪、勇毅前行。

作者简介

吴文新，山东大学马克思主义学院教授、博士生导师，中国实学会理事，山东省哲学政治经济学教学研究会副会长，山东省自然辩证法研究会副理事长，山东省政治学与科学社会主义学会常务理事。主要研究方向为马克思主义基本原理及其休闲价值观、马克思主义文化理论、中华文明与科学社会主义。

在《马克思主义研究》《思想理论教育导刊》《人民论坛》《上海经济研究》《山东社会科学》《东岳论丛》《理论学刊》《管理学刊》等刊物发表论文 100 余篇，独立及第一作者著作 7 部，主要有：《科技与人性：科技文明的人学沉思》（2003年版）、《人性与人生：新人生学导论》（2009 年版）、《人的享受与发展——唯物史观视域中的休闲》（2013 年版）、《休闲学导论》（2013 年版）、《〈了凡四训〉与共产党人的信仰自觉》（2016 年版）、《共享休闲，助力复兴——休闲理论与实践专题研究》（2017 年版），主编及参编马学科教材教辅 5 部。

主持和参与 10 余项课题，其中主持 3 项国家社科基金项目和后期资助项目："科学发展观视野中休闲文化创新研究"（05BZX018，已结）、"马克思主义休闲价值观及其当代意义研究"（15BKS005，已结）、"公道民本：中华文明与 21 世纪中国社会主义"（21FKSB045，在研）。参与 2 项国家社科基金重大项目："国家文化软实力建设研究"（2015MZD044）子课题"马克思主义与中国传统文化关系"、"推动文化自信自强的时代背景与现实路径"（23ZDA082）子课题"推进文化自信自强的内容体系研究"；第 2 位参与国家社科基金项目"休闲文化生活与社会主义和谐社会构建研究"（07BKS019）、"中国特色社会主义理论体系建构基础问题研究"（12BKS029）、"科学认识和防范化解意识形态风险研究"（19BKS179）和国家社会科学基金重点项目"民族复兴进程中的中国革命文化研究"（19AKS018）。

吴文新：中华社会主义
——中国式现代化的文化内容和文明精髓

习近平总书记在党的十九大报告中指出，"中国特色社会主义文化，源自于中华民族五千多年文明历史所孕育的中华优秀传统文化"，中国共产党人从来就"是中华优秀传统文化的忠实传承者和弘扬者"①。时任第十八届中纪委书记的王岐山同志向党的十九大所作中纪委工作报告中指出："中国共产党继承了中华民族的文化根脉和精神追求，中国特色社会主义道路是中华悠久历史的延续。马克思主义中国化的过程，就是同中华传统文化精华相融合、与中国具体实践相结合的过程，文化自信是对'中国特色'的最好诠释。"② 继庆祝建党 100 周年大会上提出"两个结合"，习近平总书记在党的二十大报告中再次强调，"坚持和发展马克思主义，必须同中华优秀传统文化相结合"，"必须坚定历史自信、文化自信，坚持古为今用、推陈出新，把马克思主义思想精髓同中华优秀传统文化精华融通起来、同人民群众日用而不觉的共同价值观念融通起来，不断赋予科学理论鲜明的中国特色，不断夯实马克思主义中国化时代化的历史基础和群众基础，让马克思主义在中国牢牢扎根"③。根据这些重要讲话精神，我们可以感知到，随着中国改革开放和社会主义现代化建设事业的深入发展，党的十八大以来，中国特色社会主义的发展逐渐呈现出一个显著特点，那就是它越来越具有中华文明的浓郁色彩，我们的社会主义越来越"中华化""文明化"，亦即逐渐向"文明型社会主义"跃升，形成"中华文明型社

---

① 习近平. 决胜全面建成小康社会 夺取新时代中国特色社会主义伟大胜利——在中国共产党第十九次全国代表大会上的报告[M]. 北京:人民出版社,2017:41,44.
② 王岐山. 十八届中央纪律检查委员会向中国共产党第十九次全国代表大会的工作报告[N]. 人民日报,2017-10-30.
③ 本书编写组. 党的二十大报告学习辅导百问[M]. 北京:党建读物出版社,学习出版社,2022:14.

会主义"或简称为"中华社会主义"①。这是马克思主义特别是其科学社会主义基本原则与中华优秀传统文化"互相成就"而铸成的"一个有机统一的新的文化生命体",作为"中华民族现代文明",是"中国式现代化的文化形态"②,也是新时代中国特色社会主义的文明形态,是中华文明新形态的典型标识,也是人类文明新形态的中国贡献、中华样板、中华典范,其文化内容和精神实质或文明精髓就是"中华社会主义"。

一、中华社会主义：文明视角的新时代中国特色社会主义

概括而言,中华社会主义是从中华文化、中华文明、中华民族信仰层面或角度界定的中国特色社会主义,是在马克思主义指导下并与中华文化高度融合意义上加以提炼的;从社会发展的历史大范畴而言,它属于中国特色社会主义制度、道路和理论、文化体系;并不是与中国特色社会主义不同甚至相反对的另外一种什么社会主义;与"中国特色社会主义"一词的差异仅仅在于研究或表达角度的不同,凸显的是中华民族特色和中华文明特质。

"中华社会主义",与我们过去的种种"社会主义"存在着理论底蕴和实践色彩方面的些许差异。简言之,"中华社会主义"就是在马克思主义的科学社会主义理论指导下,将中华文化的文明精髓和基本理念融入马克思主义思想体系之中,在社会主义的制度架构和实践方略中,处处体现中华文化的精神。这不仅使我们的社会主义富有"中国特色",更重要的是使它体现"中华精神""中华智慧""中华情怀""中华抱负""中华气度",进而实现其"中华价值"、迸发"中华力量"。它是中华化的社会主义,是承续中华文明血脉的社会主义;它既是科学社会主义的中华

---

① 笔者于2013年想到"中华社会主义"一词,后发现,王绍光在《中国政道》(中国人民大学出版社,2014年版)一书中就提到过"中华社会主义民主"一语,虽未展开论述,但亦可看出其基本内涵与本文没有本质分别:"'中华'则意味着它比'儒家社会主义民主'更具有包容性,在文化上植根于'多元一体'、革故鼎新的中华文明(不仅仅是汉文明,更不仅仅是儒家思想)之上。"他认为,"'中华社会主义民主'就是实现'六亿(今为十三亿)神州尽舜尧'的制度条件","'中华社会主义民主'的目标是实现'大同'"。(见该书第84页)去掉此处的"民主"二字,整体地说,"中华社会主义"正是这样的思想信仰、社会制度和历史实践,本文与此接近的是"文明型社会主义"或"中华文明型社会主义",实际上是把王绍光此意与张维为认为中国是一个"文明型国家"的含义综合在一起而形成的,均简称"中华社会主义"。笔者在一篇文章中提及并从"中学""马学"互化融合的角度浅显论述了"中华文明型社会主义",参见:吴文新. 新时代中国特色社会主义的文化使命——推进"马学""中学"互化融合[J]. 马克思主义文化研究,2018(2).
② 习近平在文化传承发展座谈会上强调担负起新的文化使命努力建设中华民族现代文明[N]. 人民日报,2023-06-03(001).

文明形态，又是中华文明的科学社会主义形态，集中体现了中华民族现代文明的精神实质和文明精髓。从历史发展的序列看，它是中国特色社会主义的文化或文明视角的表述，也是中国特色社会主义发展到实现全面小康进而直接走向中华民族、中华文明伟大复兴的升级版本。总之，它是中华文明和社会主义各自发展之逻辑和历史的融合，是它们各自发展的最新形态；由于中华文明的特质，它是最具有民族特色的信仰价值体系，由于社会主义的特质，它是最具有普世性的信仰价值体系。正如民族的就是世界的，中华社会主义是中华民族性和人类世界性完美统一的社会主义。如果说确有"普适价值"存在，那就是社会主义和共产主义，因为它是资本主义产生以来，无论欧洲、美洲，还是亚洲、澳洲，一切先进的思想家们都共同描述过、向往过，一切被压迫的最广大劳动人民都孜孜以求、不懈奋斗过；而且只有实践它，才能使最大多数人类成员过上有尊严的生活。同时，通过中华社会主义的实践，世界文明史上唯一绵延五千年而不绝的中华文明，其思想精髓和形上精神能够超越时空局限而普世化为人类文明的共同财富，从而使21世纪的中华民族，在实现伟大复兴的过程中，再次为人类做出伟大的贡献。

"中华社会主义"将中华文明和社会主义（马克思主义）无缝嵌合，进而将其融合后的信仰与制度有机贯通。我们的建构性论述试图表明，中华社会主义的理论核心是世俗而科学的中华社会主义信仰，其实践则依赖于中华社会主义制度所规范的基本路径；制度便是"路径依赖"，而这个"路径"却通往内在于信仰的理想。依托于源远蕴厚的中华文明极高明而道中庸的丰富智慧，从为人民服务的信仰出发，循着社会主义的制度路径，奔向共产主义的彼岸——人民生活幸福和自由全面发展的理想。显然，这种文明形态的社会主义是承续20世纪中华民族的社会主义探索，在21世纪全方位开放的国际环境中，进行中国特色社会主义改革建设，最终在新世纪的第二个十年逐渐清晰起来的一条21世纪的中国特色社会主义，这凸显了党的十八大以来以习近平同志为核心的党中央自觉开创的新时代中国特色社会主义的显著的文明特征或浓郁的文明色彩，这就是中华民族现代文明即中华文明新形态——人类文明新形态的中华典范。

二、中华社会主义植根于中国特色社会主义的发展逻辑

中华社会主义作为中华民族现代文明的精神实质，不是凭空产生的，它依托于中国特色社会主义社会形态及其制度体系，因此，循着中国特色社会主义的实践历

程，它也有自己的发展逻辑。

（一）中华社会主义产生于中国特色社会主义的历史逻辑

众所周知，我国社会生产力的复杂情况（地域和行业的不平衡性与复杂性）、历史传统与国情的特殊性、所处世界历史发展阶段的特殊性，都决定或影响着我国社会发展道路的选择与社会形态的特殊表现。根据我国社会及其内在矛盾发展的历史逻辑，我们总体上已经进入社会主义社会形态的发展阶段，历经"国家计划型社会主义"和中国特色的"政府引导市场型社会主义"，到党的十八大以来正在开启新的面向21世纪的新时代中国特色社会主义，以底蕴深厚、和合大同的中华文化滋养"文明调控市场型社会主义"。所谓"国家计划型社会主义"，主要是鉴于我国在经济体制方面与苏联统制型计划经济的国家社会主义的相似性和差异性，而做出的一种大致概括①。这种相似性，主要源于这样一种客观的历史事实，即我们在开始搞社会主义建设的时候，因缺乏经验而充分学习和借鉴苏联的社会主义经验；关于这种差异性，王绍光有这样的总结性论述："毛泽东对社会主义道路的探索集中在三个方面：在所有制问题上，中国没有偏重纯而又纯的大型国有企业，而是造就了上百万集体所有制的中小企业；在计划问题上，中国没有实行中央集权的计划体制，而是在很大程度上将财政收支权、计划权、物资管理权下放给各级地方政府；在'资产阶级法权'问题上，中国没有形成森严的等级制，而是用种种方式促进人们在经济、社会、政治、文化地位上的平等。"②所谓"政府引导市场型社会主义"，主要是指经济体制经过市场化改革之后所形成的一种市场在资源配置中起基础性作用同时充分发挥了政府引导市场的社会主义发展状态。市场化改革中具体政策性理论上的"自由化"取向和趋势遭到了原社会主义计划体制和中央权威的强大惯性制约和规范，同时政府也在设法推进市场化进程。而"文明调控市场型社会主义"，虽然在"政府引导市场型社会主义"中也一直存在文化—文明的调控作用，特别是党的十七大以来和谐社会、和平崛起（发展）、合作共赢等中华文明智慧的发掘和运用，都初步显现了文明的能动作用；但这里特别用来概括党的十八大以来越来越淡化刚性的行政性调控，更重要的是逐渐通过愈加浓郁的文化和文明的精神、智慧、

---

① 美国马克思主义学者大卫·科兹在探讨苏共亡党经验教训时，就把苏联的社会主义形态称为"国家社会主义"，将其计划经济形态称为"统制型经济"。（参见：[美]大卫·科兹. 来自上层的革命——苏联体制的终结[M]. 北京：中国人民大学出版社，2009.）本文受此启发并改造了这一概念。

② 王绍光. 中国·政道[M]. 北京：中国人民大学出版社，2014：121 – 126.

信仰等力量来实现经济社会的改革、发展的调控和引导,而其社会治理的重点也转移到了文化或文明的层面;而党内政治和意识形态工作的加强,也在一定程度上反映了文化—文明的能动反作用。

"国家计划型社会主义"虽学自苏联但又有超越,主要是基于当时国际冷战环境和国内状况,把目标定位于以重工业为中心的现代工业体系和国民经济体系的建设上来,实行了单一公有制的所有制结构、以指令计划为主导的经济较大地牺牲农民利益,为工业化创造了巨大的原始资金积累,其伟大的成就是以前所未有的举国体制在改革开放前几年基本建立起了完整的工业体系和国民经济体系,为我们后来的改革建设打下了坚实的经济和物质基础。显然,这种社会主义的经济形态存在诸多弊端,由于对冷战形势下国内外阶级矛盾形势把握不准而发生多次过激反应,致使阶级斗争扩大化,从而导致了社会主义建设的挫折,否则,我们的建设成就应该会更大。

邓小平在世界大战一定时期内打不起来的预设(事实证明确有道理)下,开启了伟大的改革开放新时期,淡化国内外阶级矛盾形势,主动调整内外政策,把国内工作重心转移到经济建设上来,对内搞活(改革)、对外开放,全面学习西方(特别是美国)资本主义"先进"文明,松动所有制结构,引进自由市场机制,在原公有制和计划体制外打造了巨大的市场化非公经济力量,并逐渐使之融入体制之内。总体而言,1978—2012年,市场化改革是这个时期我国社会主义建设的基本色调,20世纪由80年代计划为主、市场为辅到有计划的商品经济,再到90年代的"社会主义市场经济",其中又有市场在资源配置中起基础性作用逐渐到起决定性作用的演变。因此,这段时期中国的社会主义,就是根据中国社会生产力的现状,政府主动推进并有力引导,试图把市场机制镶嵌进中国社会主义基本制度框架之内并使之融为一体的社会主义①,就是以全面建成小康社会为目标的"政府引导市场型社会主义"。

之所以科学社会主义的灵魂贯穿其中,不是因为其各自的独特之处或差异,而在于它们始终坚持了政治上的人民民主专政的国体、共产党的领导和人民代表大会制度,经济上的公有制主体或基础及共同富裕的目标和方向,文化上层建筑领域的马克思列宁主义、毛泽东思想为指导。它们在具体的落实形式上会有时代的或领袖

---

① 新加坡学者郑永年将这种状况概括为"制内市场",即"国家主导型"市场经济,值得我们借鉴。参见:郑永年,黄彦杰. 制内市场:中国国家主导型政治经济学[M]. 杭州:浙江人民出版社,2021.

个人的一些特点，但基本精神是一脉相承的，共产党建国以来的基本制度架构没有实质性变化，关键是共产党领导的公有制对整个国民经济的主导、控制和影响地位没有变，因而在整体层面、总体意义上，我们毫无疑问是社会主义社会。显然，从"国家计划型社会主义"到"政府引导市场型社会主义"，再到"文明调控市场型社会主义"，体现了截至目前我国社会主义发展的几个阶段或经济形态特征的发展逻辑，而这也恰恰是社会主义发展的中心（重心）逐渐由政治型社会主义到经济型社会主义，再到"文化型"或"文明型社会主义"变化跃迁的历史逻辑，体现的是中国社会主义发展的文明特征。

（二）中华社会主义植根于中国特色社会主义的现实土壤和发展需要

实事求是地说，"政府引导市场型社会主义"，极大地推动了中国社会生产力的发展、繁荣了经济、改善了绝大多数人民群众的生活、提高了国家的综合国力和国际影响力，历史功绩自立丰碑、不容置疑。但是也带来了一些困惑，集中体现为邓小平同志所言标志改革成败的"十个如果"的拳拳预警有一些或许已经变成了现实①。而让老百姓焦心挂念的上不起学、看不起病、住不起房、老不起、死不起等，以及扶不起老人、救不起溺人、仇富仇官等窘况（网络用语虽不免夸大，但事实的确存在），也导致了思想上的混乱与意识形态的纷争，很多人看不清国家的发展方向；包括极端派在内的"左右派"人士都以为我们的改革使国家走上了资本主义道

---

① "十个如果"（原文均出自《邓小平文选》第三卷，北京：人民出版社1993年版，故此只标页码）是：①"如果走资本主义道路，可以使中国百分之几的人富裕起来，但是绝对解决不了百分之九十的人生活富裕问题。"（见《建设有中国特色的社会主义》，第64页）②"如果按照现在开放的办法，到国民生产总值人均几千美元的时候，我们也不会产生新资产阶级，基本的生产资料归国家所有、归集体所有，就是说归公有。"（见《在中顾委三次会议上的讲话》，第91页）③"如果我们的政策导致两极分化，我们就失败了。"（见《一靠理想二靠纪律才能团结起来》，第111页）④"如果产生了什么新的资产阶级，那我们就真是走了邪路了。"（见《一靠理想二靠纪律才能团结起来》，第111页）⑤"但风气如果坏下去，经济搞成功又有什么意义？会在另一方面变质，反过来影响整个经济变质，发展下去会形成贪污、盗窃、贿赂横行的世界。"（见《在中央政治局常委会上的讲话》，第154页）⑥"如果走资本主义道路，可能在某些局部地区少数人更快地富起来，形成一个新的资产阶级，产生一批百万富翁，但顶多也不会达到人口的百分之一，而大量的人仍然摆脱不了贫穷。"（见《中国只能走社会主义道路》，第208页）⑦"我们实行的是社会主义制度，我们的人均四千美元不同于资本主义国家的人均四千美元，特别是中国人口多，如果那时十五亿人口，人均达到四千美元，年国民生产总值达到六万亿美元……就表明社会主义优于资本主义。"（见《社会主义必须摆脱贫穷》，第225页）⑧"如果搞资本主义，可能有少数人富裕起来，但大量的人会长期处于贫困状态，中国就会发生闹革命的问题。"（见《吸取历史经验防止错误倾向》，第229页）⑨"社会主义最大的优越性就是共同富裕，这是体现社会主义本质的一个东西。如果搞两极分化，情况就不同了，民族矛盾、区域间矛盾、阶级矛盾都会发展，相应地中央和地方的矛盾也会发展，就可能出乱子。"（见《善于利用时机解决发展问题》，第364页）⑩"如果富的愈来愈富，穷的愈来愈穷，两极分化就会产生，而社会主义制度就应该而且能够避免两极分化。"（见《在武昌、深圳、珠海、上海等地的谈话》，第374页）

路,"左"派质疑并批判其方向,要求"回归"社会主义,自由派则质疑并批判其力度,要求加大市场化、私有化、民主化改革力度,尽快过渡到所谓自由、民主、平等、法治、公正的资本主义;由于现实的困境,导致了各派人士对中国特色社会主义理论体系的质疑和对现实发展方向的歧解甚至"错解"。这就造成了在此期间始终存在的对我国"社会主义"性质具有致命威胁的因素,有时还发生很强烈的作用。① 改革开放以来,逐渐建立起来的"政府引导市场型社会主义",从根本制度、道路和指导思想上坚持了马列主义毛泽东思想、社会主义基本制度框架,特别是政治立场、价值方向和发展目标,既发展了社会主义社会的生产力,又满足了人民群众不断提高生活水平和质量的需要;而市场化改革取向,则充分吸收了世界上最发达的资本主义较为灵活的市场机制,并为我所用,提高了单个经济主体的生产经营效率,极大搞活了国内经济,快速增大了我国经济总量;基本上保持了市场机制和社会主义制度的平衡,实现了社会主义基本制度与市场体制机制的较好结合,确保了社会稳定和国家安全,没有走向极左极右派所期待的极端化变革。但是由于"貌似自由化"的市场化改革进程不可避免地夹带或伴随着一定程度的非公化、资本化等,造成了类似阶级分化的"利益主体多元化""价值立场多元化"等分裂、对立甚至局部对抗现象,反映在意识形态层面就是思想舆论界以左右之争为主线的纷乱等,加上国外反共反华势力乘隙而入,我国思想舆论界的斗争形势达到了新中国成立以来最为尖锐复杂的程度。

由于中国和国际社会处于"世界百年未有之大变局"的特殊发展阶段,我们的社会主义建设总是伴随着来自左右、内外的反华分华、反社反共的种种思潮、力量和活动,带有阶级斗争性质的经济斗争(比如资本无序扩张和肆意垄断)、政治斗争(比如反腐败、反两面人等)、思想斗争及意识形态冲突已经成为我国社会主义发展过程的常态,对此要有清醒的自觉,必须直面这样严峻的问题:一个"貌似自由化"的市场化改革与社会主义制度的自我完善是兼容或相互支持的吗?靠什么维持一个十几亿人口、地域民族和产业发展都极不平衡的大国长期在市场化、资本化的经济趋势和以劳动者阶级为主体的社会主义政治和文化取向中的平衡?这种市场化与资本化的改革发展趋势与人民为中心的发展理念和全体人民共同富裕的中国式现代化的目标如何在显著的张力中保持平衡?这都是我们发展基于市场经济的社会

---

① 习近平总书记在党的二十大报告中用这样一句话概括这种状况:"当时,党内和社会上不少人对党和国家前途忧心忡忡。"参见:本书编写组. 党的二十大报告辅导读本[M]. 北京:人民出版社,2022:5.

主义所必须面对的重大理论和实践问题，必须未雨绸缪，有战略性地应对各种挑战的思想理论、政治和组织准备。对此，我们要掌握阐释中国特色社会主义的话语主动权和话语原创权，用中国人民、中华民族自己的知识体系来阐明道理、说服人民、应对攻击、化解风险。

显然，这呼唤一种新的社会主义理论的话语创造，以推动21世纪中国马克思主义的再创造、再发展，这就是党的十八大以来逐渐形成的一种新型的社会主义，是践行马克思主义思想精髓、融合了中华优秀传统文化精华、体现中华民族文明特质的社会主义，是中华民族现代文明，即作为新时代中国特色社会主义文明形态的"中华社会主义"，也是中国式现代化的文化—文明形态的内容实质。

三、中华社会主义的社会历史性质和鲜明标志

作为中华民族现代文明的文明精髓，中华社会主义的底层逻辑依然是一套完整成熟的社会制度体系，正如党的十九届四中全会关于中国国家治理能力和治理体系现代化的决议文件所指明的，制度体系大致是在根本制度、基本制度和重要制度三个层面展开的，正是在这样的制度体系中彰显其鲜明而独特的制度标志或文明标识——科学社会主义根本制度的深层决定性。

（一）中华社会主义的社会历史性质

综上可知，从新中国成立以来的70余年历史来看，我国社会主义社会存在形态和发展方式的变迁，实际上经历了一个从政治主导社会主义建设到经济主导社会主义建设的历史性过渡，前者主要是指，政治理念渗透社会一切领域，政治挂帅，一切服务于政治，最极端的表现就是"以阶级斗争为纲"，实际就是"以阶级斗争为中心"，经济建设、社会发展、人民生活改善等都大致属于阶级斗争等政治实践的必然结果或伴生物；后者主要是指，经济理念渗透社会一切领域，经济挂帅，市场导向，一切由市场说了算，最典型的就是"以经济建设为中心"，"发展就是硬道理"（实际工作中被俗化为经济增长就是硬道理），商品交易原则普遍流行，拜金主义深刻影响人们的思想道德，政治制度的进步、人民生活的改善实际是经济增长的倒逼或者必然带来的结果。但是，中国特色社会主义的理论逻辑和实践逻辑，都促成了这样一种新的愿景，也就是说，中国特色社会主义进入新时代，日益显著地表现为一种独特的"社会形态"，它是在有至少五千年悠久历史且世界上唯一绵延至

今的文明实体、14亿多人口规模、56个民族组成的共和国及千余万平方公里国土范围内的独特的发展道路、制度体系、文明形态，它是与最发达的资本主义国家几乎同时存在并行发展的、具有世界影响的社会类型，在大多数社会主义国家经不住资本帝国列强的文化攻心、思想颠覆而纷纷倒下的时候，它却屹立不倒，而且快速发展、日益强大，并逐渐对世界历史进程发生重大的实质性影响。不仅如此，它的现实发展形态，在社会结构和内在矛盾方面既不同于经典的理论逻辑意义上的科学社会主义，也不同于一直被作为"普世性"经典的资本主义；既不同于原苏东地区大多数国家的统制型国家社会主义形态，也会逐步区别于中国曾经探索和走过的"国家指令型社会主义"和"政府引导市场型社会主义"，而是一种在马克思主义科学社会主义原理指导下，集各种社会主义积极因素为一体、充分吸收适于国情的现代资本主义文明成就，彰显中华民族传统智慧和中华文化精神特质的新的"文明型社会主义"，即中华社会主义。

从历史的范畴来讲，中华文明型社会主义依然属于科学社会主义范畴内的"中国特色社会主义"。借用一些学者的说法①，过去经历的国家计划型社会主义是中国社会主义的1.0版，政府引导市场型社会主义是2.0版，正在进入的"中华文明型社会主义"是3.0版。从中国社会主义发展的大历史看，中华社会主义是中国社会主义初级阶段的"中高级"小阶段，有可能延伸到中国社会主义中级阶段的"初中级"小阶段。中华社会主义是一种带有鲜明中华民族特点和中华文明特质的社会主义，但中国社会主义发展进入中级阶段的"中高级"阶段时，很可能全世界的社会主义运动已成燎原之势，很多极有分量的世界资本主义大国已经或正在转向社会主义。

（二）鲜明标志：中华社会主义之道—学—术

作为中国社会主义发展3.0版的中华文明型社会主义大致自党的十八大开始纪年，坚持"一个中心两个基本点"的基本路线，坚持社会主义性质的《中华人民共和国宪法》，依据"五位一体"的总体布局和"四个全面"战略布局开展社会主义建设，全面继承、复兴和弘扬中华优秀传统文化，与时俱进地推进马克思主义理论创新，及以马克思主义世界观方法论为指导的中国哲学人文和社会科学学术、话语

---

① 王绍光曾经提出,中国社会主义发展从毛泽东时代的1.0版,经过邓小平时代的2.0版,正在向而且必须发展到3.0版。但他跟本书的立论依据有所不同。参见：王绍光. 中国正进行中国式社会主义3.0版本探索[EB/OL]. 凤凰网资讯, http://news.ifeng.com/mainland/detail_2010_05_26/1555848_0.shtml.

和学科体系及中华民族独特自主知识体系的原创构建，在实现最广大人民群众根本利益，使绝大多数人过上健康、尊严、向上、幸福的生活的基础上，全面推进社会主义的发展，使之产生世界性影响。这样的中华文明型社会主义实践，埋头于造福十几亿中国人民的壮美事业、致力于中华民族伟大复兴的千秋大业，这里充满了艰辛、付出了代价，但也必将收获鲜花和欢笑，形成一种独特的中华社会主义的文明景观。中华社会主义历史实践的鲜花和欢笑与艰辛和代价之间，也是一种复杂的、历史的辩证关系：中国人民将在中国共产党领导下，以尽可能不断夯实的劳动人民公有制的经济基础来抵御可能发生的资本逐利的疯狂和市场运行的失序，以不断完善的人民民主来消除政治领域旧世界残留的官僚化、特权化和裙带化现象，以共产主义理想、社会主义信念、集体主义价值、服务人民美德来堵塞资本主义、个人主义、拜金主义、享乐主义泛滥的思想源头，以民生为天的理念来确保人民的就业、收入、住房、教育、健康、安老等问题，以道法自然、天人共荣的理念来建设资源节约型和环境友好型社会、铸造社会主义生态文明。总之，坚信并不断升华中华社会主义之道——"天人合一，公道民本"的本体基础[①]及相应的社会主义根本制度，坚守并不断创新中华社会主义之学——马克思主义世界观和方法论，特别是当代中国马克思主义、21世纪中国马克思主义，及相应的中国特色社会主义基本制度，坚持并不断完善中华社会主义之术——中华文明型社会主义的重要制度和具体制度的实践体系，这三者是中华社会主义完成其振兴中华使命，走向世界并引领世界的根本。这就是中华社会主义的鲜明标志。而习近平新时代中国特色社会主义思想及其制度化和现实化，也就是其"十个明确"的制度架构和目标设定，"十四条基本方略"的实践理念和政策落地，"十条历史经验"的传承、弘扬和丰富、发展，将使这一鲜明标志日益呈现为客观的、现实的形态。

四、中华社会主义的文明特色

中华社会主义既然是中华民族的文明型社会主义，那必然是中华文化与马克思主义发生"深刻的化学反应"[②]即互化融通的文明结晶，因此，它除了物质性文化，

---

① 参见：吴文新. 当代中华信仰的本体基础探析[J]. 东岳论丛,2018(6).；公道民本：融通马克思主义和中华文化的本体基础[J]. 孔子研究,2023(5).
② 赓续历史文脉 谱写当代华章——习近平总书记考察中国国家版本馆和中国历史研究院并出席文化传承发展座谈会纪实[N]. 人民日报,2023-06-04(001).

其主干是制度性文化，其精髓或灵魂是精神性文化，也便在社会等方面有着显著的"中国"或"中华"特色。

第一，中华社会主义的社会制度特色。"中华文明型社会主义"是一种特殊的社会形态，进而成为独特的文明形态，或者更为准确地说，是中国社会主义发展的一个特殊的阶段。它源于公元前3000年前后的炎黄及尧舜禹等"公天下"的远古时代，经过2000多年小农专制社会历史，后经百余年西方资本—帝国主义殖民侵略而经历独特的"半殖民地半封建"社会之后，又经历短暂的新民主主义社会（同时基本属于社会主义改造或革命时期），以及60多年曲折艰险而又辉煌的社会主义建设、改革的艰辛探索，逐渐形成的一种富有中华文化特质的社会主义发展阶段[①]。其制度架构体现马克思主义之科学社会主义的基本原则和理想精神——经济上的生产资料公有制和按劳分配及其主体地位，政治上的党的领导、人民民主和依法治国有机统一，精神文化上的崇德向善，民生保障上的共同富裕和社会和谐，人与自然和谐共生的生态美丽等；体现民族主体性的"中华政道"和"中华治道"，充分吸收当今世界制度文明的最先进成果——民主性、法治性、平等性、自由性，又扎根于中国社会现实的深层结构，承传和弘扬中华历史民本—仁政—德治的传统，既立足现实又富于理想，既能奖励人们勤劳节俭，又能引导人们文明享受和自由发展。当然，这样的制度是一个完整的体系，任何一个领域或方面的制度都体现"文明型社会主义"的基本精神；同时，制度的中观和微观层面即体制和机制，也能够很好地落实这些精神，否则，根本制度的基本精神便无法落地、无法实现。当然，在基本制度框架内，在原则前提下，具体的体制和微观机制则呈现因地、因业而异的灵活性和多样性，能够落实根本宏观制度的价值理念，实现其战略目标，就是好的体制和机制。从社会制度与社会形态的关系看，中华社会主义的制度特色也是中华社会主义的社会形态特色；文明形态依托社会形态，特定的文明形态一般产生并相对于特定的社会形态；中华社会主义文明形态脱胎于中国特色社会主义社会形态，从文明视角亦可称之为"中华社会主义社会形态"，这是中华民族所特有的社会主义社会形态。

第二，中华社会主义的发展道路特色。中华社会主义文明形态依托于中国特色

[①] 习近平总书记在第二十届全国人大一次会议上有一段颇具神韵的话："中国特色社会主义这条道路来之不易，它是在改革开放30多年的伟大实践中走出来的，是在中华人民共和国成立60多年的持续探索中走出来的，是在对近代以来170多年中华民族发展历程的深刻总结中走出来的，是在对中华民族5000多年悠久文明的传承中走出来的。"可作为笔者此说的一个强力支撑。中共中央宣传部组织，编. 习近平总书记系列重要讲话读本[M]. 北京：学习出版社，人民出版社，2016：10.

社会主义道路，这条道路的实质即"中国式现代化新道路"。按照党的二十大报告的论述，"中国式现代化，是中国共产党领导的社会主义现代化"①，可以理解为中国式现代化的社会制度特征，与前述中华社会主义的社会历史性质和制度特色相一致；此外，中国式现代化的"中国式"或"中国特色"还有不同方面的表现：其一，它具有至少五千年文明史的中华民族所特有的历史文化特色。这是一个具有五千年文明古国的现代化，是以中华民族、中华文化—文明的伟大复兴为目标的现代化，是形成中华文明新形态，进而创造人类文明新形态的现代化。其二，它具有独一无二的历史主体特色。这是14亿多"人口规模巨大的现代化"，是"以人民为中心"即以中国最大多数社会成员为中心的现代化，14亿多人民"整体迈进现代化社会，规模超过现有发达国家人口的总和，艰巨性和复杂性前所未有"，世所罕见，"发展途径和推进方式也必然具有自己的特点"②。其三，它具有彻底超越西方老式现代化的对象内容特色。这是"物质文明与精神文明相协调的现代化"，超越了西方片面追求物质文明的现代化，努力达成物质和精神的平衡，使文明体系更加富有人性化、人文化的灵魂。这是"人与自然和谐共生"、具有独特生态文明色彩的现代化，超越西方以无止境索取自然、破坏和污染自然为代价的现代化模式，是追求低耗低排高效生产节约节制而达成碳中和目标的现代化，这将最终实现人类社会的发展繁荣与大自然的丰富繁盛共存共进。这是"全体人民共同富裕的现代化"，超越了西方以资本—利润为中心进而富者愈富贫者愈贫的现代化。其四，它具有融入世界而又引领世界、造福人类的世界历史特色。中国的现代化进程是处于资本主导的全球化历史进程中的，是全球化进程中非常重要的一个有机组成部分，不仅从正反两方面吸取世界各国现代化的经验和教训，而且以自己的独特成就、贡献和经验深刻地影响着21世纪的全球化世界历史。其根本原因仍在于我们的现代化是"走和平发展道路的现代化"，彻底超越了西方通过全球血雨腥风的殖民奴役和战争掠夺的现代化模式，这是一条完全通过中国人民自己的辛勤劳动和智慧创造而实现的社会稳定、助力和平的现代化道路，无疑具有崭新而深刻的世界历史意义。唯其如此，中国式现代化就是张扬全人类共同价值、构建人类命运共同体、创造人类文明新形态的现代化。中国式现代化终究是对西方资本主义现代化的全面而深刻、系统而根本的超越，因而在世所公认的"现代性"的意义上是一条"超现代性"的现代

---

① 本书编写组．党的二十大报告辅导读本[M]．北京：人民出版社，2022：20．
② 本书编写组．党的二十大报告辅导读本[M]．北京：人民出版社，2022：20．

化道路，实质就是中国特色社会主义道路。

第三，中华社会主义的物质文明特色。物质文明作为生产力发展的成果和经济形态的直接表现，在整个文明体系中居于基础性地位。中华社会主义的物质文明当然既要体现社会主义的本质要求，更要彰显中华文明的独特智慧。首先，它是高度科技化的。比如智能化、数字化、信息化和网络化，物联网的普及有可能大大降低人们的物质生活的烦琐度，大大提高物质生活的便捷度；中华社会主义决不拒绝现代科技和物质文明，而是要包容、扬弃和超越物质文明。其次，它是高度人性化的。与资本主义物质文明的物化、异化、非人化、反人性化的倾向和效果相比，中华社会主义的物质文明突出表现了中华文化的人本性、人文性、崇尚人道的智慧，它是围绕人并为着人的，是非常富有人情味、具有浓郁人性色彩的，因而是克服异化、消除物役、超越金钱和资本逻辑的物质文明。在物质性的生产和生活方式方面，无论发达程度有多高，其最本质和最显著的特点都是人性化，单纯工具化、技术化的物质文明必然带来人的身心健康危机乃至人性的消解。再次，它是高度生态化的。它符合低碳、低消耗、低排放以及高效率、高循环、高适用的生态化要求，它符合宏观的自然规律特别是人与自然和谐共生的生态规律。资本主义的所有制和物质生产方式决定了它的反生态、反自然性质——即使有局部的生态化建设成就，那也是以其他局部或者全局的非生态化为代价或基础的。而中华社会主义物质文明的生态性则是内在的，既是社会主义所固有和必然的，也是中华文化"天人合一"精神在生态方面的具体表现。在这种文明体系中，儒家"天地万物一体之仁"普遍流行，道家"齐物论"的万物平等思想普及开来，佛家"无缘大慈、同体大悲"的众生情怀被大众，特别是"精英"所接受并践行。中华社会主义物质文明必须在生态化方面走在世界前列，它才具有世界历史性的引领地位和意义；相反，如果它不具有生态化的本质特点，那它就没有"普世价值"，不具有世界历史意义。复次，它是高度公正化的。它之公正主要体现在生产资料占有上的公有制——以劳动者集体占有、集体决策、集体经营、集体管理、集体分配的形式开展物质文明建设或物质财富的生产和积累，体现在劳动面前人人平等——劳动机会的公平、公正，劳动过程中人与人的平等，以及劳动成果分配和消费的公正。资本主义物质文明似乎也讲"公正"，但他们只讲办事程序的合法和规则的"公正"；他们财富分配方面的公正只是资本逻辑范畴内的"公正"，而不是真正基于人性平等的公正，因为他们缺乏决定一切公正的最为深层的基础——生产资料公有制。显然，中华社会主义物质文明中的"公正"基础是公有制，前提是机会公平，关键是分配公正，结果是人与人的实质平等。这样的公正才能体现社会主义的特点，也符合中华文化孜孜以求的"大道之行，天下为公""均贫富、等贵贱"的价值理念。最后，它是共享化的。共享就是全体人民共有工作—共同劳动，就是共同富裕—共享财富，就是共享休闲—共享幸福—共同自由，这是真正"以人民为中心"的共享。资本主义最缺乏的是共享观念和共享机制，共享观念基于公有制的社会存在，而共享机制则基于与公有制相对应的一系列资源和财富的公平分配制度，否则就不可能实现真正的人民共享；人民共享是社会主义的本质要求和直接体现，它是上述公正化的必然结果，但具有相对独立的价值。中华社会主义物质文明的这五个特色体现"中华（文明）"和"社会主义"的基本精神及其融合。

第四，中华社会主义的精神文化特色。中华社会主义凸显"中华精神""中华道统"①，特别是融通了中华文化和马克思主义的信仰特质。之所以使用"中华"而不是"中国"的概念，主要是因为"中国"概念侧重表征政治性国家及其地域性，而"中华"则是一个地地道道的"文化"概念，表征一个具有悠久发展历史和深厚文明底蕴的文化—民族共同体。究其字义，"中华"似乎是"中国"和"华夏"的合称或简称，《唐律疏议》云："中华者，中国也。亲被王教，自属中国，衣冠威仪，习俗孝悌，居身礼义，故谓之中华。"章太炎认为："中国云者，以中外别地域之远近也；中华云者，以华夷别文化之高下也。"（《章太炎文录初编·别录卷一·中华民国解》）如果从更深层的文化意义上看，其实，"中华"二字拆开来再合起来便别有深意。《左传·定公十年》曰："中国有礼仪之大故称夏，有服章之美谓之华。"《书经》曰："冕服采装曰华，大国曰夏。"《尚书正义》注："冕服华章曰华，大国曰夏。"这里说的是"华"的意思，服章之美，流光溢彩，简而言之，"华"者，美丽也，光彩也，绚烂也，辉煌也。"中华"之"中"侧重自然（天），寓意天下之中；"华"侧重民族（人），寓意为华夏族群。《辞海》云：中者，言居四方之中；华者言具有文化之民族，服章之华美也。"中华"在历史上曾专指汉族，这是因为它与"华夏"一词有关。华夏文化发达，遂以中华自称。随着历史上多民族的大融合，特别是中国近代历史各民族团结聚力、共同御侮的奋斗经历，"中华"逐渐发展为中国大地上多民族团结统一的含义。因此，中华民族包括定居于中国领土内的所有中国民族，即包括当代的和在历史上曾经存在过而现已消失的所有民族。

---

① 鄢一龙等对"21世纪中国社会主义"的文化—文明内涵和色彩有深刻论述，与本文所谓"中华社会主义"一语极为接近。鄢一龙，等. 天下为公：中国社会主义与漫长的21世纪[M]. 北京：中国人民大学出版社，2018：145-154.

这里似乎单指其"民族性"含义,现在已经没有任何歧视性,而成为整个中国历史和现实所有民族的总称,意味着一个多元一体的文化—民族共同体。在国家称谓上,它可以是"中国"的代称,但不能反之。因此,"中华"是一个自然与人和谐统一的伟大共同体,寓意生活在这片土地上的人们的美好心愿。概言之,"中华"所指的正是生活在这片(中华)大地上、放射着"天地万物一体之仁"的天人合一之绚烂光辉的伟大的文化—民族共同体;"中华"意味着太平、中正、和谐、安详、欢畅、自然、美丽,也意味着幸福与自由,显然这是中华文化的特质。这就是我们在"社会主义"之前冠以"中华"一语的原因。

五、中华社会主义的文明自觉、历史使命和成功标识

党的十八大以来形成的习近平新时代中国特色社会主义思想给了我们极大的信心和启示,走出邪恶陷阱、避免回归老路的新的前景是可以预期的,那就是党的十八大开启的突出中华文化基调和价值意蕴、凸显中华民族智慧和精神特质的文明型社会主义,即本文所谓"中华社会主义"。就其最突出的本质特点而言,这一文明形态的社会主义就是在马克思主义指导下充分发挥马克思主义与中华文化相融合之文化创新的力量来推动的新的社会主义,是中国在全球化进程中世界资本主义整体进入衰落时期的社会主义,是在实质上完成工业化、信息化、数智化基础上逐渐向能够引领资本主义世界整体转向社会主义—共产主义的区域性、民族性的社会主义。

"中华社会主义"时代从党的十六大以来开始酝酿,党的十七大强化文化意识,但标志性的事件是启动中华文化战略觉醒的十七届六中全会,而基于中华文化主体意识的理论原创、制度自觉、道路自信、主体自强等,是在党的十八大以后系统开启的。习近平总书记关于中国共产党全面从严治党及其思想信仰建设(比如提出"共产党人心学"范畴),关于中华民族伟大复兴中国梦,关于传承、弘扬及"两创"① 中华优秀传统文化、"第二个结合"及中华民族现代文明,关于培育践行社会主义核心价值观,关于宣传思想工作、新闻及媒体工作、教育系统的思想政治工作、文学艺术工作等"以人民为中心"的工作导向,关于哲学社会科学话语体系,关于宗教问题等一系列重要讲话、谈话和论述,无不彰显我党的文化自觉自信、自立自强意识,这标志着:中国的社会主义发展到了一个全面凸显民族主体性并推动中华

---

① 这里的"两创"指的是对中华优秀传统文化的创造性转化和创新性发展。

文化走向世界的时代，这是一个不再自卑地学习、模仿别国发展模式的时代，是一个自主探索、自觉原创对国情和世情变化具有灵活适应性的新的发展道路、新的制度体系、新的理论体系和文明形态的时代，是一个重塑中华信仰并开始重新向人类做出独特文明贡献的时代。这个时代将在马克思主义科学世界观和方法论指导下，以悠久深厚的中华民族文化资源、超越时空历久弥新的中华民族精神和经世济民智慧来引领中国社会主义发展，惠及全人类。这就是中华社会主义——一种凸显中华民族文化特质、立足中国和世界现实、面向全球和未来、发展中国引领人类的社会主义。"中华社会主义"这一名称，就表明它本身就是一种大国文化型的社会主义，或借用张维为"文明型国家"之论而称之为"文明型社会主义"①，这里的"文明"特指"中华民族现代文明"。

中华文明型社会主义从历史使命看，既然基于市场经济，那就还没有彻底摆脱资本主义因素的影响，但是由于马克思主义与中华文明相融通的新文化或新文明的能动反作用，中国共产党应该能够在更高的层面很好地驾驭这种社会形态中的种种复杂矛盾，特别是劳动和资本的矛盾。根据马克思主义世界观和方法论，在科学社会主义原则下，坚持和完善社会主义基本制度架构，一边用社会主义公有化、计划化和不断完善的按劳分配制度，从根本上消解由阶级分化造成的种种矛盾的社会存在土壤，一边用中华文化的和谐、合作、互惠、共赢等精神和道德智慧来引领所有社会成员，团结、协作、平等、互助，以此来缓和与消解可能尖锐化的阶级、民族、宗教以及其他社会矛盾。消解矛盾并不是目的，目的在于通过这种缓和与消解，引导全社会力量走向整合性、建设性、创造性和共荣性的价值方向，为将来走向真正成熟、合格的社会主义奠定厚实宽广的文化文明基础。另外，中华社会主义虽然民族性、地域性依然极为突出，但它是嵌合于世界资本主义体系之中的地域性社会主义，它是在与资本主义世界体系相互作用过程中发展起来的，因而它的世界地位和意义也是客观的、必然的；"最民族的也是最世界的"，这个命题只有在这个民族与世界建立了良性互动的实践关系的前提下才是正确的。中华社会主义从民族的社会主义转换为世界的社会主义，这是一个极可期待、极具价值的世界历史进程，所谓"中国方案""中国精神""中国价值""中国智慧""中国力量""中国气派""中国风范"等，也都在其中得以充分彰显，并深度影响甚至引领世界历史的发展和人

---

① 张维为. 中国震撼：一个"文明型国家"的崛起[M]. 上海：上海人民出版社，2011. 作者在该书中把具有历史悠久底蕴深厚的古老文明的中国称为一个"文明型"国家。

类的前途命运。

　　需要特别申明的是，中华社会主义之成功标识的几个要素：其一，中华社会主义能否成功的前提是，中国共产党执政地位的巩固和执政能力与水平的不断提高、国内民心稳定、社会和谐和平；但涉及南海、钓鱼岛、台湾等统一祖国维护国家主权完整的可能的局部战争，并不能从根本上影响国家发展大局，反而有利于实现中华民族的伟大复兴。其二，中华社会主义能否成功的关键在于，中国共产党为了中国最广大劳动人民的利益、为了实现共产主义，而以文明的、和平的方式发展资本、利用资本、节制资本、驯服资本，即驾驭资本、转化资本直至消灭资本——这符合马克思所讲的资本发展的历史逻辑①，也是它区别于基于单一公有制的社会主义、区别于基于私有制的资本主义的根本之点。其三，中华社会主义成功的标志是，中华社会主义价值体系转化为全人类共同价值，成为全世界人们最为向往的文明体系，中国初步成为世界经济、政治和文化的中心——这似乎也是中华文化和中华民族伟大复兴的鲜明标志。

　　中华社会主义是我们中华民族自己原创的社会主义文化—文明体系，其优越性的充分发挥、发展程度和发达水平等都取决于中华民族和中国人民在马克思主义指导下融会中华文明智慧的艰辛探索和拼搏创造。如果确认中国共产党是使命型政党，那么在中国共产党领导下的中华民族就是一个使命型民族；与西方文明作为上帝的子民或使者的方式不同，我们将以自己的文明示范和道德榜样的力量来示范和引领世界、影响和造福人类。

---

　　① 马克思在《政治经济学批判（1867—1858年手稿）》中指出："资本破坏这一切并使之不断革命化，摧毁一切阻碍发展生产力、扩大需要、使生产多样化、利用和交换自然力量和精神力量的限制。……资本不可遏止地追求的普遍性，在资本本身的性质上遇到了限制，这些限制在资本发展到一定阶段时，会使人们认识到资本本身就是这种趋势的最大限制，因而驱使人们利用资本本身来消灭资本。"[德]马克思,恩格斯. 马克思恩格斯选集：第2卷[M]. 北京：人民出版社,2012：716. 在资本主义世界历史性危机持续过程中，中国共产党人已经充分认识到了资本主义生产方式的这种内在的不可克服的矛盾，因而能够自觉地"利用资本本身来消灭资本"。

作者简介

刘长明，山东理工大学特聘教授，山东财经大学教授，南开大学·中国社会科学院大学21世纪马克思主义研究院特聘研究员，中央党史与文献研究院马克思主义中国化与中华优秀传统文化研究基地首席教授，中国社会科学院访问学者，山东省高层次人才库成员，济南市历下区第九届政协委员，济南市历下区党外知识分子联谊会名誉会长。

在《自然辩证法研究》《北京大学学报》《教育研究》《文史哲》《中国软科学》《人民日报》等报刊发表论文270余篇，主持国家、省级课题10项，出版著作9部。共有35项成果获得国家、省、市级奖励，其中，获第二届全国青年优秀社会科学成果奖1项，省精神文明建设"精品工程奖"1项，省社会科学优秀成果奖一等奖1项、二等奖4项、三等奖7项。

刘长明：中国式现代化何以可能[①]
——基于国际评论视界

2021年7月1日，习近平总书记在庆祝中国共产党成立100周年大会上的讲话中首提中国式现代化："我们坚持和发展中国特色社会主义，推动物质文明、政治文明、精神文明、社会文明、生态文明协调发展，创造了中国式现代化新道路，创造了人类文明新形态。"[②] 党的二十大报告进一步系统阐释中国式现代化，擘画出更为清晰的图景："从现在起，中国共产党的中心任务就是团结带领全国各族人民全面建成社会主义现代化强国、实现第二个百年奋斗目标，以中国式现代化全面推进中华民族伟大复兴。"[③] 中国共产党领导的既蕴含现代化普遍规律又基于中国国情、富含文化底蕴的中国式现代化，成为党的二十大报告的突出亮点之一，引起国际社会的高度关注，被视为读懂中国共产党、解码中国道路的全新"政治语码"[④]。随着世界历史的逐级展开，资本主义生存方式的固有矛盾日益成为横亘在历史车轮前的桎梏，西式现代化的合法性基础正在崩塌，负面影响凸显。国际舆论界认为，打破西方世界对现代化的话语垄断、赋予现代化新内涵、初步打造出人类现代化全新范式因而尽显中国化时代化马克思主义理论魅力的中国式现代化，创造了"人类发展史上真正的奇迹"，将彻底改写现代化的世界版图，成为现代化的新增长极，无疑为人类实现现代化提供了新的选择[⑤]。与资本逻辑主导的西式现代化相比，中国式

[①] 原载《高校马克思主义理论教育研究》2024。

[②] 习近平.在庆祝中国共产党成立100周年大会上的讲话[N].人民日报，2021-07-02(002).

[③] 习近平.高举中国特色社会主义伟大旗帜　为全面建设社会主义现代化国家而团结奋斗——在中国共产党第二十次全国代表大会上的报告[M].北京：人民出版社，2022：21.

[④] 吴旭，苏婧欣.国际舆论聚焦二十大："中国式现代化"成解码中国关键词[EB/OL].中国新闻网，2022-10-17.

[⑤] 新华社记者."这是人类发展史上真正的奇迹"——国际社会热议中国式现代化的世界意义[Z].新华每日电讯，2022-10-20.

现代化具有无可比拟的价值优势。在通往现代化之路上如何规避现代化陷阱，开显"三和"即自我、人与人、人与自然的和谐之道，中国式现代化提供了可供借鉴的答案。正如俄罗斯共产党中央委员会主席久加诺夫所言："中国式现代化创造了人类文明新形态，拓展了发展中国家走向现代化的途径。"①

一、摈弃资本至上，开显人民中心：中国式现代化的人本指归

按资本逻辑展开的西式现代化，是资本和利润驱动的现代化。在西式现代化话语体系中，丰富多彩的现代性被资本置换，活生生的人被物替代。正是不断膨胀的资本，使现代性日益走向自己的反面。众所周知，资本无论如何膨胀，总是掌握在少数人手里，由此决定了资本收益总是流向资本所有者，所以，西式现代化终究不过是少数人实现利益最大化的媒介。

与以资本为驱动的西式现代化不同，中国式现代化"在吸纳民本元素的同时，也对传统民本文化进行了具有决定意义的突破和升华"②，是以人的自由全面发展为终极价值追求的现代化。这个泾渭分明的现代化界限，引起了多国政党政要的热议，认为"坚持以人民为中心的发展思想体现了中国共产党一以贯之的执政理念，是中国消除绝对贫困、能够不断取得发展成就的关键"③。国际社会注意到，中国式现代化是按人民逻辑展开的，走的是一条以人民为中心的现代化之路。无疑，这是对以资本逻辑主导的见物不见人的现代化模式的突破，真正实现了现代化过程中对人类本位的回归。"中国共产党的根本宗旨是全心全意为人民服务，中国共产党一直把人民的利益放在第一位"④；"中国共产党总是将实现人民对美好生活的向往作为自己的目标，并因此获得了14亿人民的支持"⑤。英国著名学者、中国问题专家马丁·雅克表示："中国式现代化的叙事与西方历史完全不同"；"中国的目标不是狭隘地实现经济和技术现代化，因为归根结底现代化是为了人民，必须符合人民的利益。"⑥ 哈萨克斯坦中国

---

① 新华社记者."这是人类发展史上真正的奇迹"——国际社会热议中国式现代化的世界意义[Z].新华每日电讯,2022-10-20.
② 程恩富.民本文化的历史嬗变与当代阐释[J].山东社会科学,2023(5):37-45.
③ 张麒麟.聚焦二十大｜多国政党政要积极评价中国共产党执政为民[Z].央视新闻客户端,2022-10-23.
④ 吴正丹.【驻华大使看二十大】"阿根廷希望和中国共同发展"——访阿根廷驻华大使牛望道[EB/OL].海外网,2022-10-17.
⑤ 李明琪,阿尔达克.我在中国看二十大｜吉尔吉斯斯坦记者:中国式现代化将为世界提供示范[EB/OL].人民网,2022-10-27.
⑥ 李桑.国外学者对中国式现代化的认识与评析[EB/OL].中国新闻网,2023-06-29.

贸易促进协会会长哈纳特·拜赛克指出,"人民"是党的二十大的高频词之一,"中国共产党从人民中走来,始终坚持人民至上",中国式现代化丰富和发展了人类文明新形态①。在巴基斯坦"一带一路"论坛之友创始人穆罕默德·阿西夫·努尔看来,践行人民至上、扎实推进全过程人民民主,是中国式现代化成功的关键所在②。香港《明报》则从什么不是中国式现代化的维度进行诠释:中国共产党领导的中国式现代化意味着,它不是西方那种以资本为中心的、两极分化的、物质主义膨胀的、对外扩张掠夺的现代化之路③。正是在这个意义上,肯尼亚国际问题学者卡文斯·阿德希尔表示,中国式现代化是面向庞大人口的、以人民为中心的现代化——作为世界上人口最多的国家,中国式现代化道路的成功探索是对人类进步事业的巨大贡献④。受人民至上的中国式现代化的成功探索启发,赞比亚商贸工部部长穆伦加表示,"以人民为中心,是国家发展的正确途径",因此,"赞比亚政府也正在施行以人民为中心的执政理念"⑤。可见,中国式现代化的成功探索,使人类现代化从"资本逻辑"向"人的全面发展"逻辑的有决定意义的改道创造了全新可能。

二、规避两极分化,追求共同富裕:中国式现代化的共享逻辑

两极分化,是资本主义社会自身的痼疾,西式现代化非但无助于缓解这个痼疾,反而使之愈演愈烈。与不断加大贫富差距的西式现代化迥异,"中国式现代化是全体人民共同富裕的现代化",是"着力维护和促进社会公平正义,着力促进全体人民共同富裕,坚决防止两极分化"的现代化⑥。

对于追求富裕且追求"全体人民共同富裕"、全体人民共享现代化成果的中国式现代化,国际社会好评如潮。德国共产党认为,没有共产党就没有新中国,"在短短几十年的时间里,中国在中国共产党的领导下,从世界上最贫穷、最落后的国

---

① 新华社记者."这是一次具有里程碑意义的大会"——国际社会热议中共二十大对中国和世界的深远影响[N]. 中国青年报,2022-10-24(003).
② 国际社会热议二十大报告:给世界传递希望[EB/OL]. 中国日报网,2022-10-18.
③ 新华社记者."这是一次具有里程碑意义的大会"——国际社会热议中共二十大对中国和世界的深远影响[N]. 中国青年报,2022-10-24(003).
④ 新华社记者."这是人类发展史上真正的奇迹"——国际社会热议中国式现代化的世界意义[Z]. 新华每日电讯,2022-10-20.
⑤ 张麒麟. 聚焦二十大丨多国政党政要积极评价中国共产党执政为民[Z]. 央视新闻客户端,2022-10-23.
⑥ 习近平. 高举中国特色社会主义伟大旗帜 为全面建设社会主义现代化国家而团结奋斗——在中国共产党第二十次全国代表大会上的报告[M]. 北京:人民出版社,2022:22.

家之一发展成为一个相对发达的工业国家……中国战胜了饥饿和文盲,使数亿人摆脱了贫困,实现了妇女前所未有的解放,并创造了一个全面的社会经济基础设施,可以保证其人民过上体面的生活"①。面对自英国工业革命以来西方世界定义的"西式现代化标杆"即将倾覆的现实,马丁·雅克坦承:"全球化的发展在西方国家带来了巨大的不平等问题,而作为中国式现代化题中应有之义的共同富裕,就是要解决国内的贫富差距问题。由此,中国式现代化提出了和西方语境下的'现代化'大异其趣的命题";"中国得出的答案是,其现代化所要抵达的彼岸并非简单地达到西方目前的发展水平,而是应当包含共同富裕等符合中国社会特点和现代化目标的因素"②。英国48家集团俱乐部副主席贝内特认为,中国在现代化进程中对共同富裕的成功探索,致力于"解决人民日益增长的美好生活需要和不平衡不充分的发展之间的矛盾以及实现共同富裕的办法,将为其他国家带来宝贵经验,让发展中国家和发达国家均从中受益"③。目睹"很多西方国家失业率高,很多人挣扎在社会边缘,无法得到相应的卫生、教育和安全保障"的现状,知名中国问题专家巴西巴中研究中心主任埃万德罗·卡瓦略教授对"中国促进全体人民共同富裕"尤其关注,认为:"实现共同富裕是中国共产党和中国政府对人民做出的庄严承诺,即通过促进共同富裕,让所有人都能够从国家经济发展中获益"④。无独有偶,阿根廷阿中商会基建委员会协调人费尔南多·法佐拉里也对共同富裕的中国方案拍案叫好,认为正是秉承共同富裕的现代化理念,"中国打赢人类历史上规模最大的脱贫攻坚战,提高了人民收入水平,努力实现社会公平"⑤。

共同富裕的中国式现代化道路,为在现代化之路上上下求索的发展中国家提供了借鉴样本。泰国正大管理学院副校长、泰国暹罗智库主席洪风在对比研究中国式现代化与西式现代化的不同后表示:"泰国可以从中国取经,特别是要学习中国在解决贫富差距问题时提出的共同富裕概念。"⑥泰国驻上海总领事馆总领事乐达·普

---

① 王峰. 海外学者论中国式现代化的世界意义[EB/OL]. 中国社会科学网,2023 - 03 - 30.
② 彭大伟. 马丁·雅克:中国式现代化为世界提供新理念、新思维和新目标[EB/OL]. 中国新闻网,2022 - 10 - 26.
③ 杜鹃,许凤. 中国式现代化与西方现代化有"本质区别"——访英国48家集团俱乐部副主席基思·贝内特[EB/OL]. 新华网,2022 - 11 - 05.
④ 陈威华,赵焱,张修智,等. 专访:"中国成功开辟了一条中国式现代化道路"——访巴西知名中国问题专家埃万德罗·卡瓦略[EB/OL]. 新华网,2021 - 10 - 25.
⑤ 新华社记者. "这是人类发展史上真正的奇迹"——国际社会热议中国式现代化的世界意义[Z]. 新华每日电讯,2022 - 10 - 20.
⑥ 国际锐评评论员. 国际锐评|"中国式现代化道路"靠什么取得成功[Z]. 央视新闻客户端,2021 - 11 - 15.

玛结合本国的发展规划，深有感触地说："我看到了中国人民为中国式现代化，为实现共同富裕做出的努力。我认为共同富裕是中国式现代化的一个重要特征，它也是泰国政府推行的'生物—循环—绿色经济'（Bio - Circular - GreenEconomy）的国家发展理念的题中之义。"①"这是人类发展史上真正的奇迹"——对中国在追求共同富裕的现代化道路上取得的非凡成就，柬埔寨亚洲愿景研究院研究员通孟戴维由衷地赞叹，并信心满怀地表示："中国的成功正在激发许多发展中国家勇敢探索发展和繁荣的本国方案。"②

那么，中国为什么能够走出共同富裕的中国式现代化之路？赞比亚社会党主席弗雷德·曼贝在接受观察者网采访时条分缕析："第一点就是毛泽东时代的'打扫干净屋子'，这个很重要，我们能够把历史上遗留下来的负担给它打扫掉，然后进入一个独立自主、独立思考探索的状态了。第二点，在我们改革开放把'蛋糕'做大之后，我们要考虑怎么来分'蛋糕'，怎么来解决现代化带来的一些负面因素。"③

三、矫正单向发展，协同两个文明：中国式现代化的人文关怀

现代化的本质是人的现代化，而生产资料私有制基础上的西式现代化重物而轻人，致使人异化为资本附属品，人为物役。在西式现代化视野中，人不过是单向度的人，只有在服务于利润最大化的维度上，雇佣劳动者才配活着，才有生存意义。结果是也必然是：物质文明高度发达，而精神文明成为"现代荒野"，物质文明终因精神文明的瓶颈而遭遇"堵车"，难以为继。两个文明的发展悖论导致了层出不穷的"现代病"，看似浮华的社会实际上是一位"跛足巨人"。

恩格斯曾如此描绘社会主义社会的理想蓝图："我们的目的是要建立社会主义制度，这种制度将给所有的人提供健康而有益的工作，给所有的人提供充裕的物质生活和闲暇时间，给所有的人提供真正的充分的自由。"④这就是说，社会主义社会应当是也必须是两个文明和谐发展的社会，推而广之，中国式现代化是也必须是两个文明和谐发展的现代化。在西式现代化的致命短板日益暴露后，党的二十大报告

---

① 白央,杨阳. 泰国驻上海总领事:中国式现代化为世界提供新机遇[EB/OL]. 中国青年网,2022 - 11 - 06.
② 新华社记者."这是人类发展史上真正的奇迹"——国际社会热议中国式现代化的世界意义[Z]. 新华每日电讯,2022 - 10 - 20.
③ 新华社记者."这是人类发展史上真正的奇迹"——国际社会热议中国式现代化的世界意义[Z]. 新华每日电讯,2022 - 10 - 20.
④ [德]马克思,恩格斯. 马克思恩格斯全集:第 21 卷[M]. 北京:人民出版社,1965:570.

向世人宣示:"中国式现代化是物质文明和精神文明相协调的现代化。物质富足、精神富有是社会主义现代化的根本要求。物质贫困不是社会主义,精神贫乏也不是社会主义。"① 中国式现代化视野内,既有"物的全面丰富",又有"人的全面发展"。高度认同两个文明互为犄角、和谐发展的中国式现代化的贝内特反思道:"在资本主义社会中,人们出现了心理健康危机和反社会行为等。"当西式现代化"山穷水复疑无路"时,贝内特发现了现代化的"柳暗花明又一村"——"既注重物质文明,也注重人们的情感和精神福祉"的中国式现代化②。埃万德罗·卡瓦略教授说,"物质文明和精神文明相协调"的中国式现代化,强调均衡发展,注定是一条可持续的现代化道路③。对于两个文明和谐发展、比翼齐飞的中国式现代化之美好愿景,沙特国王大学易卜拉欣·沃哈伊布教授乐观地展望:"中国式现代化所突出的物质文明和精神文明相协调,将继续推动中国文化走向世界,拓宽中国与世界各国加深了解的渠道。"④ "中国特色的现代化和西方的理解不同。中国的现代化是一个与金融、道德和文化价值相关的动态转变过程,旨在实现人民的整体发展"⑤——这是对中国式现代化具有浓厚兴趣的巴西中国问题研究中心主任罗尼·林斯的肺腑之言!

作为党的二十大报告外文译本翻译的外籍语言学家、相应语种的"第一读者",苏丹阿拉伯文语言学家、中国政府友谊奖获得者叶海亚在谈到吸引自己的最大亮点——中国式现代化时动情地说,经济增长不等于发展,"在我看来,中国共产党作为执政党,带领中国取得了各领域发展成就,并始终坚持以人民为中心、为人民谋幸福,中国共产党也高度重视中国人民的物质生活和精神生活","中国式现代化,立足于物质文明、精神文明相协调",在发展经济的同时丰富人民的精神世界⑥。

---

① 习近平. 高举中国特色社会主义伟大旗帜 为全面建设社会主义现代化国家而团结奋斗——在中国共产党第二十次全国代表大会上的报告[M]. 北京:人民出版社,2022:22 – 23.
② 杜鹃,许凤. 中国式现代化与西方现代化有"本质区别"——访英国48家集团俱乐部副主席基思·贝内特[EB/OL]. 新华网,2022 – 11 – 05.
③ 新华社记者."这是人类发展史上真正的奇迹"——国际社会热议中国式现代化的世界意义[Z]. 新华每日电讯,2022 – 10 – 20.
④ 新华社记者."这是人类发展史上真正的奇迹"——国际社会热议中国式现代化的世界意义[Z]. 新华每日电讯,2022 – 10 – 20.
⑤ 让宝奎. 外国专家如何看待"中国式现代化与人类命运共同体"?[EB/OL]. 中国新闻网,2023 – 03 – 28.
⑥ 杨春萍. 外籍专家眼中的二十大报告 | 叶海亚:中国式现代化具有重要世界意义[EB/OL]. 央视网,2022 – 10 – 18.

四、超越独我逻辑,和谐人与自然:中国式现代化的三才文化

西式现代化遵循人类独尊、独赢逻辑,将人类自身利益凌驾于自然万物之上,高歌万物皆备于我的旋律,走的是一条征服自然的发展之路。几百年的现代化历程,实际上也是资源消耗、竭泽而渔、环境污染的历程。期间虽然在认识到恶化的生态环境对西式现代化的反噬作用后,也采取了些许治理措施,但总体来看,服务于资本逻辑的环境治理并未改变生态劣变的总趋势。

独辟蹊径、富含和谐文化元素的中国式现代化,彻底告别了以牺牲环境为代价换取一时一地经济增长的西式现代化老路。中国式现代化谨遵天、地、人三才和谐文化,走的是一条迥异于西式现代化的人与自然和谐共生之路,实现了发展模式的深刻变革。在三才和谐文化架构内的人,是头顶一方天、脚踏一片地、居于父天母地之中位的人,是上不违天、下不背地之人,是顶天立地、敬天法地之人。从三才文化出发,基于"大自然是人类赖以生存发展的基本条件"的认知,中国式现代化必须"尊重自然、顺应自然、保护自然……必须牢固树立和践行绿水青山就是金山银山的理念,站在人与自然和谐共生的高度谋划发展"①。厚重的和谐文化,为中国式现代化注入了丰富的文化当量。在天人和谐的维度上,党的二十大报告指出:"中国式现代化是人与自然和谐共生的现代化。人与自然是生命共同体,无止境地向自然索取甚至破坏自然必然会遭到大自然的报复。我们坚持可持续发展,坚持节约优先、保护优先、自然恢复为主的方针,像保护眼睛一样保护自然和生态环境,坚定不移走生产发展、生活富裕、生态良好的文明发展道路,实现中华民族永续发展。"②厚植奥秘无穷的三才文化的中国式现代化,目的在于让人民群众在发展进程中尽享现代化之用、之实、之美。对中华优秀传统文化颇有感悟的洪风认为:"中国式现代化进程与西方国家经历的现代化相比,有自己的鲜明特点。首先,作为拥有五千年历史的文明古国,中国在文化和思想上具备足够的深度与广度,能够兼容并蓄,避免西方国家走过的弯路。"③塞内加尔中国问题专家阿马杜·迪奥普特别关注报告中关于"人与自然和谐共生"的中国式现代化新路,由衷地赞叹:"中国在

---

① 习近平.高举中国特色社会主义伟大旗帜 为全面建设社会主义现代化国家而团结奋斗——在中国共产党第二十次全国代表大会上的报告[M].北京:人民出版社,2022:49-50.
② 习近平.高举中国特色社会主义伟大旗帜 为全面建设社会主义现代化国家而团结奋斗——在中国共产党第二十次全国代表大会上的报告[M].北京:人民出版社,2022:23.
③ 陈威华,赵焱.海外专家:中国式现代化超越西方模式[EB/OL].参考消息网,2022-03-10.

保护环境、促进绿色发展方面发挥着重要作用,中国为减少环境污染、推进绿色经济发展做出了突出贡献。"① 英国东亚委员会秘书长麦启安对此中肯地评论道,中国在应对环境和气候问题方面的政策明显展现出综合性和协调性,这在世界上"表现突出"②。

国际人士对"既有量的发展,更有质的飞跃"的中国式现代化寄予厚望,认为"中共二十大强调了要推动绿色发展,促进人与自然和谐共生"的现代化新路,具有普适性,开显了人类现代化的新境界③。吉尔吉斯斯坦记者图尔达库诺娃指出,在中国式现代化进程中,中国环境治理卓有成效,"中国的天更蓝了,水更清了,山更绿了,乡村和城市环境都得到了改善。绿色发展理念不仅是中国追求的目标,也是世界的发展理念"④。巴基斯坦亚洲生态文明研究与发展研究所首席执行官沙基尔·拉迈认为,党的二十大报告中人与自然和谐发展的表述具有前瞻性,在全球危机时刻传递出希望,不仅让中国人民备受鼓舞,也让全世界倍感振奋⑤。对中国式现代化的生态向度及其世界意义,"湿地公约"秘书长穆松达·蒙巴说:"我们目睹了中国在湿地保护方面的领导力。……我们可以学习的有很多,不仅是科学方法,还包括空间布局方案和立法框架等,相关经验有助于促进全球形成合力。"⑥

五、抛却霸凌思维,惠及世界繁荣:中国式现代化的协和基因

是靠对内盘剥、对外掠夺起家,还是通过和平发展谋求共赢,这是两条截然不同的现代化之路。

西式现代化的历史原罪与时代新恶,是资本逻辑主导的必然产物。翻开历史长卷,回望近300年的世界现代化历史,西式现代化与资本主义全球扩张几乎同道而行,其现代化历史就是一部"血与火"的罪恶史。无论是资本原始积累,还是原材

---

① 新华社记者."这是人类发展史上真正的奇迹"——国际社会热议中国式现代化的世界意义[Z]. 新华每日电讯,2022-10-20.
② 新华社记者."这是一次具有里程碑意义的大会"——国际社会热议中共二十大对中国和世界的深远影响[N]. 中国青年报,2022-10-24(003).
③ 黄铮铮. 国际人士:中共二十大推进中国式现代化 助力世界和平与发展[Z]. 央视新闻客户端,2022-10-25.
④ 李明琪,阿尔达克. 我在中国看二十大 | 吉尔吉斯斯坦记者:中国式现代化将为世界提供示范[EB/OL]. 人民网,2022-10-27.
⑤ 国际社会热议二十大报告:给世界传递希望[EB/OL]. 中国日报网,2022-10-18.
⑥ 张淼,熊琦,刘曲. 从湿地之美见证中国生态"密码"启迪世界[EB/OL]. 华夏经纬网,2022-11-09.

料产地和商品市场拓展，无论是对内剥削和压迫，还是对外侵略和殖民，都是西方国家借以实现现代化的基础和手段。时至今日，尽管曾经的"血与火"已经花样翻新，但西方国家为了维系既有优势，现代化与暴力的结合仍然时隐时现，经济操控、政治干预、军事威慑、意识形态渗透、代理人战争等手段总是交替使用，无所不用其极。试想，大英博物馆的哪一样镇馆之宝不是抢劫来的？西方哪一个进入现代化的国家没有原罪与新恶？！与资本逻辑主导的西式现代化进程伴生的，是两个积累：一是西方国家现代化要素的不断积累；二是作为西式现代化牺牲品的发展中国家落后因素的积累。西方国家在自己走向现代化的同时，却为其他国家构筑起了一道迈向现代化的隐形却难以逾越的障碍，致使其他国家长期游离于现代化进程之外。恩格斯精准地批判道："压迫其他民族的民族是不能获得解放的。它用来压迫其他民族的力量，最后总是要反过来反对它自己的。"① 以阻遏其他国家的现代化之路而维系自身的现代化，注定了西式现代化迟早遭遇滑铁卢的命运。

与"充满战争、贩奴、殖民、掠夺等血腥罪恶，给广大发展中国家带来深重苦难"的西式现代化不同，中国式现代化是和平发展、命运与共、互利共赢、惠及全人类的现代化②。中国式现代化克服了西式现代化所固有的先天性弊端，没有掠夺的基因，对内以最广大人民的根本利益为中心，对外以人类命运共同体为宗旨，不进行扩张称霸和殖民掠夺，走的是一条和平发展道路。如《日本经济新闻》刊文称，中国不会选择过去西方国家依靠战争、殖民、掠夺等为发展中国家带来不幸的现代化道路③。中国在现代化进程中，既不输出矛盾，也不输出殖民，更不输出战争。以互尊互信、互惠互利为根本遵循的中国式现代化，是惠及世界繁荣、为全球提供发展机遇的现代化。也就是说，中国越现代化，世界的机遇越多。沿着和平发展道路前进的中国式现代化，成功破解了"霸凌主义"和"丛林法则"的羁绊，既是实现中华民族复兴的必由之路，也是人类命运与共、协同发展的现实选择。在"金砖+"领导人对话会上，习近平主席发出以中国方案答现代化之问的"中国之声"："携手构建发展共同体，不让任何一个国家在世界现代化进程中掉队！"④

在比较了两种现代化的优劣后，埃万德罗·卡瓦略在接受新华社记者专访时一针

---

① [德]马克思,恩格斯. 马克思恩格斯选集:第3卷[M]. 北京:人民出版社,2012:292.
② 求是网评论员. 深刻领悟中国式现代化是"走和平发展道路的现代化"[EB/OL]. 求是网,2023－08－23.
③ 吴旭,苏婧欣. 国际舆论聚焦二十大:"中国式现代化"成解码中国关键词[EB/OL]. 中国新闻网,2022－10－17.
④ 习近平. 勠力同心 携手同行 迈向发展共同体——在"金砖+"领导人对话会上的讲话[N]. 人民日报,2023－08－25(002).

见血地指出,西方国家企图通过全球化来推行它们的世界观,无视世界各国人民在价值观、习惯等方面的差异,总是以牺牲其他国家利益为代价,这是典型的殖民思维。而中国奉行求同存异的理念,"成功开辟了一条中国式现代化道路。未来,中国将不断推动构建人类命运共同体,引领人类迈向历史新阶段",无疑,中国式现代化道路是对西式现代化道路的"超越"①。贝内特反思道,西方国家的现代化建立在对他国剥削、压迫和殖民的基础上。在2023年3月27日举行的"中国式现代化与人类命运共同体"国际研讨会上,巴基斯坦参议院国防委员会主席穆沙希德·赛义德深有感慨地说:"中国是唯一一个在和平崛起时没有进行任何对外扩张和侵略的大国,这也是中国的价值观。"② 中国的发展不是通过剥削他国,中国通过发展自己实现现代化,同时帮助他国发展——"这是本质区别"③。巴拿马知名学者比利亚拉斯从中美两国的比较中论述中国式现代化,认为美国推动的侵略行为让今天的世界充满了困境、动荡和骚乱,把人类社会置于危险的境地。……华盛顿的利益套牢了世界,征服着、奴役着和摧残着无数的人民。……中国追求繁荣,但不以牺牲穷人为代价;促进财富增长,但财富远离政治权力。……如果以满足人民需求的能力来衡量的话,中国政府是世界上最好的政府④。贝内特一语中的,认为中国式现代化绝不是通过剥削他国来实现,而走的是一条致力于发展自身的同时帮助他国发展的共赢之路⑤。

关于致力于互利共赢的中国式现代化的世界历史意义,各国政要学界充满期待。莫斯科国立大学亚非学院院长阿列克谢·马斯洛夫在接受《俄罗斯报》采访时表示,中方一贯坚持独立自主的和平外交政策,在中国式现代化进程中,"中国将如何描述当前的全球局势,中国将为世界和平稳定做出怎样的贡献",备受世界关注⑥。巴基斯坦驻华大使莫因·哈克深受中国式现代化的鼓舞,指出:"中国式现代化将为充满不确定性的世界经济注入确定性。"⑦ 叙利亚驻华大使穆·哈桑内·哈达姆对海外网记者表示:"从各种标准看,中国都是成功的故事。"联想到饱受战乱之

---

① 陈威华,赵焱. 海外专家:中国式现代化超越西方模式[EB/OL]. 参考消息网,2022-03-10.
② 让宝奎. 外国专家如何看待"中国式现代化与人类命运共同体"?[EB/OL]. 中国新闻网,2023-03-28.
③ 杜鹃,许凤. 中国式现代化与西方现代化有"本质区别"——访英国48家集团俱乐部副主席基思·贝内特[EB/OL]. 新华网,2022-11-05.
④ 新华社记者."这是一次具有里程碑意义的大会"——国际社会热议中共二十大对中国和世界的深远影响[N]. 中国青年报,2022-10-24(003).
⑤ 张志文,杜一菲. 以中国式现代化推动人类整体进步[N]. 人民日报,2023-05-08(03).
⑥ 吴旭,苏婧欣. 国际舆论聚焦二十大:"中国式现代化"成解码中国关键词[EB/OL]. 中国新闻网,2022-10-17.
⑦ 吴正丹.[驻华大使看二十大]"中国将为世界经济注入确定性"——访巴基斯坦驻华大使莫因·哈克[EB/OL]. 海外网,2022-10-18.

苦的祖国,哈达姆感慨道:"中国不想从其他国家掠夺,只是希望合作,因此中国受欢迎。"他表示,中国式现代化为世界发展提供了充足空间,可以在任何地方落地生根,开创了国际合作新范式①。图尔达库诺娃对人民网记者表示,中国在积极推动同其他国家间的友好交流与合作中,逐步构建起一张以平等、开放、合作为特点的"国际伙伴关系网","为世界上其他追求现代化的国家提供了可供参照的示范与选择"②。古巴国际政治研究中心中国问题专家爱德华多·雷加拉多表示:"中国式现代化是走和平发展道路的现代化,必将为完善全球治理注入更多正能量。……为开创人类更加美好的未来做出更大贡献。"③ 叶海亚理解的中国式现代化是:"按照我的理解,(中国式现代化)为世界其他发展中国家提供了另一种选择,就是可以基于独立自主、和平道路、国际合作实现一种现代化,而不是通过掠夺、战争和流血。"④ 阿中友好协会主席、阿尔及利亚阿尔及尔第三大学教授伊斯梅尔·德贝什说,中国式现代化强调伙伴关系和互利共赢,强调促进各国人民民心相通。他认为,中国将"推动构建人类命运共同体"写入中国式现代化的本质要求,将推动全球治理朝着更加公正合理的方向发展,为全球发展做出更大贡献⑤。美国库恩基金会主席罗伯特·劳伦斯·库恩在深入研究党的二十大报告后表示,中国共产党在带领人民实现国家现代化和民族复兴的过程中,"构建人类命运共同体这一重要理念为全球治理贡献了中国方案,为促进世界和平与繁荣提供了中国智慧"⑥。亦如塞浦路斯欧洲大学前校长科斯塔斯·古利亚莫斯所言:"在中国共产党的领导下,中国将为这个风雨飘摇的世界带来稳定与和谐。中国是全球和平与经济增长的永久推动力。"⑦ 马丁·雅克将中国式现代化的世界意义归结为:中国为世界提供了一种"新的可能",这就是摒弃丛林法则、不搞强权独霸、超越零和博弈,开辟一条合作共

---

① 吴正丹.[驻华大使看二十大]"中国式现代化值得借鉴"——访叙利亚驻华大使穆·哈桑内·哈达姆[EB/OL].海外网,2022-10-19.
② 李明琪,阿尔达克.我在中国看二十大丨吉尔吉斯斯坦记者:中国式现代化将为世界提供示范[EB/OL].人民网,2022-10-27.
③ 新华社记者."这是人类发展史上真正的奇迹"——国际社会热议中国式现代化的世界意义[Z].新华每日电讯,2022-10-20.
④ 杨春萍.外籍专家眼中的二十大报告丨叶海亚:中国式现代化具有重要世界意义[EB/OL].央视网,2022-10-18.
⑤ 新华社记者."这是人类发展史上真正的奇迹"——国际社会热议中国式现代化的世界意义[Z].新华每日电讯,2022-10-20.
⑥ 新华社记者."这是人类发展史上真正的奇迹"——国际社会热议中国式现代化的世界意义[Z].新华每日电讯,2022-10-20.
⑦ 严玉洁,王辉,周凤梅.国际社会热议二十大报告:给世界传递希望[EB/OL].中国日报网,2022-10-18.

赢、共建共享的文明发展新道路①。

对于中国在助力发展中国家实现现代化方面的大国担当,国际社会交口称赞。南非大学姆贝基非洲领导力研究院高级研究员谭哲理(Paul Tembe)认为:"中国现代化将为发展中国家和世界带来机遇";"这些机遇将造福世界,尤其是包括南非在内的南南合作成员"②。美国学者哈伊里·图尔克在回答《参考消息》记者"中国现代化道路在超越西方国家现代化既定模式方面有哪些新贡献"时表示:"对发展中国家来说,幸运的是,中国的崛起为它们提供了另一种可以用来参考借鉴的模式,这一模式更适合发展中国家,一是因为中国依照这些国家的需要为它们提供资金支持,二是因为中国本身就是参照样板";"中国式现代化堪称'奇迹';中国不仅是其他发展中国家值得信赖的伙伴,还为这些国家提供了共享发展成果的机会以及有借鉴意义的发展模式和路线图";"共建'一带一路'的倡议由中国提出,这是历史上首次有大国高度致力于帮助欠发达国家追求现代化,体现中国乐于同发展中国家分享现代化成果的态度和担当"③。英国牛津大学中国研究中心主任拉纳·米特称赞说,中国在发展自身现代化的同时,给人类社会带来了极其重要的影响,为世界树立了榜样④。

六、走出一元陷阱,重塑文明形态:中国式现代化的话语重构

曾几何时,为确保收割发展中国家的特权,西方世界炮制了若干现代化话语陷阱,其中之一就是:现代化是一道"单项选择题",而"现代化等于西方化"则是唯一标准答案!美西方的知识精英将西式现代化标注为人类社会通往现代化的唯一道路,甚至大言不惭地宣称西式现代化拥有"终结历史"的终极意义。一些发展中国家照搬西式现代化模式的结果是,迷失了自我,深陷发展陷阱中难以自拔。随着历史画卷的徐徐展开,西式现代化致命弊端日渐显露,西式现代化是"人类文明终极形态"的神话正在被打破,有识之士深刻地认识到,西式现代化恃强凌弱的掠夺本质和资本逻辑内置着现代化悖论,正在反噬着已经取得的现代化成果,这条路已难以为继。

---

① 史青.美西方更新包装"基于规则的国际秩序"意欲何为?[EB/OL].中国新闻网,2023-06-21.
② 王峰.海外学者论中国式现代化的世界意义[EB/OL].中国社会科学网,2023-03-30.
③ 孙丁,胡友松,徐静.美国专家:中国式现代化堪称"奇迹"[EB/OL].参考消息网,2022-03-31.
④ 石中玉,孙晓玲.欧洲专家点评中国式现代化道路[EB/OL].参考消息网,2022-03-31.

既吸纳西式现代化的积极成果,又规避其负面影响,是中国式现代化必须解决的问题。在这一方面,马克思主义给我们提供了超越西式现代化的线索,这就是"不通过资本主义制度的卡夫丁峡谷,而占有资本主义制度所创造的一切积极的成果"①。旨在重构现代化版图的中国式现代化,突破了西方世界的现代化话语霸权,是一条前人从未涉足的现代化新路,是对危机四伏的西式现代化的否定之否定,开显了人类文明新形态,使现代化的答案由"单项选择题"变成了"多项选择题"。实际上,根本就没有也不可能有定于一尊的现代化模式,更没有也不可能有放之四海而皆准的排他性单一现代化标准。已经并继续创造着现代化新模式的中国,正在重新定义人类现代化,重构现代化理论谱系。马丁·雅克在回答中新社"东西问·中外对话"时表示,"中国式现代化不是去模仿或者复制西方",具有开创意义的中国式现代化不仅将为中国未来的发展开启众多全新的可能性,也将为世界提供新理念、新思维和新目标②。《中共中央关于党的百年奋斗重大成就和历史经验的决议》指出:"党领导人民成功走出中国式现代化道路,创造了人类文明新形态,拓展了发展中国家走向现代化的途径,给世界上那些既希望加快发展又希望保持自身独立性的国家和民族提供了全新选择。"③ 中国共产党关于中国式现代化道路的成功探索,在人类文明史上开创出与一元线性的西式现代化截然不同的范式,颇具原创性价值,打破了西式现代化一统天下的局面,开辟了人类社会通往现代化过程中各美其美的多元通途,为在现代化道路上上下求索的发展中国家提供了富有启迪意义的备选答案,为发展中国家通往现代化之路贡献了中国智慧、中国方案、中国答卷、中国道路和中国力量。诚如波黑主席团专家多迪克强调的:"中国走出了一条不同于西方的道路,证明西方版的资本主义和纯粹的私有经济并非金科玉律。不管西方是否喜欢中国式道路,都必须正视事实。"④

目睹了中国式现代化发展成就后,老挝国会副主席宋玛·奔舍那感慨道:"中国式现代化发展的成就告诉我们,现代化不是西方化,各国都可以有适合本国的现代化。"⑤ 韩国韩中城市友好协会会长权起植根据自己多次到访中国得出的结论是:

---

① [德]马克思,恩格斯.马克思恩格斯选集:第3卷[M].北京:人民出版社,2012:828-829.
② 彭大伟.马丁·雅克:中国式现代化为世界提供新理念、新思维和新目标[EB/OL].中国新闻网,2022-10-26.
③ 中共中央关于党的百年奋斗重大成就和历史经验的决议[N].人民日报,2021-11-17(001).
④ 陈威华,赵焱.海外专家:中国式现代化超越西方模式[EB/OL].参考消息网,2022-03-10.
⑤ 新华社记者."这是人类发展史上真正的奇迹"——国际社会热议中国式现代化的世界意义[Z].新华每日电讯,2022-10-20.

"实现现代化并不只有一条道路。中国打赢脱贫攻坚战、全面建成小康社会,说明中国式现代化是适合中国国情的正确道路。"① 德国《南德意志报》发表评论称,中国模式作为西方模式的替代品和榜样作用值得重视②。新加坡《联合早报》报道,北京高层提出"中国式现代化",表明中国要光明正大、毫不迟疑地选择自己的路径③。彭博新闻社报道,二十大报告中提出的不同于美国及其盟友道路的方针——中国式现代化道路,展示了中国在世界上拥有更大实力和影响力的愿景,表明中国"国际影响力、感召力、塑造力显著提升"④。在现代化马拉松中落后的发展中国家,亟须更多更优选项。各国人民有选择走"中国式现代化"的权利,就像世界上有包括中国高铁、法国高铁、日本高铁在内的各种高铁,各国在进行充分比较后有选择"中国高铁"的自由。马丁·雅克指出,"中国的崛起为发展中国家提供了发展的新道路与灵感"——这条道路新就新在,它是中国共产党带领人民历经百年奋斗自主探索出来的,"具有中国特色、符合中国实际"⑤。埃塞俄比亚亚的斯亚贝巴大学教授科斯坦蒂诺斯·贝尔胡特斯法指出,中国式现代化取得的成就鼓舞世界特别是发展中国家,提振世界的信心,这一道路对其他发展中国家寻找适合自身的发展道路具有启发借鉴意义⑥。

在人类通往现代化的历史进程中,西方世界曾经先行一步,然而,由资本逻辑主导的西式现代化对人类文明的反噬作用越来越大,给人类带来了不可承受之重。在现代化历史的关键时刻,谋及千秋万代、放眼整个世界、具有厚重文化当量的中国式现代化叙事横空出世,实现了对西式现代化的六重超越:人民至上对资本至上的超越,共同富裕对两极断裂的超越,协同发展对单极发展的超越,天人和谐对独我逻辑的超越,互利共赢对霸凌思维的超越,多元共进对一元排他的超越。高下立判的两种现代化代表的是两种价值观:西式现代化的眼中是待剪的羊毛,而中国式现代化的视界是星辰大海。中国之所以从现代化的"迟到国",变为现代化的增长极,恰恰在于这六重超越。对旨在回应世界之问、时代之问、文明之问的六重超越,

---

① 新华社记者."这是一次具有里程碑意义的大会"——国际社会热议中共二十大对中国和世界的深远影响[N].中国青年报,2022-10-24(003).
② 新华社记者."这是一次具有里程碑意义的大会"——国际社会热议中共二十大对中国和世界的深远影响[N].中国青年报,2022-10-24(003).
③ 新华社记者."这是一次具有里程碑意义的大会"——国际社会热议中共二十大对中国和世界的深远影响[N].中国青年报,2022-10-24(003).
④ 外媒:中国在世界舞台上日益强大[EB/OL].参考消息网,2022-10-20.
⑤ 国际锐评评论员.国际锐评|"中国式现代化道路"靠什么取得成功[Z].央视新闻客户端,2021-11-15.
⑥ 新华社记者."这是一次具有里程碑意义的大会"——国际社会热议中共二十大对中国和世界的深远影响[N].中国青年报,2022-10-24(003).

国际社会好评如潮。古巴国际政治研究中心中国问题专家爱德华多·雷加拉多认为，在全球面临诸多挑战的背景下，中共二十大具有重要意义，中国式现代化"将为各国人民带来极为可贵的发展新机遇"①。新加坡国立大学李光耀公共政策学院顾清扬积极评价中国式现代化，认为这一具有中国特色的发展模式，将在纷繁复杂的世界大变局中产生重要积极影响②。中国式现代化创造的人类文明新形态，用举世公认的辉煌成就雄辩地证明："马克思主义过时论"是美西方政客的一厢情愿，"社会主义失败论"被铁一般的事实证伪，"历史终结论"被历史逻辑彻底终结。"走得通、行得稳，已经让世界看见现代化的新图景"的中国式现代化，是世界"打开通往美好生活之门"的密钥③。造福世界、越走越宽广、必定为世界带来安全稳定增量的中国式现代化"不再只是书面上的文字，而是这个地球上极具活力的现实"④。世界现代化进程势不可当，正像马丁·雅克畅想的那样，沿着中国式现代化道路，人类"可以在一幅更加广阔的画卷上畅想自己的未来"⑤。即便如此，在现代化进程中我们也绝不会像美西方曾经做过的——以胡萝卜加大棒的方式输出现代化价值观。因为，中国共产党人牢记马克思的箴言："胜利了的无产阶级不能强迫他国人民接受任何替他们造福的办法，否则就会断送自己的胜利。"⑥

必须指出的是，人类现代化是一部波浪式前进的历史，加之美西方别有用心者的刻意妖魔化，中国式现代化在世界范围内的广泛认可注定需要一个过程。正如俄罗斯科学院世界经济与国际关系研究所副所长亚历山大·洛马诺夫提醒的那样，"西方国家及其媒体长期对中国和中国共产党进行失实报道。为了保持全球主导地位，美西方也致力于抹黑中国式现代化"⑦。对此，我们必须保持应有的清醒。

---

① 新华社记者."这是一次具有里程碑意义的大会"——国际社会热议中共二十大对中国和世界的深远影响[N].中国青年报,2022-10-24(003).

② 新华社记者."这是人类发展史上真正的奇迹"——国际社会热议中国式现代化的世界意义[Z].新华每日电讯,2022-10-20.

③ 刘迪.听！中国式现代化的世界回响[EB/OL].文汇网,2023-05-07.

④ 张麒麟.聚焦二十大丨多国政党政要积极评价中国共产党执政为民[EB/OL].央视新闻客户端,2022-10-23.

⑤ 彭大伟.马丁·雅克:中国式现代化为世界提供新理念、新思维和新目标[EB/OL].中国新闻网,2022-10-26.

⑥ [德]马克思,恩格斯.马克思恩格斯选集:第4卷[M].北京:人民出版社,2012:8.

⑦ 白波.俄罗斯学者洛马诺夫:"中国式现代化"诠释了中国的成功之路[EB/OL].北京日报客户端,2022-10-20.